Retorno da Deusa

Dados Internacionais de Catalogação na Publicação (CIP)
(Câmara Brasileira do Livro, SP, Brasil)

Whitmont, Edward C., 1912-
    Retorno da Deusa / Edward C. Whitmont ; [tradução de Maria Silvia Mourão Netto]. - São Paulo: Summus, 1991.

    Bibliografia
    ISBN 978-85-323-0148-2

    1. Deusas 2. Jung, Carl Gustav, 1875-1961 3. Mitologia 4. Papéis sexuais 5. Psicanálise e religião I. Título.

	CDD-150.1954
	-200.19
	-291.13
91-0812	-305.42

Índice para catálogo sistemático:
1. Arquétipo : Psicologia   150.1954
2. Mitologia   291.13
3. Mulheres : Papéis sexuais : Sociologia   305.42
4. Psicanálise e religião   200.19
5. Psicologia junguiana   150.1954

www.summus.com.br

EDITORA AFILIADA

Compre em lugar de fotocopiar.
Cada real que você dá por um livro recompensa seus autores
e os convida a produzir mais sobre o tema;
incentiva seus editores a encomendar, traduzir e publicar
outras obras sobre o assunto;
e paga aos livreiros por estocar e levar até você livros
para a sua informação e o se entretenimento.
Cada real que você dá pela fotocópia não autorizada de um livro
financia um crime
e ajuda a matar a produção intelectual de seu país.

Retorno da Deusa

Edward C. Whitmont

summus
editorial

Do original em língua inglesa
RETURN OF THE GODDESS
Copyright © 1982 by Edward Whitmont
Direitos desta tradução adquiridos por Summus Editorial

Tradução: **Maria Sílvia Mourão Netto**

Leitura técnica: **Marianne Ligeti**

Capa: **Ettore Bottini**

Summus Editorial
Departamento editorial
Rua Itapicuru, 613 – 7º andar
05006-000 – São Paulo – SP
Fone: (11) 3872-3322
http://www.summus.com.br
e-mail: summus@summus.com.br

Atendimento ao consumidor
Summus Editorial
Fone: (11) 3865-9890

Vendas por atacado
Fone: (11) 3873-8638
e-mail: vendas@summus.com.br

Impresso no Brasil

SUMÁRIO

	Introdução	9
Parte 1	O DILEMA MODERNO	
Capítulo 1	Uma teofania moderna	21
Capítulo 2	Desejo, violência e agressão	29
Capítulo 3	Mito e funcionamento psicológico	46
Parte 2	CONSCIÊNCIA EM EVOLUÇÃO	
	Prólogo	57
Capítulo 4	A fase mágica	59
Capítulo 5	A fase mitológica ou imaginária: Dioniso e Apolo	67
Capítulo 6	A fase mental	87
Parte 3	OS MITOS PATRIARCAIS	
Capítulo 7	O reino divino: superego e ego	97
Capítulo 8	O exílio humano; O paraíso perdido; A morte de Deus	116
Capítulo 9	O bode expiatório	123
Capítulo 10	O feminino e sua repressão	140
Parte 4	UM MITO PARA NOSSA ÉPOCA	
Capítulo 11	O Graal	169
Parte 5	VISÃO PARA UMA NOVA ERA	
Capítulo 12	Novos modelos de orientação	203
Capítulo 13	Individuação e destino	226
Capítulo 14	Ética	236
Capítulo 15	Sobre o ritual	258
	Notas	281

AGRADECIMENTOS

Quero apresentar meus agradecimentos a Sylvia Perera por seus proveitosos comentários e sugestões, particularmente aqueles relativos à psicologia feminina e ao complexo de bode expiatório. Devo-lhe também ter chamado minha atenção para a figura de Gawaine como o herói do Santo Graal.

Quero também agradecer a Diana Lee James, curadora de ARRAS, por sua incansável ajuda na busca de ilustrações pertinentes e por ter-me permitido usá-las. Sou grato a Mitchell Hall e a Paul Walsh e sua assistência editorial.

Acima de tudo, quero agradecer a meus analisandos, alunos e participantes de seminários, que contribuíram de maneira inestimável por meio de perguntas e desafios, que também consentiram na utilização de seu material, suas reações, impressões e idéias ao longo de nossos seminários de supervisão, *workshops* e sessões de análise.

A SEGUNDA VINDA
W. B. Yeats

Girando e girando em ampliados círculos
O falcão não consegue ouvir o falcoeiro;
As coisas se desintegram: o centro não pode mais resistir;
Pura anarquia está à solta no mundo,
A escura maré tinta de sangue está solta, e por toda parte
A cerimônia da inocência se afoga;
Aos melhores falta convicção, enquanto os piores
Estão repletos de apaixonada intensidade.
Sem dúvida, alguma revelação ronda por perto.
Sem dúvida, a Segunda Vinda está próxima.
A Segunda Vinda! Mal acabam de ser enunciadas estas palavras
E já uma vasta imagem oriunda do Spiritus Mundi
Turva minha visão; em algum lugar das areias do deserto
Uma forma com corpo de leão e cabeça de homem.
Um olhar vazio e impiedoso como o sol
Desloca suas pernas lentas, enquanto tudo o mais à sua volta
Giram as sombras das indignadas aves do deserto.
A escuridão cai de novo; mas agora eu sei
Que vinte séculos de um sono pétreo
Foram atiçados até o pesadelo por um berço a balançar,
E que besta selvagem, sua hora finalmente vinda,
Arrasta-se até Belém para nascer?

Introdução

Está claro que a mitologia não é brinquedo para crianças. Nem tampouco é tema para um estudo arcaico e meramente erudito, sem pertinência para o moderno homem de ação, pois seus símbolos (sob a forma tangível de imagens assim como de abstração de idéias) sintonizam e liberam os centros mais profundos de motivação, atingindo e comovendo igualmente letrados e iletrados, mexendo com as massas, com a civilização. Portanto, existe um perigo real na incongruência de foco que trouxe ao primeiro plano da vida moderna os últimos resultados da pesquisa tecnológica, que agrupam o mundo numa comunidade única, deixando as descobertas antropológicas e psicológicas, que poderiam ter dado margem a um considerável sistema moral, nas publicações especializadas em que originalmente elas apareceram. Pois não há dúvida de que é tolice pregar às crianças que estarão pilotando naves à lua uma moralidade e uma cosmologia fundadas nos conceitos de boa Sociedade e de lugar do homem na natureza, conceitos cunhados antes mesmo da domesticação dos cavalos! Hoje o mundo ficou pequeno demais, e a insanidade dos homens grande demais, para mais um daqueles velhos esquemas do Povo Escolhido (por Jeová, Alá, Wotan, Manu ou o Demônio), que serviam para resguardar os membros da tribo das investidas de seus inimigos, naqueles tempos em que as cobras ainda falavam. J. CAMPBELL, *The masks of God**

Na rasante de um desenvolvimento cultural que nos levou ao impasse do materialismo científico, da destrutividade tecnológica, do niilismo religioso e do empobrecimento espiritual, ocorreu um fenômeno espantoso. Um novo mitologema está emergindo em nosso meio e pede para ser integrado a nossas referências contemporâneas. Trata-se do mito da antiga Deusa que governou a terra e o céu antes do advento do patriarcado e das religiões patriarcais.

Agora a Deusa está retornando. Negada e suprimida durante milhares de anos de dominação masculina, reaparece num momento de in-

---

* Vol. I, p. 12.

tensa necessidade, pois caminhamos pelo vale das sombras da aniquilação nuclear, e é fato que tememos o mal. Ansiamos por amor, segurança e proteção, e temos muito pouco desse conforto. A violência no seio de nossas sociedades ameaça nos dominar inteiramente. A própria Mãe Terra foi pressionada ao limite máximo de sua resistência. Por quanto tempo ainda terá condições de enfrentar o vandalismo das políticas industrial e econômica que nos regem? A época do patriarcado está se esgotando. E que novo padrão cultural assegurará à humanidade o ressurgir das esperanças de uma vida para a Terra?

Em meio a convulsões e transições monumentais, a Deusa está voltando. Os papéis masculinos e femininos tradicionais de nossa sociedade estão sendo desafiados. O apelo do feminino para ser novamente reconhecido vem à tona ao mesmo tempo em que a violência corre o risco de escapar ao controle. Essa estranha coincidência embaça nossa compreensão. Nessa circunstância, a mitologia vem de súbito nos auxiliar, revelando um padrão milenar que assinala o significado dessa coincidência. As mais antigas divindades da destruição e da guerra foram femininas, não masculinas. Retomemos seus inesquecíveis nomes: Inanna, na Suméria; Anath, em Canaã; Ishtar, na Mesopotâmia; Sekhmet, no Egito; as Morrigan, no Eire; Kali, na Índia; Pallas, na Grécia; e Bellona, em Roma. Essas deusas arcaicas exerciam domínio sobre o amor *e também* sobre a guerra. Seus atributos eram tanto a castidade como a promiscuidade, a maternalidade provedora assim como a sangrenta destrutividade. Mas não se importavam em absoluto com conquista e expansão de territórios: obsessões masculinas. Aquelas deusas regiam o ciclo da vida em todas as suas fases: nascimento, crescimento, amor, morte e renascimento. É evidente que nosso ciclo de vida, ameaçado como está atualmente, precisa mais uma vez do minucioso acompanhamento divino. Das profundas camadas da psique inconsciente, a Deusa está vindo à tona. Reclama demonstrações de reconhecimento e homenagem. Se nos recusarmos a reconhecer sua presença, ela pode desencadear forças destrutivas, mas se lhe prestarmos as honras que lhe são devidas, pode orientar-nos afetuosamente enquanto trilhamos a senda da transformação.

Advirto o leitor de que este é um livro complexo. Ao dirigirmos nossa atenção para o retorno da Deusa, precisaremos levar em consideração várias questões relacionadas a este fato. Um dos focos primários incidirá sobre a agressão. Em nome da sobrevivência, diante desta era nuclear, *é imperioso* que nos apropriemos de novos meios para tratar de conflitos e agressões. Por conseguinte, no primeiro capítulo examinaremos de perto a história de uma mulher que estava prestes a ferir violentamente seu único filho. Ao longo de um percurso terapêutico bem-sucedido, pôde transformar essas energias perigosas respondendo às implicações do arquétipo da Deusa, que estava pressionando sua aparição no plano da consciência através de sonhos. Os dois capítulos subseqüentes irão considerar o problema da agressão e da necessidade em termos mais gerais. A agressão humana, os direitos humanos e as necessidades das pessoas são um dilema contemporâneo. Estamos todos presos em suas garras. Olhando profundamente, iremos descobrir que as garras pertencem a Dioniso, o consorte da Deusa. Ele encarna a necessidade e a violência agressiva. Ela jamais aparece sem ele.

Para melhor visualizarmos o ponto em que estamos, precisamos de uma orientação a respeito de onde viemos. Por isso, a segunda parte deste livro faz uma retomada geral da evolução da consciência ao longo de três fases: a mágica, a mitológica e a mental. Embora nosso condicionamento racional nos faça presumir que já ultrapassamos as duas primeiras camadas, elas estão sempre conosco, e não muito distantes da superfície. Para que nossa evolução prossiga, precisaremos novamente reintegrá-las. Em nossa cartografia destas três fases, daremos especial atenção ao modo como a ascendência masculina se concretizou e verificaremos como a agressão e a necessidade foram canalizadas ou contidas nas fases citadas.

A terceira parte investiga os principais mitos pelos quais o patriarcado pôde manter seu controle: o reino divino, o exílio humano, o bode expiatório e a repressão do feminino. Para que possamos sobreviver, são esses os mitos que precisamos ultrapassar.

A quarta parte revela a Busca do Santo Graal como o mito principal das transformações que nossa era solicita. Ele está na raiz de todos os esforços de libertação, das tentativas de satisfação das necessidades e de nossa ânsia em descobrir os segredos da existência por intermédio da pesquisa científica ou da contemplação religiosa. É ele que inspira nossa esperança de recuperar a Idade de Ouro da dignidade humana. A psicose de Hitler e o nacional-socialismo foram uma perversão do mito do Graal, que, embora em termos negativos, evidenciou a importância desse mito.

A quinta parte explora as implicações psicológicas, éticas e sociais do mito do Graal e do retorno da Deusa. Os leitores em busca de receitas fáceis, que possam ser cumpridas à risca, não as encontrarão aqui. Nossos problemas são sérios demais, complexos demais, completamente individuais em seus padrões. As soluções não podem ser concatenadas a partir de uma única vertente. Aconselho o leitor a ser cauteloso a respeito de quaisquer promessas utópicas feitas por quem quer que seja. Com toda a razão, já dizia Jung:

Os problemas sérios da vida nunca são plenamente resolvidos. Caso alguma vez pareçam tê-lo sido, é certo que algo se perdeu. O significado e o propósito de um problema parecem situar-se não em sua solução, mas no nosso incessante trabalho para resolvê-lo. É este o processo que nos poupa da estultificação e da petrificação.

A Deusa é a guardiã da interioridade humana. O patriarcado regula os elementos externos do comportamento humano, mas desvaloriza o instinto, os sentimentos e sensações, a intuição, a emoção individualizada, e as profundezas do feminino, exceto quando estão a serviço do coletivo. É muito significativo que "afeminado" tenha sido cunhado como termo pejorativo. Dentro da nova orientação, cada pessoa precisa descobrir sua fonte interior de consciência autêntica e diretriz espiritual, precisa localizar a divindade interna. Jung chamou de Self esse centro transpessoal, que está vindo à luz em meio a muito sofrimento. Na tentativa de se orientar, as pessoas se vêem dilaceradas entre a paixão e a razão, entre o desejo e a obrigação, o pessoal e o coletivo, o apelo do novo e a cobrança do velho. Os muitos indivíduos que rejeitaram as normas coletivas refluem para o niilismo moral, o cinismo ou a conduta anti-social pura e simples. Uma malograda busca da interiorização é o que está por trás do tão execrado narcisismo contemporâneo. A vinda da Deusa não implica rejeição da ética, mas a emergência de uma nova ética, que se funda muito mais solidamente na consciência individual.

Espero que meus leitores estejam dispostos a dialogar comigo e a um trabalho pessoal com as reações que tiverem perante o material que eu lhes apresentar. A mudança que estou apontando é de tal vulto que nos depararemos com muitas resistências interiores para reconhecê-la, quanto mais para responder a ela.

Cabe aqui uma observação sobre a terminologia. Nossas línguas ocidentais não têm equivalente para os termos chineses *yang* e *yin*. Eles denotam princípios cósmicos ou arquetípicos de polaridade. Os gêneros sexuais biológicos não passam de instâncias especiais. Relutante em inventar novos termos, empregarei *Masculino* e *Feminino* como sinônimos de *yang* e *yin* sempre que me referir aos princípios psicológicos arquetípicos. Os termos *macho* e *fêmea* indicarão distinções sexuais patentes.

A mente moderna pode considerar uma peculiaridade arcaica ou pagã as referências a deuses e deusas. No entanto, são noções arquetípicas de grande força. Embora não sejam objetos literais, essas representações simbólicas são reais e poderosas. Não são pessoas, mas personalidades. Emergem como configurações energéticas provenientes de níveis muito profundos do nosso mundo interior e têm o poder de trazer respostas tonificadoras, que estão além do alcance do pensamento apenas abstrato.

Alguns leitores podem estar se perguntando que direito tem um homem de falar da Deusa e da dinâmica feminina. Lembremo-nos de que ambos os sexos têm aquilo que chamamos de hormônios sexuais masculinos e femininos. Jung foi o primeiro a demonstrar, no plano psicológico, uma situação análoga. Mas, além dessas justificativas formais, há uma outra, mais concreta. Este livro é uma decorrência de minha experiência interior e do desenrolar de minha vida. Alguns aspectos de minha própria Busca da Deusa e do Santo Graal podem ser descritos.

Fui criado na Áustria, em uma família de judeus ortodoxos e de mentalidade estreita, regidos por um sistema rígido de leis e regulamentos. Meu pai, ineficaz e submisso, preocupava-se apenas com os padrões tradicionais, moralistas, religiosos, com as regras da dieta e da conduta. Sem irmãos ou irmãs, desde muito cedo aprendi a seguir meu solitário caminho. Qualquer percalço ou dificuldade era interpretado como punição enviada por Deus pela transgressão de algum tabu. Foi isto que me levou a me distanciar de tudo que fosse religioso. Inclusive, comecei a odiar qualquer coisa que fosse religiosa. Ao mesmo tempo, porém, sentia-me atraído por mitos e contos de fada. Mergulhei neles. Os mitos germânicos me impressionavam muito. Uma de minhas mais remotas recordações contém duas figuras, uma de Siegfried e outra de Tristão e Isolda. Eram cartões postais que um amigo e eu recortamos e penduramos na parede. Por conseguinte, também fiquei impressionado com a adoração germânica dos heróis. Mais tarde, percebi que isso refletia exatamente o mesmo sistema rígido de regras defendido pelo paroquialismo religioso, só que, dessa vez, em termos de honra e orgulho.

Desde criança envolvi-me profundamente com a música. Comecei a tocar piano aos quatro ou cinco anos. Até os quinze ou dezesseis, vivi inteiramente no mundo de Wagner. Sabia quase de cor as partituras de *O anel* e *Parsifal*. Eu jogava um certo jogo com um amigo. Um tocava algumas passagens no piano e o outro teria que indicar com exatidão de que trecho de *O anel* tinha sido extraído. As pessoas eram julgadas de acordo com seu conhecimento de *O anel*.

Para mim, o tema de *O anel* indicava uma só coisa: o fracasso da luta pelo poder. Isso só pode ser resolvido mediante uma dedicação altruísta, o motivo do auto-sacrifício de Brunilda para tornar possível o nascimento de Siegfried. O que leva diretamente a *Parsifal*, onde o Santo Graal é a resposta ao esforço humano. Contudo, era visto como depoimento artístico e alegórico de uma questão social ou mesmo nacional. Diante da estupidez e da destrutividade da ânsia de poder, que *O anel* representava para mim, pensei que o Graal pudesse ser buscado através da libertação social. Por isso, tornei-me um socialista dedicado. De acordo com o evangelho social de liberdade, quis participar como voluntário da heróica batalha pela melhoria das condições de vida da humanidade. Foi esse o motivo que me levou a abandonar meu projeto inicial de tornar-me músico e maestro. Deixei de lado meus muitos anos de estudo de música e, em seu lugar, escolhi a medicina. Dessa maneira, eu esperava ser útil. Foi sobretudo o exemplo de minha mãe, sempre doente e neurótica, que fez com que eu me decidisse a combater sua arma principal, a doença.

Aos poucos, acabei descobrindo o deserto insatisfatório em que se tornara a escaramuça pelo poder no seio do próprio movimento esquerdista. Tive um primeiro vislumbre daquilo que, em sua forma extrema, emergiu mais tarde como estalinismo. Assisti à negação absoluta de valores e sentimentos pessoais em nome da dedicação fanática. O objetivo da liberdade era usado para justificar quaisquer meios. Isso era equivalente ao que voltei a perceber sob a mesma forma, no nacional-

13

socialismo. Fui ficando cada vez mais horrorizado com o que considero a secularização do "objetivo sagrado".

Durante certo tempo, envolvi-me na prática adleriana do aconselhamento, com seu concomitante senso comunitário, que tentei cultivar com assiduidade. Ali, encontrei outra vez a luta pelo poder. Estava apenas encoberta. Uma atitude comum era "estou mais envolvido comunitariamente do que você".

Na faculdade de medicina, diante de um cadáver, impressionou-me a constatação de que ele não era um ser humano. Faltava alguma coisa. Nossa vida não é somente uma questão de química. Ao mesmo tempo, notei que estava sendo ensinado a dissecar sapos, coelhos e pessoas, mas que não sabia curar um ser humano. Era o auge do niilismo médico, naquela época. O máximo que podíamos fazer era diagnosticar e depois encolher os ombros, como se nada mais pudesse ser feito. Dentro de uma abordagem estritamente materialista como esta, não havia senso algum de alma.

Em minha busca de respostas para esse dilema, fui subseqüentemente levado ao cristianismo, à antroposofia, à homeopatia, à psicossomática, à alquimia e, finalmente, a Jung. Jung confirmou-me a relevância do mito e do sonho para planos transpessoais de significado, planos quase objetivos. Voltei a encontrar o Graal no simbolismo alquímico.

Aos dezessete anos, tive meu primeiro contato com o nazismo. Nos nove anos seguintes, mantive-me em estreito contato com ele. Cheguei, inclusive, a conhecer pessoalmente alguns nazistas. Um deles, para me proteger, mandava-me avisos quando algum confronto era iminente. Quanto ao germanismo e à música, estávamos na mesma freqüência de onda. Também testemunhei uma outra coisa peculiar. Entre socialistas, marxistas e nazistas havia um ir e vir constante. Num dia, vários eram de uma filiação e, no dia seguinte, de outra. Todas essas variações eram a projeção da dedicação religiosa externa a um credo libertário de natureza cúltica. Essa constatação tornou-me bastante cético em relação ao fanatismo, a despeito de encontrá-lo em mim ou em outros. A maioria dessas pessoas era, de fato, altamente idealista. Em tempos mais recentes, assistimos ao movimento *hippie*, às guerrilhas e atos terroristas dos movimentos de libertação e de defesa do desarmamento, ao movimento de rearmamento moral, ao ressurgimento da Ku Klux Klan e aos neocristãos. Essas pessoas alimentam a mesma cega expectativa de que as respostas radicais à situação humana poderão ser encontradas em mudanças do nível social ou por simples determinações da vontade. As mudanças políticas de pouco adiantam sem a percepção psicológica mais ampla do poder inconsciente e dos anseios de destruição que estão latentes em nossas almas, lado a lado com todas as nossas boas intenções. Yeats comentou com ironia esse aspecto em seu "The Great Day":

> *Hurra para a revolução e muitos tiros de canhão!*
> *O mendigo a cavalo chicoteia o mendigo a pé.*

Hurra para a revolução que traz de volta o canhão!
Os mendigos trocaram de lugar, os chicotes são os mesmos. [1]

Em 1938, aos vinte e seis anos, emigrei da Áustria para a América para escapar aos nazistas. Segundo o sistema de cotas, tendo nascido em Viena, eu podia sair, mas meus pais, originários da Polônia, não puderam. Foram assassinados nas câmaras de gás dos nazistas.

Nos Estados Unidos, vi-me novamente lançado ao modelo heróico, movido por incessantes buscas "de respostas" nas várias correntes espirituais e intelectuais. Com o passar do tempo, estabeleci-me e finquei raízes domésticas, financeiras e profissionais, contido em certa medida pela inércia da prática da medicina. Nessa época, comecei a ter sonhos que apontavam para aquilo que me faltava.

Sonhava estar morando em casas vazias e decrépitas, onde tudo caía aos pedaços; velhos bêbados e esfarrapados, de barba longa e imunda, revolviam em vão as prateleiras em busca de respostas. No começo, não entendi a mensagem desses sonhos. Então comecei minha análise pessoal. Aos poucos, foram aparecendo imagens como a de uma Deusa numinosa que assinalava uma conexão emocional mais profunda, que a cultura heróica havia reprimido. Essas figuras implicavam a necessidade de uma relação com a mulher, como se esta fosse uma deusa; ou seja, era preciso começar a reverenciar as qualidades, sentimentos e emoções até então reprimidos.

Comecei então a enxergar que, em oposição a meus pais, sob a influência da tradição heróica, e em resposta à emigração, eu tinha aprendido a confiar apenas no esforço, na força heróica, no desafio autoconfiante de obstáculos. A vontade, a razão e a compreensão, a honra e a responsabilidade — em lugar do sentimento — tinham sido meus impulsos norteadores. O ideal heróico que me ajudara a manter uma sensação de identidade em meio a um ambiente familiar que não dava qualquer apoio à criança rebelde, curiosa e musical que eu tinha sido me havia endurecido e cristalizara à minha volta uma armadura de responsabilidade, dever e combatividade. Eu adorava, tanto quanto temia, lutar com professores e depois com adversários como os nazistas. Comecei a dar-me conta de que, durante minha infância, faltara uma mulher que pudesse acolher minha idealização. Sentia o mesmo medo de mulheres à minha volta que eu tinha sentido quando criança. As únicas mulheres que eu havia conhecido quando menino tinham sido mãe neurótica histérica e minhas governantas e pajens puritanas e impiedosas, tão severas e frias quanto possível. Assim, eu tinha aprendido a temer as mulheres, antes de mais nada por seu poder de me rejeitar e fazer-me sentir culpado. Não tinha existido ninguém que eu pudesse admirar como figura de força ou com quem eu tivesse compartilhado os êxtases da vida e da morte. A música tinha sido minha compensação para essa carência. Mas, quando adolescente, já a música me parecia uma fuga da realidade econômica e heróica. Nessa ocasião, pareceu-me uma "esperteza" para furtar-me à busca do Graal e da libertação externa. Hoje, a música é para mim a ligação primária com a psique, a alma, o espírito e o inconsciente. Sempre que quero saber como estou me sentindo, vou para o piano.

Em certa época, contrariando minhas intenções conscientes e julgamentos racionais, senti-me poderosamente atraído por uma mulher e, temeroso de que isso pudesse dar margem a graves problemas e complicações, tive os seguintes sonhos. (Embora não com meu nome, foram anteriormente publicados em *The symbolic quest*.)[2] Enquanto caminhava a esmo pelo campo, fui subitamente atacado por um bando de gansos azuis. Chamei por socorro. Apareceu a dona dos animais. Lembrava-me a mulher por quem eu me apaixonara, mas era uma figura muito mais bonita e numinosa. Apaziguou os gansos com uma varinha mágica. Ajoelhei-me a seus pés e ofereci-lhe minha lealdade. Ela me deu um buquê de flores com um gesto encantador. Esse sonho perdura até hoje em minha memória, porque aqueles gansos azuis eram muito assustadores. Mais tarde, descobri que gansos são uma das imagens mais antigas de que se tem conhecimento para representar a Mãe Terra. Na mitologia grega, eram os animais de Hera e Afrodite. Quando Roma quase foi massacrada por um ataque dos gauleses, que invadiram a cidade na calada da noite, os gansos acordaram os guardiães e os alertaram. Os gansos representam a consciência da noite e dos instintos. Esse aspecto é enfatizado em meu sonho pela cor azul-marinho, que transmite uma sensação de noite e de mistério. Era como se o espírito do negro mistério da vida terrena e das emoções estivesse prestes a me atacar e assustar, a menos que eu servisse a dona desses animais entregando-me ao meu sentimento pela pessoa concreta que então a personificava para mim. Ao honrá-la, eu recebia flores, um novo desabrochar.

Num sonho posterior, eu rezava pedindo que a divindade me fosse revelada. De repente, como cortinas que se abrem, a divindade me aparece numa rajada de luz. Vi uma caverna e, dentro dela, a natividade. Havia uma lebre, e ela segurava nas mãos um filhote. Profundamente abalado, caí de rosto no chão e a adorei. Acordei de um salto, muito escandalizado, e indaguei: "Mas por que uma lebre?". Para mim, a lebre era apenas o animal da fertilidade, da sexualidade, da promiscuidade. Seria essa então a minha imagem da divindade? Somente trinta anos mais tarde descobri que, originalmente, a lebre é o animal que simboliza o signo zodiacal da Virgem: a Deusa Virgem, Mãe da Divina Criança, novamente religada ao instinto e à sexualidade, às forças da terra e do corpo através do simbolismo deste sonho, evidenciando o elo que na tradição cristã tinha sido interrompido.

Num outro sonho, vi minha mãe aprisionada num castelo, enfeitiçada por um mago poderoso e mau. Para libertá-la, eu precisava me entregar aos ferozes animais que habitavam esse castelo. Quando eu assim procedi, ela se tornou uma atraente figura de Deusa. Em termos de minha mãe, isso não fazia o menor sentido. O máximo que pude entender, na hora, foi a necessidade de encontrar uma emoção apaixonada. Novamente, pude mais tarde constatar a semelhança deste sonho com as aventuras de Gawaine no *Parzival* de Wolfram von Eschenbach. Enquanto Parsifal, depois de fracassar em seu primeiro encontro com o Graal, desaparece, Gawaine, seu outro lado, um lado talvez mais terreno, liberta as mulheres aprisionadas por um mago sedento de poder em um *castel merveil*. Ele realiza esse feito defrontando-se com um leão enfurecido. Conforme voltaremos a discutir no capítulo sobre o Graal, a aventura de Gawaine constitui o aspecto oculto e esotérico que conduz ao resgate do Graal quando se honra o aspecto Feminino da existência. Uma outra mensagem deste sonho foi que é preciso confrontar os sentimentos e a emoção como parte de uma busca e uma entrega quase religiosas à libertação da Mãe prisioneira, à libertação da Deusa.

O significado de meus encontros pessoais com esse material foi sendo gradualmente confirmado à medida que fui me deparando com estes ou outros motivos similares, que apareciam nas produções inconscientes de alguns pacientes. Pelo menos, eu não estava sozinho com minhas noções "malucas". Estava aparecendo alguma coisa, vinda do inconsciente coletivo, e a ela eu deveria, através de minha vida particular, prestar alguma contribuição. Ao enfrentar meus problemas pessoais, eu estaria em melhores condições de ajudar meus pacientes. Descobri novas maneiras emocionais e vivenciais de trabalhar, incorporando métodos corporais, de trabalho com o imaginário, grupais e gestálticos ao referencial junguiano que, até então, se mantivera num plano relativamente abstrato e teórico. A revalidação das energias instintivas básicas parece-me necessária para que se abram os caminhos que levam até o espírito.

O livro que se inicia a seguir, e no qual trabalhei por mais de dez anos antes de considerá-lo pronto para ser publicado, apresenta a visão que alcancei através de minhas experiências pessoais e de minha própria análise, através do trabalho com meus pacientes e de meus estudos.

Afrodite sobre um ganso. Terracota da Beócia. Período clássico. Museu do Louvre, Paris.

Parte 1

O DILEMA MODERNO

Quem dera possas nascer numa época interessante.
MALDIÇÃO CHINESA TRADICIONAL

CAPÍTULO 1

Uma Teofania Moderna

> Em todas as eras anteriores à nossa, acreditou-se em deuses de uma forma ou outra. Somente um empobrecimento sem precedentes do simbolismo poderia nos permitir considerar os deuses como fatores psíquicos, ou seja, como arquétipos do inconsciente. Não há dúvida de que essa descoberta ainda não é plenamente aceita.
>
> C.G. JUNG *

"Uma dona de casa tiranizada... carente de lugar e propósito, repleta de fel...", era como ela se descrevia. Estava à beira de um sério colapso. Há cerca de um ano, começara a ouvir uma voz que lhe ordenava pegar uma faca e com ela esfaquear e esquartejar seu único filho, um menino de cinco anos. Ela resistia, mas estava aterrorizada. A voz insistia, incessante. E continuou chamando, até ela sentir que estava usando toda a sua força e seu poder pessoal para resistir. Não ousava olhar para objetos pontiagudos nem se aproximar do filho, com receio de que sua resistência esmorecesse e ela o atacasse fisicamente. Assustada, desesperada, procurou socorro psiquiátrico. Seu primeiro terapeuta investigou com ela os principais acontecimentos de sua infância e casamen-

* *Collected Works*, Vol. IX, p. 72.

21

to. Ela havia crescido numa pequena cidade; sua família era de classe média e conservadora. Havia pouco afeto genuíno, e só uma porção ainda mais reduzida dele podia ser abertamente manifestada. No lugar do amor havia a pressão para ser alegre e bem-sucedida, para se conformar, para fazer o melhor possível (segundo os ditames petrificados de sua mãe, da Igreja e da escola). As crianças aprenderam a ocultar seus sentimentos. Manifestações de necessidades individuais e sexuais eram tabu. Seus pais a tinham forçado a romper um apaixonado romance juvenil, porque "ali não havia futuro". A seguir, ela desposara um professor de ginásio, "inteligente e instruído", que considerava entediante e ineficaz.

Seu primeiro terapeuta diagnosticara com exatidão uma enorme quantidade de raiva reprimida, primeiro contra a mãe dominadora que a havia frustrado em seu desenvolvimento emocional e sexual, e depois contra as circunstâncias de sua vida, em particular seu casamento, que sustentava seu cativeiro e, assim lhe parecia, anulava quaisquer esperanças de encontrar em si mesma um autêntico ser humano. Também tinha raiva dos homens de sua vida, do pai ausente e do marido fraco (pelo menos a seu ver). Também era claro que a atmosfera e os valores restritivos de sua infância tinham produzido uma espécie de paralisia psicológica. A religião e a moralidade tradicionais não tinham conseguido conferir-lhe um senso eficiente de individualidade nem dar um significado à sua vida, e a ameaça iminente de destruição proveniente de uma violência perigosamente contida tornara-se completamente real.

Sendo uma mulher inteligente, compreendia as razões de seus padecimentos e apreendia o ódio e o ressentimento assim engendrados, mas compreender a crise e os motivos de sua existência de nada adiantavam. A voz continuava dizendo-lhe que matasse seu filho.

Veio consultar-me quando, movida pelo desespero, decidiu tentar uma forma diferente de terapia. Já que as explicações racionais não tinham surtido efeito, achei que a resposta deveria vir de fontes não-racionais, especificamente, de algum manancial de energia criativa no íntimo da própria paciente. Por isso, sugeri que, na próxima vez que a voz lhe falasse, ela anotasse no papel seus sentimentos, sem fazer qualquer crítica, com lápis de cor ou tinta. Pedi-lhe ainda que tentasse lembrar e anotar os sonhos que eventualmente tivesse.

Isso em pouco tempo produziu resultados dramáticos. Após um severo ataque de ansiedade, pintou um disco amarelo parecido com o sol, cujos raios saíam em todas as direções. Um raio atingia o chão como uma cauda de animal (segundo a descrição que ela própria dera). Para sua surpresa, sentia-se muito mais calma depois da pintura. Conseguiu também se lembrar de vários sonhos; os mais significativos dentre eles serão discutidos aqui.

No primeiro sonho, ela viu uma estrela de seis pontas, construída a partir de dois triângulos entrelaçados. A estrela estava distorcida: o triângulo de cima, que apontava para o alto, era excessivamente grande; o outro, que apontava para baixo, era murcho e pequeno.

No segundo sonho, ela viu o que chamou de "mestre de música". Tinha um corpo de bode e um halo brilhante em torno da cabeça. Ela tentou afugentá-lo, mas, em virtude dessa sua atitude, ele se transformou num demônio violento e irado.

O terceiro sonho mostrou uma cobra gigantesca, com cabeça de touro, encurralada no sótão de sua casa. Essa cobra-touro estava morrendo à míngua e ameaçava arrebentar seu local de confinamento e destruir a casa, a sonhadora e a criança, caso ela não a alimentasse e cuidasse dela.

No quarto sonho, ela estava num museu, no qual um gato de pedra ganhou vida e lhe perguntou o que procurava. Ela respondeu que precisava aprender o segredo esquecido das eras. O gato então a conduziu até um porão, onde ela encontrou figuras muito antigas que carregavam tochas e lhe perguntavam se, de fato, ela queria tornar-se parte do grupo. Ela disse que sim. Precisou então jurar que se dedicaria por inteiro à iniciação que aconteceria a seguir.

No quinto sonho, ela estava excursionando por uma cadeia de montanhas, no cimo de seus picos, no que chamou de atmosfera elevada. Lá, foi repentinamente tragada por terríveis tempestades e poderosos relâmpagos. Para evitar a destruição, precisou descer e buscar refúgio numa caverna ou gruta escura, no fundo da qual havia um lago escuro e misterioso de água "viva", no qual sentiu necessidade de mergulhar para pôr-se a salvo.

Os sonhos são tanto simbólicos quanto sintomáticos. O sintoma expressa uma variação do estado supostamente normal de saúde. O símbolo aponta para além de si mesmo, indicando um significado que está fora do alcance das palavras conhecidas de nossa língua. A linguagem dos sonhos é arcaica: de modo espontâneo, à revelia de nossa percepção consciente, produz fragmentos de mitos, lendas e contos de fada, sob a forma de dramas pessoais. Estes estão vinculados às nossas relações e à nossa realidade mais profunda e podem nos pôr em contato com fontes e significados que nos permitem relacionar nossas vidas às nossas próprias estruturas míticas pessoais.

Sugeri à minha paciente que as imagens de seus sonhos e pinturas eram de natureza religiosa e mereciam ser levadas a sério; que as necessidades suprapessoais podem ser tão importantes para o organismo quanto suas urgências biológicas. O fato de essas imagens não poderem ser prontamente traduzidas em termos racionais não fazia diferença. Não tinham finalidade explicativa, mas destinavam-se a expandir sua consciência e a impeliriam, talvez, até um ponto focal de significado em sua existência pessoal concreta e, eventualmente, além dela.

A estrela de seis pontas, a Estrela de Davi, é um de nossos mais antigos símbolos. O triângulo que aponta para o alto expressa o dinamismo ascendente, em busca do céu, da luz, do ar, do espírito, da abstração, da expansão e da racionalidade. Em resumo, aponta para o arquétipo masculino.

O triângulo de vértice para baixo representa o movimento do espírito no sentido da terra, da interiorização, da encarnação, da experiência orgânica, mais do que da explicação racional. Assinala o arquétipo feminino. Como disse na Introdução, nenhum desses dois termos deve ser confundido com masculino (macho) e feminino (fêmea) em seu sentido comum. São forças arquetípicas presentes em ambos os sexos, conquanto em proporções diversas. Os homens não são meramente masculinos, tampouco as mulheres estritamente femininas. Ambos têm que integrar o outro em si mesmos; ao homem, cabe integrar sua feminilidade inconsciente, ou *anima*, como Jung a denomina, e à mulher cabe integrar sua masculinidade inconsciente, o *animus*. Quando essas forças estão em equilíbrio, a personalidade também alcança a mesma medida de equilíbrio.

No sonho dessa paciente, a estrela apresentava-se seriamente distorcida. O triângulo descendente, que representa as dimensões feminina, instintiva e emocional, a sintonia com as ânsias naturais, ritmos e necessidades orgânicos, viscerais, estava atrofiado e reprimido. O triângulo ascendente, que simboliza a ordem, a disciplina, o controle racional pelo exercício da vontade, era grande demais. Ela não estava tendo acesso adequado à profundidade de sua condição feminina.

No segundo e terceiro sonhos, a ameaça agressiva se personifica, de modo bastante surpreendente, na figura de um professor de música ou bode com halo, e na de uma cobra-touro. Quem ou o que é essa estranha figura? Como ele pode ser uma cobra e um touro? O professor de música com halo alude a uma figura divina ou semidivina, de caráter mitológico, voltada ao cultivo da música. Apolo, Hermes, Krishna e Dioniso foram divindades arquetípicas dessa natureza, mas só Dioniso foi representado também como bode, touro, veado, garanhão e serpente. No mito, ele se volta com ira destruidora contra aqueles que deixam de homenageá-lo. Sua vingança consiste em enlouquecê-los. Aliás, era conhecido como o "deus louco" e forçava as mulheres que lhe resistiam a cometer atrocidades contra os próprios filhos. Como patrono da música, do drama e da intoxicação na antiga Grécia, é o deus que morre e sempre renasce, entidade identificada por vários nomes entre os diferentes povos da Antiguidade: Deus Chifrudo, Osíris, Pan, Dumuzi, Azazel, Atis e Tammuz. Para nós, a mais familiar de todas as suas representações é a do deus grego Dioniso. Seus ritos abundavam em excessos orgiásticos e emocionais, repletos de danças e entregas violentas. No contexto da vida dessa sonhadora, contudo, é importante ter em mente que os ritos dionisíacos expressavam mais do que apenas a atuação neurótica da sexualidade, do desejo e da violência. Na realidade, os cultos dionisíacos usavam a música e o ritual como meios de integrar a violência e o desejo ao conjunto da personalidade. A respeito de Orfeu, a encarnação humana de Dioniso, diz a lenda que, com sua música, ele domava animais selvagens e até mesmo as Fúrias. Assim, os ritos e cerimônias religiosas dos cultos dionisíacos podem ser entendidos como tentativas de domesticação e integração harmoniosa das bestas e fúrias famintas e selvagens ao todo do indivíduo.

A prática do ritual no qual era encenado o drama desse deus, que aqui representa a violência orgiástica, servia para domar ânsias potencialmente destrutivas, para canais socialmente aceitáveis. No passado, a prática de um ritual religioso constituía um equivalente dinâmico do ritual de agressão-controle dos animais, que iremos discutir no próximo capítulo. À medida que o poder "divino" e seu ritual são recusados (o professor de música é hostilizado e a cobra-touro está aprisionada e passa fome), é desencadeado o potencial destrutivo. No mito de Penteu, o rei de Tebas foi esquartejado por sua própria mãe, levada ao frenesi das bacantes por ter se recusado a prestar homenagem a Dioniso.

Há porém um outro fator ainda mais inesperado e surpreendente, que exige ser levado em consideração no contexto deste estranho material. A desconsideração da figura de Dioniso está associada à desconsideração e à repressão da feminilidade, em sua dimensão arquetípica. Os ritos a Dioniso eram originalmente ritos femininos. O triângulo descendente, que denota o feminino, está atrofiado; a deusa gata (as associações da sonhadora indicaram uma deusa gata que tinha visto no setor dedicado ao Egito em certo museu) a conduz aos serviços religiosos de ritos antigos e esquecidos; o refúgio dos trovões e raios do Zeus ou Júpiter patriarcal está na gruta ou caverna feminina, na água escura, útero da Mãe Terra.

No Egito, o gato era consagrado a Bast, Sekhmet e Ísis. Na tradição medieval, era, como o ganso, o *familiaris* das bruxas, dos adoradores da velha religião da Mãe e de Pan. Como Pan, Dumuzi, Atis etc., Dioniso era um deus das mulheres.[1] Nada menos que o ressurgimento de uma atitude religiosa feminina, antiga, reprimida e esquecida, um novo relacionamento com a Deusa e seu consorte, com a feminilidade arquetípica e sua expressão ativa, é o que aqui ofereço como uma abordagem capaz de deter a ameaça da destruição.

Evidencia-se com clareza que é isso o que de fato está contido, de forma breve e destacada, na visão da pintura. No início, a pintura era intrigante. Depois de tê-la concluído, a paciente sentiu-se estranhamente aliviada. Ela não entendia por que, e a pintura também não tinha para ela qualquer significação. Eu mesmo estava perdido, até que, de repente, lembrei-me de uma história que Jung relatara muitos anos antes.

Jung descrevera o caso da fantasia alucinatória de um operário analfabeto, paciente esquizofrênico internado no Hospital Burgholzli de Zurique. Esse homem ficava o dia inteiro de pé junto à janela e chamava, excitado, a atenção dos médicos para que viessem ver o sol. Ele insistia que, se mexessem a cabeça de trás para frente, poderiam ver a cauda ou o pênis do sol movendo-se para a frente e para trás. Ele dizia que a cauda era a fonte do vento solar (naquela época, o conceito dos ventos solares ainda não havia sido enunciado pela ciência). Anos após a morte dessa pessoa, Jung deparou-se com uma tradução de um papiro grego recém-descoberto, chamado "A liturgia de Mitra". Esse obscuro trabalho descrevia a experiência do iniciado nos ritos mitraicos:

> Pois você verá, nesse dia e nessa hora, a ordem divina, os deuses regentes subindo aos céus e outros descendo; e o caminho dos deuses visíveis aparecerá em meio ao disco do sol, meu pai, e deus; assim como verá o assim-chamado tubo, origem do vento dominante. E você o verá como um tubo que pende do disco do sol e oscila para as regiões a oeste, ilimitado como um vento leste se o outro estiver designado para soprar para as regiões a oeste.

Evidentemente, o paciente de Zurique não poderia ter tido conhecimento deste material relativo a Mitra, assim como minha paciente também não. A versão mitraica trouxe-me à lembrança um motivo similar da tradição judaico-cristã, o sonho de Jacó, que viu "uma escada que se firmava na terra e cujo topo atingia o céu; e eis os anjos do Senhor descendo e subindo por seus degraus". A voz de Deus prometia àquele fiel: "Estou contigo e a teu lado estarei em todas as partes aonde fores e novamente te trarei a esta terra, pois que não te abandonarei enquanto não tiver terminado aquilo de que te falei". Depois do sonho, Jacó ficou pasmado e aliviado de sua ansiedade. Sua reação foi: "Sem dúvida o Senhor está neste lugar e eu não sabia" (Gênesis, 28:16).

No caso de nossa paciente, contudo — e justamente aí está a novidade —, a divindade em questão é feminina, sem dúvida alguma feminina. É até mesmo solar em lugar de receptivamente lunar, como tem sido o caso do simbolismo feminino tradicional ao longo de todo o período patriarcal. Em virtude da associação Bast-gato egípcio, a imagem aponta para o mitologema de Sekhmet, aspecto solar de Bast, que era representada com o corpo poderoso mas gracioso de uma mulher com cabeça de leoa. Um disco solar com uma serpente coroava-lhe a cabeça. Sekhmet era chamada por títulos tais como Senhora do Início do Tempo, Senhora da Chama, Senhora da Lâmpada, A Grande da Magia. Segundo Wallis Budge, seu nome é provavelmente uma derivação da raiz *sekhem*, que significa "forte e poderoso", tanto na ferocidade agressiva e destrutiva (Sekhmet era a violenta deusa da guerra) como no desejo, na potência sexual, no amor e na cura.[2]

O que o inconsciente dessa paciente estava mostrando, então, como alternativa para a destruição e como meio de chegar à cura, era simplesmente a renovação da atitude religiosa, reprimida coletivamente há muito tempo e, portanto, até então inacessível à paciente. Essa atitude religiosa era simbolicamente expressa como algo que pertencia à antiga deusa da vida e da intoxicação emocional e sexual, e a seu consorte, amante e vítima que morre e renasce incessantemente. Ambos representam e convocam uma atitude diante da vida que revaloriza a feminilidade e que pode canalizar construtivamente as virulentas necessidades agressivas de auto-afirmação de nossa paciente, assim como suas necessidades de uma auto-expressão emocional e sexual mais adequada. Existe a promessa da cura através de canais que, sob o jugo do patriarcado, estiveram reprimidos e foram atacados como perniciosos, principalmente nas mulheres.

Ao longo de um trabalho de aceitação emocional e de vivência e integração, à sua própria psicologia pessoal, dos poderosos impulsos e necessidades até então reprimidos e expressos no conteúdo mitológico de seus sonhos, processo que levou entre três e quatro anos de trabalho psicológico, a paciente viu-se livre da sanha assassina que a impelia a destruir o filho e capaz de efetuar alterações básicas e altamente construtivas em sua vida.

Aquela "dona de casa tiranizada, carente de lugar e propósito, repleta de fel" (como ela se descreveu em nosso primeiro encontro) tornou-se uma pessoa que se sentia orientada por uma fonte interior de sabedoria, provinda de uma nascente instintiva profunda e essencialmente feminina. Aprendeu a honrar suas próprias necessidades com respeito. Encontrou seus próprios padrões, seus valores sexuais e emocionais, e uma nova capacidade de auto-afirmação e auto-respeito. Com o tempo, além de suas tarefas domésticas e maternas, uma satisfatória carreira profissional abriu-se para ela. A relação consciente com o poder da Deusa, em termos de uma reavaliação psicológica de si mesma como mulher, serviu para inibir e redirecionar a ameaça destrutiva da violência, tornando-a uma atividade criativa. Essa transformação de sua personalidade e de sua visão existencial foi fruto não de um entendimento racional ou teórico, nem de uma atuação neurótica e indiscriminada de ânsias sexuais ou violentas, nem da adesão a uma igreja ou culto, mas da elaboração do material por meio da experiência pessoal ao longo da terapia.

Descrevi até aqui o problema perigoso vivido por uma determinada mulher. No entanto, seu dilema é típico da raiva e da ânsia insatisfeita de autovalidação que inunda a alma de milhões de mulheres e homens no mundo todo. Com demasiada freqüência, pessoas e comunidades parecem dirigidas por atos de raiva e destruição irracional que, a despeito da racionalidade e das intenções, são capazes de devastar suas vidas. Em sua forma extrema, podem chegar mesmo a destruir-nos e a nossos filhos, num holocausto de proporções mundiais.

Assim como a sexualidade e a necessidade de afeto e apoio, a raiva, a agressão e o impulso para a violência são também dinamismos elementares de caráter arquetípico autônomo. Na época vitoriana, eram considerados impulsos maus, egoístas e, inclusive, satânicos, que não poderiam ser admitidos nem tampouco consentidos como parte da personalidade de uma "boa" pessoa. Em termos psicológicos, eram reprimidos e eliminados da consciência. A partir de Freud, a sexualidade vem sendo acolhida no rol dos impulsos psicológicos. Mas a agressão e as necessidades ainda se encontram em larga medida sob as rédeas da repressão e consideradas com repugnância, tal como acontecia com a sexualidade na época vitoriana. Assim, tal como com a sexualidade então, esses dinamismos ameaçam invadir e envenenar nossas vidas conscientes. Sendo-lhes negada a dignidade de um *daimonion*, mesmo uma dignidade satânica, a sexualidade, as necessidades e a violência agressiva não podem ser controladas apenas pela racionalidade e pela vontade.

De tal forma, o impasse de nossa paciente reflete o impasse de nossa cultura. Poderão suas experiências peculiares nos ajudar a lidar com nossos problemas individuais e coletivos? Poderão nos mostrar o caminho que nos permitirá alcançar uma nova ética?

Antes de tentarmos responder a tais indagações, é preciso nos determos para examinar de perto o modo como a agressão e a necessidade funcionam em nossa cultura e em nossas mentes.

CAPÍTULO 2

Desejo, Violência e Agressão

Aquele que... aprende a ultrapassar o chamado do desejo e da raiva encontra Brahman e é feliz.
Bhagavat Gita, 5

A guerra é pai e senhor de todas as coisas... Devemos entender que a guerra é a condição normal, que o antagonismo é justiça e que todas as coisas acontecem através da discórdia.
HERÁCLITO

O homem é um lobo para o homem.
Antigo ditado romano

O problema de nossa paciente pode ser considerado como a distorção de sua autenticidade. A autenticidade é alcançada quando se honram as necessidades emocionais e os desejos pessoais. A necessidade é a ânsia básica de uma satisfação biológica, emocional e espiritual. Funciona a serviço da sobrevivência, da identidade grupal ou pessoal, ou da autovalidação. Sob sua forma mais primitiva, manifesta-se como um vago querer, como fome, cobiça, inveja, dependência, medo, hostilidade e impulsos de violência. Quando personalizados e canalizados de modo responsável na direção de objetivos específicos, esses dinamismos primitivos podem ser refinados, tornando-se anseios, desejos, amor, autoapreciação e auto-afirmação. Nosso problema humano reside no fato de nossas ânsias instintivas básicas serem polarizadas e incluírem tanto impulsos sociais como anti-sociais; refiro-me ao desejo de dar e receber apoio, assim como à tendência a invejar, cobiçar e hostilizar destrutivamente.

Pelo menos a nível teórico, estamos preparados para admitir que um funcionamento humano integral deve se basear na autenticidade pessoal. Talvez o direito humano mais fundamental seja o de ser uma pessoa absolutamente autêntica. Mas o que fazer então com nossas ânsias anti-sociais? Deveríamos pô-las em prática a qualquer custo, em nome da "autenticidade"? As culturas passadas lidaram com essa questão sem sequer considerar os direitos humanos, quanto mais a autenticidade. Em vez disso, as pessoas comuns eram obrigadas a se conformar, a cumprir suas obrigações e deveres. Hoje acreditamos nos direitos humanos. Mas, em larga medida, ainda limitamos sua definição a padrões biológicos, sociais e políticos. Em grande parte, não temos consciência de suas implicações psicológicas, e ainda damos pouco valor às necessidades afetivas. Em nome de uma conformidade social do ideal masculino de bravura, ainda reprimimos nossas crianças e as ensinamos a reprimir suas dimensões femininas subjetivas, seus afetos, sentimentos e necessidades. É assim que nossa cultura copia coletivamente a patologia da paciente discutida no capítulo anterior. Reprime em lugar de integrar com sensibilidade o âmbito da Deusa, ao qual pertencem o nascimento, a morte, as oscilações interiores, os estados de humor, de ânimo, as emoções. Além disso, reprime o âmbito dionisíaco, do qual fazem parte o desejo, a agressão, a alegria e a destruição. Disso resulta uma generalizada sensação de despersonalização, frustração, ressentimento, ódio, incapacidade de amar e insensibilidade para com a condição humana, nossa ou dos outros. A inveja, a cobiça e a hostilidade destrutiva dominam cada vez mais. Ainda não confrontamos o paradoxo entre a necessidade de uma autenticidade pessoal e as exigências de uma ética social.

Depois de ter sido frontalmente exposto ao medonho espetáculo do nacional-socialismo, vejo que essas tendências são mais do que meros temas de debate teórico. São lembretes e advertências do rumo que podemos estar tomando, caso não despertemos para toda a extensão do problema. Seria uma ilusão otimista presumir que o desaparecimento de um ou outro ditador resolve o dilema. Depois de Hitler veio Khomeini, depois do Vietnã tivemos a Polônia e El Salvador. E depois o quê? O que dizer do clima de criminalidade, terrorismo, polarização e exploração racial de nossas comunidades, de nosso dia-a-dia?

Hoje, provavelmente, não há mais violência, opressão ou exploração brutais do que houve no passado, mas essas condutas não são mais compatíveis com nossa consciência moral, nem com nossas esperanças de sobrevivência da raça humana. Diante do estado atual de nosso desenvolvimento tecnológico, uma violência desenfreada pode representar a desintegração da estrutura social, um holocausto nuclear, o suicídio coletivo. Não obstante, não temos uma cura satisfatória para essa ameaça. As tentativas de conter e regular a agressão violenta e, por extensão, a cobiça, mediante a lei, a caridade cristã, princípios éticos, reformas sociais e boa vontade não são mais adequadas. Precisamos de sistemas religiosos e culturais que possam desarticular a agressão, a raiva e a violência, dirigindo-as para canais construtivos. No entanto, não temos nenhuma. Nossas religiões patriarcais tradicionais não nos ajudam mais a conter tais forças. Nosso código cultural levou-nos a considerar a raiva, a hostilidade, a agressão e o desejo como maus, desnecessários e evitáveis. Portanto, em muitas oportunidades estamos ingenuamente despreparados para novas investidas desses dinamismos. Ficamos chocados ou, pior ainda, nem sequer chocados, porque já esperamos que assim seja.

O interesse particular estreito e selvagem prevalece entre indivíduos ou grupos sociais. Crimes políticos violentos, guerrilhas, banditismo, seqüestros, terrorismo, são cada vez mais freqüentes e sempre justificados por aqueles que os cometem em nome de boas causas. Aceitamos o nacionalismo como uma força inevitável no cenário político e como fundamento válido de uma ética comunitária. A esse fato, Grillparzer, poeta e dramaturgo austríaco, respondeu há mais ou menos cento e cinqüenta anos, com um verso profético: "Os caminhos da erudição moderna: do humanismo através do nacionalismo em direção ao brutalismo".

No passado, a violência era contida com melhores resultados pelos canais sociais competentes. Não era, como acontece agora, vista quase sempre como errada. Uma vez que havia limites para a sua manifestação legítima, sua proibição dentro do organismo social também podia ser imposta. O herói de antigamente combinava bravura física e espiritual com habilidade muscular para destroçar o adversário. Aquiles, Sansão, o cavaleiro medieval são exemplos desse tipo de herói. Hoje encontramo-nos numa situação esquizofrênica: apesar de protestos conscientes, ainda vemos, inconscientemente, a violência, a agressão, a exploração ambiciosa, como feitos admiráveis. Analisemos a mídia atual. A televisão e os filmes glorificam a violência, o horror e o sexo explícito a ponto de esses desempenhos se tornarem praticamente ritualizados. O apelo de tais imagens parece derivar do efeito catártico do drama. Esses violentos dramas contemporâneos são, na verdade, secularizações decadentes e caricaturais das solenes representações da tragédia da Antiguidade. Em grego, *trag-odia* significa "o canto do bode", numa referência a Dioniso. Originalmente, tratava-se de uma apresentação catártica do surgimento, da destruição violenta e da glorificação do protagonista humano que incorpora o destino de Dioniso, o bode do sacrifício, o poder vital que morre e renasce eternamente, a criança necessitada e o deus que se imola. A tragédia da vida era apresentada como um embate inexorável, conquanto vão, contra o destino imposto por deus, que decretava a destruição em prol do renascimento, ou como punição pela *hubris*.

Enquanto a agressão e a violência foram consideradas uma manifestação do poder de uma divindade tutelar (como Dioniso, Áries, Shiva, Thyr, Sekhmet e Morrigan) ou serviram à glória maior do imperador, da Igreja ou da pátria, foram integradas num sistema moral e ético. Por pertencerem a uma divindade, a violência e a agressão podiam ser vistas como componentes de um sistema cultural auto-regulador dotado de um equilíbrio intrínseco. As necessidades eram oferecidas a uma divindade que era homenageada por meio da meticulosa observação de regras e tabus, impulsos e inibições inerentes à sua mitologia. Até a guerra possuía suas regras e rituais. Tinha que ser declarada, originalmente, por invocação do deus. Segundo o código da cavalaria, os fracos e desprotegidos deveriam ser poupados, e os que pedissem asilo, mesmo que fossem inimigos, eram considerados invioláveis. É de uma significativa ironia que os últimos resquícios dos vários códigos da cavalaria tenham como último legado a fanática violência de nossas "esclarecidas" e "pacifistas" operações militares, desencadeadas em nome de causas supostamente sagradas e da suposta melhoria das condições de vida da humanidade. Junto com a extinção de Deus de nossa era contemporânea, o último traço de respeito pela ordem imposta pelos antigos deuses também desapareceu. A lei e as regras já não nos protegem contra a violência.

A raiva, o ódio, a agressão, a cobiça e a violência são *oficialmente* consideradas incondicionalmente más. Ao mesmo tempo, tornaram-se prerrogativa do ego moderno, podendo ser acionadas do modo mais arbitrário a serviço de propósitos egóicos, sem qualquer consideração pelas forças abolidas. Nos tempos que correm, os horrores do genocídio e dos campos de concentração nos exibiram a face de um demônio em toda a sua crueza, nos expuseram à loucura que nossa orgulhosa civilização pensava ter superado. A ordem divina "Não matarás" tornou-se vítima de nossa perda da orientação transpessoal. Falta-nos um sistema ético crível, por meio do qual possamos integrar os desejos e impulsos agressivos. Sentimo-nos cada vez mais ameaçados pelo perigo da violência, que piamente deploramos mas não conseguimos impedir. A natureza contraditória desta postura esquizofrênica é uma ameaça tão aguda à nossa sanidade individual e coletiva quanto a atitude vitoriana diante do sexo no período anterior a Freud.

O ego patriarcal (que discutiremos mais adiante) tem horror às mudanças e rendições. Deseja que a vida e a consciência se mantenham perpetuamente inalteradas, imutáveis. Sendo assim, teme qualquer ameaça à sua continuidade. Não obstante, está disposto — aliás, vê-se compelido — a reprimir e a destruir tudo o que se interpuser no caminho de sua fome e de sua busca de segurança. O ego patriarcal deseja a vida, mas cria exatamente a destruição e o mal que teme e renega.

Consideramos mau aquilo que tememos. Tememos a violência porque fomos levados a esperar uma vida organizada, racional, pacífica e perpétua. Tememos a mudança porque nosso senso de identidade pessoal no tempo e no espaço se assenta na ilusão da mesmice, da estabilidade psíquica e da permanência.

Jung observou que "Nada desencadeia tanto pânico nos primitivos quanto o incomum, que é imediatamente visto como perigoso e hostil".[2] O mesmo é válido para o homem civilizado.

A mudança é uma ameaça a nosso estado atual de consciência e ao senso de identidade ao qual nos acostumamos. Por isso temos muito medo da morte, que é a derradeira mudança, e a consideramos o maior de todos os males. Dioniso, o obscuro deus da mudança, representa justamente essa ameaça. Tinha que ser expulso em nome do Deus que é *Eu sou*, o Deus que separa o bem do mal, o superior do inferior. Conseqüentemente, perdeu-se a paradisíaca unicidade. Sob uma ou outra forma, esse tema percorre todas as mitologias patriarcais.

O abismo criativo do solo materno, o Feminino ou Yin, foi seccionado e rejeitado. A ânsia violenta e arrebatadora de morte e destruição, que é uma parte tão importante do princípio Yin, foi negada e reprimida. O solo abismal, origem de todos os seres, é considerado sagrado, perigoso e esmagador. Sua atração é apaixonadamente desejada e, não obstante, temida pela identidade individual, que gradualmente emerge e passa a temê-la por ser caótica. Foi assim que os tabus e a repressão se tornaram necessários para impedir a fusão regressiva e para assegurar a ordem e a racionalidade.

Nossa consciência racional e nossa ordem social aparentemente viável, onde há respeito pelos direitos individuais, foram consolidadas sobre a rejeição da Mãe Escura e da violência dionisíaca. Mas a sociedade não é tão ordenada quanto parece. A rejeição da violência é ambígua e parcial. Acreditamos que nossa definição da ordem seja fundada em expectativas racionais. Porém, quase sempre está alicerçada em preconceitos e pensamentos que desejaríamos que fossem realidade.

Nossa tentativa de estipular sistemas sociais e políticos absolutos e eternos é um esforço para banir a desordem, para a qual não temos lugar. Contudo, cedo ou tarde, mediante o pêndulo da compensação, a sombra que foi banida prevalece e consegue desestabilizar a credibilidade dos valores culturais estabelecidos. Dessa forma, abre-se uma brecha para a estruturação de adaptações culturais novas e igualmente temporárias. O deus de ontem provavelmente será o diabo de amanhã.

Sempre foi assim. A democracia grega degringolou em demagogia. Roma — mãe da lei, da ordem, do orgulho nacional — descambou para a ilegalidade, a corrupção e a indiferença nacional. As culturas cristãs medievais, cujos reis governavam pela graça de Deus, ruíram diante da perda da fé no poder divino. A moralista cultura vitoriana foi decapitada por sua falta de percepção da própria imoralidade e hipocrisia.

Da mesma forma, nossa rejeição da cobiça e da violência é, na melhor das hipóteses, insincera e apenas limitada ao controle de sua força destruidora. Aliás, temos revelado uma extrema habilidade para a elaboração de incontáveis justificativas corretas para nossa própria violência. Consideramo-la má quando ela nos ameaça, mas gloriosa e admirável quando infligida por nós. Nossa parte moralizadora considera a violência e o assassinato atos repreensíveis, maldosos e perigosos. Inconscientemente, porém, nosso ser é completamente permeado por esse amor à violência pela violência. Tal dicotomia reflete-se na ordem legal do Decálogo, que ordena "Não matarás" e, ao mesmo tempo, incentiva o extermínio dos não-conformistas e o desapiedado genocídio das nações conquistadas.[3] Essa tradição contraditória permaneceu no cerne da cultura cristã ocidental. Prega-se o amor a Deus e aos inimigos, mas pagãos, judeus, heréticos, membros dissidentes e inimigos da pátria passaram pela espada e pela fogueira, foram lançados nas câmaras de tortura e nos campos de concentração. Os líderes guerreiros mais eficientes e conquistadores são glorificados como heróis.

O fato desagradável é que o esforço do ego no sentido da manutenção das estruturas e sua rejeição da ânsia de violência sofrem a persistente oposição do Deus Escuro (ou demônio, se quiserem) nos recessos da psique. A violência, a ânsia de destruir a forma e infligir lesões corporais e morte continuam exercendo uma atração poderosa, mobilizadora e revigorante sobre o ego. É esta a base do arquétipo do herói guerreiro, açougueiro de seus adversários, aliás, indispensável para a consolidação do ego num estágio inicial. Contudo, a violência contemporânea é cada vez mais perpetrada, sem qualquer discriminação ou causa, contra jovens, velhos, e em situações cotidianas, habituais. Parece ser detonada não pela raiva, não por necessidades econômicas, mas meramente por vapores intoxicantes de uma ânsia sádica de poder que exige satisfação.

Os filmes cujo conteúdo é o assassinato e a violência encontram mais aceitação e tolerância do que a pornografia aberta, uma vez que apelam ao conceito tradicional e santificado do heróico. É por essa mesma razão que as pessoas continuam sendo energizadas por espetáculos de boxe, rúgbi, touradas, acidentes catastróficos, execuções. Ficam "ligadas" diante da violência e gozam-na como experiência catártica. Estamos falando agora do cidadão médio, homem ou mulher, e não apenas dos chamados pervertidos ou criminosos sexuais. Se tivermos uma mínima disposição para ver, poderemos constatar que o sadomasoquismo é um fenômeno corriqueiro. Aquilo que chamamos de perversão ou criminalidade é uma questão de grau e de falta de capacidade para lidar com a ânsia dentro de limites socialmente aceitáveis.

Este último ponto é crucial: não adianta negar ou racionalizar a sede de sangue aparentemente insaciável do *homo sapiens*, pondo a culpa apenas em frustrações ou necessidades econômicas. Parece que assim procedemos porque nos é impossível aceitar esses padrões energéticos transpessoais e autônomos de agressão, sexualidade e necessidade pelo que eles realmente são: forças primordiais de atração e repulsão que constituem os dois pólos da vida, aspectos da autenticidade humana.

Não há dúvida de que todas as formas de frustração intensificam a ânsia de violência. Contudo, a negação repressora e a desvalorização moralista de um impulso natural e de necessidades individuais são em si mesmas frustrações de primeira grandeza. Além de não terem qualquer utilidade, agravam o problema e inviabilizam a possibilidade de canais adequados de expressão. Os sermões condenatórios contra a necessidade de dependência, a agressão e a raiva divulgados pela cultura contemporânea são muito semelhantes à atitude vitoriana diante da sexualidade: a condenação hipócrita associada a um inconfesso fascínio. Professamos uma coisa e praticamos outra. Como os vitorianos, tentamos abordar a questão por meio de uma comercialização respeitável. "Interesses nacionais" e econômicos demandam a venda de bilhões de dólares em armamentos — para não mencionar dispositivos nucleares — a qualquer um que se declare contrário ao inimigo temido e odiado. A sexualidade é vendida como atividade necessária e por isso útil para intensificar o amor, a família e o lazer. A agressão e a sanha consumista são elogiadas como ingredientes essenciais para a prosperidade em qualquer empreendimento e para a obtenção de domínio econômico, político ou militar, em escala individual ou nacional.

Essas tentativas de comercializar os deuses, porém, apenas os tornam mais demoníacos. O preço que pagamos é a obsessão, o cinismo, a brutalidade e a obscenidade. A divindade perdida continua fazendo-se presente por meio da pornografia.

A falta de preparo para uma relação direta com a qualidade transpessoal daimônica da agressão favorece sua satanização.[4] A cínica desumanidade da violência moderna, racionalizada em justificativas políticas, sociais ou comerciais, extrapola até mesmo a insensível exploração da sensualidade na TV, nos filmes e nos meios de comunicação de massa. Contudo, muitos psicólogos ainda insistem ingenuamente em que a ânsia agressiva nada mais é do que uma reação ao medo e à frustração. Alegam que a necessidade de exprimir hostilidade pode ser combatida com mudanças sociais que criem um ambiente isento de frustrações e medos. Essa postura é análoga à idéia de que as paixões e emoções são indesejáveis perturbações da racionalidade. No entanto, a própria ausência de algo contra o que lutar seria em si uma frustração. E uma total anulação do medo é uma ameaça à sobrevivência.

A agressão é indispensável ao adequado funcionamento do ego e à capacidade de amar e estabelecer relações. Áries, o deus da guerra e dos confrontos, e Eros, o deus do amor e do desejo, são psicologicamente irmãos gêmeos.

No desenvolvimento de uma criança, as "fases guerreiras"[5] que constituem os conflitos pai-filho e irmão-irmão têm sido consideradas necessárias ao desenvolvimento de sua masculinidade, de seu *animus*. A consolidação do ego e a noção de uma identidade pessoal baseiam-se na aceitação individual e na capacidade de afetar os outros. A ausência de experiências de luta favorece uma personalidade fraca, destituída de ímpeto, de motivação e de autoconfiança. A diferenciação, a autodefinição, portanto, acontece mediante confrontos.

Embora possamos considerar a constatação indigesta, a violência, longe de ser apenas uma resposta à frustração, é uma das experiências humanas mais profundamente mobilizadoras. É tão fascinante quanto aterrorizante e tem um parentesco próximo com a sexualidade e a criatividade.

Stanislav Grof descreveu a íntima associação entre experiências de nascimento e renascimento e a violência, as sublevações e a morte desencadeadas por suas experiências com LSD.[6] Ele descreve a emergência de sentimentos e ânsias de violência durante a passagem pelo canal do parto. O sujeito vivencia a superação de um estado de imobilidade e inércia, de opressão e paralisia. Em seguida, ondas de violência e agressão podem ser desencadeadas por qualquer situação existencial estagnante ou sem saída, que convoque a necessidade de regeneração, de um *novo* nascimento. Isso é verdade coletiva e individualmente. Basta recordar a sensação de júbilo e alívio de todas as nações participantes quando do início da Primeira Guerra Mundial, ou do povo alemão no nascimento do nazismo, para não mencionar a explosiva violência sobre a qual repousam todas as revoluções.

Esses sentimentos de alegria têm pouco ou nada a ver com a compreensão racional ou com a avaliação inteligente da situação por parte dos envolvidos. São como o momento em que desaba a tempestade após o acúmulo de ar estagnado. A explosão de alegria diante da perspectiva de uma guerra trai a elementar necessidade de abalar e romper as estruturas existentes para criar espaço para mudanças, independentemente de planejamentos racionais e mesmo sob o risco da autodestruição. De um modo ou de outro, a agressão e a violência são essenciais ao desenvolvimento da auto-afirmação e da sensação expansiva de estar vivo, assim como à transformação e ao crescimento psicológicos. Tais considerações explicam a inevitabilidade de explosões de uma violência aparentemente sem sentido quando as coisas estão calmas demais e as pessoas se sentem paralisadas ou impotentes. Conselheiros de acampamentos e professores experientes sabem que precisam estar preparados para súbitas explosões quando as coisas ficam quietas por muito tempo. Quando ficava entediado, um de meus filhos costumava dizer: "Vamos ter uma lutinha". A Primeira Guerra Mundial explodiu num mundo de prosperidade aparente, e o terrorismo alemão, em meio ao *Wirtschaftwunder* ("milagre econômico"). Muitos pistoleiros mercenários acabam revelando um passado de pessoas tímidas, cordatas, que cuidavam das próprias vidas e ajudavam velhinhas com as compras antes de partirem para a violência.

Os etologistas demonstraram com evidências impressionantes que a agressão está filogeneticamente pré-programada no organismo biológico de animais e, provavelmente, no dos humanos.[7] Ela se contrapõe e se mescla a ânsias igualmente profundas de dependência e amor, que pedem condutas sociais de apoio recíproco. Os trajetos da agressividade, da sexualidade e do erotismo estão interligados nos pedúnculos cerebrais.[8] Durante comportamentos agressivos, alguns animais exibem o falo erecto para demonstrar superioridade, ou executam movimentos de estupro homossexual.[9] No caso dos humanos, violência e sexualidade também estão intimamente vinculadas. Observou-se que soldados que atiram para matar[10] e homens que são legalmente executados[11] têm emissão seminal no momento em que infligem ou conhecem a morte.

A agressão visa a separação e, não obstante, termina por unir, na medida em que há o desejo de se fazer sentir pelo outro. A ânsia é golpear, machucar e até destruir. O resultado final, entretanto, é o vínculo e a conexão. A ânsia de Eros, por outro lado, é de união, é satisfazer as necessidades próprias ou alheias, é penetrar ou ser penetrado, conforme o caso. No entanto, o resultado é geralmente a separação e o afastamento após a saciedade e, muitas vezes, a dor e a destruição. Quem poderia, de fato, enumerar a multiplicidade de interações que acontecem sob a denominação de amor e violência? A violência almeja apaixonadamente destruir seu objeto, e o mesmo faz Eros em seu desejo de união, pois na satisfação das necessidades pessoais busca a dissolução da distância a que o outro se mantém.

O amor submerge facilmente no tédio, no ressentimento, na indiferença. A paixão se desfaz em qualquer relação isenta de dificuldades, problemas, crises e lutas. Portanto, as mulheres, mais sensíveis às necessidades e artimanhas de Eros, são muitas vezes instintivamente mobilizadas a provocar conflitos e dificuldades de relacionamento a fim de manter acesa a chama. Nossa "alegria de viver" depende tanto de uma certa sensação de vitória sobre circunstâncias adversas e antagonismos, quanto de um amor que ofereça apoio e atenda às necessidades de dependência. Por esse motivo, o ódio não correspondido e não combatido, inibido em suas vias de escoamento, pode produzir a mesma violência destrutiva que o amor infeliz, as necessidades insatisfeitas e a sensação de rejeição. Em "A Poison Tree", Blake mostrou com grande percepção quão insidioso é o caminho percorrido pela raiva não expressa:

Estava com raiva de meu amigo.
Falei de minha ira; minha ira morreu.
Estava com raiva de meu inimigo.
Não falei disso; minha ira cresceu.

E umedeci-a em meus medos
Noite e dia com minhas lágrimas
E aqueci-a com sorrisos
E astúcias doces e insinceras.

> *E ela crescia de noite e de dia*
> *Até dar à luz luminosa maçã*
> *Que meu inimigo, vendo brilhar,*
> *Soube que era minha.*
>
> *E meu jardim invadiu*
> *Quando a noite tudo tinha ocultado*
> *E pela manhã feliz constatei*
> *Meu inimigo estendido sob a árvore.*[12]

Para personalizar a violência e saborear a possibilidade de uma vitória através da agressão, é preciso que exista um objeto a ser vencido. A psicologia da personalização da violência por meio da agressão expressa o fato de que a vitimização e a submissão exigem ser vivenciadas ativa e passivamente. Não se pode vencer e ser forte e independente o tempo todo. Vencedor e vencido, o mais forte e o mais fraco são parceiros inseparáveis, reciprocamente necessários para a representação integral das ânsias de agressão e de dependência dentro das inter-relações humanas. Em toda parte, a vida emparelha o desejo com a possibilidade da satisfação, mas também com a frustração e a resistência. Sem a tensão da resistência que nos convoca a superá-la, não há satisfação genuína, não há senso de identidade, de "eu posso", só o tédio. Sem a rendição, instala-se uma tensão interminável. Sem a reunião, só existe o isolamento.

Quando a agressão é reprimida, por exemplo nas pessoas que aprenderam a não revelar sua raiva ou que tiveram uma vida exageradamente facilitada durante a infância, o resultado pode ser uma frustradora impotência. A ausência da necessidade de alcançar seja lá o que for por esforço próprio traz uma sensação de estagnação e desesperança e o perigoso acúmulo de violência não expressa e despersonalizada, que incluem impulsos autodestrutivos e também a incapacidade de amar. Quando está fora do alcance consciente devido à repressão, a ânsia de violência é tão ou mais perigosa do que a violência e a agressão abertamente expressas. Aliás, a repressão torna difícil ou impossível o controle da violência. A questão que se coloca, portanto, diz respeito às formas possíveis ou adequadas pelas quais a agressão possa ser controlada e personalizada.

É impróprio abordar este problema apenas pelo prisma sociológico. Embora não estejamos negando sua importância, a compreensão meramente sociológica da agressão e da necessidade é insuficiente se não considerarmos a dinâmica arquetípica subjacente.

A Revolução Industrial e os períodos de grande depressão econômica, tais como o intervalo entre as duas grandes guerras, não aumentaram a incidência da violência exteriorizada. Os fatores de frustração que contribuem para a intensificação da violência não são tanto econômicos quanto psicológicos. Os humanos não só anseiam por alimento e conforto físico, mas *também* por dignidade social, vínculos interpessoais e alguma forma de auto-identificação. O sentimento de estagnação, de impotência, de ausência de valor e poder pessoal, a sensação de valor pessoal e anseios insatisfeitos tornam o instinto natural agressivo destrutivo e, a partir de então, incontrolável. Porém, por si sós, *nem mesmo estes causam* agressão. Apenas a trazem à tona ou a agravam.

Por trás das diversas racionalizações da agressão, incluindo o desejo de proteção do território e a reação ao medo, encontra-se uma força vital muito mais básica. Trata-se de uma forma de auto-afirmação e de autotranscendência que se estriba na capacidade de destruir os outros e a si próprio a serviço da renovação da vida. Este é o verdadeiro *daimonion* da violência, perigoso quando negado e secularizado. É vivenciado como surtos poderosos de uma destrutividade sadomasoquista extática, voluptuosa, que, por estranho que pareça, tem como alvo o êxtase da reunião com as origens e os fundamentos maternos do ser.

Por intermédio do exercício desse poder dionisíaco, a pessoa vivencia a auto-realização, uma sensação de "eu posso", sente-se potente. É por isso que uma sensação de impotência, a ausência do "eu posso", convoca a agressão destrutiva como uma espécie de reação pânica de compensação.

Não podemos livrar-nos da agressão. Ela é absolutamente necessária à sobrevivência e à estruturação de um ego forte e autoconfiante. É parte essencial de nós mesmos, e conosco permanecerá para que a reconheçamos como legítima, a despeito dos esforços educativos e de reforma social em contrário. O necessitar pode equilibrá-la como fator social de apoio quando aceita, mas quando negada a agrava na forma de inveja e cobiça.

A aceitação deste fato não é uma manifestação de pessimismo ou fatalismo, mas uma avaliação realista que pode nos permitir encontrar uma integração menos destrutiva das ânsias violentas, de nossas necessidades culturais. O caminho para atingir esse objetivo passaria pela transformação da violência e da agressão em assertividade, mediante sua personalização. Parece que essa conversão é o modo que a ânsia de individuação escolheu para promover a diferenciação psíquica da personalidade e estimular a formação de vínculos interpessoais.

O verdadeiro perigo da agressão, em termos psicológicos, reside em sua repressão e em sua negação, causadas por uma imagem unilateral da natureza humana, que nossa cultura pretende essencialmente boa, obediente às leis, isenta da irrupção arrebatadora de impulsos destrutivos. O modelo rousseauniano do nobre selvagem criou essa imagem sentimental e idealizada do homem em lugar da visão medieval, mais realista, que ainda permitia que Dioniso continuasse existindo, embora degradado ao papel de demônio.

Todas as culturas do passado levaram em conta o fato de que a agressão não pode ser abortada, mas, ao contrário, deve ser respeitada e receber um espaço próprio, de tal sorte que sua violência cega seja contida e redirecionada para canais positivos. Os antigos ritos propiciatórios e celebração dos mistérios ofereciam canais de substituição e sublimação para a força arquetípica de Dioniso e Azazel, o deus-bode do Oriente Médio, o bode expiatório.[13] Quando negado ou reprimido o que pertence ao deus, o demônio se apropria desse conteúdo e dá vazão à ânsia demoníaca em atividade tais como a Missa Negra e a caça às bruxas, as sangrentas inquisições e as cruzadas.

A agressão, a sexualidade e a necessidade de ser cuidado são, então, poderes arquetípicos transpessoais, irresistíveis e fascinantes. Nessa qualidade, carecem de práticas ou rituais apropriados que os possam conter. Contudo, só podemos efetivar essa meta quando deixamos de ver tais forças como intrinsecamente boas ou más, úteis ou inúteis. O que precisamos é tentar descobrir seu significado arquetípico intrínseco, sua tendência evolutiva, o lugar que ocupam no contexto total do funcionamento orgânico.

Qual é então a natureza desse estranho triângulo de forças, composto por agressão, necessidade e frenesi erótico? Se elas são forças vitais, por que temos nos revelado incapazes de nos relacionar com elas de uma maneira mais construtiva? Execrando-as como incondicionalmente más, não teremos nos privado de seus benefícios promotores da vida? Será que, ao contrário, não as temos provocado e instigado a nos assaltar e atormentar com a faceta mais escura e animalesca de nossa natureza? Por que Dioniso teve que se tornar Satã?

Como fazer as pazes com essa estranha força de loucura potencial, maldade e destrutividade e incorporá-la através de novas modalidades de interação e ética?

Em nossa busca de respostas para essas questões, precisaremos considerar não só a dinâmica consciente e inconsciente do comportamento humano, mas os impulsos básicos e os padrões evolutivos que também atuam no comportamento animal.

A história natural da agressão

Ao discutir a relevância do comportamento animal para a psicologia humana, Konrad Lorenz, o etologista, postula que os animais agem como humanos emotivos que não têm ou usam muita inteligência. O comportamento daquelas criaturas revela a manifestação relativamente transparente de impulsos. Dessa forma, pode servir de modelo para os padrões comportamentais do arquétipo da agressão.

Lorenz diferencia a agressão intra-específica da agressão predatória ou de defesa. A primeira acontece entre animais da mesma espécie, como luta ou "competição entre parentes próximos". Ele assinala que animais de espécies diferentes costumam deixar-se relativamente em paz. Isto é surpreendente, uma vez que seria de esperar que parentes próximos se amassem e se protegessem e que a agressão fosse direcionada para fora, contra outras espécies.

A constatação seguinte é ainda mais surpreendente. A capacidade de formar algo semelhante a um vínculo pessoal e de prestar apoio recíproco ocorre em razão direta do grau de agressão intra-específica. *O vínculo e a agressão fazem parte do mesmo padrão.*
Além disso, Lorenz mostra que o impulso agressivo é um dinamismo inato, apriorístico. Não ocorre apenas como reação a um estímulo, mas é capaz de emergir espontaneamente, sem a necessidade de fatores desencadeantes. Se não há inimigo à disposição, algum objeto será identificado como tal ou criado para essa finalidade. O curioso é que isso também se aplica à ânsia sexual. Lorenz observou que os animais que não têm parceiro amoroso ou de combate (o que parece acabar dando na mesma coisa) manifestarão a emergência da ânsia tornando-se inquietos. Na ausência de um parceiro, podem atacar ou amar um pau de vassoura, a parede, ou mesmo o ponto de encontro de duas linhas que riscam o chão. Também o medo vem espontaneamente à tona na ausência de um agente desencadeador.

O termo *Leerlauf,* ou "corrida simulada", foi cunhado para descrever essa atividade inquieta sem um fator provocador. Se decorreu um certo tempo desde a última erupção de comportamento agressivo ou sexual, a energia é recarregada e começa a fermentar de novo a inquietação espontânea. Assim, o momento mais provável para a explosão de agressão é aquele em que tudo corre suavemente e a situação parece sob controle. Lorenz observa que

é a espontaneidade do instinto que o torna tão perigoso. Se fosse apenas uma reação a certos fatores externos, como muitos sociólogos e psicólogos sustentam, a humanidade não estaria tão ameaçada quanto está, pois, neste caso, os fatores que provocam a reação agressiva poderiam ser sumariamente eliminados com alguma esperança de êxito.[14]

Embora talvez não gostemos muito disso, na qualidade de estudiosos da tendência humana para uma brutalidade espontânea e até prazerosa, precisamos concordar com Lorenz. Aqui, entretanto, deparamo-nos com o grande paradoxo da transformação: em muitas espécies animais, nesse ponto a agressão se transforma numa relação e numa parceria. Isso ocorre de três formas básicas: (1) o ataque é desviado para outro alvo; (2) é efetuado um gesto propiciatório que expõe a parte mais indefesa da criatura; (3) ocorre uma ritualização destes dois elementos, ou seja, é elaborada uma forma aceitável de redirecionar o ataque, seja como uma reação que independe da exposição da parte indefesa, seja como uma reação a ela, que agora funciona como símbolo de ambos os níveis.

Em termos psicológicos, o significado desses ritos é que, apesar de a agressão ser expressa, o é *apenas em parte.* Quando negada, a agressão dirige-se ao plano subterrâneo, onde aumenta sua qualidade explosiva e diminui sua chance de transformação; por outro lado, quando tem consentimento para se mostrar em sua força total, pode destruir tanto a nós quanto ao alvo pretendido. *A regulação da agressão exige tanto sua expressão como sua inibição.* Aqui, novamente, o comportamento animal pode nos ensinar alguma coisa.

Alguns animais expõem sua dimensão desprotegida, ato que consideramos extremamente difícil. Contudo, muitas vezes é crucial que admitamos, para nós mesmos ou para outrem, que estamos magoados ou erramos, ou que somos tolos. Quem já tenha feito isso conhece o poder neutralizador dessa atitude.

Podemos presumir que a maneira como os animais transformam o ato agressivo num relacionamento corresponde, no nível humano, aos movimentos arquetípicos que modelam as relações pessoais a partir de encontros agressivos. A seguinte passagem de Lorenz pode ser lida tendo-se em mente a idéia junguiana de arquétipo:

> Como a execução de qualquer outro ato instintivo independente, o ritual tornou-se uma necessidade para o animal; em outras palavras, tornou-se um fim em si mesmo. Diferentemente do instinto agressivo autônomo do qual se originou, o ritual não pode ser indiscriminadamente lançado sobre qualquer membro anônimo da espécie. Ao contrário, exige como objeto o parceiro conhecido. Dessa forma, cria um *vínculo* entre os indivíduos.[15]

O elemento oculto que insiste em manifestar-se por meio desses confrontos é uma qualidade de Eros. O seguinte episódio retrata de maneira impressionante o que acabamos de afirmar:

> Certa vez, presenciei dois machos babuínos fortes e maduros, da raça Hamadryas, atacarem-se com toda a seriedade. Incapaz de escapar, o perdedor buscou refúgio num gesto de submissão; diante disso, o vencedor deu-lhe as costas e afastou-se... Imediatamente, o perdedor correu atrás dele e exibiu-lhe o traseiro com tanta insistência que o mais forte acabou "reconhecendo" a submissão do outro e montou em cima dele... Somente então o submisso pareceu estar satisfeito com o fato de sua rebeldia ter sido esquecida.[16]

Podemos extrair duas conclusões significativas dessas observações: primeiro, a agressão transformada é a matéria-prima do relacionamento; segundo, a transformação ocorre por meio da ritualização. Iremos agora dedicar-nos a essa idéia.

Como enfatiza Lorenz, o ritual é tão necessário ao animal quanto qualquer outro ato instintivo. Não pode ser descarregado de modo indiscriminado. O homem desenvolveu uma necessidade ritualística inata semelhante. Porém, não podemos chegar ao ritual apenas com um planejamento racional. Assim como acontece com uma religião genuína, ele não pode ser imposto pelo intelecto; deve, ao contrário, emergir do inconsciente profundo e, secundariamente, estruturar-se numa ação consciente. Foi assim que a alusão aos rituais do passado apareceu nos sonhos de minha paciente. Torná-los reais em sua vida concreta atual tornou-se tarefa da psicoterapia. A criação de um ritual ou de uma liturgia é como a criação de uma obra de arte. De fato, é muitas vezes uma obra de arte, um valor cultural coletivo, enquanto, ao mesmo tempo, canaliza e integra ânsias que, sem esse veículo, seriam destrutivas. As danças tribais, a comunhão cristã e a missa são exemplos de rituais que representam sacrifícios de sangue. A eficácia terapêutica de tais práticas é cada vez mais apreciada pelos psicoterapeutas modernos, para os quais a ritualização das experiências cotidianas está se mostrando capaz de surtir efeitos transformadores. A ritualização está sendo proposta pela arte-terapia, pelo psicodrama, pelos procedimentos não-verbais de percepção sensorial consciente, pelas várias técnicas da gestalt-terapia. Sua utilização para canalizar a agressão humana será objeto do capítulo 14.

A ritualização visa a execução consciente de impulsos arquetípicos ou emocionais, por meios social e pessoalmente aceitáveis, que, pelo menos de forma simbólica, expressam a intenção dessas ânsias. Embora a verbalização dê ao impulso uma expressão consciente, as manifestações não-verbais concretas impelem a consciência ainda mais fundo, fazendo-a atingir o substrato do impulso, e são essenciais para o esclarecimento e para a transformação. Quando deliberadamente expressa, a agressão traz em si sua própria força inibitória. A única forma de nos tornarmos conscientes disso é nos arriscarmos a uma experiência agressiva; por exemplo, correndo esse risco de modo conscientemente formalizado num contexto grupal. Então poderemos descobrir o lado desprotegido do outro e seu efeito inibidor sobre nossa agressão. Um mínimo gesto da mão ou a mais leve expressão facial pode conter toda a agressão; diante da desproteção do outro, o atacante sente-se impelido a acompanhá-lo, não a atacá-lo.

De início, choca-nos e nos parece incompreensível que amar e relacionar-se estejam fundidos com a agressão. Contudo, o encontro agressivo é, do ponto de vista do desenvolvimento, uma experiência inicial necessária quando há o envolvimento entre um *eu* e um *você*. É ele que lhes dá identidades distintas. Para manter a diferenciação entre identidades necessária ao amor, o relacionamento contém graus variáveis de resistência e até de rebeldia contra a ânsia de dissolver-se no outro. Como veremos depois, o relacionamento assenta-se de fato num equilíbrio delicado entre a abertura amorosa e a dependência, de um lado, e o agressivo fechamento e sua concomitante separação individual, de outro. Amor sem conflitos torna-se prontamente tédio e indiferença, porque falta o desafio necessário ao crescimento. O amor não é a paz estática, mas o ativo envolvimento com e contra o outro. Inimigos genuínos não se esforçam para aniquilar seus antagonistas, pois ficariam privados da referência sólida contra a qual medir sua própria força. A intenção oculta é entregar-se, conter a própria força, ser reconhecido pelo outro como eficaz. Reduzimos o outro a nossas proporções com o intuito de ampliar nossa auto-imagem. Se o outro for completamente destruído, ou se o problema for solucionado, ficaremos privados do adversário que nos confere estatura. Estamos familiarizados com o sabor de anticlímax que se segue a uma vitória completa.

Nossa força decorre de nosso embate com o problema ou com o parceiro. Ele cresce mais diante de nossa capacidade de mantermos nossa posição do que com a completa aniquilação do adversário. A imagem de Jacó duelando com o anjo nos serve de ilustração. Jacó disse: "Não te deixarei partir se não me abençoares". (Gen. 32:26) Podemos entender melhor a mútua e secreta valorização e ligação afetiva entre dois adversários que não conseguem viver com o outro, nem sem ele. Amantes, irmãos, competidores, em suas discussões constantes, estão lutando com essa noção da identidade. Também podemos ter uma melhor perspectiva do que é o ressentimento contra um oponente que não sustenta sua posição até o fim; ele é instigado a entrar numa guerra ainda maior. O desejo de furar o bloqueio num relacionamento é também um desejo de maior envolvimento. No amor e no combate, há a mesma vulnerabilidade e o mesmo medo de sofrer.

O pólo oposto ao amor é mais a indiferença do que o ódio. A indiferença dói mais do que o ódio. Mesmo sob sua forma mais destrutiva, o ódio nasce de um envolvimento emocional frustrado. Portanto, é insensato e, até mesmo, perigoso desconsiderar os fatores que poderiam transformar um confronto direto, um movimento antagônico, num movimento de parceria ombro-a-ombro.

Contudo, o fator inibitório e transformador da agressão depende de um encontro ritualizado, individual, cara-a-cara. A. Storr especifica os elementos mais importantes que interferem no impulso inibidor da agressão humana: a tendência à projeção paranóica (que consiste em atribuir os próprios traços agressivos ao *outro*), a invenção de armas artificiais que despersonalizam o combate e impedem o confronto direto com o inimigo como ser humano vulnerável; a agregação em grandes sociedades que sufocam a individualidade; os efeitos que a multidão exerce sobre a hostilidade.[17] A estas tendências pode ser acrescentado o maciço e unilateral apoio dado à repressão contida no "tu não deves", que é um ingrediente basilar da tradição patriarcal. Disciplina rígida e repressão do desejo — sem honrar concomitantemente a sensação de autoqualificação para a tarefa individual de encontrar meios alternativos de satisfazer as próprias necessidades — promovem a frustração, o ressentimento e uma sensação de vazio. Intensificam e despersonalizam a agressão natural, que então assume o caráter de uma violência primitiva. Todas essas tendências aumentam o perigo de que nossos impulsos agressivos não possam ser adequadamente integrados ao funcionamento social. Dessa forma, precisamos encarar o fato alarmante de que o homem contemporâneo, diferentemente do animal, não pode confiar no funcionamento automático da inibição instintiva da agressão. Suas reações passaram a ser inadequadas. Ao contrário dos animais, ele não pode impedir a dor, o dano, a destruição. Quando o contato com o parceiro é inadequado, quando não existe confronto, tornamo-nos especialmente suscetíveis à agressão destrutiva desenfreada.

Uma vez que nossa agressão não pode ser adequadamente descarregada num encontro pessoal, e uma vez que negamos nossas necessidades com a intenção de sermos heróicos ou pelo menos altruístas, o ressentimento íntimo chega a alcançar proporções destrutivas. Isto é significativo numa cultura de distâncias corporais, em que a agressão tem pouca margem de descarga física através de toques e contatos como os que acontecem na luta-livre, no boxe e nas justas.

Descarregamos nossa agressão apertando botões e em bombardeios de controle remoto, onde o *outro* é uma mera abstração e não um ser humano. Além disso, a função inibitória não funcionará diante dos preconceitos coletivos da psicologia de massas. Para os linchadores e o pelotão de choque, o *outro* não é uma *pessoa*, e sim um *conceito* coletivo, um "negro" ou um "estuprador". Neste caso, não temos a mesma sorte dos animais, cujos ritos são instintivos.

De que maneira relacionarmo-nos humanamente com essas situações quando, devido à ausência ou deficiência dessa função inibitória, a agressão termina em danos concretos, dores, morte e destruição? Ao contrário dos animais, nos confrontamos com a *questão do significado*. Qual o significado da inescapável agressão e de seus tenebrosos resultados, das tragédias da guerra declarada, da devastação da competição predatória, da possessividade nas relações sociais e pessoais? E, ainda mais importante, como podemos estruturar ou encontrar equivalentes para os ritos inibitórios instintivos, transformadores, dos animais? Estamos perfeitamente cientes de que nossa racionalidade consciente, nossa ética tradicional e nossa boa vontade revelaram-se totalmente inúteis diante das violentas investidas agressivas. Por conseguinte, nossas inibições instintivas humanas, se é que existem, teriam que ser buscadas na forma de novas atitudes éticas. Talvez estas estejam a ponto de emergir do fundo da psique inconsciente, em termos de fantasias mitológicas ou religiosas como as de nossa paciente.

De fato, o tema do retorno da Grande Deusa e de seu consorte é encontrado repetidas vezes nos sonhos e nas fantasias inconscientes de pessoas que buscam ajuda psicológica para vencer a inércia letal de suas vidas. A arte, os filmes, a literatura, as revoluções políticas também refletem cada vez mais essa mesma dinâmica. As mudanças solicitadas exigem um novo entendimento da masculinidade e da feminilidade, tanto no homem quanto na mulher, e das relações entre os sexos, além de novas perspectivas da realidade. Para compreender como essas novas abordagens poderiam ajudar-nos a "conter" e a recanalizar a agressão, a violência e o desejo, precisaremos no entanto considerar com maior profundidade as raízes mitológicas desses *novos* arquétipos, bem como o significado do mito e de sua produção para o funcionamento psicológico.

CAPÍTULO 3

Mito e Funcionamento Psicológico

> Arquétipos (...) são forças psíquicas que exigem ser levadas a sério; elas têm uma maneira peculiar de se certificar de seus efeitos. Sempre foram as portadoras de proteção e salvação, e violá-las tem como conseqüência os "perigos da alma", que conhecemos através da psicologia dos primitivos. Além disso, são as causas infalíveis de distúrbios neuróticos e até mesmo psicóticos, comportando-se exatamente como órgãos ou sistemas orgânicos funcionais maltratados ou negligenciados.
> C. G. JUNG, "Essays on a science of mythology"*

Há evidências cada vez maiores de que os sistemas pessoais e culturais de crenças têm um efeito profundo sobre o funcionamento psicológico e até mesmo sobre o biológico. Crenças que nos infundem esperança e significação podem assistir-nos na superação de graves dificuldades. Crer no poder curativo de um placebo tem aliviado sintomas. Crer num significado para seu sofrimento e para suas vidas tem mantido vivos prisioneiros de campos de concentração.[1] A perda do significado e da esperança resulta em depressão e enfermidades. E de onde se originam nossas crenças? Sem dúvida são, em grande medida, fabricadas pela cultura; mas como penetram na cultura? Até nossas supostas convicções racionais, como pressuposições e pontos de vista, fundamentam-se em pro-

---
* *Collected Works*. Vol. IX, p. 105.

duções da psique inconsciente. Surgem como fantasias espontâneas e, num momento posterior, são explicadas, racionalizadas e interpretadas pela mente consciente. Com muita freqüência, são erroneamente interpretadas e, então, perdem sua função assistencial. Nossas opiniões, pensamentos e convicções são produtos de uma camada psíquica na qual se produzem os mitos (que será posteriormente debatida em outro capítulo como Dimensão Mitológica). Esse estrato criador de mitos funciona como nossos sonhos. Como demonstrou nosso exemplo, quando conseguimos entrar em sintonia com sua linguagem imaginária e simbólica, esse estrato pode nos proporcionar *insights* de rara profundidade a respeito de fatos e dinâmicas que transcendem nossa percepção consciente e nossos recursos de informação.[2]

As imagens produzidas pela psique podem ser altamente pessoais, mas o drama em nosso palco interior costuma ser uma encenação do drama humano geral. Os artistas e os sábios sempre souberam disso. Nossos problemas particulares — nascimento, morte, relacionamentos, conflitos e a busca de significado — são problemas humanos. Quem estiver passando por um deles tem chance de perceber que essa experiência é uma versão de imagens grandiosas que simbolizam o modo como a humanidade sempre vivenciou esse problema. Jung chamou de *arquétipos* essas imagens atemporais. São dinamismos que fornecem padrões de comportamento, de emoção e de experiências pessoais que transcendem a história pessoal.

Quando os arquétipos não são reconhecidos, têm o poder de destruir não só pessoas, mas nações inteiras. Isto foi demonstrado na Alemanha pela sangrenta reaparição do mito do Graal disfarçado em nazismo, pois, como disse Jung, quando um arquétipo é constelado no inconsciente e não passa pela compreensão consciente, a pessoa é *possuída por ele* e forçada a cumprir sua meta fatal.

O fato de que um Deus arcaico formula e expressa o fator dominante em nosso comportamento significa que devemos encontrar uma nova maneira de entender nossa dependência de forças dominantes superiores. Não sei como isso seria possível sem a renovação do entendimento que o homem tem de si mesmo, o que tem que começar inevitavelmente com o indivíduo ...[3]

Pode-se considerar os mitos como sonhos coletivos e recorrentes da humanidade. À nossa consideração racional, são tão irreais quanto os sonhos e, não obstante, de uma eficácia espantosa quando cuidadosamente considerados como indicadores e orientadores do desenvolvimento psíquico. Não devemos nos esquecer dos efeitos devastadores da reemergência do mito do Graal sob o nazismo. Igualmente destruidora foi a versão marxista do mito judeu messiânico de salvação dos tiranizados, dos desprezados e dos humildes, mediante uma última batalha entre o bem e o mal. O mito dos mandamentos de origem divina que estipulam padrões eternos à estrutura coletiva e seus representantes — sejam eles a Igreja, o Sacro Império Romano, o papa, um rei ou imperador pela graça de Deus — impeliu-nos na direção das convulsões causadas pelas guerras religiosas, assim como das sublevações revolucionárias que varreram do mapa as estruturas monarquistas do passado. São exemplos de mitos que constroem uma história sangrenta. Por outro lado, sonhos individuais podem ser vistos como formas personalizadas do mito. Indicam caminhos pelos quais o sonhador tem que captar e testar a potência das instruções do mito relativas às ações e aos significados. Dessa forma, os grandes temas que estruturam a cultura são testados em termos das realidades de cada um de seus indivíduos. As questões e conflitos culturais são vividos pelas pessoas. Joseph Campbell resumiu as funções psíquicas e culturais do mito:

A primeira [função] é aquela que chamo de função mística; desperta e mantém no indivíduo uma sensação de reverência e gratidão para com a dimensão de mistério do universo, não para que viva com medo dela, mas para que reconheça sua participação nela, uma vez que o mistério de ser é, também, o mistério de seu próprio ser.
    A segunda função da mitologia viva é fornecer uma imagem do universo que esteja de acordo com os conhecimentos de cada época, das ciências e dos campos de atuação das pessoas às quais a mitologia se dirige.
    A terceira função da mitologia viva é validar, endossar e imprimir as normas de uma dada ordem moral específica, ou seja, da sociedade em que o indivíduo deve viver.
    E a quarta é guiá-lo, passo a passo, nos caminhos da saúde, da força e da harmonia espiritual ao longo de todo o desenrolar previsível de uma vida proveitosa.[4]

A integridade de uma vida individual, tanto quanto da vida coletiva, que é a cultura, depende dos mitos. Seus temas arquetípicos lhe conferem forma e significação. Distanciar-se do significado, perder o contato com a estruturação arquetípica, significa desintegração.

As mesmas tendências temáticas aparecem e se transmutam tanto nos indivíduos quanto na coletividade, e também em suas possíveis patologias. Nessa medida, as tendências psicológicas e psicopatológicas individuais permitem tirar conclusões a respeito da dinâmica cultural, desde que se possa demonstrar sua correspondência com os temas gerais predominantes e suas modificações.

A psique inconsciente é tanto fonte de conflitos e patologias como de orientação psicológica e espiritual. Depois de mobilizado pelo poder do arquétipo, o indivíduo deve ser induzido à mudança, a integrar em sua vida sonhos e lendas oriundos do complexo autônomo. Minha paciente se transformou à medida que a terapia progredia. Conseguiu encontrar seus próprios padrões e valores emocionais. Mais importante ainda, pôde vivenciar o significado do sacrifício de Dioniso: não a submissão resignada ou relutante à restrição opressora, mas o contentamento de ofertar sua capacidade de esforço criativo e sua própria pessoa a uma amorosa capitulação.

Descrevi seu caso com tantas minúcias para dar um exemplo, em versão moderna, de como um mito molda um destino individual. É típico, mas não único. No entanto, como exemplo que é, não constitui necessariamente prova da tese que pretendo desenvolver. Mas é típico, na medida em que o motivo dominante, o retorno da Deusa e seu consorte, aparece inúmeras vezes nos depoimentos da psique contemporânea masculina e feminina. Para simplificar, chamarei o consorte por seu nome grego, Dioniso.

Por exemplo, lembro-me de um sonho ocorrido no início da análise de um homem de negócios. Ele vivia inteiramente de sua força de vontade e do controle racional, dedicando sua vida por inteiro à obtenção de sucesso e à manutenção da família. Era constantemente assolado por uma ansiedade indizível. Sonhou que tinha oferecido seu pênis amputado a um grupo solene de patriarcas, vestidos com ternos. Mais tarde, depois que começou a ter mais contato com sua natureza instintiva, e a se propor questões tais como qual seria o significado de viver, sonhou que tinha recebido um falo vivo, que devia segurar como um cetro usado em bênçãos. Dele fluíam bênçãos, força e paz para todos os que estavam à sua volta e para o mundo em geral. (Dioniso tem sido retratado como fálico, principalmente como um falo gigantesco plantado na porta do Hades, que é o lugar da morte e da renovação.)

É igualmente relevante o sonho que Jung descreve como o mais antigo em suas lembranças da infância.

No sonho, eu estava nessa campina. Subitamente, descobri uma cova sombria, retangular, revestida de alvenaria. Nunca a vira antes. Curioso, aproximei-me e olhei seu interior. Vi uma escada que conduzia ao fundo. Hesitante e amedrontado, desci. Quando cheguei ao fundo, deparei com uma porta em arco, fechada por uma cortina verde. Era uma cortina grande e pesada, de um tecido damascado ou de brocado, cuja riqueza me impressionou. Curioso de saber o que se escondia atrás dela, afastei-a e deparei com um espaço retangular de cerca de dez metros de comprimento, sob uma tênue luz crepuscular. A abóbada do teto era de pedra, e o chão, de azulejos. No meio, da entrada até um estrado baixo, estendia-se um tapete vermelho. Sobre esse estrado havia um maravilhoso trono dourado. Não tenho certeza, mas acho que sobre o assento havia uma almofada vermelha. Era um trono esplêndido, um verdadeiro trono real, como nos contos de fada. Sobre ele, uma forma gigantesca quase alcançava o teto. Pareceu-me primeiro um grande tronco de árvore: media mais ou menos cinquenta ou sessenta centímetros de diâmetro e aproximadamente uns quatro ou cinco metros de altura. O objeto era estranhamente construído: feito de pele e carne viva, sua parte superior terminava numa espécie de cabeça cônica e arredondada, sem rosto nem cabelos. No topo, um olho único, imóvel, fitava o alto.

O aposento era relativamente claro, embora não houvesse qualquer janela ou fonte de luz. Mas sobre a cabeça brilhava uma certa claridade. O objeto não se movia, mas eu tinha a impressão de que a qualquer momento poderia descer de seu trono e rastejar em minha direção, qual um verme. Fiquei paralisado de angústia. Nesse momento insuportável, ouvi repentinamente a voz de minha mãe, como que vinda do interior e do alto, gritando: "Sim, olhe-o bem, isto é o devorador de homens!". Senti um medo infernal e despertei, transpirando de angústia. Durante noites seguidas não queria dormir, pois receava a repetição de um sonho semelhante. Esse sonho perseguiu-me durante anos. Só muito mais tarde descobri que a forma estranha era um falo. Décadas se passaram até que eu compreendesse que se tratava de um falo ritual.[5]

Vale mencionar que, numa coletânea relativamente recente de artigos sobre Satã editada por um grupo católico,[6] a figura da capa apresenta uma imagem fálica, de carne, com um único olho, que lembra muito a descrição de Jung, mas que é ali representada como a personificação de Satã. Aliás, o falo, em suas manifestações como Pan e Dioniso, personificava o demônio na Idade Média cristã.

Outro exemplo é o caso do executivo descrito em *Symbolic quest*. Para ficar sexualmente excitado, tinha que se ajoelhar diante da parceira, beijar-lhe os pés e, aos poucos, por assim dizer, ir subindo. Qualquer tentativa de evitar esse caminho na abordagem sexual sempre resultava em impotência. Ele teve o seguinte sonho:

Vi uma adaga de prata em forma de foice, e me disseram que era a arma que mataria ou tinha matado Siegfried. Ele era o herói que tinha derrotado o dragão nas *Nibelungenlied*. E estava implícita a ameaça de que essa arma também iria me matar.[7]

Ele era um homem muito agressivo, independente, autoconfiante e excessivamente racional. Esperava que toda situação e todas as pessoas se submetessem à sua vontade e insistia em fazer tudo de seu jeito. Embora fosse bem-sucedido nos negócios, era pobre de sentimentos, de relações pessoais e, em particular, carecia de qualquer orientação no tocante a um significado mais elevado para a vida. O sonho evidenciava ainda que era vulnerável sua postura heróica, derivada de sua necessidade de fortificar a posição egóica apoiando-se em uma coragem agressiva.

Poderia sucumbir diante de um elemento, de uma força semelhante à lua, a uma arma em forma de foice. A lua crescente e a espada em forma de foice ocorrem repetidas vezes na produção mitológica de imagens. Referem-se ao poder emergente do feminino. A lua crescente simboliza Artemis (deusa grega da lua, dos animais selvagens e da caça) ou Diana (deusa romana da caça e da virgindade), o virginal, o ainda não revelado, o mistério das emoções, do amor, o poder de gerar, a renovação e as mudanças. No plano simbólico, a arma lunar indica que a força da lua, a força das marés psíquicas da vida, das emoções, em lugar do funcionamento racional, representam uma energia que ele não deveria desconsiderar. E que poderia destruí-lo, caso prevalecesse sua atitude unilateral de identificação com o ego, com o herói.

Enquanto fazia a revisão do manuscrito deste livro, ocorreu outra erupção inconsciente do antigo mito e ritual da Deusa. Um rapaz, criado numa família cristã fundamentalista muito devota, tentou assassinar o presidente Reagan. Segundo os relatos dos noticiários, ele não tinha nada pessoal contra Reagan, nem lhe era politicamente contrário. Atirou contra Reagan apenas porque ele era o presidente: sentia que tinha que matar essa figura, fosse lá quem fosse. Primeiro tinha assestado sua mira em Carter, mas não conseguira se aproximar o suficiente. Então tentou contra Reagan. Foi motivado a esse gesto para conquistar o "amor" de uma jovem atriz que jamais encontrara pessoalmente, mas que tinha visto desempenhando o papel de prostituta no filme *Taxi driver*.

Essa bizarra motivação torna-se compreensível quando vista como a neurótica atuação de uma invasão obsessiva do arquétipo de "O Rei Deve Morrer", descrito pela primeira vez no *Golden bough* de Frazer. A figura cinematográfica da adorada prostituta evidentemente ativou a imagem fantasiosa da antiga Deusa, que era mãe mas também jovem virgem e meretriz. A prostituição sagrada fazia parte de seu culto. Suas sacerdotisas eram prostitutas sagradas. Em determinados períodos, o rei ou chefe de tribo que personificava seu consorte, o deus Dioniso que deve sempre morrer e renascer, era sacrificado em nome da renovação. O algoz tornava-se o novo rei e herói, o novo Tammuz, Atis ou Adônis, o amado da Deusa. Como se para desafiar a atitude cristã consciente na qual não conseguia integrar-se, a violência dionisíaca, pagã, isolada no psiquismo deste homem, levou-o a buscar, primeiro, a filiação no partido nazista americano e, depois, a empreender a tentativa assassina.

As linhas arquetípicas comuns que percorrem todo esse material contemporâneo são aspectos do *triângulo inferior* do sonho de nosso paciente: o aspecto terreno, a gruta, a feminilidade, a instintividade animal, a necessidade e sua satisfação, e o poder fálico da agressão e da asserção dedicadas ao feminino, à vida universal.

Trata-se, virtualmente, do redespertar de um mundo pagão há muito esquecido, com todos os seus mistérios religiosos, seus segredos irracionais. Tomamos consciência desta tendência contracultural de nossa época. Alguns a aprovam, outros a deploram.

Mas o que quero enfatizar é a seriedade e o significado dessa nova teofania. Uma nova e relevante orientação relativa aos segredos da existência está emergindo dos estratos mais fundos da psique, onde têm origem as religiões. Acentua o feminino, o terrestre, o instintivo e o sensual. O desenvolvimento cultural do Ocidente controlou, reprimiu e negou consistentemente esses elementos ao longo dos últimos cinco mil anos. Essa desconsideração ameaça agora desencadear uma onda inédita de violência e destruição. Já sua assimilação pode redirigir essas energias potencialmente ameaçadoras para novas formas de cultura, de conscientização e de controle da agressão.

É possível, contudo, que alguém argumente que esses são todos casos e problemas particulares. Que evidências, se é que de fato existem, indicam uma relevância *real*, e não apenas de *fantasia* ou sonho, do elemento Feminino, Pan-Dionisíaco, reprimido para a crise de nossa existência coletiva? Nosso problema coletivo pode ser mais bem entendido em termos religiosos e psicológicos ou em termos sociológicos?

No caso de nossa paciente, tivemos que reconhecer a ameaça da violência como decorrência da repressão daquilo que a psique inconsciente retratava espontaneamente como o poder feminino e dionisíaco. Essa repressão é condicionada por vetores culturais, não só pessoais. Assim, uma atitude cultural que coloca uma ameaça de violência destrutiva em relação a uma só pessoa pode ser considerada uma ameaça coletiva.

A Grande Deusa e seu consorte fálico Pan-Dioniso representavam uma alma do mundo e de seu inerente poder de destruição e renovação. Representavam uma continuidade da vida e da existência, na qual o nascimento, o amor, a agressão, a violência, a destruição e o renascimento eram como batimentos cardíacos. Perdemos de vista este aspecto da realidade. Por conseguinte, nossas perspectivas atuais e nossa relação com a existência tornaram-se deformadas, absurdas e irreais. Como coletividade, estamos num beco sem saída, distantes e apartados da natureza e de nós mesmos. Não obstante, essa fase cultural final, com toda a sua decadência, não é exclusivamente negativa. Ela também é o arauto do início de uma nova fase.

Como e por que o feminino e o dionisíaco foram reprimidos? Como podem ser resgatados? Por meio de que rituais a violência poderia ser transformada em asserção agressiva e em formação de vínculos pessoais?

Mênade

Parte 2

CONSCIÊNCIA EM EVOLUÇÃO

Um velho lago —
O sapo salta dentro.
O som da água.
        BASHÔ

Morri mineral e vegetal me tornei
Morri planta e um molde sensível adotei
Morri animal e revesti-me de humano
Quando por minha morte morrer me tornei menor?
        RUMI

Prólogo

Em seu pioneiro *Origins and history of consciousness*, Erich Neumann foi o primeiro a descrever a evolução da consciência desde o nível matriarcal até o patriarcal, coletiva e individualmente. Escrito há mais de trinta anos, esse trabalho se conclui com a conquista da consciência patriarcal. Neumann não aborda o retorno do Feminino arquetípico. Ele não previu o reaparecimento da Deusa e de seu consorte dionisíaco, que personificam o desejo, a necessidade, a agressão, em suas possibilidades tanto destrutivas como ampliadoras da consciência. À luz dos desenvolvimentos dinâmicos das três décadas que se passaram desde a publicação do livro, especialmente os desencadeados pelo movimento feminista, esse estudo retoma a questão no ponto em que Neumann a deixou.

Uma vez que existe uma grande possibilidade de a espécie humana ter-se desenvolvido pela evolução, faz pouco sentido assumi-la biologicamente e negá-la psicologicamente. Aliás, no que diz respeito ao próprio cérebro humano, Maclean descreveu sua estrutura como uma deposição histórica de camadas, formando um *triuno*.[1] Consiste, primeiro, das áreas corticais "neomamíferas"; abaixo delas, e em segundo lugar, o sistema límbico, onde são gerados os afetos; por último, o cérebro reptiliano ainda mais primitivo, voltado essencialmente para a adaptação e a sobrevivência. Neumann,[2] Gebser[3] e Van Scheltema[4] postularam uma evolução da consciência que culminou na cultura racional moderna do pós-renascimento. Estudos de casos psiquiátricos e psicanalíticos recentes têm descrito um funcionamento pré-mental e pré-verbal análogo.

Nessa medida, podemos presumir que o desenvolvimento psicológico do indivíduo repete a história evolutiva da humanidade. Essa repetição, no entanto, não é uma cópia exata, pois não podemos dizer que uma criança de três ou quatro anos é um selvagem primitivo. Ela não se vale de mágica para caçar antílopes. Aliás, ela nem vai à caça de antílopes. Mas não há dúvida de que tece fantasias semelhantes às dos seres humanos de antigamente, da era mágica, e, nessas fantasias, pode encenar as caçadas mágicas. O mais importante, porém, é que por baixo de nossa mente racional moderna estão adormecidos os meios primitivos: a percepção e a formação de conceitos de nível matriarcal, mágico e mitológico; os afetos límbicos e reptilianos; a agressão, a defesa e as adaptações para a sobrevivência. Do ponto de vista de nossa percepção consciente neomamífera, recentemente adquirida, esses estratos anteriores parecem inconscientes. Mas, na realidade, demonstram uma espécie de consciência e mesmo intencionalidade próprias. Mostram-se sempre capazes de se opor à postura racional. Jung demonstrou que as dinâmicas consciente e inconsciente funcionam numa espécie de polaridade dialética. Na melhor das condições, compõem um sistema complementar de compensações e cooperação. Mas, com muita freqüência, particularmente em épocas de transição, quando às questões mais profundas começam a se revolver, seu relacionamento imerge em conflitos e sabotagem mútua. Disso pode resultar a psicopatologia. A história da evolução da consciência, portanto, é em parte a história de anseios sempre novos, de conflitos e lutas. A exteriorização e a projeção das lutas internas sobre nossos semelhantes dá margem ao que chamamos de *processo histórico*. A maneira como percebemos e experimentamos nosso perfil psicológico, nossas idiossincrasias, as tensões conflitivas, determina como interagimos enquanto seres sociais (ou anti-sociais). Nossa inconsciência do adversário interno faz com que lutemos com o inimigo externo. Essa dialética de polaridades e conflito é o movimento dinâmico e evolutivo da vida. Não é provável que cesse no futuro. Não é provável que um paraíso social sem classes ou uma sociedade ou organização mundial perfeitas possam trazer a paz ou pôr fim às terríveis convulsões e combates da vida contemporânea.

Portanto, todo período de transições significativas desencadeia conflitos e agressões, pois o *status quo* está sendo desafiado.

Enquanto valores antigos estão sendo rompidos, uma nova consciência também está nascendo. Os eternos problemas e temas da humanidade serão confrontados de novos modos. Buscamos maneiras originais de autovalidação e de relação com nossas ânsias emocionais e instintivas. Paradoxalmente, no entanto, essas novas formas exigem um resgate de modalidades de funcionamento aparentemente descartadas e reprimidas. Os recursos *mágicos, mitológicos* e femininos de lidar com a existência, abandonados há milhares de anos, devem ser agora necessariamente recuperados pela consciência. Mas, comparada à passada, a nova consciência precisará ser dotada de maior clareza, mais liberdade, autopercepção e uma nova e diferente capacidade de amar.

CAPÍTULO 4

A Fase Mágica

Antigamente Idisi sentava-se / Sentava-se cá e lá / Alguns apercebiam-se do aperto / Alguns hostilizavam a hospedeira / Alguns dobravam-se / Joelho fletido de salgueiro. / Soltar as algemas inimigas! / Enganar o aperto do adversário!

Fórmula de feitiçaria de Merseburg

Três runas deve conhecer / Aquele que quer ser curador e / Saber como curar a ferida, / Entalhá-las na casca e nas folhas da árvore / Para leste devem curvar-se os ramos.

Runas de vitória lhe trarão sucesso / Quando esculpidas no punho da espada / Sabiamente entalhadas no cabo e na lâmina / E duas vezes convoque a ajuda de Tyr.

Edda

Sou aquela que é a mãe natureza de todas as coisas, senhora e regente de todos os elementos, progenitora inicial dos mundos, chefe dos poderes divinos, rainha de todos que estão no inferno, soberana daqueles que habitam o céu, manifesta através de uma só e única forma em todos os deuses e deusas.
Os planetas do céu, os ventos salutares que sopram do mar e os silêncios lamurientos do inferno são dispostos segundo minha vontade. Meu nome, minha divindade, é adorada em todas as partes do mundo, de diversas maneiras, com costumes variados e segundo várias denominações.

Discurso da Deusa, APULEIO, *O asno de ouro*

Partindo do ponto mais remoto que conseguimos atingir no passado, a consciência se desenvolveu a partir de uma orientação ginecolátrica, matriarcal e mágica para adquirir mais tarde contornos androláticos. No termo "mágico" está implícita a identidade pré-verbal, simbiótica e unitária que era o nível de existência ou de consciência anterior ao surgimento das imagens mitológicas e do pensamento racional. Os termos "ginecolatria" e "androlatria" denotam, respectivamente, a reverência pelo feminino e pelo masculino. Descrevem padrões de valores mais psicológicos do que sociológicos e têm mais importância do que as posições de mãe e pai dentro de regras matriarcais ou patriarcais. A posição social de um ou outro dos genitores é vista, aqui, como expressão secundária de uma percepção mais elementar do valor do arquetipicamente feminino ou masculino em geral.

Essa transição de um mundo predominantemente ginecolátrico para outro androlátrico foi pontuada por estágios; da Deusa para Deus, do panteísmo para o teísmo e depois para o ateísmo ou o não-teísmo. Ela implica mais do que uma mudança de perspectiva cultural. A própria consciência evoluiu através de mudanças na qualidade das vivências íntimas e sociais. Pode ser que essas mudanças tenham, inclusive, paralelos em adaptações estruturais do cérebro.

O período ginecolátrico provavelmente se estende desde o remotíssimo passado da Idade da Pedra até a Idade do Bronze. A mudança em direção a uma decisiva predominância dos valores masculinos talvez tenha ocorrido em algum momento do segundo milênio antes de Cristo. Este é o começo da era heróica, quando o ferro foi aos poucos substituindo o bronze. Marca também o declínio daquela que mais tarde será descrita como a era mitológica, quando as divindades masculinas substituíram a imagem da Grande Deusa como objeto central de adoração. Durante o período ginecolátrico, o mundo é mágico.[1] É governado pelo poder da Grande Deusa. Ela é ao mesmo tempo mãe e filha, donzela, virgem, meretriz e bruxa. É a senhora das estrelas e dos céus, a beleza da natureza, o útero gerador, o poder nutriente da terra, a fertilidade, a provedora de todas as necessidades, e também o poder da morte e o horror da decadência e da aniquilação. Dela tudo procede e a ela tudo retorna. Este último aspecto foi graficamente representado em alguns antigos túmulos, construídos na forma de uma mulher reclinada. O cadáver era enterrado através de uma abertura feita na cavidade uterina dessa figura. A Deusa é assistida (ou inclui) por um consorte masculino, um bode fálico ou com chifres duplos, ou um deus-touro, geralmente repartido em figuras gêmeas de machos que lutam, se matam e se sucedem. Em representações posteriores, como na do mito de Édipo, eles aparecem como um par formado de pai e filho. Posteriormente, são retratados como animais gêmeos; por exemplo, duas serpentes. Complementam-na e servem-na nos papéis de filho, amante, parceiro, companheiro de folguedos e vítima do sacrifício. Seus ciclos de nascimento, morte e renascimento encarnam as intermináveis marés da existência física.

A figura total representa a totalidade andrógina da existência natural: crescimento e decadência, vida e morte, ambos opostos e não obstante contidos, inclusos mesmo, num *continuum*. A experiência masculina é de descontinuidade, contraste, oposição. Subordina-se à continuidade feminina da mesma forma que o efêmero ao eterno. A Grande Deusa representa ser e tornar-se. O Feminino não se interessa pelo obter, pelo pensar. Não é heróico nem rebelde; não tem inclinação para lutar contra oposições. Em vez disso, existe no aqui e no agora e no fluxo infinito. Valoriza a dimensão vegetal do crescimento-decadência, a continuidade e a conservação das ordens naturais. Expressa a vontade da natureza e das forças instintivas, e não a atitude voluntariosa de uma pessoa em particular. A forma feminina da consciência é global e orientada para os processos. É funcional, e não abstrata e conceitual. Está isenta da estrita dicotomia do dentro-fora ou corpo-mente.

O culto da Grande Deusa atinge seu desenvolvimento máximo na mitológica Idade do Bronze. As forças divinas, intrínsecas à natureza e ao mundo dos objetos, são adoradas. Acredita-se que elas se manifestam nos corpos humanos, nos animais, nas plantas, nas pedras, na terra, no céu e nas estrelas. "Os antigos", como observou Sócrates, "não tinham a pretensão de serem mais inteligentes do que outros seres e estavam muito bem preparados para ouvir uma pedra ou um carvalho, caso essas criaturas estivessem falando a verdade."[2] Esse culto é o auge do animismo e da religião panteísta da natureza. A palavra *homem*, nesse uso antigo, referia-se ao que hoje denominamos *humano*. Não se restringia ao sexo masculino exclusivamente. Posto porém que a documentação histórica e arqueológica é inadequada, só podemos ter uma noção aproximada daquelas que provavelmente foram as atitudes do início da era *mágica*. Nossa reconstrução será montada com base em mitos e nos objetos de arte e de culto. Além disso, podemos comparar os estágios da psicologia primitiva contemporânea e suas formas de culto, e os estágios de desenvolvimento infantil até, mais ou menos, a idade de três ou quatro anos.[3]

Temos a tentação de considerar inferior qualquer abordagem da realidade que não seja racional, no sentido que para nós tem essa noção. Uma visão mágica do mundo certamente convida à formulação de julgamentos desse teor. Contudo, as descobertas da física neste século ensinaram-nos que nossa visão racional e de *"bom senso"* a respeito da realidade é ingênua. Sabemos tão pouco o que matéria e não-matéria são *realmente* e como elas se relacionam entre si quanto o xamã e o místico. Nossas mentes estão estruturadas para interagir com a realidade de um modo particular. Isso cria nossa versão mental das coisas, que não é mais válida do que a realidade de uma maneira diferente de percepção. Os antigos níveis mágico e mitológico de nosso ser, embora "inconscientes" para nosso *modus operandi* atual, devem ser reconhecidos como capacidades vitais. Se não conseguirmos integrá-los à nossa visão racional do mundo, é provável que regridamos a uma nova barbárie em vez de darmos o próximo passo na evolução da consciência.

O conceito de *mágico* neste contexto requer esclarecimentos. Não deve ser entendido como na definição do Webster: "arte que alega ou é capaz de produzir efeitos mediante o concurso de forças sobrenaturais ou através do domínio de forças secretas da natureza". Essa definição limita a mágica a uma manipulação da força, ao invés de entendê-la como uma forma particular de consciência e dinamismo. A consciência mágica expressava, no plano histórico, a dinâmica das energias instintivas e afetivas no contexto de um campo de realidade unitária.

No nível mágico ou instintivo só existe *o aqui e agora*. Ele tudo contém. O passado, o presente e o futuro não estão diferenciados. Não há *dentro* e *fora*; corpo, mente ou psique; o eu e o outro. O que nossa consciência racional separou em mundos interior e exterior é psicologicamente equivalente. J. C. Pearce relata um interessante exemplo do nível mágico de consciência:

> Jean MacKellar falou-me a respeito dos anos que viveu em Uganda, onde seu marido exercia a medicina. As nativas traziam os bebês para o médico examinar, às vezes esperando com muita paciência horas a fio na fila. As mulheres carregavam os minúsculos bebezinhos numa espécie de tipóia, junto dos seios nus. Os maiores eram carregados às costas, como os índios norte-americanos. Os bebês nunca usavam fraldas nem eram de alguma forma impedidos de se movimentar. Apesar disso, nenhum deles estava sujo quando finalmente eram atendidos pelo médico. Muito intrigada com isso, Jean finalmente perguntou a algumas mulheres como conseguiam manter os bebês tão limpos sem fraldas. "Ah", elas responderam, "a gente simplesmente vai até o mato." Mas, perguntou Jean, como é que elas sabiam quando o bebê precisava ir até o mato? As mulheres ficaram pasmadas com a pergunta: "Como é que *você* sabe quando *você* tem que ir?" exclamaram.[4]

Isso ilustra a continuidade de consciência entre as mães e seus filhos, que normalmente consideramos sujeitos separados. As necessidades dos bebês *são* automaticamente as da mãe. Essa continuidade não existe apenas entre seres humanos. No nível mágico, pode funcionar entre humanos e animais também. Pearce, mais uma vez, tem algo a dizer:

> Farley Mowat, biólogo canadense, conta como um seu amigo esquimó, o "xamã menor" Ootek, alcançou um nível extraordinário de conhecimento e relacionamento com os lobos. O pai de Ootek tinha sido um grande xamã (espécie de líder espiritual, de curandeiro e de diplomata de seu povo, que partilhava a comunhão com os espíritos e com as regras da natureza). Quando Ootek estava com cinco anos, o pai deixou-o em meio a uma matilha de lobos durante vinte e quatro horas. Após um período inicial de minuciosas farejadas, os adultos ignoraram a criança, mas os filhotes brincaram com ela e simularam pequenas lutas o tempo todo. Depois o pai voltou, caminhou em meio à matilha e pegou filho de volta. Em conseqüência desta experiência e da instrução geral administrada por seu pai, Ootek conseguia interpretar para sua tribo todos os chamados que os lobos faziam. Certa vez ele ouviu o uivo distante de um bando de lobos e depois a resposta de um bando mais próximo. Ootek anunciou que um bando de lobos estava a tantas e tantas horas ao norte, dirigindo-se para oeste. O caçador da tribo partiu de imediato, retornando no dia seguinte com carne suficiente, depois de ter interceptado os lobos exatamente no local em que Ootek tinha indicado. Em outra ocasião, Ootek ouviu lobos à distância, deu um salto de contentamento, pediu licença e preparou-se para uma breve viagem. Os lobos tinham informado, ou melhor, ele traduzira seus sinais de que havia pessoas a um certo número de horas de distância, dirigindo-se para o acampamento de Ootek. De al-

gum modo, Ootek soube que eram seus primos e, segundo o protocolo, apressou-se em ir a seu encontro. No dia seguinte voltou e, com muita alegria, apresentou os parentes a Mowat.[5]

Além disso, o *continuum* mágico vem sendo observado entre animais e nosso meio ambiente natural:

Um naturalista especialista no estudo de raposas descreveu sua pesquisa longitudinal de uma determinada família de raposas, perto de um arroio que cortava uma ravina. Numa tarde linda e ensolarada, ele observou que a mãe estava fazendo algo que nunca vira uma raposa fazer. Ela deixou sua toca e os filhotes e subiu a encosta da colina, a uma distância de mais ou menos 1,5 metro dali, e começou laboriosamente a cavar outra toca. Depois levou cada um dos filhotes até lá em cima, para o novo abrigo. Várias horas depois, a razão para esse ato atípico tornou-se clara. Embora o tempo tivesse permanecido belo e limpo, uma tremenda massa de água veio cascateando ravina abaixo e inundou todo o terreno. Uma tempestade a muitos quilômetros de distância era a razão daquele incidente. Se a família tivesse permanecido no antigo ninho, com certeza teria morrido afogada.[6]

Uexkull descreve esse mundo mágico a partir de comportamentos observados em animais: "Sujeito e objeto estão perfeitamente adaptados num todo sistemático... todos os animais, desde o mais simples até o mais complexo, estão imersos em seus mundos exclusivos com igual completude. Um mundo simples corresponde a um animal simples, e um mundo bem-articulado, a um animal complexo".[7]

Uexkull quer dizer que nossa estrutura particular de consciência determina o mundo em que vivemos e a maneira como o percebemos e entendemos. Através de uma estruturação mágica da percepção, vivemos num mundo mágico. Jung falou do *Unus Mundus*, e Neumann da *Realidade Unitária*. A unidade pessoal singular está contida dentro desse sistema orgânico biopsíquico, como uma célula num organismo. Ela só é funcionalmente viável por estar contida e ser sustentada pelo sistema inteiro. Destacar-se desse sistema, voluntariamente ou não, é estar separado da fonte da própria existência, é ser expulso do paraíso. O termo grego *idiotes* (idiota) significa aquele que não participa das diligências públicas, voluntariamente ou não. Embora a morte sacrificial voluntária, em benefício da comunidade, fosse considerada garantia do renascimento e da continuidade da participação no organismo biopsíquico social que sustenta a vida, o ostracismo era tido como igual ou pior que a morte. Nas sociedades primitivas, quer dizer, decadentes, de organização mágica que ainda subsistem em nossos dias, a maldição de morte ou desterro lançada pelo curandeiro é sentida como um fato real e letal indiscutível. Nenhuma tecnologia médica moderna consegue convencer a vítima do contrário. Da mesma forma, crianças pequenas privadas de companhia humana afetuosa fenecem e morrem, embora recebam nutrição adequada. Nesse nível, a integridade dos elos de família e dos laços tribais, a "pureza do sangue" do clã, os laços familiares e as tradições, os tabus e os rituais ainda são de importância vital.

É um choque para muitas pessoas descobrir, contrariando nossos protestos racionais, que o tribalismo mágico, obediente ao sangue, continua agindo também em nossa psique inconsciente *moderna*. Invade o funcionamento consciente do homem contemporâneo, e não é mais seguro ignorá-lo. Todo psicoterapeuta tem um bom conhecimento de casos de incesto. (Lembro-me de um paciente que sofria de um problema que o esgotava e desafiava todos os diagnósticos e foi aconselhado por um amigo com propensão à magia a ter uma relação sexual completa com sua mãe. Ele assim procedeu e, segundo ele, ficou curado. Se consideramos esse episódio fruto da sugestão ou de uma cura pela fé, apenas confirmaremos a natureza mágica do ritual.)

O incesto continua ocorrendo entre os trabalhadores rurais, a classe operária e até alta, apesar de contrariar as convicções expressas e os preceitos morais e religiosos. Entre os aristocratas e os futuros aristocratas das classes superiores, o arquétipo do incesto se mantém como uma questão de convicção consciente, embora o ato incestuoso em si seja proibido legalmente. A linhagem de sangue de príncipes tem sido uma preocupação e um padrão tradicional ao longo de toda a história. Embora nos tempos modernos tenha diminuído o poder da realeza, a preocupação com a pureza do sangue ainda existe. Casamentos com plebeus são considerados uma contaminação. A reemergência dos rituais de sangue escreveu a história da última guerra mundial. O racismo na forma de ódio entre brancos, negros, judeus, italianos, hispânicos, arianos e não-arianos está longe de ser um mero problema sócio-econômico. E sem dúvida ainda irá nos preocupar em escala mundial por muito tempo. Suas raízes estão fincadas na camada mágica instintiva do inconsciente.

Do ponto de vista do referencial mágico, os eventos não podem ser *causados* ou planejados racionalmente. Acontecem como manifestações *predestinadas* de forças poderosas e desconhecidas que estão além do controle do homem. Expressam as forças naturais inexoráveis. São inevitáveis e não estão sujeitos ao desafio, à mudança, à responsabilidade ou ao entendimento. Só é possível invocá-las, aceitá-las, propiciá-las e adaptar-se ao próprio destino.

Essas forças cegas e anônimas são personificadas no processo gradual de mitologização. Só assim é que podem existir relações diretas com os *poderes*, mediante a prática de rituais mágico-religiosos apropriados. A propiciação e a invocação, para o homem mágico, são uma questão de ansiedade *versus* confiança, confiança no apoio que vem do mundo e em sua crescente capacidade de adaptar-se, de utilizar o que estiver disponível, de querer e planejar. A estrutura comunitária não era, necessariamente, matriarcal. Mas era ou ginecolátrica ou andrógina (na qual ambos os sexos eram igualmente valorizados). A necessidade dominante era a da sobrevivência.

Os ciclos de vida e morte da natureza também significavam a vida e a morte para o chefe da tribo e seu séquito, pois o chefe encarnava o deus que deve morrer para renascer, de modo que a vida possa prosseguir. Apesar de reinar e comandar, ele estava sujeito ao sacrifício em honra da deusa, que dava e tirava a vida.

Com o início da confiança em nossas capacidades, veio a responsabilidade por nossos julgamentos e uma noção de ética, das quais resultaram a vergonha, a culpa e a ansiedade. O passo seguinte na evolução da consciência traz em seu bojo o presente da serpente, o conhecimento do bem e do mal. No entanto, é grande a tentação de abandonar a responsabilidade como meio de evitar a ansiedade.

Nessa medida, no nível mágico arcaico, a ética e a responsabilidade pessoal, tais como as conhecemos, estavam ausentes. Assim como acontece com a criança pequena, trata-se de um estágio amoral. Dentro do grupo orgânico que o contém, seja família ou clã, o indivíduo funciona como uma célula de um organismo-mãe mais abrangente. As atividades são coordenadas pelo instinto, por padrões de ação fixos, por *saber* determinado pela percepção extra-sensorial (PES) e por imitação. Ainda não existem a regra, a lei e o *ethos* individual. Essa "Idade de Ouro" e sua moralidade foram romanticamente expressas por Ovídio e Rousseau. O primeiro, no primeiro poema das *Metamorfoses*, descreveu-a como uma era "sem lei ou punições, em que todos faziam o correto de modo espontâneo". Rousseau celebrou-a em sua visão do "nobre selvagem" (o homem natural). De uma perspectiva menos poética, o comportamento humano dessa época, assim como o de uma criança pequena, pode ser visto como cruel, brutal, destrutivo e, portanto, imoral. Claro que julgamento algum é plenamente válido. O comportamento mágico é pré-moral ou amoral, da mesma forma como é pré-consciente segundo nossos padrões de consciência. O indivíduo é um membro do rebanho, participante e beneficiário ou vítima de um processo não-pessoal cujo padrão é grupal. As contingências da vida são uma questão a ser enfrentada em grupo. A consciência é uma consciência grupal. A vontade é a vontade do coletivo. O que chamamos *bom* ou *correto* é, simplesmente, o que propicia terror e perigo, o que beneficia e sustenta a vida do grupo. O que hoje consideramos necessidades ou direitos individuais são coisas irrelevantes e até mesmo impensáveis nesse nível.

A criança vive nesse estágio mágico até aproximadamente três ou quatro anos. Ao longo desse período, ela funciona num estado de identidade simbiótica com a mãe e a família e com o que a cerca. As influências imprimem-se de modo inconsciente e indelével na psique da criança. São os fatores condicionantes básicos que modificam o potencial de resposta inato nos planos mental, emocional e comportamental. A criança pequena aprende por meio de uma participação-identidade psíquica e por comportamento imitativo, que é, em grande extensão, automático.

Além dos pais, o grupo que a cerca tem para a criança um poder de sugestionabilidade, uma numinosidade. A perda da identificação grupal significa a perda da alma e da identidade, se não da própria vida.

Na lavagem cerebral, as mudanças de personalidade podem ser induzidas por meio de uma regressão imposta à vítima até o nível das necessidades infantis e do estágio da identidade simbiótica. Sob o efeito de uma regressão hipnótica até o nível mágico, podem ser produzidas alterações psicológicas e até biológicas, tais como queimaduras de segundo grau ou anestesias.

Para nós, é importante nos darmos conta de que a dinâmica mágica, longe de ter ficado em antigas eras, está apenas imersa e reprimida pela mente racional. No entanto, continua funcionando e influenciando nossos sentimentos e condutas. A magia da raça-sangue está reemergindo do fundo do inconsciente. Deve ser levada em conta, não para ser reprimida, mas para ser integrada. A dinâmica do grupo primitivo emerge em vários dos *ismos* de nossa era, invadindo inconsciente e compulsivamente nossas mentes com conteúdos obsessivo-paranóicos. O que talvez tenha sido natural e aceitável num nível anterior de nossa evolução torna-se uma regressão animalesca quando invade a consciência coletiva ou individual que está mais adiantada em termos do processo de diferenciação. O poder do arquétipo grupal aparece através de uma racionalização ideológica particular. São exemplos disso a afirmação de Hitler ("Bom é o que serve à Alemanha"), a ideologia do aiatolá Khomeini, as transgressões cometidas contra as pessoas e seu desenvolvimento em nome dos direitos do Estado, ou a dogmática lógica da Madison Avenue, segundo a qual "dez mil compradores não podem estar errados". Essa exigência arquetípica de submissão e nossa disponibilidade arcaica estão enraizadas em setores do cérebro primitivo e são vivenciadas como uma ânsia de abdicar da responsabilidade pessoal ("Simplesmente obedeço ordens"). A menos que confrontemos de modo consciente o arquétipo mágico, ele nos ameaça com a regressão à primitividade primordial, a um nível ontologicamente superado e, nessa medida, inferior. Diz Teilhard que aquilo que é ontologicamente inferior é mau. O perigo dos *ismos* modernos — sociais, políticos, religiosos ou científicos — está justamente em seu desafio às arduamente conquistadas instâncias da consciência e da responsabilidade moral, desenvolvidas durante as eras mitológica e mental. No entanto, esse desafio é também um chamado para a busca do próximo passo rumo à integração. Devemos lançar mão de nossa racionalidade, alcançada depois de tanto esforço, para nos certificarmos de que o arquétipo da Deusa, ora ressurgente, não seja usado para racionalizar a *regressão mágica*, mas para que ela possa guiar-nos a níveis mais elevados de desenvolvimento humano.

CAPÍTULO 5

A Fase Mitológica ou Imaginária: Dioniso e Apolo

Em lais e trovas antigas / Lendas assombrosas são contadas / De sofrimentos e lutas / De heróis impiedosos e audazes.
Niebelungenlied

Acostumado às batalhas e famoso, Odin, guerreiro glorioso, sacia Geri e Freki; e o próprio Pai-dos-Exércitos só se alimenta de vinho.

Todos os campeões lutam diariamente no pátio de Odin; escolheram o assassinado e afastaram-se do campo a cavalo, por isso sentam-se, reconciliados.
Prosa Edda

Dioniso, o lascivo Deus do ano, encarnado no rei sagrado do ano, preside gloriosamente o florescer de seus botões escarlates [e] ...está fadado à morte com o amadurecimento desse fruto carmim [romã].
ROBERT GRAVES, *King Jesus**

A fase mitológica da consciência é uma ponte que leva do nível mágico de funcionamento ao nível mental. Quando a lava ardente do nível mágico é tocada pela primeira e refrescante lufada de ar da mente, capaz de discernir, condensa-se em formas. As formas são as imagens mitológicas. O pêndulo oscila para a frente e para trás o tempo todo, entre uma percepção de campo unitária e material e as abstrações aéreas do pensamento. Marca a transição de um mundo ginecolátrico para um mundo androlátrico e retoma o culto da deusa e seu filho consorte, que morre e renasce constantemente. Seu apogeu pode ter sido caracterizado por uma divisão no seio do elemento Yang masculino, produzindo Deuses Gêmeos. Apolo e Dioniso são os protótipos gregos. Continuare-

* P. 75.

mos utilizando seus nomes. Apolo representa a luz, a vida, a imortalidade, o equilíbrio harmonioso e a permanência. Dioniso representa a escuridão, a interrupção, a morte e a transitoriedade. No princípio, essa *dualidade* ainda é uma polaridade. Permanência e transitoriedade, vida e morte, ainda são aspectos de um Grande Círculo intacto. No final da era mitológica, essa dualidade torna-se um dualismo. Agora não mais polaridades, os opostos se excluem reciprocamente. Os sexos são separados e se opõem. A luz se opõe à escuridão; o interior se opõe ao exterior; a vida se opõe à morte. Então começa a era androlátrica. As formas patriarcais de organização social e de vivência religiosa assumem o primeiro plano. As divindades apolíneas e olímpicas masculinas governam publicamente. Os elementos dionisíacos femininos e escuros são encontrados apenas nos mistérios. Depois, com a transição para a época mental e o patriarcado pleno, são completamente banidos. Seus seguidores são caçados como adoradores do demônio.

A evolução no sentido de um referencial mitológico é um passo em direção a uma primeira noção de interiorização e de distanciamento pessoal daquilo que, então, passa a ser concebido como mundo externo e objetivo. A existência cinde-se em duas partes. O indivíduo sente uma identidade, separada dos demais e do mundo em geral. (Gebser chama a atenção para o fato de que, na frase "Eu sou Odisseu", é a primeira vez que se tem registro das palavras *eu sou*.) Foi dado o primeiro passo no caminho de uma percepção consciente da alma. Não obstante, a ambivalência e a polaridade ainda prevalecem, enquanto a alma experiencia o mundo como seu próprio reflexo.

Como nos contos de fada, neste estágio, os opostos são inclusivos, não exclusivos. *A* pode ser tanto *A* quanto *não-A*. A lógica aristotélica ainda não se aplica. Uma figura pode estar aqui e ausente, ser passada e presente, ela mesma e não ela mesma, morta e simultaneamente viva. Os camundongos podem se tornar cavalos, e a abóbora, uma carruagem. Isso faz lembrar o estado onírico, no qual a alma, por assim dizer, toma consciência de si e conversa consigo mesma, em termos de um encadeamento mental imaginário-emocional.

Esse passo na história da consciência provavelmente ocorreu pela primeira vez no período Neolítico. Atingiu uma certa expansão na Idade do Bronze e terminou na Idade do Ferro, heróica e crivada de lutas. A maioria das lendas mitológicas européias que ainda existem, repletas de feitos heróicos, datam desse período. Os mitos mais antigos, transmitidos oralmente, primeiro em trovas e depois em relatos narrativos, foram provavelmente editados com o advento da escrita histórica para favorecer as novas tendências androlátricas. E foram preservados sob essa forma alterada.

O período Neolítico assistiu à mudança do estilo de vida, que de nômade passou a sedentário, onde o plantar substituiu o caçar, e do qual, portanto, decorreram o planejamento e a cultura. Começa aí o direcionamento da vida natural, embora não seu controle. A experiência íntima do si mesmo e de seus limites reflete-se nos povoados cercados e murados dessa época. Tais centros habitacionais remetem a um ponto nodal: o monumento em pedra, o pilar fálico ou o espaço aberto que acaba por se transformar em santuário.

De acordo com V. Scheltema, as fases correspondentes no desenvolvimento infantil ocorrem, provavelmente, entre os três e os sete anos (Neolítico) e entre os sete e os doze (Idade do Bronze). A puberdade corresponde à heróica Idade do Ferro, com sua androlatria incipiente.

Dentro da visão mitológica de mundo, tudo partilha do *mana* e da alma. Tudo é uma manifestação do sagrado.[1] O trabalho também é sagrado. Não é uma tarefa a ser concluída para que a pessoa possa aposentar-se ou desfrutar de repouso. Comer, beber, caçar, lutar, brincar, copular, são todas atividades celebradas dentro de um espírito festivo. Conta certa história que quando o cristianismo foi levado até a Noruega no século VIII d.C., os camponeses ficaram particularmente ofendidos com a proibição de trabalhar aos sábados (*Sabbath*). Evitar o trabalho para santificar um dia em particular parecia o cúmulo do absurdo para os membros de uma cultura na qual o sagrado não estava separado do corpo e da atividade física. Daí até a cisão entre espírito e matéria transcorreu um longo período, cujo corolário foi a secularização da matéria e do trabalho. Como conseqüência inevitável, resultou uma compensação inconsciente. A mente moderna é invadida pelo poder reprimido do *mana* inerente à matéria e à atividade material, como está demonstrado por nossa preocupação obsessiva com as coisas e por nossa puritana compulsão de trabalhar, aliadas a uma busca implacável de divertimentos destituídos de festividade ou celebração.

Para a consciência mitológica, o espaço e o tempo tornam-se categorias, limitadas porém ao aqui e agora. O espaço é aquilo que é dado de modo concreto e imediato. Ou está aqui, ou não existe. As pinturas primitivas não mostram senso algum de perspectiva. Tampouco a têm os primeiros desenhos infantis. No início da história documentada, o mundo conhecido do homem europeu terminava nas Colunas de Hércules e na costa da Bretanha. Além desses marcos, era o infinito. A orla da terra e do oceano caíam no abismo escuro. Até o início do segundo milênio d.C. não havia interesse algum em estender a busca do desconhecido. Os navios nos quais Colombo cruzou o Atlântico e as caravanas que levaram Marco Pólo à China não eram de modo algum superiores às dos romanos, gregos ou fenícios, e que, antes da descoberta da bússola, eram exímios navegadores que se orientavam pelas estrelas. É como se não existisse o conceito de um espaço além do imediatamente acessível.

Da mesma forma, o tempo era limitado ao *agora* e ao diretamente recordado. Para o bebezinho "mágico" só existe o presente, que é dado eternamente. Para a criança cujo funcionamento é mitológico, para o homem mitológico, o tempo é hoje e ontem. Além disso, é a eternidade. Os acontecimentos *passados* são material de fantasia que enriquecem o *presente*. A tradição era tudo o que se dizia e cantava, independentemente do fato histórico. Não havia senso de história como uma continuidade que levava do passado ao presente e, mais adiante, ao futuro. Por isso, não existia um registro escrito de acontecimentos. Ainda era a pré-história.

Na fantasia mitopoética, a alma experimenta sua própria realidade subjetiva. O mito é a subjetividade exposta, nua e crua. Representa aquilo que a alma percebe como existência. "Era uma vez" implica um para sempre; "aqui" implica todos os lugares. É isso que confere aos contos de fada seu impacto mobilizador. Eles evocam uma verdade atemporal. Um outro exemplo é a fórmula apresentada no livro de orações da Igreja Episcopal: "Assim como no princípio, agora e para sempre, um mundo sem fim, amém".

Essa centralização introversiva implica um senso inicial do *eu* e, conseqüentemente, do *tu*; dessa forma, favorece a formação de grupos sociais além da família imediata e da filiação tribal. A transição de horda para grupo é uma transição para a estruturação social. Emerge uma primeira consciência social que impõe ordem e *ethos*, expressos em ritos, danças e celebrações mágicas e religiosas comuns a todos os elementos do grupo. Tais atividades não são manifestações de emoções ou sentimentos pessoais individualizados; são, ao contrário, rituais de um organismo grupal. Eis agora um exemplo extraído dos costumes de um povo contemporâneo de mentalidade mitológica. Laurens van der Post descreve o poderoso efeito surtido pela dança ritual em grupo praticada pelos bosquímanos do deserto do Kalahari:

> Era espantoso que, enquanto ele dançava, em geral só nas horas mais escuras da noite, o fato de estar dançando se transmitia a toda a natureza à sua volta, não só forçando-a a reconhecer o ritmo, mas também a tomar parte nele.
> Lembro-me, por exemplo, de uma noite em que dançavam sua grande dança do fogo. Quando a dança se aproximava de seu clímax, os leões começaram a rugir de um modo que eu nunca tinha ouvido antes, quase como se estivessem acompanhado as batidas dos pés, que faziam o deserto reverberar como um tambor; criavam uma harmonização parecida com a de baixistas, enquanto o canto das mulheres mantinha seus homens dançando, e o som subia claro, limpo, leve, como as mais altas estrelas. No final, toda a natureza daquele deserto estava participando: os avestruzes com seus estrondosos sinais, os tordeiros noturnos com seus assovios de alto-mar, as corujas com seus pios solenes, e os curiangos com sua voz de castanhola. E, nos intervalos entre as ondas majestosas e embriagantes de som, podia-se ouvir o canto das cigarras como se fossem fileiras de querubins e serafins empilhados uns sobre os outros, entoando um cântico que subia e planava nas alturas, até me dar a impressão de chegar suficientemente alto para bulir com as estrelas e fazê-las sucumbir ao ritmo cá de baixo, e a sapatear sobre toda a reluzente área negra do piso daquele deserto-firmamento. No final, a dança produzia uma atmosfera de tal união e pertinência entre todas as coisas e seres que, quando veio o clímax e o fogo foi encontrado, senti que eu, que tinha vindo de uma parte tão distante do mundo, não era mais um estranho que se mantinha à parte e isolado, mas alguém que houvesse encontrado seu santuário num antigo templo e que, pela primeira vez, participava de um ato de Comunhão natural com uma das maiores congregações de vida jamais reunidas.[2]

As estruturas sociais são de proporção e número limitados: aldeias ou cidades-Estado nas quais cada cidadão tem uma parcela direta de participação. Pois somente aquilo que pode ser visto, tocado e encarado diretamente tem realidade na fase pré-abstrata e mitológica: a pessoa visível, o grupo imediato, a divindade visível sob a forma de pedra, árvore, primavera ou ídolo. A idéia de um Estado, de uma nação, de um governante remoto, de um deus em termos não-visíveis e abstratos é incompreensível.

A vida estruturada em grupo e a ordem social significam ética e moralidade, embora uma moralidade coletiva e não individual. A ordem repousa na aprovação dos iguais e no respeito aos tabus. Tudo aquilo que deve ser evitado ou que é exigido de cada cidadão passa por uma regulamentação. Assim, canaliza-se o conjunto de impulsos anti-sociais mais desestabilizadores e se impõem obrigações sociais elementares. Mas isso ainda está longe de nosso senso de ética ou moral. *Bom* é aquilo que é aprovado pela prática e pela coletividade. *Mau* é o que causa danos ou prejuízos visíveis e que não se coaduna com os costumes. Danificar propriedade do grupo e violar tabus são atos maus, porque convidam à retaliação de uma força superior, seja ela emanada de um líder, de um deus ou do demônio. A violação dos costumes é má, porque leva à rejeição e ao isolamento. A pessoa é objeto de vergonha, perde a dignidade. No nível mágico, o isolamento em relação ao grupo é vivido como uma ameaça à própria vida. A vergonha é uma reação mitológica ao isolamento; entretanto, a sensação de uma grave ameaça mágica à vida persiste e reverbera nas profundezas do ser. Até pouco tempo atrás, a perda da honra provocava uma vergonha maior e mais perigosa do que a perda de bens ou da própria vida. Em certas culturas do Oriente Médio e do Extremo Oriente, ainda hoje, *mau* é tudo aquilo que implica perda da dignidade, vergonha e menosprezo por parte dos iguais.

Esse antigo código de honra é relativamente simplista e comparável à moralidade vigente nos primeiros anos da infância. Pode ser estudado ainda nos códigos morais dos mitos e dos contos de fada. Mentir, roubar, enganar, a brutalidade, a tortura, a crueldade, o assassinato, atos comuns e aparentemente aceitáveis se forem convenientes aos propósitos pessoais ou do grupo. O que conta é o efeito prático e conseguir evitar uma retaliação das forças superiores. Só por volta do final da fase mitológica, quando o patriarcado começa a dominar, é que um novo senso de ética, mais abrangente, transforma em tabu a lei promulgada por Deus. Um *ethos* com validade geral foi apresentado com pioneirismo pelo Decálogo e, em versões mais completas, pelo judaísmo profético e, a seguir, pelo cristianismo.

Também os ritos e sacrifícios mágicos e religiosos tinham como intenção original evitar o mal, que não era um problema moral abstrato. O mal era o desastre, a doença, a colheita perdida, a caçada malograda, a derrota numa batalha. Evitar o mal exige um "conhecimento" a respeito de como funcionam os poderes, a fim de apaziguá-los. Esse conhecimento, transmitido pelos mitos, age através de invocações, de mantras, de fórmulas mágicas, de cerimônias apropriadas, de sacrifícios. O *sacrum facere*, como assinala Kerenyi, tem o significado original de devoção aos deuses dos mortos e à mãe terra.[3] Aquele que será sacrificado é "chamado" e cumpre de bom grado o dever de penetrar no reino dos mortos e tornar-se íntimo dos deuses para ajudar o grupo. À medida que se desenvolve o patriarcado ético, o sacrifício passa a servir de purificação do mal e, mais tarde, da culpa.

O início da fase mitológica ainda é dominado pela imagem e pelos ritos da Grande Deusa em seu triplo aspecto de fonte da vida, nutriz e cruel destruidora. O caráter efêmero da existência a que ela dá luz é representado por seus consortes, que são seus amantes, seus parceiros reais e suas vítimas para o sacrifício. O rei e sua corte precisam morrer a intervalos regulares como oferendas às forças de morte e renovação.

O sacrifício deliberado de vidas humanas era um aspecto fundamental dos primeiros rituais religiosos. As necessidades e impulsos de violência da comunidade eram ritualizados em práticas cerimoniais cujo propósito ostensivo era a proteção da vida e a prosperidade do grupo. Dessa forma, a violência ficava limitada a tais ritos sacrificiais e, talvez mais tarde, a determinadas providências bélicas necessárias à obtenção de prisioneiros para o papel de vítimas, já que, nos períodos de emergência nacional, os reis não estavam mais dispostos a satisfazer à necessidade de sangue sacrificial. Seria fácil desprezar esses costumes antigos, considerando-os meras atrocidades de bárbaros, pertencentes a um passado primitivo, se não fosse pelo incômodo fato de sua reemergência espontânea em nosso tempo. A violência assassina das duas Guerras Mundiais, o Holocausto, o Vietnã, o Cambodja; a tortura, o terrorismo e a matança aparentemente intermináveis no Oriente Médio, na África do Sul e na América Central mostram com clareza inquestionável sua relevância psicológica para o homem moderno. A história moderna também mostra que a compulsão de verter sangue surge, invariavelmente, após períodos de paz. Ela não vem apenas forjada por fatores econômicos como a escassez, porque também emerge em períodos de prosperidade. O fenômeno é semelhante à corrida simulada dos animais que descrevi anteriormente. O rito do sangue sacrificial é encenado de maneira compulsiva porque faltam uma percepção consciente e uma dinâmica psicológica suficientemente madura, capazes de integrar a erupção espontânea numa forma de experiência psicológica compatível com o nível contemporâneo de consciência e ética.

Quando isso acontece, os "deuses" voltam a pedir sangue. A história anterior e concomitante ao início da Primeira Guerra Mundial, que "ninguém queria", é um exemplo perfeito. Mas, particularmente nos períodos de escassez e necessidade, o favor dos deuses precisa ser resgatado mediante um holocausto. No passado, quando os tempos eram de seca, fome ou colheitas fracas, o rei era sacrificado antes que terminasse seu período de reinado. A vítima ou era expulsa (nos antigos ritos romanos da primavera toda uma jovem geração era expulsa) ou completamente incinerada; o termo grego para esse ato ritual era *holocausto*. Não é sequer necessário lembrar o leitor de que esse pavoroso rito de exterminar toda uma geração de vítimas em nome de uma necessidade nacional, real ou imaginária, vem sendo repetidamente executado em nossos dias.

A tese de Lorenz, segundo a qual "assim como se dá com o desempenho de qualquer outro ato instintivo e independente, o do ritual tornou-se uma necessidade para o animal, quer dizer, um fim em si mesmo",[4] parece válida também para os humanos, apesar de sua racionalidade e de sua boa vontade. Os antigos ritos de sacrifício expressam essa necessidade em termos de uma dinâmica mágica e mitológica. Incorporam expressões passadas do arquétipo que deveria regular a manifestação humana equivalente aos rituais animais de contenção da agressão (no duplo sentido de limitar e comportar) e da satisfação de necessidades. Os protótipos desses ritos no plano humano são o sacrifício matriarcal do rei do ano, o *pharmakos*, e o bode expiatório, entre outros.

Portanto, examinaremos a dinâmica psicológica expressa no sacrifício. Esse rito simboliza uma auto-oferta quase voluntária daquilo que é transitório à sua fonte geradora, em nome da transformação e da renovação. É o mesmo que dizer "sim" ao ciclo da vida, ao Grande Círculo. O sacrifício representa a renúncia humana a um pretenso controle, a uma pretensa permanência, e a uma pretensa superioridade, e a admissão de suas necessidades.

Durante a vigência da fase ginecolátrica e mágico-mitológica da consciência, a atividade externa visível era percebida sob a forma dos Deuses Gêmeos, ou Forças Gêmeas, que incorporavam os ciclos alternados mas complementares da existência: o crescimento e o declínio, o dia e a noite, o verão e o inverno. O nascimento e a morte eram equivalentes, eram aspectos de mútuo respaldo da existência. Estavam contidos na figura da Deusa, talvez originalmente adorada como serpente sagrada que mata e cura, renova e devora, e de novo dá à luz. Ela reaparece num momento posterior, durante o período Minoano, como figura que segura duas serpentes fálicas. Suas manifestações masculinas temporais, efêmeras, eram representadas como leão e como touro. Caçavam-se e destruíam-se um ao outro e reviviam como o verão e o inverno. Da mesma forma, seus equivalentes humanos gêmeos assassinavam um ao outro, ou então eram mortos em ritos de sacrifício, para renascerem como filhos e amantes da Deusa. Eram sua fonte de alegria, seus joguetes e também suas vítimas. A união sexual e a morte violenta eram as duas manifestações do Grande Mistério. Variações deste mito podem ser encontradas em todas as culturas: Tammuz, Atis e Adônis são alguns exemplos.

Essa atitude demonstra pouco ou nenhum respeito pela individualidade e pela vida individual. Seus costumes culturais, que incluem o sacrifício humano, o canibalismo ritual e a imolação de todo o séquito real junto com o rei sacrificado, parecem-nos uma barbaridade. No entanto, em seu primitivismo, esses costumes levavam em conta a dinâmica do sacrifício que acontece na natureza e na psique. Nossa falta de percepção de tais forças nos expõe ao perigo de, inconsciente e involuntariamente, nos tornarmos vítimas delas e de seu barbarismo.

Na perspectiva ginecolátrica, para que a vida pudesse prosseguir e renovar-se, teria também que ser destruída; a alegria de viver e a dor de destruir são mutuamente interdependentes. A experiência da plenitude da vida é o êxtase. Assim o é também a experiência da morte e da destruição (mesmo que esse último tipo de êxtase esteja enterrado sob a camada de ansiedade pela preservação da vida).

Segundo a visão mágico-mitológica, nada passa a existir sem que algo equivalente tenha deixado de existir. Portanto, toda criação requer um sacrifício. Talvez possamos escolher *como* e *quando* sacrificar e, às vezes, até mesmo *o que* eliminar, mas não podemos evitar o sacrifício em si. Somos motivados não só pela ânsia de viver, mas também por uma ânsia irresistível de desfazer e destruir, pela ânsia da morte. A intuição de Freud, de um impulso inconsciente para a morte (e não *instinto*, como foi erroneamente traduzido para o inglês), está de acordo com a dinâmica mitológica.

O sacrifício aparece como tema central da maior parte das cosmogonias mitológicas. A psique não-pessoal percebe o sacrifício como o cerne do processo criativo e como uma condição fundamental para cada novo passo no desenvolvimento da vida. Toda evolução corresponde a uma involução, todo pico exige um desfiladeiro. Para cada partícula de matéria há uma de antimatéria. Todo esforço consciente convoca uma força inconsciente correspondente; todo suposto bem está compensado por algum mal. Por sua vez, o mal que foi acolhido e apropriadamente sofrido pode, por sua vez, trazer o bem. Os ritos de sacrifício, então, são uma espécie de tecnologia psíquica, uma tentativa de utilizar esses fatos fundamentais em prol da comunidade. Satisfazem à necessidade de nutrição e de proteção (propiciando os "poderes") e canalizam a agressão para continentes socialmente aceitáveis. A compreensão de seus padrões simbólicos pode nos fornecer esclarecimentos muito proveitosos sobre forças que, da mesma forma, operam por trás da racionalidade da mente moderna. Assim como sacrificamos combustível para obter calor, ou dinheiro para obter um objeto desejado, também sacrificamos, no plano psicológico, uma atividade para obter energia para outra. A perda é inevitável para que haja ganho. Não escolher significa não participar do processo de vida. (Em si, isso pode ser de fato uma escolha, uma renúncia, em nome de um outro ganho, talvez espiritual.) Consciente ou inconscientemente, a perda e a destruição são escolhidas em termos de um objetivo desejado. Exercer conscientemente a escolha pessoal do sacrifício significa conflito e dor. As marés acontecem segundo um ritmo que lhes é inerente, independente do que façam os homens. Nossas escolhas conscientes, porém, oferecem-nos a oportunidade de utilizarmos a limitada liberdade de que dispomos. As escolhas constituem o crescimento e a diferenciação da consciência. Como diz um antigo ditado judeu: "O homem existe para escolher".

Abundantes evidências atestam que essa dinâmica é essencial à vida, inclusive no nível biológico. Há uma circulação interminável de idas e vindas que rege toda a natureza e toda a existência. A vida requer a renovação por meio da dissolução, da eliminação e da reconstrução. O resultado desse Grande Círculo é a organização e a diferenciação de estruturas e da consciência.

No início da fase mágica, e hoje nos bebês, nos povos primitivos e nos animais, a consciência está entrelaçada com o processo biológico. Externo e interno, consciência individual e grupal não estão claramente diferenciados entre si, nem destacados da dinâmica orgânica. A percepção consciente individual, que aos poucos vai se diferenciando, funciona em termos de anabolismo: a estruturação dos elos tribais, de clã e de sangue. O processo exige porém também o catabolismo, a ânsia de dissolução dos vínculos, de destruição, de expulsão. Todo grupo ou clã precisa de vítimas sacrificiais, de ovelhas negras, de bodes expiatórios. Ao matar ou expulsar o bode expiatório como meio de dar vazão às suas ânsias destrutivas, violentas e sadomasoquistas, a comunidade mágica primitiva satisfaz suas necessidades de bem-estar e sobrevivência; ela cura a si mesma. A vida grupal primitiva, como um organismo biológico, renova-se mediante a eliminação literal e a destruição de alguns de seus membros.

Os ciclos intermináveis do Grande Círculo, a fusão da morte da vida velha com o nascimento da nova, eram celebrados com festividades sacrificiais nas quais a violência destrutiva mergulhava no êxtase sexual e na intoxicação da embriaguez. A regra de alternância das forças gemelares, ou Deuses Gêmeos, era encenada por seus substitutos humanos numa representação dramática sagrada. Passavam pelas etapas rituais de serem cuidados, nutridos, festejados e entretidos como se fossem o filho da Rainha Deusa. Desempenhavam o papel de seus pretendentes bem-amados, e depois eram assassinados e esquartejados por seus sucessores que, mais tarde, viveriam as mesmas fases. Supunha-se que a vítima alcançasse a transcendência identificando-se com o Deus Gêmeo Escuro, sempre morrendo e renascendo. A comunidade, compartilhando do sacramento do deus morto-renascido, renova-se igualmente.

Na fase de Minos e do início da civilização grega, a ênfase se desloca para a propiciação e a purificação. Dioniso agora é o irmão escuro de Apolo. Para que a vida e a luz possam predominar, a força gemelar escura precisa receber uma meticulosa propiciação, caso contrário a pessoa ou a comunidade podem ser vitimadas, como vingança pelo descaso com que foi tratada. As *Bacantes* de Eurípedes referem-se a esta situação e o dilema da "dona de casa tiranizada" descrito no Capítulo 2 expressa-o bem. Com o advento do patriarcado, os ritos de propiciação e de purificação tornam-se cerimônias para a libertação da culpa. O protótipo é agora o bode expiatório, ou *pharmakos*. A vida torna-se finita. A ênfase não recai mais sobre a renovação, a recuperação da luz depois de atravessar a escuridão, mas sobre a preservação da vida e da luz pela eliminação da escuridão, do que é ofensivo aos deuses e guardiães da moralidade. Em nome da clareza, da pureza, da ordem e da harmonia, Apolo tem que prevalecer sobre Dioniso. Jeová triunfou sobre Azazel (equivalente sumeriano de Dioniso). A figura dionisíaca da qual encontramos alusões no material de nossa paciente, figura central do mundo mítico primitivo, matriarcal e ginecolátrico, é transformada em bode expiatório e, mais tarde, em Satã, pelo patriarcado.

Para o mito grego, Dioniso é uma força de vida e morte, um deus do mundo inferior, amante e filho da Grande Deusa, tanto em seus aspectos de vida como de morte, sob a forma de Rhea e Perséfone. Ele é força da morte, o Hades, assim como a luz de Zeus. Deus-Cervo, ele é o senhor dos animais selvagens e dos cervos caçados e despedaçados pelas Mênades ou pelos cães selvagens (Acteon). É um caçador, um devorador de carne crua, e é também devorado. Embora morto em criança, é um matador de bebês. É o que desperta a vida depois da morte, o deus que morre mas também não morre. Encarna a brincadeira, a alegria pura e simples, as necessidades inerentes à vida, assim como a paixão assassina e agressiva pela destruição que reside em cada um de nós. Sádico e masoquista, representa o frenesi do desejo sexual associado ao êxtase da destruição, expresso nas Mênades delirantes. Como falo potente, é o deus sexual da mulher e seu brinquedo erótico. Incorpora o poder fálico da masculinidade, da agressão e da emoção, dado e retomado pela deusa. Como bebê, encarna a necessidade de alimento e proteção; como velho, é a sabedoria do transracional. Como cabrito cozido no leite materno, como falo na *cista mystica* (*o liknon*, um Graal arcaico), é a expressão masculina da vida visível manifesta que nasce da fonte materna e a ela novamente retorna. Vezes e vezes seguidas, morre a morte sacrificial, para renascer a cada vez. "O mito do Dioniso expressa a realidade de 'Zoe' (vida), sua indestrutibilidade e sua peculiar ligação dialética com a morte."[5]

Nas palavras de Otto,

Dioniso é a criatura monstruosa que vive nas profundezas. Por trás de sua máscara, olha o homem e faz com que saia rodopiando na ambigüidade do próximo e do remoto, da vida e da morte numa única forma. Sua inteligência divina mantém unidas as contradições. Pois ele é o espírito da excitação e da selvageria, e tudo que vive, fervilha e brilha resolve a cisão entre si mesmo e seu oposto e já absorveu esse espírito em seu desejo. É assim que todas as forças terrenas estão unidas no deus: as geradoras de vida, as nutritivas, o delírio intoxicante, a inesgotabilidade da vida e a dor dilacerante, a palidez da morte, a noite indizível do ter sido. Ele é o êxtase louco que paira sobre cada concepção e parto, cuja loucura está sempre pronta para se mobilizar em destruição e morte. Esse mundo inapreensível de Dioniso é chamado de louco, e com bons motivos. E era nesse mundo que pensava Schelling quando falava da "loucura autodestrutiva" que permanece no cerne de todas as coisas. Controlada apenas pela luz de uma inteligência superior e somente por ela aquietada, é por assim dizer a verdadeira força da natureza e de tudo o que ela produz.[6]

Psicologicamente, o mundo de Dioniso é o mundo da natureza crua e essencial, do desejo e da paixão, em duplo sentido de volúpia e sofrimento. Expressa a primazia do desejo, da luxúria e do êxtase, que inclui a violência irada, a destrutividade e até mesmo a ânsia de auto-aniquilação. Manifesta o duplo aspecto do sadomasoquismo como impulso inato primário. É essa a força arquetípica que Freud chamou de libido (termo latino que significa "desejo") e repartiu na bipolaridade Eros e Thanatos, impulsos de vida e morte. Dioniso, porém, representa a identidade e também a oposição entre a sexualidade, o amor, a violência e a destruição. Ao sentido de ordem e significado, Dioniso opõe a volúpia de se perder na irracionalidade, no transe da emoção pura, na embriaguez da paixão, no abandono do ego. Uma sensação semelhante também é expressa pela canção que reproduzimos a seguir, entoada por devotos hindus (*bhakta*) da Deusa Mãe:

> *Oh Mãe, enlouquece-me com Teu amor!*
> *Que necesidade tenho eu de conhecimento ou razão?*
> *Embriaga-me com o Vinho do Teu Amor,*
> *Oh, Tu que roubas o coração de Teus bhaktas*
> *Afoga-me no fundo do mar de Teu amor!*[6]

Em excesso, essa dinâmica pode desaguar na loucura, no niilismo, na aniquilação; contudo, sua total ausência significa petrificação, rigidez, e um tédio soturno.

Diante da perda da identidade mágica, quando o *eu* e o mundo se cindem, perde-se a noção de continuidade entre a vida e a morte. O *eu* emergente recusa-se a se entregar à morte: "Não entres sem luta nessa boa noite. A velhice queima e sufoca de raiva ao cair do dia. Ira, ira contra a morte da luz".[8] O sacrifício exige então substitutos para a oferenda voluntária, vítimas cuja destruição possa ser eticamente justificada, como, por exemplo, prisioneiros de guerra, párias, transgressores ou animais.

A descoberta da *dualidade* significa a cisão do Uno original indiferenciado não só no homem e no mundo, mas também em fêmea e macho.

À medida que a consciência evolui progressivamente no referencial androlátrico, a realidade unitária é cada vez mais fragmentada numa multiplicidade de opostos mutuamente excludentes: bom, mau; sujeito, objeto; etc. Essa tendência à conscientização por intermédio de cisões é inerente ao caráter masculino, que cresce cada vez mais em importância. O caráter divisível e, posteriormente, analítico da consciência patriarcal é de natureza masculina. Essa maneira particular de experimentar os acontecimentos é, evidentemente, apenas uma entre muitas outras. Não é uma qualidade necessária ou intrínseca à consciência enquanto tal. Acostumados como estamos ao funcionamento patriarcal, ela acabou nos parecendo a única alternativa possível. No entanto, uma consciência de natureza mais Yin, que está começando a fazer-se presente na atualidade, não funciona por meio de separações e divisões, mas através da percepção intuitiva de processos inteiros e de padrões inclusivos. Esta é a função predominante do hemisfério direito do córtex cerebral.

Demos um salto adiante. No presente ponto de nossa descrição, a fragmentação está em alta e afeta não só a percepção, mas também os sentimentos e o julgamento. A dicotomia entre experiências opostas significa também sentimentos opostos. Gostamos e desgostamos; desejamos e rejeitamos. Por sua vez, a avaliação através de sentimentos estipula padrões de julgamento e sistemas de ordem, inclusive éticos. Nos estágios iniciais da consciência mágica e mitológica, o sentimento e o pensamento ainda não estão muito diferenciados, nem tampouco a sensação e a intuição. Segundo a terminologia homérica, as pessoas ainda "pensam-sentem" através do diafragma. Pronunciam julgamentos emocionais oriundos do coração e da respiração, e não do córtex racional do cérebro. Só nos períodos posteriores da dialética socrática é que constatamos a quase-descoberta da lógica racional. Ela é sistematizada por Aristóteles e seus discípulos e completamente diferenciada dos sentimentos pela atitude científica da Renascença e dos tempos pós-renascentistas. Enquanto o pensamento era refinado pela cultura ocidental, o sentimento era deixado para trás, num nível arcaico e indiferenciado. Da mesma maneira, a percepção sensorial e a observação minuciosa de detalhes eram privilegiadas em detrimento das faculdades intuitivas, holísticas e extra-sensoriais. Tanto o pensamento racional, dedutivo e abstrato (que Jung chamou de *dirigido*, em contraposição ao pensamento associativo, imaginativo) quanto a observação analítica de detalhes são funções do córtex esquerdo.

No nível da identidade "pensamento-sentimento", tudo que for apreciado e desejado é automaticamente julgado bom e correto; tudo que for temido é entendido como mau e errado. Até mesmo hoje, esses julgamentos formam a base de nosso sistema de valores. Sentimentos opostos estabelecem padrões existenciais de julgamento e ética. Favorecemos e enfatizamos o pólo construtivo da existência, a preservação da vida, a luz, a ordem, a ausência de dor, de dificuldades. Seus opostos são maus. Esquecemos que tanto o bom como o mau são aspectos de uma única realidade cíclica. Então, os opostos rejeitados e desvalorizados restauram o equilíbrio exercendo um fascínio inconsciente sobre nós; quanto mais inconscientes, mais perigosamente sedutores.

No plano mitológico, essa polarização ética é representada por um distanciamento do Deus Gêmeos e pela subida de Apolo ao poder, depois de derrubar Dioniso. O auge desse processo é o monoteísmo ético. O valor supremo é posteriormente investido num único Deus. Ele é o rei, o juiz, o criador, o preservador do mundo e da existência, a fonte da moralidade, da ética, da lei, da ordem e da justiça. Ele é a luz, o amor, a encarnação de tudo o que é bom e desejável; pelo menos, daquilo que deveria sê-lo, do ponto de vista da ética vigente.

Seu oposto, o gêmeo escuro, representante da dissolução, da transformação, do irracional e do aspecto destrutivamente violento do Yang, é satanizado, rejeitado e reprimido. A face noturna e dionisíaca da existência — o êxtase, a paixão, a morte e o renascimento — é gradualmente relegada às divindades telúricas sinistras ("sinistro" deriva do latim, significando "esquerdo"; portanto, canhoto e proveniente do hemisfério cerebral direito): Seth, no Egito, que se opõe a Osiris; Ahriman, inimiga de Ahura Mazda, a luz, na Pérsia; Dioniso, sob a forma da serpente Píton dominada e morta por Apolo, na Grécia; Azazel, demônio do deserto, na Israel antiga; Satã, o mal, adversário de Jeová, na cristandade medieval. Se o aspecto desestruturador do Yang é inaceitável para a consciência racional e patriarcal, mais inaceitável ainda é o mistério caótico da escuridão Yin. A Deusa, a mãe escura, partilha do exílio de seu filho escuro. No mundo androlátrico onde reina a ordem e a ilusão, as mulheres precisam ser boas, delicadas, provedoras e receptivas.

A agressão, a morte e a destruição não são mais aceitas como aspectos inevitáveis da vida. Por isso, como já dissemos, o sacrifício, como oferenda voluntária da própria pessoa, não é mais possível. Para que a violência agressiva possa ser canalizada e impedida de inundar a comunidade, as vítimas corretas para o sacrifício devem ser identificadas, seu extermínio deve ser justificado e é preciso que se estipulem tabus contra a matança de vítimas escolhidas incorretamente. Uma vez que o assassinato imerecido de uma vítima real não parece mais a providência correta, a necessária vitimização de outra pessoa com propósitos sacrificiais precisava de uma justificativa ética: a vítima deve estar além dos elos comunitários, seja por ter infringido seus tabus, seja por ser forasteira, como no caso dos prisioneiros de guerra.

As guerras para obtenção de vítimas para os sacrifícios eram deliberadamente iniciadas ou aconteciam de maneira espontânea, quer dizer, a partir de um movimento inconsciente desencadeado pela ânsia de violência. Na etapa seguinte, foram utilizados animais, em geral aqueles que encarnavam o símbolo da divindade reinante numa certa era: o bode, durante os períodos de Câncer e Gêmeos, o touro e o carneiro nas épocas subseqüentes de Touro e Áries. Depois de algum tempo mais, a racionalização ética adquiriu uma importância inexcedível: a vítima estava possuída pelo mal a ser eliminado. Não encarnava mais o libertador e renovador divino. Era precisamente aquele que carregava o estigma da transgressão. Se a mão do deus ou dos deuses era justa e benevolente, talvez fosse apenas expulso, em vez de morto. O sacrifício humano podia ser então racionalizado como punição pela violação de tabus, por transgressões pessoais, pela satisfação de desejos sem autorização. A ânsia incessante de sacrifício não podia ser justificada em nome de um Deus justo. É assim que a exigência do sacrifício de Isaac por Abraão é explicada: como prova de sua lealdade. Assim que o teste está prestes a chegar ao final, por interferência divina, aparece um cordeiro para substituir o ser humano. Caim, que na frase de Buber é um "Filho de Deus"[9] e, portanto, uma vítima real, é culpado do crime de fratricídio, como justificativa para seu exílio ritual. Édipo, o pé-inchado (aleijar era uma pena que também se infligia à vítima eleita, ao eleito de deus), foi acusado de incesto. Reconhecemos nessas histórias, de imediato, motivos arcaicos para o sacrifício, como a morte ritual do "irmão gêmeo" ou do pai pelo sucessor, e o incesto sagrado com a Deusa Mãe ou a sacerdotisa por parte de seu filho-amante-vítima. Tornar-se uno com o deus através da comunhão com seu destino sacrificial, assume então um caráter de penitência. No caso de substitutos animais, como o bode expiatório, por exemplo, o sacrifício é uma oferenda de pecado. Quando a vítima do sacrifício é humana, passa a ser um pária. Um escravo ou criminoso é escolhido para o papel de bode expiatório humano. À medida que a violência é contida pela regra da lei secular e da justiça, o não-conformista (além do transgressor comum de tabus, como o ladrão, o assassino ou o inimigo da tribo) é cada vez mais forçado a servir de vítima para o sacrifício, ou de bode expiatório humano.

Essas modificações de hábito e comportamento refletem um desenvolvimento psicológico muito importante: os primórdios de uma sensação pessoal de responsabilidade pelos próprios atos, propiciada pela sensação de vergonha e culpa. Isto é fundamental à individualidade e ao autocontrole. Somente sentindo-se responsável por seus atos e aprendendo a controlá-los mediante um planejamento ponderado, independente dos impulsos espontâneos e dos sentimentos cambiantes, é que se pode adquirir um senso de solidez do *eu sou*. Antes de se poder dar o próximo passo na evolução da consciência, é preciso conseguir um Eu firme e responsável. Paradoxalmente, a diferenciação da individualidade em relação ao grupo é posta em prática graças aos efeitos disciplinadores que a consciência grupal, o superego, exerce sobre o ego em desenvolvimento. A impressão é de que a responsabilidade individual foi forjada pela disciplina do grupo e pela solidariedade grupal. A Regra de Ouro, em sua forma original, insiste em "Não procures a vingança, nem conserves a lembrança da injúria dos teus concidadãos" (Lev. 19:18). E, embora o Decálogo ordene não matar, as guerras de extermínio ainda são sancionadas e até mesmo estimuladas, não só contra inimigos e transgressores, mas também contra os não-conformistas (Deut. 13:5).

Precisamos entender o significado psicológico do tabu e do ritual para apreciar seu papel no período histórico que estamos abordando, e também se pretendemos descobrir seu papel diante de nossa necessidade contemporânea de integrar a reaparição do feminino e das forças dionisíacas.

O tabu é um padrão de interdição que tem o consenso comunitário. No nível primitivo, quebrar um tabu corresponde a suscitar uma força, um processo energético que o grupo como um todo não está preparado para enfrentar. É uma força apavorante, sagrada, que pertence ao *outro* mundo. O transgressor é oferecido à força a esse poder, para o melhor ou para o pior, sem apoio do grupo. Inclusive, é excluído da comunidade na mesma proporção da gravidade de seu inconformismo. Um cordão de isolamento é estendido à sua volta, para proteger o grupo da infecção do mal ou do perigo que ele desencadeou. Porque, no nível ainda concreto, o mal é simplesmente a ameaça de perturbação causada pelo incomum, a ameaça da mudança, o colapso da ordem familiar de proteção da vida. É somente mais tarde que acaba se tornando uma categoria moral e, posteriormente, psicológica.

Aquilo que no nível da identificação mítica era a expulsão física literal e o banimento concreto, em estágios ulteriores de justificativa moralista e ética, torna-se ostracismo social e humilhação. Então o mal não é mais um poder concreto demoníaco, e sim uma desonra e, mais adiante, um erro moral. Com o correr do tempo, o *pharmakos* carrega o mal moral da comunidade; é expulso como bode expiatório.

O tabu, o "tu não deves", o ostracismo, a vergonha e o afastamento, assim como a cisão psicológica e a repressão de um conteúdo inaceitável, para a auto-imagem consciente, são variações da forma de abordar o mal através de sua evitação. São fugas, modos inconscientes de admitir a inadequação subjetiva diante da tentação ameaçadora de uma ânsia proibida. Não obstante, a lei fundamental da preservação da energia aplica-se tanto ao funcionamento psicológico quanto ao domínio da física. Aquilo que é reprimido e expulso da consciência individual reaparece projetado em outro indivíduo, grupo ou figura. O impulso sadomasoquista inaceitável, o êxtase da desestruturação, a ânsia de satisfazer às necessidades, são qualidades atribuídas ao *outro*, que passa a ser então visto como mau, criminoso, ambicioso e ganancioso, um inimigo. A enorme energia desses impulsos não é mais sentida como divina, mas como satânica, adversária do Deus bom e justo.

O Grande Pan morre. Dioniso vai para o exílio. Num mundo plenamente desenvolvido nos planos mental e racional, ele se torna um *deus absconditus* ("Deus oculto"). Como o Azazel bíblico (Lev. 16:7), é um remoto demônio do deserto a quem o bode expiatório (bode "escapatório") é dedicado. Como Lúcifer, Satã, Demônio e a Grande Besta do Apocalipse, tem uma existência subterrânea durante a era cristã, na qual reina seu oposto apolíneo, o bom, o onisciente e justo Rei pai, preservador da lei e da ordem para todo o sempre.

81

Mas, atualmente, parece que Dioniso não está mais disposto a permanecer no exílio da inconsciência. Na forma de nosso próprio mal inconfesso, pode destruir-nos se não lhe abrirmos espaço dentro de um referencial eticamente aceitável. Numa visão profética, Yeats percebeu o perigo do momento presente. É muito interessante que as primeiras três estrofes do poema que se segue correspondem respectivamente às fases mágica, mitológica e mental.

AS QUATRO IDADES DO HOMEM

Ele com seu corpo guerreou,
Mas o corpo venceu; andou erecto.

Depois lutou com o coração;
Inocência e paz partiram.

Então lutou com a mente;
Seu orgulhoso coração ficou para trás.

Agora suas guerras começam em Deus;
Ao soar a meia-noite, Deus vencerá.[10]

O próximo passo na evolução da consciência está batendo à nossa porta, e tem como arauto infalível o colapso da adaptação obsoleta, ultrapassada. O dragão acorrentado durante mil anos (Apocalipse, 20:2) ergue-se nas patas e exige ser visto, recebido e integrado.

Voltando agora ao relacionamento entre os sexos na era mitológica, a força dionisíaca Eros representava, essencialmente, o aspecto físico do desejo de união. Servia às necessidades práticas da formação de pares, do lar, da família. O amor como anseio romântico, pessoal ou espiritual ainda não é conhecido. A genuína poesia amorosa não aparece antes do século X d.C. A poesia erótica anterior a esse período dedica-se ao desejo físico e à sedução. O *ars amatoria* de Ovídio é um manual impessoal que ensina a conquistar e seduzir uma mulher. O *Decamerão* de Boccaccio, produção do século XV, ainda é, em grande medida, desprovido de sentimentos pessoais, apesar de suas acrobacias sexuais. Páris fica enfeitiçado pela beleza de Helena, mas não a ama como pessoa. Até mesmo o *Cântico dos Cânticos* só descreve os atributos físicos da bem-amada. Quando ocorre de fato um envolvimento pessoal apaixonado, isso é considerado uma calamidade do porte de uma moléstia (Dido e Enéias, Heloísa e Abelardo; o amor de Tristão por Isolda é explicado como efeito de uma poção envenenada).

Isso nos ajuda a apreciar o progresso cultural representado pela postura cristã posterior, que opôs Eros a *agape* ou *caritas*, o afetuoso e desprendido interesse pelo outro. Esse ideal espiritual de um novo relacionamento humano exigia, como passo inicial, o respeito pela alma encarnada no outro, independente de sentimentos ou desejos pessoais. A individualidade, no sentido em que estamos começando a vê-la, ainda era algo remoto. Esse afeto desapegado, independente dos sentimentos pessoais, necessitava de uma disciplina de boa vontade para domar as emoções espontâneas. O herói, no sentido de um *eu* responsável, tinha que matar o dragão do desejo e do ódio. Se hoje achamos frias e estéreis tais demonstrações de caridade, basta que voltemos nosso olhar para o passado e encontraremos a crassa brutalidade da Antiguidade e a desconsideração por valores humanos que hoje são para nós inquestionáveis. Sem dúvida, a brutalidade ocorre em nosso tempo, mas, na época do declínio de Roma e no início do período franco, não só era tida como líquida e certa, mas glorificada e aplaudida em toda parte. Introduzir a noção do *agape*, nessa ocasião, foi um feito heróico. Sem ela, seriam impossíveis as preocupações humanistas de nossa era. E não teríamos nos aproximado do passo seguinte na descoberta de uma nova forma de manifestar amor, em que o sentimento e o desejo são integrados ao interesse e ao respeito pelo outro, a quem é concedida a liberdade de tornar-se aquilo que é, enquanto ser, através do relacionamento eu-tu. Isso aconteceu primeiramente sob a forma da lei "tu amarás". Hoje, consideramo-la incongruente com nosso conceito de amor, mas naqueles tempos era uma necessidade.

Subjugar as próprias emoções e desejos espontâneos significa subjugar o âmbito do feminino em prol do ideal masculino do autocontrole. Esse processo é simbolizado pela predominância do aspecto masculino que diz respeito à luz, à ordem, à construção, em detrimento da escuridão, do caos e da destruição que se lhe opõem. O imperativo judaico "Ama teu próximo como a ti mesmo" (Lev. 19:18), assim como os mandamentos cristãos "Amai-vos uns aos outros" (João 13:34) e "Amai os vossos inimigos" (Mat. 5:44), significam afastar-se do gêmeo escuro interior e forçá-lo à submissão diante de uma intencionalidade que, para a maioria dos indivíduos, é imposta de fora. O passo seguinte, pós-mitológico, da consciência ética, é dado necessariamente em direção a uma organização androlátrica. A conseqüência desse passo é que a ausência de limites da vida intrínseca à Deusa é vista como caos. Ela representa a ameaça de mergulhar na vertigem da escuridão primordial e, dessa forma, tornar-se a encarnação do mal. Seus companheiros gêmeos tornam-se um par de adversários. Em ambos os sexos, a consciência orientada pelo masculino, o *eu*, identifica-se com o deus luz, com o céu e com o sol. Ela se vê defendida e protegida pelo herói sol. Depois, o ego ergue o olhar até o Deus único que está no céu e de cuja imitação deriva seu desejo de supremacia. A *gnose* da serpente, a divindade interior, é proibida. (A percepção do Deus real bíblico que "conhece o bem e o mal" contém uma terrível ambivalência diante do antigo significado atribuído a "conhecer", no sentido de estar unido ou de experimentar no plano existencial. Sugere que a percepção direta do bem e do mal são princípios divinos, intrínsecos à própria criação. Esse segredo está interditado à agora emergente consciência egóica, pressionada a evitar o mal e seguir o bem, obediente ao tabu que deve evoluir até tornar-se a lei de Deus e a lei dos homens no curso da evolução.) A vontade heróica, autodisciplinada, que doravante irá reinar, está incorporada na figura do herói: Marduk, matador de Tiamat; Apolo, matador da Píton; Beowulf, Siegfried e, mais tarde, São Jorge, todos matadores de dragões, serpentes e monstros lacustres, representantes do inconsciente pantanoso e reprimido do Feminino. O surgimento do período heróico coincide com o início da tecnologia do ferro. É dominado pela mente, o ego, o espírito. A abstração acaba levando à perda dos deuses e da alma. Não obstante, facilita a conquista do mundo por meio da tecnologia.

Por volta do final da era mitológica, o ego tenta medir sua força contra a natureza, tanto interior como exterior. A investida interna produziu a ênfase central do ego, que então, como o Deus nos céus, dedica-se a ser o único e exclusivo regente. O "sou o que sou" (Exod. 3:14) condena imagens esculpidas, estipula mandamentos, e determina leis tribais de tabu comunitário. Com o passar do tempo, as leis se expandem até a composição de uma ética que alega validade universal. Uma lei estabelecida sobre uma *idéia*, em vez de sobre uma imagem concretamente visível, era algo que até então nem fora cogitado ou concebido. O recém-descoberto *eu* pessoal pode agora obedecer ou desobedecer aos mandamentos divinos e correr o risco de ser punido por desobediência. O mal não é mais um infortúnio externo, mas um ato humano de desobediência. O infortúnio é a paga pela desobediência. A responsabilidade pessoal pelos próprios atos aparece agora, e a culpa por desobedecer a Deus é acrescida à vergonha diante dos demais.

O treinamento da vontade por intermédio da resistência heróica torna-se o ideal dessa era que conclui a época mitológica e anuncia o advento da fase racional do egocentrismo. O início dessa Era do Ferro (o período de decadência, de Ovídio) data provavelmente de 1200 a.C., considerado o período aproximado em que Abraão teria recebido o chamado para abandonar a família e mudar-se "para a nova terra que eu te mostrarei" (Gên. 12:1). Essa revolta contra o lar e a família, essa busca inquieta de novos horizontes e a rebeldia contra os antigos, é algo que conhecemos no estágio pré-púbere. É um momento histórico do nomadismo, de ruptura dos laços tribais e do apego à terra. Nessa fase, os jovens começam a escrever diários e a humanidade dá início a seus registros diários, com as primeiras histórias escritas.

Por volta do final do período mitológico, o raciocínio alcança uma preponderância cada vez maior sobre o pensamento mitológico, empático e intuitivo, repleto de fantasias. Contudo, esse raciocínio era, a princípio, baseado em afetos, e não numa avaliação isenta de sentimentos, objetiva em relação aos fatos e seus significados. Começa com um raciocínio pré-verbal e que, predominantemente, é uma função do hemisfério cerebral direito. A separação entre os pensamentos originados pelos hemisférios cerebrais direito e esquerdo pode ter-se desenvolvido por volta da última parte da etapa mitológica.

A dicotomia entre as palavras, o que elas transmitem e a ausência de verbalização da experiência afetiva e instintiva, constitui um paradoxo do nível mitológico e uma cisão elementar no homem. A clivagem mitológica se dá entre uma realidade vivida interiormente, composta de emoção, fantasia e imaginação, e uma realidade externa que demanda o desenvolvimento de um pensamento prático. A raiz do termo *mito* significa "disfarçar em silêncio" e também "revelar". Isso quer dizer que aquilo que pode ser dito não revela realmente o que se pretende dizer: "O Tao que pode ser mencionado não é o Tao".[11] Após o aparecimento do pensamento verbal, a realidade mitológica e a realidade mágica, acessíveis às imagens e respostas corporais e por elas expressas, ficam cada vez mais distantes.

Talvez essa realidade possa ser novamente recuperada mediante o emprego de uma recém-desenvolvida capacidade que o homem moderno apresenta de ter vivências simbólicas. Jung a define como uma via de acesso a uma dimensão que não é diretamente cognoscível para a mente racional. A experiência simbólica é transmitida não apenas por palavras, mas também por imagens, sons, toques e movimentos. Essas modalidades sensoriais apontam para além de si mesmas e possibilitam experiências não-sensoriais e extra-sensoriais.

Na criança, o foco de consciência muda para o nível mitológico aos três ou quatro anos de idade, e aí permanece até a puberdade. Aos três ou quatro anos, começa a surgir uma pessoa interior, que passa a dizer *eu* e a vincular a experiência interior à percepção exterior. Tornar-se uma pessoa distinta promove, antes de mais nada, uma consciência social, a percepção consciente de cerimônias e do que é certo e errado segundo as regras ditadas pela família e pelos costumes grupais. Dirige-se à sensação de vergonha. Ocorre uma primeira discriminação de tempo e espaço, centrado no aqui e no agora. O *eu* começa a se sentir cada vez mais destacado do corpo e do mundo externo, e a controlar o desejo e a agressão. A identidade mágica e a sensação de pertencer a algo cedem terreno ao animismo e ao pensamento reflexivo, que aos poucos vai se expandindo. As coisas têm alma, com qualidades humanas e também fantásticas. É possível argumentar com uma bruxa e dela receber conselhos úteis; logo depois, ela decola e sai voando em sua vassoura. É quando começa o mundo das músicas e das palavras, dos contos de fada.

Em resumo, a consciência mitológica é uma consciência da alma, um reflexo de emoções e afetos, de imagens e fantasias. Enquanto vivência interior, a alma individual reflete em sua ressonância a alma do cosmos. Com isso, os resultados alcançados no nível mágico anterior recebem nova orientação e mudam de qualidade. A interação mágica com o campo continente era relativamente isenta de sujeitos. A intenção impessoal do campo transforma-se agora em intenções personalizadas da alma. As motivações são provenientes da vontade individual, em oposição à vontade do cosmo. À medida que as pessoas dotadas de sentimentos e vontade próprios erguem os olhos do chão, ultrapassando a mera percepção animal de pertencer à natureza e obtendo então um senso de liberdade, a abertura dos céus, passam a denominar-se *anthropos*, que em grego quer dizer "aquele que olha para cima". O cosmo é antropomorfizado como reflexo da alma. O "conhecimento" interior da alma é *gnose*. Mas, com o desenvolvimento da vontade própria, o imediatismo instintivo da vontade cósmica se perde. O resultado é a "queda" do homem. A plena realização da fase mitológica ocorre através de uma concentração da alma no *eu*, da unificação da personalidade. Isso ocorre ao mesmo tempo em que se dá uma unificação do panteão cósmico sob a tutela da regra monoteísta imposta pelo superego, que é percebido como Deus, rei, ou Pai do céu. O poder do raciocínio que até então tinha sido um raciocínio em termos de *campo*, uma função de imagens e emoções quase autônomas, agora está à disposição do *eu*. A pessoa começa a raciocinar, primeiro a seu próprio respeito e, depois, em escala crescente, a respeito do mundo à sua volta.

Na proporção em que a luz do raciocínio apreende o mundo em sua manifestação externa e concreta, a *gnose* interna, a sintonia mágica e instintiva com as necessidades fundamentais de sobrevivência e com a dinâmica coletiva fica perdida para a consciência. O mundo do Feminino, da Deusa e de seu consorte Dioniso ou Pã, cede lugar ao Deus cujo nome é "sou o que sou". No final da era mitológica, ouve-se o lamento de que o Grande Pã está morto. Em seu lugar, vem o Pai que está no céu e cujo posto, enfim, é mais tarde usurpado pelo *eu* que raciocina, agora devidamente deificado. Ao final da fase mental, ouviremos de novo o grito e o choro: "Deus está morto".

CAPÍTULO 6

A Fase Mental

Cogito ergo sum ("Penso; logo existo")
DESCARTES

Deus me proteja dos pensamentos que penso / Apenas com minha mente.
Quem canta a cantiga eterna / Pensa com o tutano...
W. B. YEATS. "A prayer for old age"*

Durante a fase egóica mental ou patriarcal, o controle da agressão e do desejo é uma questão da lei e da ética. A mente racional torna-se o árbitro supremo. A Igreja medieval sustentava inclusive que a criação divina deveria ser consistente com a razão natural. A manifestação desenfreada de ânsias espontâneas e apaixonadas — eróticas ou agressivas — é objeto de crítica e eventual repressão. O "egoísmo", preocupar-se consigo mesmo em detrimento das necessidades da comunidade ou de outra pessoa, é um vício. Violência e sexualidade são coisas más. São proibidas, exceto sob condições especiais regulamentadas por lei. A violência agressiva é permitida apenas aos machos a serviço do grupo, sob seu comando, e dirigida contra bodes expiatórios — dissidentes, trans-

* The Collected Poems of W.B. Yeats (Nova York, Macmillan, 1979), p. 281.

gressores e membros de outra comunidade; em resumo, contra os inimigos.

O controle da natureza, interna e externa (agora distintas), assinala a vigência da fase patriarcal, mental. É a primeira fase de controle do ego, dominada pelo superego ou *persona*. São elementos básicos ao patriarcado e ao referencial androlátrico a rejeição e a desvalorização (a) da divindade feminina (conseqüentemente, dos valores femininos); (b) dos impulsos naturais; (c) das emoções e desejos espontâneos. Os primeiros vestígios de um ego consciente são desenvolvidos pelo controle e pela repressão de impulsos e necessidades subjetivas, ou seja, pela autonegação. Antes de investigarmos separadamente como esses três aspectos afetam nossa ação cotidiana, forneceremos algumas características de caráter geral sobre a fase mental da consciência.

O nível mental
A transição do estágio mitológico para o mental, na evolução da consciência, implica uma transição do animismo e da alma para a tridimensionalidade do mundo espacial externo, das coisas percebidas através dos cinco sentidos. O termo "realidade" deriva do latim *res*, coisa, e significa "coisidade". Aquilo que é perceptível num espaço tridimensional tem existência. O que for imaterial e não puder ser espacialmente percebido ou demonstrado não tem realidade. Não pode existir. Virchov, grande anatomista do século XIX, teria supostamente dito que nunca, em suas milhares de dissecações de cadáveres, tinha encontrado com seu bisturi qualquer vestígio de algo que lembrasse a alma. *Ergo*, ela não existe. Esse mesmo ponto de vista é adotado pelos comportamentalistas contemporâneos. Seguindo a mesma linha, Khruchev observou que os astronautas russos não tinham localizado nenhuma evidência de Deus lá no alto. Essa extroversão, após a fase mitológica introversiva, levou à conquista da "realidade" espacial e material, que, em nosso século XX, culminou nas explorações do átomo, da Lua e do espaço interestelar.

O que não é observável no espaço físico torna-se agora cada vez mais inimaginável. As percepções do mundo mitológico focalizavam imagens bidimensionais, que não eram limitadas no espaço nem o preenchiam. Podemos presumir que, como as imagens oníricas e da fantasia, elas eram reflexos mútuos daquilo que ainda não estava totalmente separado em espaços interno e externo, e cada realidade fundia-se na outra ou a representava. As pinturas, por exemplo, não evidenciam a percepção da perspectiva tridimensional até o início do Renascimento. As expressões faciais nas esculturas da antiga Grécia, que prenunciam os primórdios da era mental, são impressionantes: dão a sensação de que os escultores haviam descoberto uma nova clareza, uma nova dimensão, semelhante às descobertas de Sócrates e Aristóteles sobre o raciocínio dedutivo e a lógica. As faces romanas já parecem duras, até mesmo cínicas, como as dos políticos e executivos modernos.

A noção de realidade da época mental limita-se ao que é visível. Não se refere mais às percepções da psique. Para a mente grega, uma idéia ainda era algo que devia ser visto. Para a mente moderna, uma idéia é abstraída, extraída do visível. Portanto, não é tão *real* quanto um objeto. A espacialidade e a fenomenologia fundamentam-se na separação; são inerentes a ambas a divisão e a organização dessa divisão. O infinito é fragmentado e organizado de acordo com os pontos cardeais de uma bússola. A cruz se torna o símbolo dominante.

Uma *coisa*, agora, é uma unidade de divisão espacial, uma parte do que constitui o espaço. A menor unidade de matéria durante a era mental é chamada átomo, por ser considerada *a-tomos*, "indivisível". Ao dividir, organizar e manipular as entidades separadas do espaço, que ela agora considera a única realidade, a identidade interior estabelecida no período mitológico encontra um novo nível de realidade e se percebe como o agente diretor. O ego toma consciência de si mesmo como corpo espacial. A experiência pessoal da criança pequena começa e se apóia na experiência *corporal*, capaz de afetar e dirigir outros corpos em graus variáveis. A força do ego é a capacidade de afetar outros corpos, vivos ou mortos, através do uso da vontade. *Ego* é um termo romano. Dividir e reinar era o lema da antiga Roma, a primeira sociedade plenamente ego-consciente. É também o lema do ego. A orientação egóica, a orientação da consciência em termos de coisas e espaço, volta-se para a competitividade agressiva, para o uso do poder manipulador e das regras voluntariosas. A força do ego é medida pela capacidade de fazer prevalecer a própria vontade contra a da natureza, forçando-a a servir aos propósitos egóicos de permanência, do conforto e da evitação da dor, e pela capacidade de controlar os próprios impulsos, necessidades e desejos. A existência é limitada ao mundo do espaço. Nessa medida, é irrevogavelmente encerrada com a morte e a decadência do corpo visível no espaço.

Em grande medida, nossas atuais categorias conceituais e a linguagem que as expressa baseiam-se em referências espaciais: *estrutura, forma, assumir uma postura, fundamentar-se em certas premissas*, etc. O tempo é medido e demonstrado em termos de espaço: o movimento da Terra ou dos ponteiros de um relógio. O tempo é um epifenômeno do espaço: *epi* significa "no alto de"; *phenomenon* é "aquilo que aparece no espaço". Até mesmo a alma, recentemente redescoberta, é chamada de *espaço interior*.

A alma perdeu o sentido de essência não-espacial. Em teologia, a alma é uma coisa. Somente sob a forma da imaginação poética é que a fantasia mitológica persiste, onde compensa o mundo cada vez mais abstrato dos pensamentos. Embora não tenha mais do que um valor poético, na melhor das hipóteses, a alma costuma no mais das vezes ser relegada às categorias de superstição e sentimentalismo.

Não vemos mais com o olho interior; ao contrário, alimentamos idéias abstratas *sobre* as coisas, que substituem o espírito vivo que existe por trás ou dentro das coisas. O dualismo cartesiano não vê conexão entre o mundo subjetivo dos pensamentos e o mundo externo objetivo. Os animais, as árvores, as flores só falam aos poetas e às crianças. Para o resto do mundo, são objetos inarticulados e sem alma, concebidos apenas como obra de um deus antropomórfico. Por volta do final da época mental, são percebidos como acidentais. Não há explicações plausíveis. As idéias a seu respeito não são mais concebidas como *inerentes* a elas. Entende-se que os pensamentos são produtos da mente ou do cérebro humano, separados das coisas às quais se referem. O pensamento é uma produção mental. Presume-se que não exista efeito sem uma ação física direta. Deus também passa a ser abstrato, e não exige mais a construção de imagens esculpidas que desmintam a abstração. O divino, que originalmente estava presente no objeto, torna-se pensamento, idéia. O estremecimento primal da experiência transcendental é "encurralado" pelos dogmas e especulações teológicas. Finalmente, Deus é entendido como uma explicação primitiva do mundo, como meio de atenuar a ansiedade ou de exercer um controle político.

É irônico, mas essa separação entre o divino e o físico, inerente à proibição das imagens esculpidas, e que leva à concepção abstrata de Deus — e, depois, a um Deus menos que real em qualquer sentido —, é vista como algo que obedece a um mandamento divino (Exod. 20:4). É desejada pelos próprios poderes da evolução, que, daí em diante, a razão "esclarecida" perde de vista.

Duas são as qualidades ainda consideradas intrínsecas ao mundo das coisas: a causação e a casualidade. O mundo é percebido como grupos de partículas inertes, sem vida, empurradas ao acaso por algo chamado energia. Esta última é definida como a capacidade de executar trabalho ou, num nível abstrato, de surtir efeitos. Essa é uma definição circular. Por seu turno, o trabalho é definido como efeito da energia aplicada. A premissa inconsciente que está por trás da definição é o conceito de trabalho, o desencadear de mudanças no mundo espacial por uma deliberada aplicação da vontade do ego. Isso culmina na moralidade puritana e na ética do trabalho. A intenção e a capacidade de controlar e dispor a natureza segundo os ditames pessoais, motivo basilar do homem contemporâneo, são antropomorficamente projetados em seu conceito de "energia" como o *primum movens* que, por algum tempo, ocupou o lugar da imagem de Deus. O que estabelece a identidade é o *fazer*, mais do que o *ser*. O conceito de trabalho é subjacente à mecânica, que é a base física do século XIX. Mediante seu trabalho, o homem trará a ordem por ele concebida com sua mente racional a um mundo de causas e acasos cegos, sem sentido e mecânicos, mundo que, se fosse deixado à própria sorte, se dissolveria no caos.

Ao longo de todo esse desenvolvimento do pensamento, o conceito de causação, tal como o havia formulado Aristóteles no início da época mental, ainda incluía uma causação final e formal. Na causação formal, os efeitos resultam de uma imanência formal. Na causação final, procedem de uma orientação que lhes é inerente, rumo a uma meta, um significado, um propósito. Um exemplo de causação formal é o vôo da ave, uma manifestação de sua natureza de ave. A causação final é vista no desenvolvimento dos olhos do gavião, cuja finalidade é caçar pequenos animais. No nível humano, a idéia de uma causação final e formal pode nos ajudar a assimilar e aceitar eventos dolorosos ou difíceis da vida. As duas modalidades de causação podem ser vistas como expressão da natureza mais profunda do ser; necessárias e até mesmo destinadas pelo ser inconsciente para a experimentação e realização de sua mais autêntica individualidade. Essa forma de causação formal e final, que os pensadores medievais chamavam de "causação imanente", tornou-se cada vez mais estranha à mente moderna.

Em nossa época, o conceito de causação acabou ficando limitado ao que pode ser demonstrado por uma seqüência diretamente observável de etapas, registradas pelos sentidos, e suscetíveis de serem mecânica e estatisticamente reproduzidas dentro de circunstâncias experimentais (Aristóteles chamava esta causação de eficiente ou ocasional). É uma manifestação de raciocínio linear, que parte de um elemento isolado arbitrariamente para outro elemento isolado, e que perdeu de vista a forma abrangente, a função e a finalidade da gestalt completa.

A modalidade sentimento-pensamento da fase anterior, a ordenação emocional da experiência, cede espaço a uma avaliação friamente objetiva do fato e dos detalhes, conforme são percebidos pelos sentidos. Os fatos objetivos são unidades de uma consciência extrovertida, tridimensional. Mas os fatos objetivos são apenas uma outra forma da subjetividade experimental. "Fato" deriva de *facere* ("fazer", em latim), equivalente ao alemão *Tatsache*. Literalmente, a *substância do fato (matter of fact)* refere-se a algo feito, a um efeito visível já surtido. Essa é uma nova forma de interpretar o mundo das imagens, que exclui suas implicações emocionais e trans-espaciais. Pensar, agora, está separado de sentir; a percepção sensorial, da intuição e da imaginação. O pensamento e a percepção sensorial são enfatizados e cada vez mais desenvolvidos. Sentir, imaginar e intuir são processos desvalorizados e acabam por ser reprimidos, assim como toda e qualquer percepção que ultrapasse o pensamento e a vontade deliberada da realidade da alma. A identidade reside no ego pensante e sensível. "Penso; logo existo"; o ego parece ser a única fonte da vontade. Por seu lado, a vontade focaliza a investigação e a transformação do mundo das coisas com o intuito de aumentar nosso conforto físico. Mas, embora o foco da consciência tenha mudado para uma nova qualidade mental, as antigas dinâmi-

cas não deixam de funcionar. Estão apenas separadas e reprimidas, fora do alcance da nova modalidade de consciência.
   Independentemente de nossa consciência racional, o organismo psíquico cindido e reprimido continua funcionando sob a forma daquilo que agora chamamos de dimensões mágicas e mitológicas do inconsciente. Nossas fantasias inconscientes, imaginações, emoções, impulsos, percepções instintivas, capacidades paranormais e "participação mística" fazem parte desse organismo. Desconhecidas para nós, essas camadas inconscientes modificam e complementam — e distorcem — nosso pensar. Nossa visão de mundo científica, os padrões morais defendidos pela consciência coletiva, nossas metas pessoais baseadas nesses valores, nascem de racionalizações e de codificações dos períodos precedentes. O mito, as aspirações poéticas, fábulas e fantasias de ontem tornam-se elementos racionalizados no fato histórico, espacial e visível de hoje. Dizse que Deus "deu", literalmente, o Decálogo para Israel. Acredita-se que a morte e a ressurreição sacrificiais do Cristo são fatos históricos. Nesse ínterim, a atividade psíquica inconsciente nunca cessou. Todos os valores estabelecidos acabam por evocar extensões e amplificações, assim como contraposições complementares ou antagônicas no seio da psique inconsciente. Elas são novamente modificadas, ampliadas ou contrapostas assim que criam raízes nos padrões coletivos. Novos motivos e variações aparecem, então, num ciclo ainda mais tardio. Esses ritmos pendulares de avanço-recuo, em seus mais amplos espaçamentos, também se dão nos ciclos menores, que duram entre dez e vinte anos-e constituem as proverbiais distâncias entre as gerações. Assim, uma onda mitopoética segue-se a outra, com pequeninas ondas compondo as maiores no seio dos séculos, imersas em eras que se estendem por milênios. O Iluminismo do Renascimento, a era Industrial, são subciclos da época da mente racional. Cada um deles tem sua própria submitologia, suas variações do mito judaico-cristão, que se diversificam e se contrapõem aos ritmos anteriores de intro e extroversão. No bojo do amplo ciclo mental, dirigido para o exterior, o Renascimento e a Revolução Industrial avançaram ainda mais no sentido centrífugo. O misticismo medieval e a era romântica tenderam para o centro. Dessa forma, o resultado do mito de ontem na consciência coletiva diverge de sua atividade mitopoética inconsciente e contemporânea. Da mesma maneira, no plano da psicologia individual, os sonhos ampliam, complementam, amplificam e compensam a atual posição consciente do sonhador. A fantasia mítica de nosso tempo, inconsciente e racionalizada pela atitude mental, assinala qual será o próximo desenvolvimento da consciência. Num outro capítulo, trataremos das fantasias modernas do tema do Graal, na forma como foram racionalizadas e se tornaram credos políticos e sociais. Assim, os padrões e crenças hoje publicamente defendidos refletem aquilo que foi realizado e codificado como resultado da mitologização passada. Boa parte da sabedoria convencional aceita e da moralidade vigente

deverá sofrer alterações no futuro. Aliás, pode, inclusive, divergir dos dados e crenças da vida contemporânea. A crença publicamente aceita na ordem, na obediência à lei, na ética cristã do amor, é deturpada, distorcida, maculada, desconsiderada de acordo com nossos interesses. Por sua vez, a satisfação vivencial do autêntico mito cristão e da ética genuína do cristianismo talvez ainda não seja alcançada no período que temos pela frente.

A orientação extrovertida, racional e materialista da época mental do homem contemporâneo corresponde à pós-puberdade, entre os vinte anos e a crise da meia-idade. Essa equivalência aponta para uma transição que levará a um domínio cultural e coletivamente ainda desconhecido, a uma *terra incognita*, a um nível de consciência que está por ser investigado como o passo seguinte da humanidade. Esse novo nível vem sendo desbravado pelos poucos que estão agora voltando-se para seu íntimo, na direção da psique inconsciente, distanciando-se da esfera consciente, definida e dominada exclusivamente, durante a fase mental, pela vontade, pela racionalidade e pela ânsia de poder. É no âmbito interno que a Deusa reina.

O impulso de poder é indispensável ao desenvolvimento do ego patriarcal inicial. Ao mesmo tempo, é o germe da alienação. Nutrido e inconscientemente motivado por emoções arcaicas e por padrões instintivos de hábito pertencentes aos estratos mágico e mitológico da psique profunda, que desconhece totalmente, o ego patriarcal funciona de maneira cada vez menos compatível com o mundo natural e comunitário. O impasse crítico resultante dessa inadaptação revela a crise de transição que prenuncia o final de um período e o início de outro. Precisamos dar o próximo passo na metamorfose da consciência, queiramos ou não. Com base na experiência clínica individual, aprendemos que o passo seguinte na evolução é inevitável, conquanto costume ser doloroso. Mas pode ser muito facilitado quando sua necessidade é aceita e quando se compreende o sentido de sua direção em termos gerais. No entanto, só nos cabe apreender esse sentido de sua direção geral. Qualquer tentativa de identificar ou prever o desenvolvimento futuro é uma inevitável decorrência de projeções futuras de elementos passados e presentes. Essas projeções baseiam-se no pressuposto tácito de que os passos que se dão adiante serão repetições de fases já existentes. O equívoco dessa suposição está em deixar de fora a natureza e a imprevisibilidade da criatividade.

Dioniso masculino-feminino. Museu Nazionale, Roma.

Parte 3

OS MITOS PATRIARCAIS

Sede pois perfeitos
Como vosso Pai
Celestial é perfeito.
    MAT. 5:48

Se Deus é Deus Ele não é bom
Se Deus é bom Ele não é Deus.
Considere o par, considere o ímpar.
Eu não dormiria aqui se pudesse
Exceto pelas folhinhas verdes da mata
E pelo vento rente à água.
          ARCHIBALD MACLEISH, *J.B.* *

* Boston, Houghton Mifflin, 1956, p. 11.

O crescente distanciamento em relação ao organismo cósmico de natureza materna e continente a partir do final da fase mitológica encontra expressão em quatro grandes mitos: o do reino divino; o do exílio humano ou perda do paraíso; o do sacrifício propiciatório do bode expiatório; e o da inferioridade do Feminino. Desconhecidos por nós, esses mitos ainda estão na raiz de uma grande parte de nossa moderna visão de mundo. Uma vez que não pensamos-sentimos mais no plano mitológico de uma maneira consciente, racionalizamos esses processos, e eles se tornaram premissas inconscientes que emergem nas fantasias. Determinam nosso *ethos* consciente, nossos valores sociais, nossa religião moderna, que hoje recebe o nome de ciência.

Determinam também as maneiras pelas quais ainda tentamos controlar nossas necessidades instintivas e canalizar a agressão: obedecendo às leis e disciplinando a vontade, atribuindo culpa a nós mesmos e aos outros, expulsando o culpado da comunidade.

Uma vez que esses quatro mitos constituem as premissas inconscientes de um sistema de mundo que está prestes a evoluir e a entrar em nova fase, é preciso entendê-los do ponto de vista psicológico. Só então poderemos compreender adequadamente sua metamorfose e suas novas formas, assim como aquilo que as *novas* mitologias talvez exijam de nós.

CAPÍTULO 7

O Reino Divino: Superego e Ego

Eu sou o que sou.
  ÊXODO, 3:14

Abençoado sois vós, Senhor nosso Deus, Rei do Universo, que nos santificastes com Vossos mandamentos...
            Kiddush da noite

Nosso Pai, Nosso Rei, pecamos diante de ti...
      Prece de Yom Kippur

O mito do reino patriarcal deu origem a uma forma particular de consciência do ego que, atualmente, passamos a chamar de consciência *tout court*. Seu centro é o *eu*, ou ego, racionalizador, que abstrai, que controla. Em termos desse mito, a força diretriz do universo é personificada como um regente masculino que age através de sua vontade pessoal e de uma intencionalidade quase racional. É o Senhor dos Senhores, que abate os inimigos e espera dos súditos um compromisso heróico de fidelidade. Acredita-se que ele moldou o mundo e o governa como seu território. A ordem social é um reflexo dessa ordem mítica. A *civitas dei* é uma comunidade regida por Deus como Rei: Jeová em Israel, Alá no mundo islâmico, Zeus na Grécia, Júpiter Capitolino em Roma. Nos Estados cristãos, o rei reinava pela graça de Deus. Nos modernos Estados totalitários, o governante é um ditador que Deus escolheu ou impôs. Todo regime é monolítico, dirigido por um monarca semi-absoluto, seja qual for o seu nome. Em cada um deles, as leis da comunidade foram concebidas como idênticas à vontade de uma divindade e administradas ou por um filho da divindade ou por um regente humano, vistos como a encarnação do divino. Dentro dos mesmos parâmetros, a personalidade humana é concebida como algo ajustado para ser dominado pela vontade que procede do *eu*, e que está pronto para combater resistências, tanto internas quanto externas.

No plano psicológico, o tema do reinado patriarcal resultou numa primeira noção de centralidade individual e numa capacidade para a intencionalidade racional e para a vontade pessoal.

A autonomia pessoal e a vontade consciente, qualidades do divino, foram primeiro atribuídas somente a Deus, depois ao rei, ao faraó e a uns poucos iniciados, filhos de Deus ou Sua encarnação. Com o tempo, no entanto, ao longo da história da consciência, essas qualidades divinas (ego) foram estendidas aos líderes, à nobreza e aos instruídos. Só mais tarde, com o judaísmo e o cristianismo, é que a massa dos seres humanos recebeu o crédito de possuir, pelo menos, o potencial de pessoas individuais, dotadas de uma alma individual; claro, desde que fossem homens (machos).

A concentração da consciência em torno de um ego heróico nodal promoveu o surgimento de um sistema de valores quase inteiramente masculino, dotado de uma ênfase correspondente na separatividade e na vontade individual. Sendo o *eu* autoconsciente percebido como um herói-guerreiro masculino, defensor da ordem, tornou-se tarefa do ego — em obediência às leis de seu senhor inquestionável, o Rei Divino — conquistar e suprimir suas qualidades femininas, assim como seus caprichosos impulsos relegando todo esse material para o inconsciente.

Com o tempo, o mito do reinado egóico do patriarcado resultou num monoteísmo acelerado e no enrijecimento do enfoque e da função centralizadora da percepção consciente. As visões de mundo mágica e mitológica antes existentes tinham dado margem a uma pluralidade de forças, poderes e personalidades, banidos pela visão de mundo centralizada, monoteísta. Enquanto teologia, o mito aparece no conceito do Deus único; enquanto psicologia, no conceito de um *self* unificado, de uma personalidade *eu*. Essa personalidade *eu* deificou os aspectos conscientes da experiência e negou a multiplicidade de aspectos e complexos pré-ego-conscientes dos quais ela mesma emergiu.

Esse desenrolar estipula o padrão de uso ditatorial que o ego faz de sua vontade, com a finalidade de defender e incentivar a ficção de ser o regente supremo da totalidade psíquica. A mente grega ainda considerava um *hubris* perigoso servir a um só deus, com exclusão dos outros. Já a partir da Idade Média, a mente moderna exige uma lealdade exclusiva ao deus único, a uma só maneira de ver as coisas, fosse em nome da religião, da política ou da psicologia. O paroquialismo, a intolerância e o fanatismo são os aspectos sombrios do fulgor mental e egóico.

Essa tendência geral atingiu sua máxima expressão nas três grandes religiões ocidentais: o judaísmo, o cristianismo e o islamismo. As duas primeiras, em especial, foram indispensáveis à moldagem da cultura e da ética do mundo ocidental e, por isso, são de interesse particular para esta investigação. Quanto ao islamismo, estamos testemunhando o ressurgimento de uma postura fundamentalista em países como o Irã e a Líbia, e ainda não conhecemos seus resultados finais.

As formulações fundamentais dessa doutrina ocidental podem ser vistas nos dois primeiros mandamentos do Decálogo:

> Eu sou o Senhor teu Deus, que te tirei da terra do Egito, da casa da servidão. Não terás outros deuses diante de mim. Não farás para ti imagem de escultura, nem figura alguma do que há em cima no céu, e do que há embaixo na terra, nem do que há nas águas debaixo da terra. Não adorarás tais coisas, nem lhes prestarás culto; eu sou o senhor teu Deus, forte e zeloso...
>
> ÊXODO, 20:2-5

Observemos que a declaração que abre o Decálogo é "Eu sou". É preciso entender esse depoimento como algo mais do que uma frase gramatical. Expressa desde o próprio início a natureza e a qualidade da entidade que se dirige a Israel. O deus que fala identifica-se como "Eu sou". Esse fato fica claro em Êxodo 3:14, quando, em resposta à solicitação de Moisés para que diga seu nome, ele responde: "*Eyeh asher eyeh*", que literalmente quer dizer "Eu sou o que sou"; em outras palavras, uma existência que é consciente de si como um *eu*. Aqui a experiência essencial da identidade irrompe na consciência, trazendo consigo também os mandamentos "tu deves" e "tu não deves". O que se revela aqui é uma qualidade que, no final do período egóico e mental, será experimentada como consciência individual, e não mais como uma ordem externa e projetada. No entanto, no início desse período, os mandamentos são dirigidos a um corpo coletivo, e não às pessoas enquanto indivíduos. Eles estipulam padrões coletivos de crença e de comportamento que exigem autoridade divina. Nesse momento, o ego em formação mais parece um superego, no sentido freudiano, ou uma *anima* ou *persona*, no sentido junguiano. A tendência, contudo (e somos até tentados a dizer a intenção), é sem dúvida no sentido do autocontrole e da auto-responsabilidade.

É significativo que essa auto-responsabilidade repouse na obediência individual a padrões coletivos de valor e conduta. As regras e tabus ainda são extrínsecos à pessoa individual. Em sua maior parte, são inculcados à força, contra sentimentos e impulsos instintivos individuais, geralmente recalcitrantes. Os padrões de certo e errado são expressões de uma alma e de uma consciência grupais. São defendidos e postos em prática por um sistema que comporta ostracismo, penas, humilhações e o uso de bodes expiatórios. Com o tempo, esse sistema de superego acabou por ser internalizado como sentimento individual de culpa, que, não obstante, continua baseado em padrões coletivos externos. Uma visão de mundo como essa acentua os objetos e as distinções espaciais, a ordem hierárquica, a lei e a proporção. O Apolo greco-romano julga, primariamente, de acordo com parâmetros estéticos. Para a mentalidade grega, beleza e bondade são em grande medida sinônimos. O Jeová hebreu julga do ponto de vista ético. Tudo aquilo que é ofensivo às suas medidas, proporções e limites estipulados é julgado feio, mau, impuro e maligno.

Durante algum tempo, Apolo e Jeová conseguiram manter uma coexistência difícil no interior do sistema cristão. Depois, Jeová assimilou Apolo e prevaleceu. Para o Ocidente cristão, o bom e o mau tornaram-se essencialmente éticos. Aliás, o prazer de desfrutar o belo pelo belo começou a ser suspeito de frivolidade, tentação do demônio que desvia do serviço a Deus. Pureza passou a significar um controle estrito e até mesmo impiedoso da espontaneidade individual, das ânsias instintivas e emocionais, das necessidades e desejos "egoístas", em prol dos padrões superegóicos. Em seu poema, cujo irônico título é "A voz do Demônio", William Blake comenta essa supressão do instinto espontâneo:

Todas as Bíblias ou códigos sagrados foram causa dos seguintes Erros: ... Que Deus passe a atormentar o Homem por toda a Eternidade por ter seguido suas Energias ...

A esse "Erro", a resposta de Blake foi "Energia é Gozo Eterno". Nessa medida, ele foi um profético precursor da era do retorno da Deusa. No entanto, ainda sob a vigência do reinado do Rei Divino, tudo o que não está de acordo com o ideal egóico, coletivamente aprovado, deve ser reprimido. Como padrão inconsciente da personalidade, ele vive e é projetado no outro, que então aparece maculado com o estigma que supostamente já terá sido vencido naquele que fez a projeção. A supressão do corpo espontâneo e das ânsias instintivas, os processos de autocontrole e de autonegação, são comparáveis ao processo que as crianças atravessam para aprender a usar o banheiro. Até o momento, dominaram mais nosso treinamento egóico do que a automanifestação, que é a meta final da disciplina do ego. Privilegiar as necessidades pessoais, mesmo quando não entram em contradição com as necessidades dos outros ou as coletivas, é rotulado como egoísta e maligno.

Até mesmo o amor, que agora consideramos uma expressão de sentimentos espontâneos, passou à categoria de objeto da vontade e da autonegação. No reinado do Deus-Rei, Eros foi destronado em favor de *agape*.[1] A atração espontânea é substituída por sentimentos positivos, submetidos à vontade como finalidade ética. "Amarás ao Senhor teu Deus de todo o teu coração e de toda a tua alma ..." (Deut. 6:5) é "amarás o teu próximo como a ti mesmo" (Lev. 19:18).

A assimilação de Apolo por Jeová concretiza a lei, a ordem e a proporção. Conceitos relativamente abstratos ou, pelo menos, impessoais, tornam-se conceitos relevantes no plano interpessoal. Esse progresso constitui um avanço na evolução da consciência e da civilização. Equilíbrio e proporção aplicam-se agora ao espaço e ao corpo da comunidade humana e ao relacionamento mútuo entre seus membros. O hebreu ordena o amor a Deus e ao próximo, e essa ordem, em lugar do ideal grego da beleza, define o mais elevado bem comum.[2]

As alegorias mitológicas do ego dominado pelo superego são a criação do céu, da terra e da luz por um Deus que "nada encontrou à Sua volta exceto Tohu e Bohu, ou seja, o caos e o nada. O Semblante Profundo sobre o qual Seu Espírito debruçou-se estava envolvido pela escuridão".[3] Possivelmente, Tohu e Bohu foram divindades femininas ancestrais, mais tarde bestializadas em monstros.[4] Encontramos motivos análogos nas lendas do Tehom hebreu, um monstro marinho morto pela carruagem de fogo de deus; na eliminação de Tiamat, na Caldéia, pela espada de Marduk; no desfecho favorável a Apolo, que matou a Píton de Dioniso; no Siegfried dos alemães e no São Jorge medieval que mata o dragão. O ego patriarcal é heróico. Seu feito idealizado é a conquista de si mesmo e do mundo apenas pelo poder de sua vontade e sua bravura. Sentimentos, desejos, dores e prazeres pessoais são desconsiderados. A incapacidade de proceder dessa forma é uma ostensiva fraqueza. O resultado psicológico é um senso de identidade pessoal equivalente a um *self* limitado ao corpo, destacado, sujeito às leis grupais e ao poder do Deus-rei. Agora, no plano consciente, essa noção de identidade não está mais confinada organicamente a um grupo, ao mundo ou ao divino, nem forma um todo com essas instâncias. Mas, inconscientemente, ainda está dominada pelos valores coletivos.

Acabamos por considerar inquestionável esse sentido racionalmente isolado de identidade. No entanto, ele não passa de uma forma particular de autoconsciência. O ego heróico não é a única possibilidade. A incapacidade de perceber e de pôr em prática essa dinâmica do desenvolvimento pessoal pode levar facilmente os modernos psicólogos a suspeitarem de psicopatologia, fraqueza de ego ou mesmo de fragmentação, quando na verdade é simplesmente uma maneira diferente de auto-experimentação em oposição à racionalidade estreita, tradicional e limitada ao objeto e a uma consciência restrita ao corporal e ao sensorial. As pessoas que eventualmente se relacionam com o invisível, que estão abertas para conteúdos ainda inconscientes para os demais, que têm visões ou ouvem vozes, não estão nem são necessariamente esquizofrênicas. Só quando a dimensão transpessoal desaloja, em vez de ampliar, a percepção pessoal e a racionalidade, é que podemos falar de enfraquecimento ou fragmentação do ego.

Também é um equívoco equiparar consciência e ego à masculinidade, e inconsciente à feminilidade. Essa tendência tem ocorrido entre os junguianos, que se estribam numa aceitação acrítica e numa leitura superficial das cautelosas declarações originais de E. Neumann.[5]

As mulheres têm, deveras, um ego feminino e não necessariamente masculino. Ele tampouco é representado por figuras masculinas, como a citada teoria sustenta. Quando o ego onírico é evocado, as mulheres não se vêem nos sonhos como homens. Só a *persona*, o *animus* ou a identidade patriarcal determinada pelo superego aparecem representados por figuras masculinas de autoridade. Isso se aplica igualmente aos dois sexos. Da mesma forma, a sabedoria e as figuras de autoridade podem aparecer sob a forma feminina em qualquer um dos sexos, quando é enfatizada a dimensão Yin.

Por conseguinte, quando nos mitos e fantasias, o *eu* ou egoconsciência aparece em imagens masculinas, refere-se a uma atitude patriarcal que é assertiva, focalizada, divisiva, abstrata e, talvez, unilateralmente racional. Nesse mundo, uma espada é uma espada. Branco é branco e preto é, inquestionavelmente, preto. O "eu sou" patriarcal acentua a existência, em detrimento da inexistência. O arquetipicamente feminino, por sua vez, é ambivalente, receptivo, conectivo, desfocado. Em seu âmbito, a existência e a inexistência, a vida e a morte, são uma coisa só. Por isso, do ponto de vista da lógica racional, o feminino parece indistinto, irracional ou, pelo menos, não-racional. E é inconsciente, uma vez que seus referenciais foram em grande parte reprimidos. Aceitar o mundo do feminino é regredir à inconsciência, do ponto de vista do ego masculino. Assim, o "eu sou" opõe-se à adoração do feminino, aos cultos em honra da mãe e da Deusa tripla e seu consorte.

O termo hebreu *Elohim*, geralmente traduzido como Deus, refere-se etimologicamente a uma pluralidade de seres. É mais do que provável que, originalmente, tivesse incluído um aspecto feminino. Apesar disso, tornou-se um conceito que define a divindade como exclusivamente masculina, desprovida de uma consorte feminina, de mãe, de irmã, de filha, que representa então a unidade, em vez da pluralidade.

"Ouvi, ó Israel, Deus, nosso Deus é Uno"[6] é uma frase várias vezes enfatizada nas orações dos judeus. Essa afirmação almeja superar a profunda experiência do plural. "Eu sou" é um deus singular. Abarca e governa todas as coisas. Exige obediência apenas a si e uma adoção irrestrita de suas regras e tabus.

Esculturas estão proibidas. Essas representações simbólicas da numinosidade divina poderiam fragmentar a identidade conceitual do "eu sou" numa multiplicidade de ícones. Após a interdição das imagens, vem "Pois eu sou o Senhor teu Deus, forte e zeloso" (*ciumento*, segundo outra versão). Esse ciúme ou zelo, projetado na divindade, é uma reação egóica que compensa tanto o medo da separação quanto o medo de perder o controle. O ciúme, assim como o zelo, é uma forma primitiva de proteção do ego.

A idéia de lei e o mito do legislador são as premissas fundamentais sobre as quais se assenta a nova era mental e a partir das quais ela se desenvolve. A ética, a moralidade, as relações humanas devem basear-se em regras. Inicialmente, a lei humana é vista como um reflexo da lei de Deus. Com o Iluminismo, a figura divina é despotencializada, e a lei natural é tida como regente dos âmbitos humano e inumano. A lei deve ser obedecida pela livre vontade do homem: desconsiderá-la provoca punições e sentimento de culpa. Espera-se que a resposta a todos os problemas esteja na descoberta das leis que subjazem às coisas (relacionamentos mecânicos de causa e efeito). A ênfase passa do mito da morte-renascimento do filho da deusa-mãe virgem para um ponto de vista legalista: a expiação de Adão por ter violado a lei. Proclama-se que Deus é amor, mas ele é primariamente conhecido como o vingador das desobediências. Ele é a fonte do "tu deves". O amor, em si, torna-se uma ordem a ser imposta pela vontade.

A disciplina e a obediência às regras exige a repressão das necessidades e ânsias espontâneas; em particular, da necessidade de agredir e da ânsia sexual. Esses dois elementos são intrínsecos à Deusa e à sua renovação instintiva, orgiástica (*orgia* significava "adoração secreta") e extática. A espontaneidade natural, a sexualidade, os desejos da carne, a mulher e o Feminino, a dança e o jogo, tudo isso passa a ser poderes do adversário, Dioniso transformado em Diabo. São elementos temidos e reprimidos. A descoberta desses desejos no coração do indivíduo provoca nele sentimentos de culpa. O gênio poético, romântico e rebelde de William Blake lhe permitiu ver a artificialidade de um condicionamento tão repressor e manifestar-se contra essa perda da naturalidade. Tomemos, como exemplo, seu poema "O Jardim do Amor":

Fui ao Jardim do Amor
E vi o que nunca tinha visto:
Uma capela tinha sido erguida
No lugar onde eu costumava brincar na grama.

E os portões da capela estavam fechados
E Tu não deves rabiscar nas portas.
Por isso voltei para o Jardim do Amor
Com suas tantas e doces flores.

E vi que estava repleto de túmulos
E lápides no lugar em que as flores deveriam estar;
E sacerdotes de negras batinas faziam sua ronda
E atavam de urzes minhas alegrias e desejos.

O desenvolvimento do ego acontece segundo regras que dizem "tu deves" ou "tu não deves". Mediante a imposição de restrições, exigências e proibições artificiais, o fluxo livre da energia psíquica espontânea e não-controlada passa a submeter-se ao controle de um centro consciente. A título de ilustração: ao bater a cabeça na parede, torno-me consciente não só da parede, mas também de minha cabeça e, nessa medida, do *eu* que tem uma cabeça e que pode aprender a controlar seus movimentos. De maneira semelhante, cada obstáculo ao fluxo automático e espontâneo cria consciência de si. A obediência às regras e tabus constitui uma forma de exercício mental que educa a vontade e pratica a autodisciplina. Os tabus não precisam ter sentido. Aliás, no que tange ao treino da força de vontade, quanto mais arbitrários forem os tabus, melhor servirão como puros agentes disciplinares. Esse fenômeno, há muito tempo reconhecido como ingrediente essencial do treinamento militar, é igualmente crucial para o desenvolvimento da disciplina psíquica. A produção de tabus satisfaz a uma necessidade psicológica. É uma função da psique. No entanto, eles aparecem não só nas fases de desenvolvimento de uma estrutura cultural ou egóica, mas também nos estágios degenerativos. Nestes últimos, representam tentativas pânicas de dar fundamento a formas estruturais ameaçadas de desintegração.

Tanto filogenética quanto ontogeneticamente, nas primeiras fases superegóicas do desenvolvimento do ego, a consciência e a conscientização surgem através da vergonha e da culpa. Quando a criatura deixa de corresponder às expectativas da família, do clã, da nação, sente vergonha, sente-se um ser não aceitável. Sente-se menor em termos de *status*. A vergonha incentiva a submissão ao coletivo e à disciplina. A culpa internaliza os tabus, fazendo com que o ego nascente se torne o executor do padrão coletivo.

Resulta da vergonha e da culpa, do "tu deves" e "tu não deves", o treinamento para o julgamento e o autocontrole. A lei estipula o que é certo ou errado, bom ou mau. A vontade implementa os ditames da lei e do julgamento. Defende as exigências dessas instâncias no sentido de opor resistência às ânsias naturais e instintivas. O espírito é contraposto à natureza, num esforço heróico para domar a natureza animal do homem. As representações simbólicas dessa luta são os heróis matadores de monstros, Perseu, Hércules e São Jorge. Até Cristo, que se oferece em sacrifício e nos adverte a "não julgar para não sermos julgados", "voltará para julgar os vivos e os mortos". Ele é transformado em conquistador heróico do Diabo. Conseqüentemente, o ego patriarcal, condicionado a ser superego, é orientado para conquistas. Seu senso de identidade repousa em seu poder de defender a ordem e em sua capacidade de conquistar, possuir e assimilar os objetos e adversários que lhe oponham resistência. A deficiência de alguma dessas capacidades desencadeia um sentimento de inadequação e de inferioridade. O sentimento de inferioridade, o impulso para o poder, a ansiedade, a possessividade, a inveja, o ciúme e a compulsão para dominar e conquistar são as marcas registradas do ego patriarcal.

Só depois que a disciplina e a firmeza do ego estiverem consolidadas (por volta da conclusão da fase patriarcal) é que o ego pode começar a relacionar-se com um centro mais profundo, tanto pessoal como transpessoal, e se dirigir ao aspecto individual do mito coletivo. Esse centro, a consciência individual, não é senão o *self* como o postulou Jung. Convoca o ego, como disse Pindar, a "tornar-se aquilo que é". Possibilitar esse passo pode ser considerado o objetivo psicológico do desenvolvimento patriarcal, principalmente em seu aspecto cristão. Na fase patriarcal, poucas pessoas conseguem viver de acordo com suas consciências individuais, e correm o risco de serem queimadas vivas. Só agora em nossa época, a conquista de um *self*, em lugar de uma *persona*, ou um ego direcionado pelo superego, está se tornando um passo possível e culturalmente aprovado.

A autoridade coletiva externa e a vergonha e a culpa superegóica internalizadas são, por isso, fases necessárias e inescapáveis do desenvolvimento de um ego patriarcal. Não podem ser evitadas em termos de educação infantil. Deixaram suas marcas nos padrões culturais. Foi por intermédio da teofania de Israel, o Decálogo, e seu subseqüente legado cristão, que essa decisiva internalização de padrões éticos pôde ocorrer.

O próximo passo a ser efetivado em nossa época se dirige à liberdade da escolha ética e moral. Esse passo foi preparado por aquelas disciplinas sociais e religiões que fizeram da restrição dos desejos estritamente animais uma questão de responsabilidade pessoal. Na teofania de Israel, a fonte da existência e da consciência manifestou-se como "eu sou" e "tu deves". Gerou a individualidade através da imposição de limites para o indivíduo e, a seguir, tornou-o responsável por eles. Para essa finalidade, o Decálogo e a Regra de Ouro representaram o passo inicial. Seu efeito sobre a responsabilidade pessoal foi aperfeiçoado pela doutrina cristã ulterior, da *privatio boni*,[8] ou seja, o mal é uma deficiência do bem. Dessa forma, a elaboração da ética judaico-cristã foi a guardiã indispensável de um desenvolvimento psicológico, estimulada no homem por uma misteriosa necessidade oriunda de camadas psíquicas profundas, inconscientes e desconhecidas. Essa fase particular da evolução deveria conduzir à consciência racional, ao autocontrole e a um senso de liberdade da vontade e de responsabilidade ética. Muito embora essas manifestações tenham ocorrido primeiramente como regras coletivas, correspondem a motivos arquetípicos. São fatores de desenvolvimento. Assim como o senso do belo e do amor, da religiosidade e do assombro, e como a experiência do conflito moral e da culpa, eles nos transportam até o umbral em que nos tornamos humanos.

A força arquetípica que está por trás do mito da realeza manifesta-se num esforço em direção ao "Eu sou". Seu objetivo é a individualidade e a auto-responsabilidade. Entretanto, esse objetivo ainda é um estágio preparatório e inconsciente. O mito da realeza representa um sistema de orientação para uma espécie de individualidade que ainda é alheia ao indivíduo. O "eu sou" é, no começo, algo que só existe no objeto, no

Deus-rei e em sua comunidade externa e ainda não se encontra no sujeito. Assim, os mandamentos devem ser literalmente obedecidos e não apenas encarados simbolicamente. A *chronique scandaleuse* dos deuses gregos namoradores cede lugar à rígida autocracia de Jeová. A revelação deve ser aceita incondicionalmente e obedecida em todos os detalhes, como se tivesse sido promulgada por um magistrado humano ou um legislador. Com o tempo, o trono da autoridade será ocupado pela Igreja, pela Inquisição e seus braços seculares. É quando passa a ser uma heresia punível com a morte na fogueira duvidar que se comia literalmente o corpo do Cristo quando se engolia a hóstia. Galileu teve que retratar-se de suas noções heréticas, segundo as quais, contrariando a descrição bíblica, a terra se move, e não o sol. Era pecado praticar qualquer atividade no *sabbath*, mesmo prazerosa. O judeu ortodoxo não usa bonde ou telefone, apesar de serem providências que poupam trabalho. Mas, à medida que a mente racional ia se desenvolvendo, não encontrava mais sentido ou significado nesses ensinamentos ortodoxos. O mito é rejeitado pela mente consciente e totalmente descartado, como algo sem sentido. Contudo, mantém-se ativo no plano inconsciente, e ali constitui as premissas sobre as quais a racionalidade ergue seus conceitos e convicções. A figura antropomórfica do deus "eu sou" é posta de lado. Mas assume seu lugar o superego, o padrão coletivo que fala a todas as pessoas em nome de um código coletivo. Na qualidade de superego, o Rei-Deus continua presente, embora de modo inconsciente, funcionando como um padrão comum. Esse padrão é de origem pré-egóica e pré-psicológica. É "dado" como tradição e condicionado comunitariamente. Não resulta de sentimentos ou reflexões pessoais. No entanto, *resulta* na estruturação de um ego e, posteriormente, no raciocínio individual. Protege e favorece o desenvolvimento da consciência individual, do julgamento e da responsabilidade individuais. Porém, assim como a casca protetora do ovo, o superego passa a ser um transtorno quando o desenvolvimento que ele se propõe proteger tiver alcançado sua expressão egóica e precisar estender-se na direção da experiência psicológica de uma consciência individual autêntica. Para muitas pessoas, essa fase está sendo alcançada em nossa geração. Para elas, o Deus-Rei superego não tem mais a significação vital que teve durante a época do Decálogo e nos séculos da Idade Média cristã. Nesses períodos, o centro do ser ainda era externo à psique humana e residia no Estado, na comunidade, no Sacro Império Romano, na onipresente Igreja Católica.

Nenhum outro passo pode ser dado enquanto a fase anterior não tiver sido satisfatoriamente atingida. Na dimensão psicológica, as pessoas não são todas iguais. Enquanto a autodisciplina, a percepção e o controle do ego não tiverem sido alcançados pelo indivíduo, a fase medieval ainda precisa ser vivida em todos os detalhes, em seus próprios termos, não importa que a pessoa em questão tenha cinco ou sessenta e cinco anos. Primeiro precisamos aprender a atuar e a viver como membros obedientes de um Estado e de uma comunidade, para depois podermos nos mover no sentido de admitirmos a diretriz que vem do *self* enquanto centro que dirige diretamente a psique individual.

É verdade que, mesmo sem uma disciplina egóica adequada, uma experiência visionária do *self* como Deus imanente é possível nos sonhos e em experiências místicas ou induzidas por drogas. A verdadeira percepção ou a encarnação viva do *self*, no entanto, exige a presença de um ego disciplinado, que funcione como executor responsável e consciente das intenções e visões do *self* dentro do mundo limitado do aqui e agora.

A tarefa do ego, nesse sentido, é como a do artista criativo. É necessária a percepção imaginativa, mas ela só não basta. É preciso também ter disciplina no trabalho, habilidade na manipulação dos conteúdos disponíveis, e agir mesmo que faltem alguns conteúdos. Além disso, precisamos desenvolver uma percepção do que é possível numa dada situação, do que é assimilável por pelo menos alguns dos nossos contemporâneos.

O Decálogo foi dado à comunidade em benefício dela mesma. A individualidade era até então desconhecida, exceto pelo rei, pelo deus encarnado, pelo governante pela graça de Deus e pelos membros da classe reinante, destinados a essa distinção por terem sido iniciados de alguma forma ou escolhidos desde o nascimento pelo poder divino. Aos eleitos cabiam o privilégio e a responsabilidade de proteger os muitos que, até então, não tinham ainda personalidades individuais. Especialmente as mulheres eram tidas como necessitadas dessa proteção: "Porém quero que saibais que Cristo é a cabeça de todo homem" (Cor. I, 11:3) e *"mulier non facta est ad imaginem dei"*[9] ("A mulher não foi feita à imagem de Deus"). Apenas o membro da comunidade certa (aprovada por Deus) receberia proteção. A pessoa que estivesse do outro lado da linha era, na melhor das hipóteses, um joão-ninguém; e na pior hipótese, um infiel, um pagão, filho de Belial ou simplesmente subumano. Essa atitude, que persiste como paroquialismo em nosso inconsciente — ou não tão inconsciente —, foi fundamentalmente codificada nos termos originais da Regra de Ouro, citada de maneira superficial e equivocada como um paradigma do amor e da aceitação fraternais universais: "Não procurarás a vingança, nem conservarás a lembrança da injúria contra os filhos *do teu próprio povo*. Amarás o teu próximo como a ti mesmo. *Eu sou* o Senhor" (Lev. 19:18; grifos do autor). Note-se que a individualidade potencial é creditada apenas aos filhos, e não às filhas, do próprio povo.

A dissolução da identificação consciente — e, mais ainda, da identificação inconsciente — entre a pessoa e seu próprio grupo é um processo lento e doloroso, mas necessário ao desenvolvimento do ego. A fixação constante naquilo que, a princípio, foi uma ligação essencial e inevitável resulta na intolerância nacional, comunitária e racial, numa atitude arrogante de "eleito" e "mais santo" que menospreza todos os de fora.

Para o mito patriarcal inicial, o Rei Divino reina mediante um acordo especial com o povo escolhido.[10] Por isso, eles são os únicos a ter acesso à verdade de Deus. Ela lhes é revelada e somente eles a conhecem. Está codificada em seus textos sagrados, e afastar-se dela representa o maior risco possível. Assim é que temos em Deuteronômio, 13:1-5:

"Se se levantar no meio de vós um profeta, ou um sonhador de sonhos e predisser algum sinal ou prodígio, e suceder o que ele anunciou, e vos disser: Vamos, e sigamos os deuses estranhos, que não conheceis, e sirvamo-los, não ouvireis a palavra de tal profeta ou sonhador, porque o Senhor vosso Deus vos põe à prova, para se tornar manifesto se o amais ou não de todo o vosso coração, e de toda a vossa alma. Segui o Senhor vosso Deus, e temei-o, e guardai os Seus mandamentos, e ouvi a sua voz; a ele servireis e a ele vos unireis. E aquele profeta ou sonhador de sonhos será levado à morte, porque vos falou para vos afastar do Senhor vosso Deus, que vos tirou da terra do Egito ...

E, nos versículos 12-16:

Se, em uma das cidades que o Senhor teu Deus te deu para habitação, ouvires alguns que dizem: Alguns filhos de Belial saíram do meio de ti, e perverteram os habitantes da sua cidade, e disseram: Vamos, e sirvamos aos deuses estranhos, que não conheces; informate com solicitude e diligência e, averiguada a verdade do fato, se achardes ser certo o que se disse, e que, efetivamente, se cometeu uma tal abominação, imediatamente farás passar pela espada os habitantes daquela cidade, e destruí-la-ás, com tudo o que há nela, até o gado. Juntarás também no meio de suas praças todos os móveis que nela se acharem, e queima-los-ás juntamente com a cidade, de maneira que consumas tudo em honra do Senhor teu Deus, e que seja um túmulo perpétuo; e não seja mais reedificada.

No palco exterior da história, o estabelecimento do reino de Deus em escala global se efetuará por meio dos esforços do povo escolhido. Os infiéis devem ser convertidos à única crença verdadeira mediante dominação política e/ou militar. Se os padrões, crenças e leis do povo escolhido são os únicos verdadeiros — conhecidos pela revelação religiosa —, então os dos outros povos devem ser apenas superstições ou moralmente errados. Essa atitude continua existindo ainda hoje, sob forma secularizada, principalmente em nossos particularismos nacionais, sociais ou religiosos, e também no dogmatismo de boa parte do pensamento científico atual.

O Deus-Rei, o supremo legislador, é bom e justo por definição. Qualquer dúvida acerca de sua bondade ou retidão, ou qualquer infração de suas leis, evoca uma explosão completamente catastrófica de sua ira ciumenta. Seja qual for o costume que contrarie sua lei, é herege e merece as mais severas punições. O resultado disso é um rígido sistema legal, uma codificação de atos, ações e atitudes que supostamente representam padrões de bondade em termos absolutos. Nessa medida, os costumes sancionados pela cultura identificam-se com os valores absolutos e éticos. A moralidade é petrificada em legalismo. Opiniões divergentes a respeito do que, em certos casos, é humanamente incognoscível são heresias puníveis com a morte ou a exclusão da comunidade.

"Pecado é a transgressão da lei."[11] Trabalhar no *sabbath*, dia escolhido por consenso comunitário, é um pecado punível. A homossexualidade é um pecado não menos punível que o homicídio. Uma vez que o código da comunidade está identificado com a bondade absoluta, o dissidente individual é, por definição, pessoa maligna e inimigo público. Assim, a bondade, sinônimo de obediência à lei comunitária, deve ser alcançada por um ato de vontade e autonegação, pela submissão e pela adaptação social. Uma vez que tudo o que foi estipulado pelo Deus-Rei só pode ser bom e justo, tudo de maligno que existe não pode fazer parte de seu plano nem de seu ser. Disse Ireneu: "Nada mau foi criado por Deus. Nós mesmos é que produzimos toda a maldade". O mal, portanto, é a desobediência e o inconformismo, livremente desejados, susceptíveis de serem prevenidos e punidos. "O pecado, nos homens e nos anjos, é um ato livre. Por que alguns fracassam, enquanto outros não, é um mistério."[12]

Do lado positivo, esse pressuposto introduz a responsabilidade numa dimensão pessoal. Mas é imposta uma separação entre a auto-imagem desejada e os aspectos inaceitáveis da própria individualidade. Apesar de inevitável como passo inicial do processo de individuação, essa separação precisa ser neutralizada, e a vinculação restabelecida, assim que o ego estiver formado. Só percebendo a própria transgressão como "má compreensão" (que foi o sentido original dos termos *chato*, em hebraico, e *hamartia*, em grego, que posteriormente passaram a significar "pecado"), e não como um pecado passível de repreensão, é que a personalidade individual pode libertar-se da rigidez e continuar o percurso de sua evolução.

Enquanto a imagem divina de universalidade estiver conceitualmente limitada ao legalismo comunitário e coletivo, a separação ego-sombra não pode ser vencida. O homem deve ser sobrecarregado com o monstro de sua própria criação, que é o conceito de mal absoluto, e ficar alienado de sua própria natureza.

As conseqüências desse dilema estão resumidas na doutrina cristã da *privatio boni*. O mal não tem existência objetiva. Deus é bom. Criou o mundo e viu que era bom. Deus não pode ter criado o mal e, menos ainda, tê-lo considerado intrínseco à própria divindade. Por isso, o mal é visto apenas como um enfraquecimento, uma negação ou ausência do bem. Mal, portanto, é a existência diminuída ou a inexistência. Essencialmente, essa é uma tentativa de preservar o monoteísmo estrito e, ao mesmo tempo, manter Deus como *summum bonum*, sem qualquer ambivalência interior, tal como deve ser o rei e legislador supremo. Decorre logicamente do mito do legislador que ele não pode ter criado aquilo que ele mesmo proíbe. Já que a criação do mal por uma força diferente postularia a existência de um antideus de mesma estatura, o mal não pode existir. Assim, só pode representar a diminuição do bem universal, provocada pela fragilidade e pela desobediência humanas.

Há muito mais em jogo aqui do que minúcias de cunho teológico. O significado psicológico dessa doutrina está na negação da polaridade. Se só existe o bem, em maior ou menor grau, é nosso dever pessoal aumentar sua cota para agradar a Deus. E, pelo menos em princípio, é possível também eliminar de todo o aparecimento do mal. Nossa mania de progresso, nossa utopia social e nossa falta de realismo no trato de situações humanas existenciais podem ser atribuídas à secularização e à trivialização do conceito da *privatio boni*. Uma vez que apenas o bem é reconhecido, somos incapazes de aceitar e enfrentar a violência, a agressão e o sofrimento, a não ser tentando, impotentes, legislar de modo a afastar ou execrar essas manifestações. Além disso, quando se sustenta que a existência e a vida são sinônimas de bondade e virtude, as opostas morte e destruição devem ser encaradas como punições ("Porque o estipêndio do pecado é a morte"... Rom., 6:23) ou, de qualquer modo, como um estado de bondade diminuída. Dado que não têm um lugar significativo em nosso universo, a morte e a destruição geram terror e condenação moral.

Essa rejeição do sofrimento e da morte concorda bastante com o desenvolvimento da identificação do ego com a existência física no corpo. Em termos do ego, essa é a única existência possível. Estados não-corporais de consciência, com as possibilidades pré-natais e pós-morte de continuidade psíquica, são considerados impossíveis. A antiga perspectiva religiosa de continuação da vida após a morte é racionalizada no conceito de uma existência semifísica, análoga ao que a vida significa para a consciência do ego, ou seja, ressurreição do corpo. Quando a concepção literal da continuidade física perde credibilidade, a morte significa uma extinção total. É o mal supremo e inevitável. Lembro-me que um paciente me disse certa feita: "Como é que se pode ter prazer em viver e encontrar algum valor ou significado permanente na vida, quando se sabe que algum dia isso tudo terá um fim?". O paradoxal, contudo, é que justamente nossa percepção consciente da inevitabilidade do término do domínio do ego é que confere humanidade à nossa vida e a torna tão pungente. Nessa medida, a sensação de que a morte é um mal impede-nos de vivenciar o tempo e o sofrimento como dimensões humanas criativas. O tempo torna-se um inimigo. Precisamos combatê-lo, correr contra ele, vencê-lo, conseguir mais tempo, matá-lo. Não o reconhecemos — nem suas limitações — como pré-condição necessária ao desabrochar, à objetivação do si mesmo.

Não obstante, dado que a existência — a bondade — foi tornada má pelo pecado do homem, uma responsabilidade ética fundamental pesa agora sobre a psique humana. O conflito entre valores opostos torna-se um conflito pessoal, internalizado, de natureza ética. Essa internalização, na forma do superego, daquilo que foi antes estipulado e revelado por Deus em leis e tabus é um importante passo adiante no desenvolvimento psicológico. A vergonha e o medo das punições sociais ou divinas diferenciam-se agora como sensação de culpa e como responsabilidade pessoal.

Em comparação às fases anteriores, nesta o homem atinge um novo senso de liberdade. Ele não se sente mais mera vítima passiva de calamidades e dores, desprotegido diante do destino e da necessidade; não é mais marionete nas mãos de poderes que estão fora de seu controle. Em vez disso, é um participante consciente de um embate social, ético e até mesmo cósmico, é pessoalmente responsável pelo resultado do drama da existência. "... se abrirão os vossos olhos, e sereis como Deus, conhecendo o bem e o mal" (Gen. 3:5,22). Esquece-se, no entanto, que tal conhecimento é um dom da serpente, da própria sabedoria primitiva, abismal e instintiva que, a partir de então, ele deve esmagar sob os pés para alcançar a liberdade da vontade.

Bom e mau, certo e errado, são categorias arquetípicas, não importando os conteúdos culturalmente variados que lhes forem atribuídos, sejam eles oriundos de padrões coletivos ou da consciência individual. São princípios ordenadores indispensáveis ao desenvolvimento ético, intelectual e estético da humanidade.

Nessa medida, o respeito ao tabu e à lei é importante psicologicamente. É uma fase indispensável do desenvolvimento. Ergue a barreira da vontade contra a imensidão das forças existentes no cerne da psique inconsciente. Estas são, em geral, tão compulsivas que são vivenciadas como demoníacas ou, em termos mais modernos, como complexos obsessivos.

Para se motivar, a pessoa precisa de uma iniciação prévia, que envolve disciplina do ego, percepção consciente das próprias ânsias de poder e destruição, contato consciente com uma orientação transpessoal e uma responsabilidade ética. Caso contrário, quando houver a transgressão de um tabu, ela se arrisca a ser sobrepujada pela força do afeto que tiver sido precocemente despertado. No passado, assim como acontece hoje com as crianças, essa consciência psicológica não estava suficientemente desenvolvida para possibilitar a distinção entre um ato e um sentimento hostil. Os sentimentos costumavam, como ainda costumam, estimular sua cega exteriorização. Portanto, era preciso conformidade nos dois planos. "Não te vingarás." "Amarás o teu próximo como a ti mesmo." O autocontrole consegue pôr em prática o primeiro desses mandamentos. Já o segundo implica repressão psicológica.

Entretanto, mesmo esse autocontrole pela repressão dos sentimentos e impulsos não é pouca coisa em termos de desenvolvimento. Por exemplo, não apenas restringir meu impulso de bater em alguém que me enfureceu, mas pôr minha raiva de lado e convencer-me de que aquela é uma pessoa que merece tanto respeito, e até mesmo afeição, quanto eu, é uma vitória moral de nível superior. Permite que eu me abra para sentimentos e opiniões até então contrários aos meus. É dessa forma que posso crescer e ultrapassar minhas limitações anteriores. O ego não treinado só pode dar esse passo às custas de eliminar a raiva da consciência, declarando-a errada e até mesmo má. Esse é o preço que precisa ser pago até que haja autocontrole suficiente para que o indivíduo possa sentir sua raiva sem reprimi-la, nem externalizá-la às cegas, e sem que haja perda de contato com o julgamento objetivo e a empatia. Essa capacidade começa a ser alcançada presentemente por uma reduzida vanguarda psicológica.

Portanto, até mesmo o controle cristão dos afetos pela repressão é uma extensão, a todos, de uma disciplina que, nos primórdios de nossa história, era ainda uma condição ideal própria aos eleitos. A cultura medieval decretou-a como o ideal a ser atingido por muitos. Esse foi um progresso deveras heróico, simbolizado com muita propriedade por imagens como a de São Jorge matando o dragão.

A força de vontade, controlada pelo ego, dirige seu poder contra o não-ego, assim como contra os outros, contra objetos e até contra o próprio *self*. A psicologia do ego, portanto, é uma psicologia da vontade de poder, conforme a descreveu Alfred Adler. Está inevitavelmente assentada sobre a competitividade e o uso controlado e deliberado da agressão para dominar e subjugar a própria natureza adversa e para opor-se a terceiros.

Na época pré-cristã, a canalização do impulso de poder contra os outros era algo sancionado culturalmente, e até mesmo glorificado, em nome da honra e do valor. O guerreiro heróico era o ideal supremo. A marca registrada desse período era o cordeiro combativo, ainda encontrado em representações do sacrifício de Abraão ou nos chifres do carneiro judaico. Na cultura cristã, o ideal do carneiro combativo foi substituído pelo do Cordeiro de Deus, cuja humildade e ausência de assertividade resultavam do fato de ter conquistado a si próprio, em vez de dominado os semelhantes. O controle do poder deveria ser exercido contra as ânsias, impulsos, desejos e necessidades: oferece a outra face, ama teus inimigos, reza pelos que te odeiam. Porém, a agressão, o ressentimento, o ódio, a inveja e a má vontade, que apenas foram deslocados, continuam a exercer sua pressão no nível inconsciente. Exigem canais de saída. Embora a repressão seja inevitável como um primeiro passo no sentido de controlar os afetos, acaba levando à manutenção de uma hostilidade inconsciente e de um ódio por si mesmo.

Já que os membros obedientes do grupo *devem* ser amados, os sentimentos agressivos são transferidos para inimigos, hereges e demônios imaginários, que podem ser combatidos e destruídos em nome da bondade e do amor. Atualmente, essa dinâmica nos ameaça pessoal e coletivamente. A repressão não basta mais. Pelo contrário, está se tornando perigosa. Hoje, a ação e a necessidade de motivações emocionais precisam ser discernidas e enfrentadas em separado. Nossa sanidade e nossa sobrevivência dependem disso. Precisamos controlar nossos atos por meio da vontade. Os sentimentos precisam ser libertados da repressão, aceitos conscientemente, experimentados e, dentro de determinadas circunstâncias, postos experimentalmente em prática. Os sentimentos não podem mais ser tratados apenas em termos superegóicos, com assertivas do tipo "deves" ou "não deves". Não podem ser compulsoriamente controlados apenas pela força do ego. Não obstante, um ego clara e poderosamente construído é essencial para resistir à plena conscientização emocional e, ainda assim, não ceder ao empuxo de sua mobilização. Precisamos de discernimento para escolher os momentos e ocasiões adequados para exprimir impulsos hostis ou de caráter proibitivo, sem com isso violarmos nossa própria integridade nem os direitos de outros seres humanos.

Entramos num outro trecho dessa estrada, que nos leva além do que o mito do superego-real pode nos oferecer. Talvez seja necessária uma orientação diferente para a consciência egóica. Até aqui, a orientação do superego tornou o ego seu assistente. Hoje, o ego sente-se supremo. Tentar manter por mais tempo o antigo curso não levará mais ao fortalecimento do ego; ao contrário, significaria a atrofia, a esterilidade, a alienação e até mesmo o colapso do ego.

De acordo com a regra geral do superego, presumia-se que podemos ser *ensinados*, que podemos *conhecer* o que é certo, e que somos *livres* para obedecer à lei ou violá-la. O pecado e a culpa são os fundamentos desse modelo.[13] Conseqüentemente, os valores do superego e os valores pessoais entram em conflito. Como vimos antes, o superego foi e é necessário para o estabelecimento de padrões para a consciência. Mas prosseguir na identificação com esses padrões limita a moralidade a uma mera conformidade ao grupal. A hipocrisia, que se julga todo-virtuosa, floresce dessa matriz. Assim como a rigidez doutrinária.

Além disso, como a vontade coletiva pretende representar nada menos do que a *vontade de Deus*, presume-se que seja imaculada. Portanto, se, a despeito dos padrões virtuosos pessoais, alguma coisa dá errado, então alguém tem que ser responsável. Talvez a culpa seja das próprias fraquezas, mas, de preferência, é atribuída a outra pessoa. Assim, é inevitável que façam parte deste ciclo o mito e a psicologia do bode expiatório. A religiosidade se mistura a uma culpa crônica, e à projeção dessa culpa sobre os não-conformistas. "Uma consciência culpada é o tempero de nossa vida diária. Toda forma de educação é um cultivo do sentimento de culpa em escala intensiva."[14] Nossas perspectivas passaram a basear-se cada vez mais na psicologia do mártir e do bode expiatório. Estão condimentadas pela vingatividade e pela autojustificativa, configurando a atitude do "veja o que você está fazendo comigo". Nossos próprios valores e os dos outros são julgados apenas em termos de desempenho e êxito. Fazemos vista grossa para a ambivalência de cada sentimento e de cada ato. Esquecemo-nos de que cada motivação, de que cada impulso, tem um lado potencialmente construtivo e outro destrutivo. Identificamo-nos e vemos apenas aquilo que consideramos bom ou mau, a luz ou a escuridão. Não enxergamos que tudo vem acompanhado de seu oposto. Uma boa motivação pode, afinal, desencadear um ato destrutivo. Um ato ruim pode ter conseqüências construtivas. "Fazer o bem" pode abranger uma grande dose de hostilidade reprimida e de má vontade.

Originalmente, disciplina significava discipulado e aprendizado. *Askesis* significa prática. Acabaram por significar apenas obediência externa, dever, enrijecimento psicológico, autonegação. A satisfação pessoal tornou-se algo suspeito para a ética cristã ulterior, principalmente no tempo do puritanismo; tinha que ser sacrificada em nome do sucesso, do progresso e do dever. Aprendemos atitudes emocionais duras. Tratamos a nós mesmos como tratamos nossos semelhantes.

A fé acabou significando uma cega conformidade à doutrina coletiva. Perdeu o sentido de confiança em algo que deve ser experimentado intuitivamente, porque não pode ser visto ou sentido com os órgãos dos sentidos. A doutrina tornou-se cada vez mais racionalizada, até se divorciar completamente da experiência profunda.[15]

"Nossa fé fundamenta-se na revelação aos apóstolos e profetas, mas não na revelação que possa ter ocorrido a qualquer outro mestre."[16] "A teologia sagrada usa a garantia das escrituras canônicas sagradas *como adjunto* e, graças a isso, seu ensinamento é de caráter irrefutável."[17]

Essa fé cega, antes atribuída ao "Assim disse o Senhor", encontra-se hoje transferida para o "a ciência ensina", com toda a sua antiga inviolabilidade mantida intacta.

Uma vez que Deus é justo, nosso sofrimento, nossas dificuldades e transtornos devem ser punições por erros cometidos. Por sua vez, o sucesso e a ascensão social devem ser vistos como sinais de graça, de recompensa pela bondade. É deste contexto que nasce a ética protestante, na qual a capacidade de produzir êxitos mundanos é considerada um sinal e expressão de uma vida religiosa. O fracasso e a derrota não têm significação positiva dentro desse sistema. A humanidade em si não tem valor intrínseco, exceto em termos de seu aproveitamento social. Sofrer e fracassar são vergonhosos, e expressões do erro e do pecado. Já que os erros devem ser evitados sob todas as circunstâncias, a possibilidade de experimentar e aprender com os próprios erros é excluída. *É preciso estar certo.* Um dos pré-requisitos para essa infalibilidade é a obediência aos costumes. Essa era a psicologia de Adolf Eichmann, e foi sua defesa contra qualquer acusação de indignidade moral ("apenas obedeci ordens").

Como contra-reação, aparece a ânsia espontânea de um não-conformismo a qualquer preço. Mas o inconformista não percebe que a conformidade está profundamente entranhada até mesmo em sua rebeldia, e que ele se conforma, de alguma maneira, aos padrões não-conformistas projetados, em vez de obedecer a seus próprios padrões.

Diz-se que John Wesley teria declarado: "Se não houver um fogo inextinguível, fogueiras perpétuas, não haverá dependência das escrituras. Não há inferno, não há céu, não há revelação".[18] Assim, a bondade, a justiça, a recompensa e a punição, que são a base da convicção religiosa e a raiz do significado da vida, tornam-se apenas parâmetros de um vasto sistema penal.

O mito do Rei divino predominou de modo absoluto durante milhares de anos. Nos conflitos pessoais e sociais de hoje, experimentamos uma revolução das forças primais do sentimento, da consciência e da emoção. A vida está ameaçada. Os alicerces do reino patriarcal estão abalados. O rei celestial deixou cair seu cetro na terra. O trono de seus mandamentos está desocupado. Ali onde caiu o cetro está brotando a fonte da água da vida. A Deusa retorna com seu consorte Dioniso. Seu predecessor masculino governou por meio do "deves" e do "não deves". A Deusa sorri de modo enigmático enquanto pronuncia a nova palavra de ordem: "podes". De fato podemos, mas o que plantarmos colheremos. Nos olhos inescrutáveis da Deusa lemos a advertência final: "Mas toma cuidado".

CAPÍTULO 8

O Exílio Humano; o Paraíso Perdido; a Morte de Deus

"A terra será amaldiçoada por tua causa..." E disse: "Eis que Adão se tornou como um de nós, conhecendo o bem e o mal...". E o Senhor Deus lançou-o fora do paraíso de delícias para que cultivasse a terra da qual tinha sido tomado.
                                                                       Gên. 3:17, 22, 23.

Pan está morto.
    PLUTARCO

O homem moderno não-religioso assume uma nova situação existencial: ele se considera exclusivamente sujeito e agente da história e recusa qualquer apelo à transcendência... O homem faz a si mesmo, e só faz completamente a si mesmo à medida que dessacraliza sua participação no todo. O sagrado é o principal obstáculo à sua liberdade.
                                MIRCEA ELIADE, *The sacred and the profane**

Durante séculos, a teologia cristã tradicional forjou um abismo absoluto entre a humanidade e a natureza. O culto pagão da divindade inerente à natureza foi rejeitado. A humanidade era vista como o centro da criação. Toda a natureza deveria ser-lhe servil. Estava sancionada a exploração do meio ambiente. A natureza era valorizada apenas na medida de suas contribuições para o bem-estar humano, e não por sua grandiosidade, beleza ou mistério. Foram essas atitudes que contribuíram diretamente para nossa crise ecológica presente. Num simpósio recente sobre a "Teologia da Sobrevivência"[1] chegou-se a um consenso geral a esse respeito.

    Pode parecer estranho que padrões religiosos sejam fatores básicos

---

* Trad. de Willard Task (Nova York, Hacourt, Brace, Jovanovich, 1968), pp. 202 e segs.

116

subjacentes às origens da crise ambiental, pois atualmente a adoração e o simbolismo tradicionais perderam seu poder de dar significado e dimensão transcendente às vidas de muitas pessoas. Apesar disso, as premissas latentes de nossa cultura ainda estão enraizadas na religião. Como o *burguês fidalgo* de Molière, que se surpreendeu ao descobrir que durante toda a sua vida "falara em prosa", o homem moderno, racional e não-religioso pode ficar chocado ao perceber que suas atitudes perante a natureza e a sobrevivência são, afinal de contas, a manifestação de valores religiosos.

Em certo sentido, secularizamos nossa religião. Depois que esvaziamos o sagrado que havia na natureza, voltamo-nos para novos deuses: a tecnologia, a produção de bens, maior bem-estar físico. Em conseqüência disso, nosso meio ambiente está envenenado; os recursos naturais, quase esgotados; os ciclos ecológicos, interrompidos e desfeitos; e os poderes diabólicos das máquinas nos ameaçam. Mas não há dúvida de que nossa pior ameaça está em nossa insensibilidade ao pulsar vital da natureza. Sentimo-nos como alienígenas sem teto, num universo que não tem sentido e não tem alma. Gostaríamos de bater à porta de uma existência autêntica, mas encontramo-la trancada. Gostaríamos de entrar no reino do ser, mas não conhecemos a autoridade que concede os vistos e passaportes para esse reino. Tanto individual quanto coletivamente, nossa alienação nos conduz à beira da neurose e da psicose. O que, afinal de contas, somos nós, se nosso mundo não passa de um agrupamento de coisas sem alma e sem mente, para serem apenas exploradas?

O antropólogo Colin Turnbull, que viveu com os pigmeus da floresta tropical de Ituri, na África Central, escreve o seguinte:

Uma certa noite viverá para sempre comigo, porque acho que naquela noite aprendi até que ponto nós, civilizados, nos afastamos da realidade. A lua estava cheia, e por isso as danças tinham se estendido mais do que o habitual. Pouco antes de ir dormir, estava de pé do lado de fora da cabana, quando ouvi um ruído curioso que vinha do *bopi* (local onde as crianças brincavam), que era ali perto. Isso me surpreendeu, porque à noite os pigmeus não costumavam andar fora dos limites do acampamento principal. Fui até lá para ver do que se tratava.

Ali, na minúscula clareira, reluzente de prata, estava o requintado Kenge, adornado com vestimentas de casca de árvore, folhas e flores nos cabelos. Estava completamente só, dançando em círculos e cantando suavemente para si mesmo, enquanto seu olhar se perdia nas copas das árvores.

Acontece que Kenge era o maior namorador num raio de quilômetros ao redor, de modo que, depois de vê-lo dançar um certo tempo, fui até a clareira e perguntei, sorrindo, porque estava dançando sozinho. Ele parou, lentamente se voltou e olhou-me como se eu fosse o maior idiota que ele já tivesse visto na vida; e estava evidente que minha ignorância o surpreendia por completo.

"Mas eu não estou dançando sozinho", respondeu. "Estou dançando com a floresta, com a lua." Depois, absolutamente indiferente à minha presença, continuou sua dança de amor e vida.[2]

Vejamos o contraste que nos oferece este depoimento do idoso William Butler Yeats:

> *Setenta anos vivi*
> *Nunca maltrapilho ou mendigo*
> *Setenta anos vivi*
> *Setenta anos de homem e rapaz*
> *E nunca dancei como me apraz.*³

Consideremos mais de perto o contexto religioso de nosso exílio neste planeta. Os primeiros três mandamentos do Decálogo apresentam uma divindade alheia ao homem, moldado por Deus para com ele estabelecer um pacto sagrado e exclusivo. Não se pode esculpir imagens desse líder patriarcal semelhante a um rei. Ele deve ser exclusivamente adorado. O sagrado fica severamente limitado ao espírito abstrato. Experimentar o sagrado nos arvoredos, animais ou objetos da imaginação é declarado maligno. A imaginação simbólica é banida.

À medida que o Deus oculto foi sendo identificado ao espírito e ao bem absoluto, à natureza e à vida natural, o reino da Deusa deposta tinha que conter a projeção do mal. Na medida em que a natureza passou a ser o reino do Diabo, tinha que ser dominada e mortificada pela parte divina do homem.

Embora hoje condenemos esse afastamento dos ocidentais de seu lado instintivo, já vimos a necessidade psicológica desse afastamento da Grande Deusa Mãe da Natureza. Em nome de um sentimento independente de personalidade, o homem precisou obedecer à ordem de uma única entidade patriarcal, que diz "eu sou o que sou", esquecendo a força da realidade unitária e todo-abrangente. Essa força era composta por deuses que também eram *animais, plantas, pedras, lugares, momentos*. Portanto, deveriam ser consideradas criaturas inanimadas, sem sentido, sem razão, até mesmo matéria morta. A humanidade teve que fazer a terra submeter-se e servir ao *eu*.

À luz desse anseio de racionalidade, de vontade e responsabilidade, devemos entender os vários mitos da Idade de Ouro ou do Paraíso Perdido. Esse eixo referencial é ainda a base para a doutrina cristã do Pecado Original. Nenhuma vida humana pode amadurecer sem um conflito moral e algum sentimento de culpa. Para crescer e tornar-se um adulto moderno, o homem precisa transcender a participação mágica e a identificação mítica. O mundo e seus eventos devem, pelo menos no plano hipotético, ser considerados em termos de relacionamentos impessoais de causa e efeito. Assim, os atos da pessoa têm efeitos explicáveis e controláveis racionalmente, pelos quais ela é responsável.

Ao proibir o acesso psíquico às experiências diretas de um cosmo vivo, o racionalismo moderno privou a humanidade de um contato consciente com o divino. A dieta frugal imposta pela racionalidade ascética — que promoveu o crescimento do ego — ameaça matar nossas almas de fome e destruir nosso mundo. Perdemos a visão do Deus vivo. Deus está morto para nós. Aprendemos a procurar o divino apenas no mundo imperativo do "tu deves". Por falta de imaginação, não conseguimos enxergar qualquer centelha de realidade divina, exceto, talvez, como metáfora poética que não deve ser levada a sério.

As imagens cuja adoração foi proibida pelo segundo mandamento são mencionadas como ídolos. Essa palavra deriva do grego *eidolon*, e tem a mesma raiz que a palavra "idéia". Para os gregos, significava uma experiência visível da forma, fosse objeto ou conceito. Um significado semelhante está na base das palavras gregas *theoria* e *theatron* ("teatro"), que para a mentalidade grega assinalavam a visão do divino.

Essa possibilidade de uma experiência direta do divino foi destruída nos conceitos judeus e cristãos ortodoxos (não místicos). O espírito não podia mais ser *visto-contemplado* nas pedras, águas, fontes, árvores, arbustos, animais e, enfim, nem mesmo nos seres humanos. Em vez disso, o espírito se tornou uma abstração ética. A revelação pertencia ao passado histórico, não ao presente vivo.

A identificação mitológica, o viver de acordo com o mito, teve fim com o distanciamento entre o humano e o divino. O dogmatismo substituiu a produção consciente de mitos. Por um processo semelhante, a imaginação simbólica foi castrada, limitando-se o sagrado a conceitos não-sensoriais, que não podiam ser vistos e sentidos, apenas ensinados. Portanto, é preciso que se *acredite* neles. A fé não é mais *pistis* ("confiança na experiência pessoal"), e sim uma aceitação cega e divorciada das experiências pessoais subjetivas.

Uma vez que a imaginação simbólica estava banida, a Mãe de Todos, senhora dos céus, não era mais a vibração pulsante no seio de tudo o que existe.[4] O *daimonion* da terra, da natureza e do cosmo foi substituído pelo que Alan Watts chamou de o "idiota cósmico". John Lilly refere-se a essa entidade como "Deus como simulação, modelo". O pai celestial é uma abstração remota e distante de sua criação.[5]

No Concílio de Constantinopla, realizado no ano de 869, foi proclamado que o homem consistia não de corpo, alma e espírito, mas de corpo, alma e uma *razão espiritual* somente. Dado que até a alma foi ficando cada vez mais identificada com a razão, também esse termo tornou-se supérfluo. Ao final, o homem acaba sendo visto só como um corpo, acionado mecanicamente por respostas reflexas *racionais* ao meio ambiente. Esta é a psicologia sem psique que marca o início do século XX. Tudo pode ser entendido mediante a aplicação de uma mecânica racional. O conhecimento foi substituído pelo reducionismo intelectual, pelo positivismo estéril, pela cisão entre sujeito e objeto.

A secularização do cosmo trouxe como corolário inevitável a secularização de todos os aspectos da vida neste mundo: o trabalho, o amor, o combate e o lazer. O trabalho não é mais sagrado em si, apenas na medida em que serve a uma finalidade, seja ela segurança financeira ou uma aposentadoria confortável. Corremos para *poupar* tempo em ocupações não gratificantes, para que possamos *matar* o tempo em nossos períodos ociosos. O prazer tornou-se uma atividade sem alegria, a execução compulsiva e a qualquer custo de algo que nos faça bem ou que nos seja útil. A alegria e o prazer sem uma utilidade prática são considerados frívolos. Nas áreas urbanas, os parques infantis com chão de cimento e cercados de grades constituem um rígido e soturno espaço de atividades físicas, destinado a manter os corpos jovens em funcionamento e em segurança.

No passado, o prazer de viver era oferecido aos deuses na dança espontânea da existência, a dança de Kenge. Hoje, esgota-se em rituais sem sentido para *perdedores* ou *vencedores*. Mas os deuses destituídos de seus altares tendem a se insinuar de volta por vielas escuras. É por isso que nos encontramos prisioneiros de ondas de um hedonismo compulsivo, que exageramos nos prazeres e nos afogamos no álcool ou nas drogas. Pois, embora o homem moderno tenha a liberdade de ignorar as mitologias e as teologias, sua ignorância não o impedirá de continuar alimentando-se de mitos decadentes e de imagens degradadas.

Durante o período medieval, o gozo das realidades cotidianas do instinto e da carne foi maculado pelo odor da culpa e da danação. O pensamento independente e as pesquisas autônomas eram suspeitas de heresia. Disso resultou uma distância cada vez maior entre a teologia e a tendência do pensamento independente, que terminou desembocando na ciência moderna.

A sociedade *profana* acabou se convencendo de que, a menos que a riqueza da vida fosse abortada, viver em pecado era uma condição inevitável. A vida secular passou assim a ser coberta por uma nuvem perene de danação e medo da morte, que deve resultar num julgamento e na condenação ao inferno. A morte deixou de ser considerada uma transição para um outro estado de consciência após uma vida significativa. Na melhor das hipóteses, significa extinção e, na pior, o advento da ira divina. É impossível viver constantemente na presença de uma autoridade condenatória sem tentar derrubá-la. No plano psicológico, a condenação é o mesmo que repressão. A autocondenação significa auto-repressão, e é uma ameaça mortal ao sentido pessoal de existência e de valor pessoal. Favorece a insatisfação das próprias necessidades, a impotência e o ressentimento dirigido contra os demais. Derrubar a suposta fonte desta condenação, a autoridade externa superegóica, torna-se um ato de autopreservação psicológica. Uma vez que esse processo ocorre de modo mais ou menos inconsciente, costuma-se negligenciar o fato de que o sistema externo de valores condenatórios foi internalizado. O que antes era uma autoridade exterior, celestial, funciona agora como acusador íntimo que condena o indivíduo à auto-rejeição. Essa dinâmica se sustenta até mesmo depois que o juiz divino externo foi derrubado pelos pretensos ateus: os valores do superego tornam-se padrões do ego. Dessa forma, embora Deus esteja morto e os céus estejam vazios de significado espiritual, o arquétipo patriarcal julgador continua fazendo parte inconsciente de nosso complexo do ego. Nossa moralidade coletiva ainda se baseia em grande medida em padrões que datam de dois mil anos. No mesmo estilo do Senhor dos Senhores, rígido e não misericordioso do Velho Testamento, nosso dedo aponta implacavelmente para nossas falhas, assim como para as deficiências de nossos semelhantes.

Contudo, como não acreditamos mais numa existência que vá além do mundo material e racional do ego, nossa alienação e nossa culpa são em grande extensão inconscientes. Tudo o que for inconsciente está sujeito a projeções; essa é a lei básica da preservação da energia psíquica. Como resultado dessa dinâmica, tanto a superioridade divina como a culpa humana são projetadas em outras pessoas. Assume seu lugar o complexo do bode expiatório. A sociedade, o Estado e a nação são divinizados ou satanizados. A sociedade é ou a terra natal divina que não comete erros, ou é corrupta, doente e alienada do que deveria ser.

Essa tendência é ainda mais acentuada pela transformação da aldeia ou da pequena cidade (de orientação mitológica) no Estado, na nação e na organização política, mais abstratos e impessoais. Esses sistemas são estruturas organizacionais extensas que se mantêm unidas em torno de uma idéia coletiva. Não favorecem qualquer contato pessoal. O organismo é transformado em organização. No seio dessas estruturas, as necessidades, os valores e as capacidades assertivas da necessidade recuam. Aos poucos, o senso individual da personalidade do ego aumenta, mas também aumenta o senso de desvinculação, de alienação em relação à natureza, e de vitimização diante da estrutura social do Estado, cada vez mais remoto e impessoal. A sensação crescente de individualidade e de direitos individuais caminha ao lado da impotência individual perante o Estado e o governo impessoais. O grupo não é mais o continente, mas, ao contrário, uma ameaça aos direitos individuais, ao mesmo tempo em que não consegue satisfazer às necessidades individuais. Os extremos radicais do individualismo a-social, e até mesmo anti-social, e a identificação fanática ou deificação do Estado e das organizações políticas andam lado a lado. Diante desse isolamento, o ego luta desesperadamente para criar algo que lhe seja próprio e significativo, esforça-se para atingir algumas metas e feitos a serem realizados. O ego deseja deixar sua marca no mundo, cumprir uma história ou uma missão. Adquire-se assim uma sensação de liberdade aparente e de auto-satisfação por meio de realizações e conquistas, que é acompanhada da responsabilidade e da culpa pelos próprios atos de missão e de delegação. A "inquietação em nossa cultura", como Freud a chamou, aumenta em ritmo acelerado. A perspectiva escatológica configura uma imagem de céu, inferno, juízo final e danação e, atualmente, de um total processo de aniquilação, do nada absoluto. Deus e o Diabo, o bem e o mal, em luta pela alma humana, substituem a vida paradisíaca do estar contido nos ciclos e ritmos naturais.

O deus masculino — esteja ele ainda antropomorfizado ou já encarnado na idéia da justiça, da bondade, do dever ou algum outro ideal — faz exigências ao *homem*, desafia-o, declara-o um êxito ou um fracasso e desconsidera o mundo feminino e as mulheres. O indivíduo encara sozinho esse severo criador, mas não consegue encontrá-lo em parte alguma. Cada indivíduo encara o vazio como criatura isolada, apenas apoiado no intelecto e na vontade. O intelecto, porém, só pode mostrar os enigmas sem vida de cada etapa do entendimento. Portanto, a pessoa exerce sua vontade numa tentativa de provar seu valor pessoal e de mitigar a ansiedade repleta de culpa. O mundo deve ser transformado num lugar melhor para se viver. Infelicidade, injustiça, pobreza, doença, e até mesmo a morte, devem ser erradicadas como defeitos de engenharia na mecânica das coisas, em vez de serem consideradas aspectos intrínsecos da condição humana.

O auge dessa tendência pode ser encontrado na ética puritana do trabalho, independentemente de seu nível religioso ou secular. Essa ética do trabalho foi a origem do industrialismo, em suas modalidades capitalista e socialista. A ética de ambas baseia-se na premissa de que somos apenas seres econômicos. Nosso bem-estar e nossos objetivos de vida assentam-se na conquista e na reestruturação do mundo dos objetos, para que se conformem aos nossos desejos de um conforto material cada vez maior. Dentro da ética puritana, o trabalho e os esforços voluntários constituíram uma religião secular. E ainda constituem. A vida é valorizada em termos do que é produzido. Uma vida improdutiva é uma vida perdida. O investimento de capital deve redundar em lucro. O trabalho e os empreendimentos lucrativos ocupam o lugar do chamado espiritual. A prosperidade econômica é considerada uma prova das bênçãos de Deus. O sucesso material é a recompensa e o sinal de superioridade moral. ("Não há dúvida de que ela [*a riqueza*] deve ser a parte que cabe aos piedosos, não aos maus, no caso de fazer-lhes bem, pois a santidade tem a promessa desta vida e também da que está por vir.")[6] Com o tempo, o produto nacional bruto passa a ser a garantia do bem-estar social e humano, independentemente das necessidades e da devastação ecológica.

No decorrer desse avanço esquizofrênico, a teologia divorciou-se das experiências reais de vida. Tornou-se progressivamente mais vazia, abstrata e irrelevante. Nessa medida, então, os intelectuais passaram a achar que deveriam divorciar-se, também eles, da religião, a fim de manter sua integridade intelectual. Ou precisaram compartimentalizar a vida numa filosofia de domingos e dias úteis. A ciência passou a ser a nova religião, pois que o arquétipo da religião é em si mesmo indestrutível. Depois de desacreditado o espírito vivo, a matéria tornou-se o novo deus. Sozinho em meio a um universo abstrato, quantificado e sem sentido, um caos ordeiro, o indivíduo é jogado de lá para cá sem misericórdia. Hoje estamos à mercê das recém-surgidas divindades da matéria. Incapazes de perceber sua numinosidade e desprovidos de um *modus vivendi*, é inevitável que nos tornemos vítimas da força nua e crua da sua energia. A menos que passemos a reconhecer o espírito vivo na natureza e na matéria, é provável que pereçamos todos.

CAPÍTULO 9

O Bode Expiatório

Agnus Dei qui tollis peccata mundi...

A diferença fundamental [entre as religiões pagã e cristã] é que o cristão acredita que Deus morreu de uma vez por todas, enquanto os mais primitivos acreditam que Deus reencarna perpetuamente na terra e pode, por isso, ser levado à morte um número interminável de vezes.
    MARGARET MURRAY, *The God of the Witches**

No mundo patriarcal, a propiciação da agressão através dos ritos de sacrifício precisava estar sob o império da ética. Precisava ser justificada pelos princípios do certo e do errado. Encontramos a expressão mítica deste fato na cerimônia judaica do bode expiatório. Sua elaboração subseqüente é a oferenda do Cristo. O princípio comum a ambos os eventos — a culpa e sua expiação — ainda é a base da ética da agressão justificada no mundo moderno. A agressão é dirigida contra o próprio ser culpado, ou contra outra pessoa na qual a culpa é projetada. O motivo do bode expiatório reinterpreta a antiga visão matriarcal e mítica, na qual o representante manifesto da vida, o deus dionisíaco (seja qual for seu

* Nova York, Doubleday, Anchor, 1960, p. 30.

nome nas variadas culturas) e sua vítima humana substituta morrem para renascer. Isso expressa a renovação do Grande Círculo, os ciclos maternais dos fluxos e das marés.

Em vez disso, o *novo Dioniso*, Cristo, "a verdadeira vide" (João, 15:1), é agora o filho do Pai. Morre para expiar a culpa daqueles que "pecaram por ignorância" (Lev. 4:2).

No "Cordeiro de Deus que carrega os pecados do Mundo", o motivo do bode expiatório é o centro da religião cristã. A imitação do Cristo é inculcada no cristão. No entanto, uma transcendência autêntica e genuína do ego, que lhe permita aceitar, suportar e, na melhor das hipóteses, transformar em vez de explodir e projetar o mal, ainda não era possível numa cultura em que o crescimento do ego e sua consolidação precisavam ser afirmados. Essa metamorfose só poderia ser conquistada por uns poucos e dedicados indivíduos. Para a maioria, torna-se na melhor das hipóteses um ideal inatingível e, na pior, uma presunção vazia. Enquanto se mantiver inatingível para a consciência, o arquétipo do bode expiatório nos perseguirá e provocará inconsciente e obsessivamente.

O pecado, a culpa e a condenação ética da natureza humana são elementos básicos da teologia cristã ulterior e das culturas ocidentais medievais e pós-medievais. Já que agora o homem é declarado um pecador perante Deus, todos nos tornamos bodes expiatórios. Somos soterrados sob o peso da culpa e da auto-rejeição, não só do que fazemos, mas também do que somos, de nossos "maus" desejos e ânsias instintivas, de nossas fraquezas humanas. Não podemos aceitar nosso ser autêntico e natural, nossos desejos e necessidades instintivas, nossas ânsias agressivas, destrutivas e de poder. Mas não podemos disciplinar aquilo que negamos. Querendo sermos vistos e vendo-nos apenas como pessoas boas, eliminamos pelo raciocínio nossos ímpetos anti-sociais e egoístas, mas rapidamente os constatamos em nossos semelhantes. O dedo acusador está sempre apontado para alguém que não está vivendo de acordo com a utopia sentimentalóide que dita como deveríamos ser e sentir. Quando o apontamos, sentimo-nos cobertos de razão. Quando ele é apontado contra nós, sentimo-nos culpados e na defensiva. A culpa e a posição defensiva são as marcas registradas da psicologia de bode expiatório que infesta nossa cultura. Todos somos vítimas dela.

Constantemente na defensiva perante a hipócrita atitude de bode expiatório que se aninha em nós e nos outros, somos impedidos de lidar de modo realista com os aspectos de sombra de nossa realidade humana, que incluem nossa cobiça, nossa inveja, nossas ânsias de poder e o egoísmo, naturais em nós. Esses elementos são tão intrínsecos e inatos quanto o amor, o afeto e a solidariedade. Por isso somos sempre forçados a manifestar inadequadamente as nossas tendências anti-sociais que tanto execramos e tão prontamente negamos.

O modelo patriarcal propiciatório para se lidar com o instinto do inconformismo e com a agressão pode ser ilustrado pela antiga cerimônia israelita do bode expiatório:

> ... ele [Aarão] apresentará diante do Senhor dois bodes à porta do tabernáculo do testemunho; e, deitando sortes sobre um e outro, uma pelo Senhor e outra pelo bode emissário, oferecerá pelo pecado aquele que a sorte destinar ao Senhor; e aquele que a sorte tiver destinado para bode emissário, apresentá-lo-á vivo diante do Senhor, para fazer sobre ele as preces, e enviá-lo para o deserto para Azazel (Lev. 16:7-10).

A oferenda pelo pecado é imolada (Lev. 4:29), e deverá ser aceita por ele para expiar por ele (Lev. 1:4) que pecou por ignorância (Lev. 4:2). A oferenda pelo pecado é um animal (geralmente um touro), que substitui o pecador. Nessa ocasião solene, Dia da Expiação, para a comunidade inteira, há dois bodes. É evocado aqui um símbolo arcaico ainda mais antigo. O simbolismo do bode nos transporta de imediato ao âmbito das divindades dionisíacas. O próprio Azazel é um pastor semita deus-bode. Originalmente, o bode representava a encarnação da energia primordial e criativa, a vida em sua indestrutibilidade. Passou pelas metamorfoses da morte e do retorno, do Deus (Dioniso) "que morre mas não morre".[1]

Sob esta forma original, o ritual do bode expiatório reconhece dois princípios equivalentes, o Senhor e Azazel. Um é o novo Deus apolíneo do "tu deves" e o outro o antigo Azazel, a entidade dionisíaca. Esta última, que no início era o oposto de Jeová, tornou-se depois seu adversário. Cada um deles está recebendo ainda uma cota das energias da vida. Mas o deus da lei exige que lhe seja feita a "oferenda da imolação". O termo grego para isto é uma oferenda mediante o *holocausto*. Aquele que pertence ao deus da loucura e da espontaneidade deve apresentar-se diante do Senhor e receber sua expiação, mas será despachado vivo.

Qual pode ser o significado psicológico desse rito para as gerações futuras? Antes — durante a fase mágica, matriarcal — o sacrifício era um reconhecimento do fato pré-moral de que tudo que começa a existir também tem que cessar, de que a morte significa expiação e renascimento. A exaltação convoca o sacrifício como meio de compensação. Agora, a força vital, ou pelo menos metade dela, deve ser ofertada como reparação dos pecados, das transgressões deliberadas, embora cometidas na ignorância, como parte de se estar vivendo a vida como ela é.

O pecado não pode ser evitado. Faz parte de se estar vivo. No entanto, deve ser punido. Após a perda do paraíso, união primordial no cosmo maternal, os humanos são forçados a viver em pecado. E o "estipêndio do pecado é a morte" (Rom. 6:23). Assim, a vida deve ser uma oferenda pelo pecado, e será vivida em penitência, humildade e temor da punição. A voz do tenor das orações do Yom Kippur, assim como o *Dies Irae* da missa cristã de Réquiem, expressa esse estado de ânimo: a confissão do pecado, cometido deliberadamente ou não, o temor da punição e da danação, e a prece em busca do perdão.

Fazendo-se o homem moralmente responsável por seus atos, em vez de considerar-se como sujeito passivo de marés instáveis de forças benéficas e maléficas além de seu alcance, estabelecem-se as bases para uma sociedade regida pela lei e para um ulterior desenvolvimento do ego. O autocontrole e a confiança mútua, os relacionamentos pessoais e o compromisso pessoal tornam-se assim possíveis. O respeito pelos direitos dos outros, pilar de nossa cultura, seria impensável sem este novo valor de justiça encarnado na lei. A autorização emana do Deus-Rei, além do qual nenhum outro deus é permitido e a quem deve ser dedicada toda a energia de vida disponível. Mas como um positivo não pode existir sem um negativo, essa ênfase unilateral sobre a lei, conquanto inevitável e necessária, estava fadada a produzir resultados negativos. A oferenda de culpa tornou-se automortificação e condenação de si e dos outros.

O sacrifício do bode Jeová significa que o desejo, a espontaneidade e os prazeres da carne devem ser mortificados em prol da lei. Agora, a natureza passa a ser considerada ardilosa, fonte de pecados e tentação. Só Deus, o Deus da lei, é considerado bom. Assim, todo mal deve provir do homem natural, como afirmaram os pais da Igreja. Além disso, toda orientação para a bondade deve ser buscada nas palavras de Deus e na lei que está além do homem, não nos instintos ou ânsias naturais. Por isso, perante o Deus que é só bondade e onisciência, "lá longe", todo homem é *a priori* um pecador. A religião passa a ser um empreendimento severo e penitencial. A inocuidade, a submissão e a conformidade tornam-se pré-requisitos da piedade, vistos na atitude de Abel (*habel* quer dizer "inutilidade", "vazio").

Se a existência é regida pela bondade e pela justiça, então o sofrimento e a destruição não têm sentido, exceto como punição, erro ou desperdício. Não têm qualquer significação criativa. Comumente, nossa reação a uma dificuldade dolorosa, seja consciente ou inconscientemente, é: "O que foi que eu fiz para merecer isso?", "Como posso me safar disso?", "Mas como é que pode existir um Deus se acontece uma coisa dessas?". Raramente perguntamos: "Que novas dimensões da experiência humana esse fato está tentando me ensinar?", "Em que sentido estou sendo desafiado?". O sofrimento como prova de uma má ação traz a carga adicional da vergonha e da culpa (ver o Livro de Jó). Portanto, o insulto soma-se à pena. Sofrimento significa fracasso, e deve ser negado e evitado a qualquer preço; é uma ameaça ao auto-respeito e à integridade da própria personalidade. Uma vez que a dor provoca a autocondenação, não pode ser aceita como parte da vida normal. Para evitarmos a dor, devemos satisfazer a todos os desejos. Mas, como isso não é possível, os sentimentos precisam ficar de fora. Sem desanimar, devemos fazer apenas a coisa certa e castrar todos os sentimentos genuínos. Em lugar dessas vivências, entregamo-nos às coisas, ao sexo, aos divertimentos, às drogas, ao álcool e, enfim, à violência. Nesta que é considerada a "era da aspirina", a vida se vê reduzida à busca dos prazeres mais imediatamente disponíveis para afogar a sensação latente de inquietação, falta de sentido e culpa. Para toda doença buscamos uma cura rápida, sem nos determos para pesquisar que mensagem, afora a culpa e a penitência, esse transtorno pode estar tentando nos transmitir, se apenas pudéssemos ou quiséssemos ouvi-la.

Passamos por cima do fato de que a dificuldade, o fracasso e a mágoa são tão indispensáveis ao crescimento e ao refinamento da consciência quantos os êxitos e o êxtase da felicidade. Não valorizamos a dor e tampouco acreditamos na alegria. O sabor do fruto proibido de Dioniso e Azazel nos parece demasiado. Bem no fundo, suspeitamos de que possa conter o perigo da retaliação divina, embora tudo isso possa ser racionalizado em termos não-teológicos.

O êxtase (*ecstasis*) — o estado de estar fora de si — se torna cada dia mais suspeito de ser uma forma de anulação do eu. Os romanos cunharam a palavra *superstitio* como equivalente para o termo grego *ecstasis*. Dessa forma, expressavam sua desconfiança perante o estado não-racional e não-controlado da mente, em particular durante vivências religiosas. O prazer e a lascívia, assim como a sexualidade e a violência, são colocados para fora do domínio religioso. Na melhor das hipóteses, são experiências seculares e, na pior, obra de Azazel ou do diabo.

Um sermão de São Cristóvão a respeito do Evangelho de São Mateus diz o seguinte:

> Este mundo não é um teatro onde podemos rir. E não estamos reunidos para irromper em gargalhadas, mas para chorar por nossos pecados. Mas alguns dentre vós ainda dirão: "Preferiria que Deus me concedesse a chance de continuar rindo e pilheriando!". Haverá algo mais infantil do que pensar dessa forma? Não é Deus que nos concede a oportunidade de brincar, é o Demônio![2]

Há porém o outro bode a ser banido, embora tenha consentimento para continuar vivo. Ele é entregue a Azazel. Esse bode que *escapa* era o bode expiatório (*scapegoat*) original.

Esse outro poder é ainda responsável por um aspecto da vida, mas deve passar pelo processo de expiação e ser despachado para longe. Nem toda a força vital pode ser sacrificada e dedicada à observância da lei. Há ânsias inaceitáveis, que não podem ser erradicadas. Devemos então nos distanciar delas e enviá-las para longe. Vemos aqui que o mito original tinha uma sabedoria instintiva, perdida porém no curso posterior do desenvolvimento patriarcal, pois ele acabou sendo o bode imolado em holocausto, e não o bode que escapou com vida e passou a representar o bode expiatório. A diferença entre destruir e banir é a diferença entre a repressão e a disciplina. A repressão tenta matar o impulso, tornando-o inconsciente. A disciplina reconhece e acolhe o impulso, mas escolhe não agir em função dele. Ele pode viver, embora banido para o deserto, em território adequado a ele, até que chegue o momento em que possa ganhar uma expressão conveniente nas festividades dedicadas a Dioniso, nas orgias, ou em outros ritos para descarga da violência. O banimento do bode para Azazel pode ser entendido como desidentificação. Implica a separação consciente entre impulsos e volição, a escolha eticamente responsável de uma ação praticada com consciência de suas conseqüências. Quando fico zangado, posso constatar minha raiva, mas decidir não manifestá-la. Ou posso dar-lhe vazão em circunstâncias especiais. Reprimi-la significaria culpar-me por ter ficado zangado, e decidir nunca mais ficar zangado, ou seja, eliminar essa emoção de vez. O que corresponde à prática de imolar em holocausto o bode de Jeová. Quando ultrapassa a justa medida, essa prática leva a dinamismos psicopatológicos e ao complexo paranóico do bode expiatório, que tanto caracterizam nossa cultura. O impulso reprimido vive de modo distorcido e inconsciente. E é projetado em homens e mulheres que consideramos "culpados".[3]

Para o ego ainda primitivo dos povos europeus cristianizados, a diferenciação entre impulso e ação não era ainda possível. A desidentificação e a escolha consciente exigem uma mínima força de ego, que o europeu medieval não possuía. A destruição repressora e a automortificação eram as atitudes prevalentes. O bode de Jeová tornou-se *o* bode expiatório. Azazel/Dioniso não era mais o outro deus, aceitável em determinadas circunstâncias. Tornara-se o mal incondicional, Satã. O que é considerado culturalmente inaceitável (portanto, mau) não pode mais pertencer ao domínio do Bom Deus que deu origem à lei e criou apenas o que é bom. As ânsias que antes, sob condições ritualizadas, eram abençoadas pelo deus da paixão e da violência, foram, a partir de então, incondicionalmente amaldiçoadas como coisa do Demo, do antideus que, paradoxalmente, também encarna um princípio de inexistência (*privatio boni*). Assim, a instintividade espontânea é tratada como se fosse inexistente e relegada ao limbo da inconsciência.

Reprimida dessa forma, a violência dionisíaca está sujeita a projeções e se infiltra no consciente. Sob a forma de um zelo autojustificado, a violência reprimida torna-se o "fazer o bem" fanático, a destrutividade intolerante dirigida contra o *self* não-reformado e irreformável, ou contra os outros que procedem mal. Baseado nos ditames vigentes do superego cultural, o ego arroga-se a autoridade de ser capaz de decidir o que é bom ou mau para si, para os outros e para o mundo em geral. A aprendizagem por tentativa e erro está excluída. Disso resulta a soberba quase divina dos povos modernos, a intolerância dos credos e das convicções que não sejam as próprias. De modo inconsciente e inadvertido, estamos cumprindo as previsões da serpente (Gên. 3:5) "E sereis como Deus, conhecendo o bem e o mal", desatentos à advertência que Goethe pôs nas palavras de Mefistófeles: "Basta apenas seguir o antigo ditado e minha prima, a serpente/ E você sem dúvida tremerá ao sentir o quanto é semelhante a Deus".[4]

O lado rebelde da natureza instintiva do homem, a oposição da sombra ao ideal brilhante e racional da perfeição virtuosa e celeste, não está mais sendo aceito como aspecto inerradicável da totalidade da existência humana. A não-aceitação de nossa *sombra* nos deixa vulneráveis às suas incursões e nos priva do potencial criativo. Caim torna-se o peregrino inquieto. A energia não pode ser morta nem transformada. Tampouco pode encontrar um lugar conveniente para manifestar-se de modo aceitável. A pessoa atormentada por ânsias, idéias ou sentimentos socialmente não sancionados provavelmente viverá num estado de alienação de si mesma e da comunidade. Nossos padrões de superego tornaram-se parte de nosso condicionamento moral infantil. Através deles, identificamo-nos automaticamente com os padrões comunitários, como referencial para avaliações morais, não importa quanto nos oponhamos a eles no plano intelectual. Nossos caprichosos impulsos são tão inaceitáveis para esses padrões introjetados por nós quanto para a comunidade em geral. Temos vergonha de nós mesmos, rotulamos nossos sentimentos e ânsias como maus ou desprezíveis, e detestamos e odiamos a nós mesmos por sermos o que somos, ao invés de detestarmos o que nos fizeram sentir que deveríamos ser. A desvalorização moral significa, automaticamente, repressão. Tudo o que desprezamos ou privamos de valor é rejeitado e expulso da adaptação consciente. Essa tendência é capaz de prejudicar seriamente nossas relações humanas.

Nos relacionamentos amorosos e íntimos, é inevitável que incompatibilidades básicas, sentimentos negativos e a necessidade de distanciamento ocorram em graus variados em diversos momentos. Num clima de bode-expiatorismo, é quase impossível aceitar e enfrentar honestamente esses episódios. Seria então preciso admitir que um ou outro dos envolvidos é o culpado. Dessa forma, a dificuldade deve ser negada e reprimida da consciência; a pessoa não pode admitir que, ao lado de áreas de atração e compatibilidade, existam esses problemas, que são parte da realidade da relação. No entanto, embora negado e empurrado para fora do alcance da consciência, esse conteúdo não desaparece e continua latente sob a superfície, criando inquietação e ressentimentos cada vez maiores. Durante algum tempo, isso tudo pode continuar inconsciente. Mas, com o tempo, à medida que mais e mais episódios vão se acumulando, a carga aumenta e, nas circunstâncias mais inesperadas e triviais, a amargura e o ressentimento acumulados podem explodir na consciência, em acusações e recriminações recíprocas que são agora muito mais difíceis de conter do que se tivessem sido colocadas desde o início.

Essa polarização entre acusador e culpado como atitude psicológica generalizada, social e individualmente, é o cerne da moderna psicologia ocidental do bode expiatório. Nossa visão de mundo "esclarecida" e agnóstica ainda se fundamenta nas ancestrais premissas teológicas do bom criador, que criou um mundo de bondade que deve ser exorcizado das forças não divinas, estranhas, tais como os bodes expiatórios, forças satânicas que usaram erradamente a liberdade concedida por Deus e dessa forma diminuíram o bem, favorecendo a imagem do diabo. Assim, o senso de auto-respeito e de integridade pessoal de todos nós repousa em nos sentirmos próximos — ou, pelo menos, na tentativa de nos aproximarmos — da perfeição do ideal coletivo.

Quando há dificuldades — como é de esperar —, uma reação natural de defesa é atribuir a culpa a outra pessoa. É preciso encontrar um culpado: o bode expiatório tem que ir para o cadafalso ou, no mínimo, ser banido. O ideal de estarmos sempre absolutamente corretos requer incessantemente a existência de um pecador em relação ao qual possamos nos sentir superiores. Isso acrescenta uma cor genuinamente paranóica à dinâmica psíquica fundamental, segundo a qual toda tendência inconsciente é sempre e necessariamente projetada, aparecendo como algo que pertence a outra pessoa.

Em si mesma, essa tendência à projeção seria um erro de percepção neutro. Como fenômeno coletivo, o hábito compulsivo de perceber a própria violência reprimida como algo que se origina em outra pessoa é uma ameaça à capacidade pessoal de formação de vínculos, à paz religiosa, racial e internacional, e à sobrevivência da humanidade.

A convicção de correção, de conhecer o bem e o mal, parece justificar a impiedade contra atitudes divergentes, éticas variadas, outras formas de viver. Embora aparentemos endossar a idéia de uma remota possibilidade de recebermos orientação de fonte suprapessoal (como ainda é pregado pela religião tradicional), presumimos como líquido e certo que o destino da humanidade depende exclusivamente do conhecimento pessoal humano e da aplicação de crenças pessoais. Todo sistema de crenças afirma de maneira resoluta que se propõe a tornar o mundo um lugar seguro e feliz segundo as fórmulas de seus deuses particulares. Esse sistema revelado por Deus pode ser chamado de teologia, história, ciência, sociologia, normalidade, materialismo dialético, laços de sangue e propriedade, superioridade racial ou seja lá o que for.

Nossa cultura ostenta excessos de uma moralidade carola, imperativos perfeccionistas dogmáticos, legalismos rígidos e a hipócrita pregação daquilo que a vida deve ser, em vez de encarar o que é. Ao mesmo tempo conservadores e radicais, condenamos a ausência de méritos em nossa própria natureza, assim como na dos outros, que consideramos maus por não viverem de acordo com nossas distorcidas noções da realidade. Os extremos do puritanismo e do vitorianismo ainda estão muito vivos sob o verniz progressista de nossos modernos estilos de vida, e foram eles que criaram a tirania do "tu deves", diante da qual a realidade humana sempre fica a dever.

Um planejamento correto (por exemplo, a engenharia genética) deveria eliminar os males sociais, a pobreza, as doenças físicas, talvez até mesmo a morte. Toda vez que esses males ocorrem, podem ser explicados como falhas humanas; a desgraça é nossa culpa.

Paradoxalmente — ou, talvez, previsivelmente —, naqueles que entendem a tendência de equilíbrio das polaridades, os sentimentos opostos também persistem. Também há a tendência à inflação do ego por ter suportado dores e encargos. Essa inflação testemunha que o indivíduo suportou sua carga como o virtuoso bode de Jeová, que baniu eficientemente o bode de Azazel de sua própria vida. O sofredor autoescolhido carrega então o halo da responsabilidade própria de um deus e da justificada e corretíssima mortificação de si e dos outros. "O sofrimento é merecido." "Você o merece." "Não pode ser bom a menos que doa."

Nossas próprias crenças e convicções religiosas e científicas são consideradas válidas, enquanto as dos outros grupos (cultos) são supersticiosas. Nossos costumes justificam a violência. Os dos outros, não. Nossas guerras servem à libertação e à preservação dos direitos humanos. O outro lado combate para escravizar. Deus, a justiça, o progresso e o processo histórico estão sempre do nosso lado. Um exemplo bastante trivial, mas pungente em seu absurdo, foi relatado no *New York Times*.[5] A polícia fez uma investida contra uma seita vodu e confiscou os carneiros destinados à matança sacrificial. Os animais foram libertados, os responsáveis acusados de praticar crueldade contra os animais. Matar um animal em nome de um credo religioso é tido como cruel e absurdo. Uma crença e um ritual vodu não podem ser nada mais que uma tola superstição. Contudo, sacrificar milhares de carneiros e de outros animais porque *acreditamos* que comer carne é uma necessidade alimentar básica não é, evidentemente, uma crueldade contra os animais. Nossas convicções sempre corretas justificam completamente nossas matanças.

O antigo demônio do mal ainda é concretizado e projetado inconscientemente nos culpados, que são sacrificados ou banidos como bodes expiatórios, para a edificação e a purificação dos justos. A justiça terá então sido feita, e tudo estará novamente bem no mundo. A bondade reinará até que aconteça o próximo impasse, sob a forma de algo inesperado e surpreendente.

Dessa maneira, nossa virtude está sob a ameaça constante daqueles que não se enquadrem nos limites dos nossos preconceitos: libertinos, homossexuais, capitalistas, socialistas, *goyim*, negros, judeus, ianques, ou qualquer que seja nosso maligno favorito. Essa ameaça pede a realização de cruzadas de purificação, guerras de libertação, defesa de valores sagrados e a imposição, aos outros, de valores que não conseguimos realizar em nossas vidas por serem por demais irreais.

O acusador mais habilidoso e vociferante torna-se o grande líder político, o Duce, o Führer. Não há nada mais eficiente para efetuar a coalizão da tribo e para levantar apoio popular do que o dedo acusador, que responsabiliza a maldade dos outros pela devastação do mundo perfeito e maravilhoso. Inevitavelmente, o acusador carismático evoca a imagem ocidental tradicional do deus e juiz zeloso, mobilizando o fanatismo religioso, que é o mais perigoso de todos os instrumentos.

Também em nossas vidas pequenas e particulares, a culpa e a justificação da culpa são as fontes geradoras do funcionamento psicológico e interpessoal. Afetam nossa maneira de julgar e aceitar os outros e nós mesmos. Uma vez que a valorização e a aceitação dependem do conformismo e da obediência a valores comunitários padronizados, qualquer desvio em relação a eles, intencional e deliberado ou inadvertido e inconsciente, provoca culpa, censura, ostracismo, punição, tanto em nós mesmos como nos outros.

Desde a infância, nossas vidas baseiam-se inevitavelmente em julgamentos de certo ou errado, inocente ou culpado. Nossas idéias sobre a maturidade presumem um conhecimento da diferença entre o que é coletivamente tido como certo ou errado. Aliás, nossa percepção de nós mesmos fundamenta-se no aprendizado dessa disciplina do que é certo ou errado. É impossível criar filhos sem tais padrões, quer dizer, sem uma certa dose de admoestações e reprovações. A vivência da culpa não pode ser evitada. Nos casos em que há excessiva permissividade na educação das crianças, tende a ocorrer uma confusão de valores e algum dano à personalidade. O crescimento e a orientação de valores sem padrões de certo e errado é tão impossível quanto haver culturas sem qualquer sistema de valor.

Os sistemas de valor, contudo, são expressões do sentimento estético e social que a cultura alimenta em torno de seus principais mitos culturais. Conforme os mitos mudam, também se modificam os sistemas de certo e errado e os sistemas estéticos. Culturas diferentes tendem a considerar belas e boas coisas, atitudes e atos diferentes. De tal sorte que Tournier observa o seguinte: entre os pobres da Itália, as prostitutas não se sentem culpadas por sua profissão.[6] Não são consideradas desprezíveis pela comunidade, mas se sentem culpadas quando, na falta de clientes, não conseguem ganhar o necessário para o sustento de suas famílias.

Beleza e bondade são categorias básicas de discriminação humana, portanto, de diferenciação da consciência. São princípios fundamentais em torno dos quais toda cultura se estrutura, mesmo que seus conteúdos específicos variem. Os julgamentos de valor não podem ser evitados. Expressam o sentimento coletivo. Contudo, devemos ter em mente que os valores não são categorias finais. Mudam de acordo com as alterações do clima psicológico. A espontaneidade, por exemplo, que em certa época era tida como errada, é agora, em certos círculos, um bem absoluto, a ser praticado a qualquer preço.

A pessoa identificada como bode expiatório — e hoje isso significa praticamente todo mundo em nossa cultura — sente-se culpada e envergonhada pelo que é. No entanto, não podemos direta ou voluntariamente transformar aquilo que somos; não podemos alterar os ingredientes elementares que compuseram nossa individualidade. Podemos controlar apenas o que fazemos com o que somos. Podemos usar bem ou mal nossos impulsos inatos, nossos talentos, mas só quando os aceitamos como inalteravelmente existentes é que poderemos usá-los com propriedade. A pessoa identificada como bode expiatório acha difícil ou impossível agir assim. A vergonha e a auto-rejeição fazem dela uma peregrina estranha e inquieta perdida num universo desconhecido, fazem dela o moderno Caim. O senso de valor pessoal só pode ser assegurado mediante a identificação com regras coletivas e a aprovação tribal ou familiar, que se baseia em feitos proveitosos, úteis, nas conquistas e nas aquisições. A realidade pessoal do indivíduo, quando chega a ser reconhecida, deve ficar oculta da sociedade e até mesmo dos entes mais queridos. Pois, se estes a conhecessem, teriam que condená-la. Na verdade, é isso o que eles quase sempre fazem. Para aumentar o problema, a pessoa se sente culpada e envergonhada por não ser feliz e perfeita. Os outros todos são, não são?

Mesmo agnósticos e ateus confessos atuam psicologicamente segundo padrões condizentes com a dinâmica do bode expiatório do Senhor Deus, apesar de toda a sua inclinação para a racionalização de suas atitudes. Todos nos sentimos culpados, independentemente do que fizermos ou deixarmos de fazer. A sensação de merecer acusações abrange desde os mais importantes até os menos significativos aspectos de nossas vidas.

Antigamente, as crianças eram punidas por não serem bem-comportadas e boazinhas. A educação progressista e a psicologia moderna rejeitam esse padrão, mas apenas para poderem julgar as crianças, caso não manifestem espontaneidade, personalidade, sociabilidade, maturidade, sejá lá o que isso tudo signifique. Quase ou até mais importante que a preocupação com a sobrevivência é estar certo e ter justificativas para o que se faz e fez; quer dizer, isento de culpa. Mesmo aqueles que consideramos imorais, inclusive criminosos, preocupam-se em se justificar perante si mesmos, quando não perante os demais. Julgamos a nós e aos outros por cometermos erros, por sermos muito agressivos ou por não sermos agressivos e suficientemente bem-sucedidos, por ficarmos com raiva ou por sermos indiferentes, por sermos lentos ou rápidos demais, pontuais ou apressados. Sentimo-nos culpados e julgamos os outros por sua inadequação como pais, mães, professores, comerciantes ou profissionais. Sentimo-nos culpados por termos sentimentos deste ou daquele tipo, ou por não os termos. Sentimo-nos culpados pelo que se considera comportamento anormal ou sexualidade perversa, ou seja, pelos padrões que diferem das normas de conduta aprovadas pelo consenso cultural. Sentimo-nos culpados ou temerosos de expressar nossos impulsos naturais, sejam eles de hostilidade ou de afeto, e também por não os expressarmos. E tudo isso, com muita freqüência, independentemente das reais necessidades da situação. X é abordado pelo amigo Y, que lhe faz um pedido. X sente que o pedido é uma imposição. No entanto, automaticamente, X sente-se forçado a concordar, para evitar sentir-se culpado por negar algo a um amigo. Agora X se sente culpado por sua falta de coragem para dizer "não". A culpa volta a atormentá-lo quando o ressentimento surge projetado no amigo, que é visto como alguém que o forçou a concordar. Assim, X é levado a agir com raiva, em vez de com bondade, como *deveria*. E, por fim, presumindo que X perceba tudo isso, ele ainda se sente culpado por estar se sentindo culpado e por ser incapaz de parar de se sentir culpado.

Apesar de alegarmos que nos libertamos da "superstição de Deus", nossos padrões culturais ainda parecem muito a "palavra de Deus". O arquétipo do juiz divino/bode expiatório, obrigado a ter uma vida subterrânea já que a imagem do antigo Deus não obtém mais conscientemente o respeito universal, transformou-se em fanatismo social e ético. Inflacionou o ego moderno com uma sensação de força pessoal onipotente e com a missão de melhorar o mundo de acordo com sua própria imagem e suas luzes bastante limitadas. A decorrência desse *hubris* moderno de presumir uma liberdade ilimitada da vontade é uma sensação igualmente ilimitada de culpa e de falsa responsabilidade. Agora somos todos bodes expiatórios. Culpamo-nos por atos e omissões que são simplesmente fatos de nossa natureza que não podemos evitar. Em nossa cegueira em relação aos fatos reais de nossa natureza, uma vez que entram em conflito com nossa presumida auto-imagem de bondade e correção, tendemos a racionalizar nossas piores ações e a nos esquivarmos de uma responsabilidade genuína. Aprisionados pelo complexo do bode expiatório e por uma atitude defensiva, é muito fácil nos esquecermos de ouvir a voz da consciência genuína, que se ergue e proclama: "Não do código moral tradicional, mas dos alicerces inconscientes da personalidade ou da individualidade ... vem o que possui uma autoridade inquestionável e que se pode, justificadamente, caracterizar como a Voz de Deus".[7]

Enquanto estivermos de relações cortadas com esses sentimentos espontâneos e intuições, a existência parecerá árida e sem meta, uma batalha com unhas e dentes de todos contra todos para a sobrevivência dos mais aptos, um deserto em vez de um cosmo sagrado.

Traçamos aqui a imagem dos efeitos sociais e psicológicos de nossa tradição cultural de bodes expiatórios, que pode dar a impressão de ser unilateralmente árida ou exagerada. Porém, nada mais é senão o reverso da medalha do progresso, do esclarecimento e da diferenciação da consciência. O psicoterapeuta praticante conhece os fenômenos descritos como pano de fundo das questões que enfrentamos em quase todos os casos de dificuldades pessoais ou psicopatologias.

São o preço que pagamos por termos desenvolvido o controle do ego, a disciplina do ego, o intelecto, e por termos construído uma cultura que se baseia no controle racional, na razão e na lei. Durante mais ou menos quarenta séculos essas rigorosas necessidades foram sacrifícios requeridos para o passo seguinte do desenvolvimento da consciência. Para muitas pessoas, representam valores que ainda é preciso atingir. Não podemos perder de vista o fato de que a disciplina do superego ainda é essencial para aquelas pessoas que ainda não alcançaram a consciência moderna, quer dizer, que não consolidaram uma plena estabilidade do ego. Para esse grupo, o conformismo (incluindo o padrão de bode expiatório) ajuda a constituir a personalidade através de sua resistência, de sua frustração, de sua autodisciplina. Boa dose desses elementos ainda é necessária a várias pessoas de nossa época. Esse fato é atestado pelas cerimônias de iniciação de todas as eras e nações, incluindo os ritos impostos aos calouros das universidades. Contudo, a voz severa e patriarcal do superego está, em larga medida, começando a se tornar contraprodutiva atualmente, desencadeando o apelo a se evitar toda forma de rejeição e a se praticar a amorosa aceitação, principalmente das crianças pelos pais. Porém, mesmo nesse aspecto, devemos estar conscientes dos extremismos e dos dogmatismos. Embora seja verdade que a rejeição e a falta de consideração pelas necessidades e pela autoafirmação das crianças, bem como as imposições feitas pelos pais, interferem no adequado desenvolvimento do ego infantil, tornando-se uma ameaça à individualidade, não foi isso aparentemente o que sempre aconteceu. Talvez, até mesmo hoje, seja mais uma questão de quanto e quando. Mais uma vez, movidos pelo absolutismo perfeccionista e pela falta de discriminação, estipulamos padrões extremos de amor paterno e social, de permissividade e acolhimento protetor. As crianças de antigamente, que precisaram enfrentar padrões muito mais estritos, também cresceram e alcançaram uma maturidade equilibrada, comparável à nossa. É precisamente esse paradoxo aparente que esclarece a natureza das transições que vivemos em nossa época: "o retorno do bode expiatório".

Na Antiguidade e na Idade Média, os efeitos da psicologia culpabilizadora do bode expiatório devem ter sido predominantemente favoráveis à consolidação do ego. As crianças eram criadas sob circunstâncias que hoje consideramos ásperas e até mesmo cruéis. Faltava-lhes um contato direto e amoroso com os pais. Eram geralmente educadas e criadas por preceptores e desconhecidos. Esperava-se que se comportassem como pequenos adultos e como tal eram tratadas. As crianças de linhagem nobre eram enviadas, muito pequenas ainda, para serem criadas em outro lugar e tinham que aceitar responsabilidades que seriam cabíveis a um adulto, bem como provações e punições excessivas.

No entanto, é evidente que a ausência de paparicos no passado e até mesmo do amor e da proteção dos pais era contrabalançada pelo apoio protetor oferecido pela comunidade patriarcal fundada na lei e na ordem, e pela certeza de que cada um tinha seu lugar, destinado por Deus, dentro de sua ordem hierárquica (hierarquia significa as regras do sagrado). A pessoa sentia-se acolhida numa extensa família, num clã, que por sua vez era uma unidade de um corpo social sagrado, protegido por um rei que reinava pela graça de Deus. A identidade pessoal era definida e sustentada pela confiança na regra do superego, imposta por Deus. O indivíduo recebia sua definição de acordo com o papel que lhe era atribuído no interior da estrutura social.

A lei, a ordem social e a razão substituíram o sentimento mágico de segurança que antes proporcionava ao indivíduo a sensação de pertencer à ordem natural. O peito de Abraão substituiu o útero e os seios da Deusa Mãe. À medida que a época patriarcal aproxima-se de seu fim, esse apoio do grupo não funciona mais.

Esse sentimento de que Deus está morto, hoje vigente, significa que a orientação dada pelo superego perdeu grande parte de sua viabilidade como fator psicológico dominante. A lei e a ordem social não são mais vistas como imposições sagradas de Deus. As estruturas sociais são entendidas como estruturas determinadas pelo ego, das quais decorrem acordos arbitrários, sujeitos aos caprichos e também à anulação. A disciplina da repressão e do sacrifício do *self* deixou de ser o sustentáculo do crescimento da personalidade. Uma vez alcançado o nível médio atual de solidez de nosso ego, a repressão parece ser mais uma ameaça do que uma ajuda. A obediência à lei e à ordem social, longe de nos garantir um lugar no seio de Abraão, é tida cada vez mais como uma questão de decisão e aquiescência pessoal. O conformismo social é sufocante e parece insuficiente para o desenvolvimento da personalidade. Além disso, a antiga sociedade, com seus clãs familiares, fragmentou-se em unidades ainda mais separadas e desconexas. Temos atualmente famílias pequenas de pais e seus filhos. Os divórcios continuam fragmentando mais ainda essas unidades, e são abundantes os grupos de interesses, os partidos, as organizações. Essas estruturas se mantêm coesas graças aos interesses pessoais comuns e às vantagens que oferecem, mas apenas na medida em que essa coesão é útil às necessidades estritamente egoístas. A industrialização atingiu o ponto de saturação das necessidades materiais do ego e, com isso, completou o trajeto descendente que partiu do nível mágico e mitológico, em que o cosmo era sagrado, em direção à estéril organização burocrática em que vivemos. Nessa cultura, a violência corre solta, pois não existem canais arquetipicamente eficientes para contê-la. Nesse mundo de alienações e insegurança — o nosso mundo —, a pessoa média participa do jogo social ou finge uma individualidade, mas não tem de fato uma identidade social ou individual. É uma andarilha perdida no deserto; é, realmente, o bode *que escapou**. O escapismo tem sido uma atitude predominante diante da existência.

---

* Aqui, há um jogo de palavras entre *escape* (escapar, fugir) e *scapegoat* (bode expiatório). (N. da T.)

Esse desenvolvimento marca o ponto psicológico de mutação de nossa época. Para onde pode ir o bode escapatório-expiatório, o andarilho do deserto, em busca de ajuda e apoio, senão a seu mestre ancestralmente predestinado, Azazel-Dioniso, a força indestrutível da vida, a *vida como ela é*, e não como *deveria ser*?

O chamado para um despertar da nova consciência é, em nossa época, o apelo à pessoalidade, à individuação, como Jung o denominou. É o apelo para que o indivíduo seja aquilo que é. Mas Dioniso-Azazel não pode vir só. Ele é o deus do Feminino, o consorte da Grande Deusa. Ela foi banida em sua companhia, e com ele deve também retornar. Unicamente o caminho do falo, sem a atitude personalizadora e integrativa do Feminino, sem o seu sentido de totalidade e continência, não satisfaz nossas necessidades de crescimento. As ameaças de poder que hoje enfrentamos, aliás, surgem da epifania desconhecida, ainda inconsciente, do Dioniso que infla o ego despreparado, que por isso tem acessos de fúria de *eu, eu, eu*. Sem a reassimilação dos valores femininos, Azazel é, verdadeiramente, Satã. Retomaremos este ponto crucial quando discutirmos o mito do Graal e sua perversão em Hitler.

A autoconfiança e a assertividade individuais, além de um sentimento de continência, dão uma nova importância também à relação entre a criança e sua família individual e pessoal. Pertencer a uma família individual preenche, atualmente, a função que antes era atribuída ao clã e à sociedade. As crianças de hoje precisam aprender a disciplina, mas também precisam ser amorosamente aceitas pela família, em particular por seus pais, como são, e não como deveriam ser.

As crianças não podem ser criadas sem aprender a disciplina e a responsabilidade. Os julgamentos de valor e a autoridade do superego não podem ser eliminados. Contudo, para podermos evitar a culpa e estigmatização rígidas, esses julgamentos de valor e essas regras precisarão ser apresentadas como modelos, e não como prescrições, precisarão ser observadas em seu espírito, e não seguidas ao pé da letra. Podemos rejeitar o que alguém *fez* ou faz, mas não o que essa pessoa *é* ou deseja. Só assim uma genuína responsabilidade do ego pode ser ensinada. O inevitável fracasso de igualar-se às novas exigências é típico em períodos de transição. No que tange às práticas de educação infantil mantém-se ainda em vigor o antigo hábito psicológico de pôr em prática ou a disciplina repressora ou a permissividade sem critérios. Mas o que é preciso, pelo contrário, é a amorosa afirmação das necessidades e talentos de cada ser. A desequilibrada oscilação entre a repressão e a permissão é em parte responsável pela epidemia psicológica atual, que está sendo chamada de narcisismo. Esse termo é na verdade uma denominação equivocada. O estado ao qual nos referimos não é de excesso, mas de escassez de amor-próprio. O narcisismo é a psicologia ou psicopatologia do estrangeiro, do Dioniso-Azazel, ainda um peregrino perdido no deserto. O bode expiatório-escapatório está tentando voltar e ser aceito. Suas preocupações pessoais a-sociais e, às vezes, anti-sociais, são uma tentativa inicial, ainda vã e imprópria, de voltar-se para dentro a fim de descobrir seu autêntico *self*.

Hoje o estado de bode expiatório é universal. Em nossa cultura, toda pessoa precisa carregar o peso da culpa e da alienação. O sentimento de inquietação, de doença, de insegurança, pode ser considerado a conseqüência final de um desenvolvimento deliberado da autonomia pessoal. O *eu* independente não está mais contido no universo maternal que tudo engloba. Foi expulso do paraíso. E essa expulsão assinala o primeiro estágio na evolução da consciência, estágio que nos permite conhecer o bem e o mal. Torna-nos a todos andarilhos solitários perdidos num grande deserto, sentindo-nos alheios e distantes de uma origem divina transpessoal, para sempre fadados ao "pecado". Esse é o preço do desenvolvimento do ego em sua primeira fase patriarcal. Acompanha-o a reação compensatória, que é o impulso de poder ou o complexo de poder. O complexo de inferioridade, primeiramente descrito por Adler, é de fato uma reação ao sentimento de inferioridade corporal, à inadequação do *eu* encarnado num corpo. A fonte do complexo não é tanto um defeito pessoal, como o presumia Adler; é mais um fenômeno universal. Sentindo-se isolado no seio de um cosmo ameaçador e de uma coletividade assustadora, nos quais não há senso algum de amor coletivo, repleto de necessidades de amor e apoio que jamais conseguem ser plena e adequadamente satisfeitas, mesmo sob as mais favoráveis condições, o indivíduo reage instintivamente com ansiedade e insegurança. O resultado disso é o complexo de inferioridade. A compensação deste complexo é o impulso de poder, a tentativa que faz o *eu* de escorar sua posição aumentando seu próprio senso de importância e tentando construir fortificações protetoras e consolidar medidas de defesa. Em nossa época, esse impulso atingiu seu ponto máximo. A vingança de Dioniso por ter sido objeto da repressão é colocar o homem contra o homem, a mulher e o mundo, mobilizado pela culpa e por uma interminável e insaciável sede de poder. Convencemo-nos de que nossa consciência e nosso raciocínio nos tornam superiores a tudo o mais que há no planeta. E nos autopromovemos a senhores do universo, dando a entender que administramos, controlamos e aperfeiçoamos o mundo e a natureza em que vivemos mediante nossos recursos superiores. Todos nós tentamos dominar e manipular nossa vida e nossas circunstâncias através de nosso livre-arbítrio. Da mesma forma, tentamos controlar e manipular o comportamento dos outros, para garantir nossas necessidades e dar sustentação à nossa insegurança. Embora uma certa dose de tudo isso pareça, novamente, fazer parte de uma evolução pretendida, também nos ameaça com mais isolamento pessoal, conflitos mútuos, uma guerra em escala mundial e o desastre ecológico. Não podemos mais nos dar ao luxo de tratar nosso mundo e nossos semelhantes como objetos passivos a serem explorados.

Em seu retorno do estado de bode escapatório-expiatório, Dioniso-Azazel tenta trazer consigo e restabelecer o espaço feminino ao lado da ordem masculina. Busca integrar a disciplina, a agressão e a bravura, de um lado, e de outro, o ritmo natural, a afirmação de valores pessoais, o lúdico e a sensação de um mistério insondável da natureza e da existência.

O retorno de Dioniso impede que a repressão do Feminino possa continuar.

CAPÍTULO 10

O Feminino e sua Repressão
(Feminilidade e Masculinidade)

O céu é meu, a terra é minha/ Eu sou guerreira eu sou/ Há algum deus que possa medir-se comigo?/ Os deuses são pardais, eu sou falcão/ Os deuses fazem rodízio/ Eu sou uma esplêndida vaca selvagem.
Canção de Inanna*

Abençoado sois vós, Senhor nosso Deus, Rei do Universo, que não me fizestes mulher.
Bênção matinal a ser entoada pelos homens

Abençoado sois vós, Senhor nosso Deus, Rei do Universo, que me fizestes de acordo com a Vossa vontade.
Bênção matinal a ser entoada pelas mulheres**

A mulher é a confusão do homem, uma besta insaciável, uma ansiedade constante, um fogo bélico incessante, uma ruína diária, o domicílio da tempestade, o obstáculo à devoção.
O espelho de Vincent De Beauvoir, século XIII

A desvalorização do feminino é um aspecto intrínseco à cultura dominante na vigência do desenvolvimento do ego patriarcal. As mulheres têm sido consideradas seres humanos de segunda categoria, na melhor das hipóteses, e, em muitas circunstâncias, menos do que seres humanos. Em virtude de sua natureza religiosa, essa desvalorização tem caracterizado a auto-imagem das mulheres com a mesma força com que tem tingido a visão masculina. E as mulheres têm sido tão culpadas de reprimirem

---
* S. N. Kramer, ed., *From the poetry of Sumer* (Berkeley, University of California Press, 1979), p. 97.
** Bênçãos matinais extraídas de *The Siddur: Traditional prayer book for sabbath and festivals*, trad. para o inglês D. de Sola Pool. Autorizada pela Conferência Rabínica da América. Nova York, 1960, p. 108.

sua própria natureza feminina quanto os homens de haverem reprimido a dimensão feminina em suas psiques. Ver esse problema apenas sob o prisma sociológico significa deixar de lado o cerne da questão. De fato, nenhuma das explicações sociológicas pode satisfazer quando examinada com rigor. O *status* inferior das mulheres tem sido explicado pela transição das sociedades, que passaram de agrícolas a pastoris. Mas, mesmo em estruturas sociais ulteriores, como as de Roma e da Grécia, baseadas quase que unicamente na agricultura, as mulheres tinham *status* de subordinadas. E até mais do que em sociedades anteriores, mais primitivas. O maior domínio dos negócios da guerra também não é uma explicação satisfatória, pois entre as tribos germânicas e os primitivos celtas as mulheres lutavam lado a lado com os homens. Os relatos sobre as valquírias e amazonas documentam esse fato. Além disso (e muito ao contrário do que seria de esperar), várias das divindades pré-históricas da guerra eram do sexo feminino: Sekhmet, no Egito; Inanna, na Suméria; Anath, em Uruk; as Morrigan, na Irlanda; Bellona, em Roma, entre outras.

As mulheres nunca foram um grupo minoritário que pudesse ser discriminado apenas em virtude desse *status*. Em todas as eras e lugares, as mulheres sempre foram maioria, o que se deveu apenas ao seu maior vigor biológico e à redução da população masculina devido às guerras. Se a mera força física, independente da capacidade mental, fosse o fator decisivo, os leões e tigres teriam facilmente dominado o gênero humano. Quanto à capacidade mental, as mulheres são iguais, e em termos da habilidade para manejar as relações interpessoais são, no mínimo, superiores aos homens. A industrialização também não serve como explicação. O *status* inferior das mulheres precede a industrialização em cerca de seis mil anos. Quando a necessidade e a oportunidade apareceram, como se deu no intervalo entre as duas guerras mundiais, as mulheres se saíram tão bem ou melhor que os homens nas bancadas e nas linhas de montagem.

A especialista em clássicos Jane Harrison aproximou-se de uma explicação. Ao mesmo tempo, em virtude de sua tendência sociológica e inconscientemente androlátrica, deixou de entender plenamente seu próprio ponto de vista:

A transição [do matriarcado para o patriarcado] é um estágio necessário a um progresso real. O matriarcado deu às mulheres um prestígio *falso, porque mágico* (grifo meu). Com o advento do patriarcado, foi inevitável o confronto com o fato real da maior fraqueza natural das mulheres. Os homens, mais fortes, quando superaram sua crença na força mágica das mulheres, passaram — movidos por uma lógica prática e compreensível — a menosprezá-las e escravizá-las como sexo frágil.[1]

A "fraqueza natural da mulher", sabemos hoje, é uma ficção. Não se sustenta nem física, nem psicologicamente. Como a "falsidade" do prestígio mágico, tem sido mais um preconceito da perspectiva androlátrica. Está sendo atualmente combatido ponto por ponto. No entanto, a transição de uma visão de mundo mágica para uma outra, de cunho mental, necessitava tanto da ficção de uma ilegitimidade da dimensão mágica quanto de uma valorização da mera força muscular. Essa é a ficção que sustenta o sistema androlátrico de valores, cerne do patriarcado. Fez assim com que ambos os sexos desvalorizassem, não tanto as mulheres em si, mas o feminino e toda a dimensão mágico-mitológica. Uma vez que as mulheres são muito mais femininas do que os homens, foram declaradas inferiores por consenso mútuo.

A masculinidade e a feminilidade são forças arquetípicas. Constituem maneiras diferentes de se relacionar com a vida, com o mundo e com o sexo oposto. A repressão da feminilidade, portanto, afeta a relação da humanidade com o cosmo, na mesma medida em que afeta as relações mútuas entre homens e mulheres. As soluções sociológicas têm sua finalidade, mas carecem do entendimento essencial da psicologia do feminino. Não formulam sequer aquela pergunta que, no mito medieval, salva a vida de Arthur e assim poupa e reunifica o reino. Séculos mais tarde, ela ressurge na admirada declaração de Sigmund Freud: "A grande pergunta, que nunca foi respondida e que não tenho podido responder, apesar de meus trinta anos de pesquisas, é a seguinte: o que quer uma mulher?".[2]

O espanto de Freud é ainda mais significativo diante do fato de o antigo mito já tê-la respondido. Voltaremos a este ponto no capítulo sobre o mito do Graal. Além disso, o pai da psicanálise desenvolveu suas noções a partir de uma clínica composta essencialmente por mulheres. Apesar disso, chegou à conclusão de que o feito feminino mais elevado poderia ser seu papel "de anjo provedor das necessidades e do conforto do homem".[3]

Para atingir o estado excelso "cujo valor é muito superior ao do rubi", a "mulher virtuosa" teria que confinar suas atividades e até seus sonhos à dimensão da maternidade, da vida familiar, da criação dos filhos ou, se as circunstâncias a forçassem a entrar no mundo, a uma carreira do tipo professora primária. A criação dos filhos permite o incentivo da auto-afirmação competitiva nos meninos, mas não nas meninas. Limitadas a uma rotina predominantemente doméstica, qualquer preocupação com a autoridade pessoal e a satisfação das próprias necessidades eram reprimidas nas meninas ainda mais que nos meninos. Lembro-me de uma mulher de meia-idade que continuava tendo sérias dificuldades diante de certas situações pessoais e profissionais devido à incapacidade de defender seus pontos de vista. Enfim, no transcurso de um trabalho psicológico, foi suscitada uma lembrança muito dolorosa de sua infância. (Essas lembranças do início da vida são importantes do ponto de vista do diagnóstico, porque o fato de serem algo que a memória resgata do passado, período em que quase tudo fica no esquecimento, assinala claramente que a situação foi complexa ou traumática.) Ela se lembrou de, aos três ou quatro anos, ter brigado com o irmão menor para ver quem se sentava na frente no carro da família. No empurra-empurra entre ambos, ela bateu no irmão e, em seguida, foi severamente recriminada pela mãe por ter se comportado de maneira tão imprópria para uma garota. A mãe lhe disse, com aspereza, que as meninas devem sempre ser doces e cordatas, jamais devem competir ou se confrontar com os meninos e, *nunca, mas nunca mesmo*, manifestar qualquer sinal de agressividade. As mulheres tinham que aprender a cercear suas ânsias nos caminhos estreitos culturalmente aceitos, que na maioria das vezes as tornavam vulneráveis a manifestações de vergonha e auto-rejeição. Num congresso de ginecologia, no início do século, foi seriamente debatida a questão de se as mulheres teriam ou não sensações sexuais. E, claro, o consenso majoritário dos pudicos eruditos foi que a *boa* mulher não tem qualquer sensação sexual. Pelo menos psicologicamente, para serem boas, as mulheres tinham que ser meigas e inócuas.

Contudo, enquanto Freud expressou confusão, as manifestações masculinas anteriores a ele diante desse problema foram muito menos generosas. Santo Agostinho tinha declarado que as mulheres não têm alma. Por isso, os eruditos medievais debatiam se elas não precisariam primeiro ser transformadas em homens, pela mão de Deus, para poderem estar em condições de aspirar ao céu no dia da ressurreição. É muito revelador o "martelo das bruxas", o *Malleus Maleficarum*. Compilado pelos frades dominicanos, esse livro foi explicitamente autorizado pelo papa Inocêncio VIII como *o* padrão de julgamento para condenar as bruxas, e a ele deveriam recorrer príncipes e juízes. Entre 1486 e 1696, ele alcançou a marca das trinta edições nas principais editoras da Alemanha, França e Itália. Era aceito implicitamente nas legislaturas católicas e protestantes. Era, portanto, o padrão legislativo de julgamento entre os séculos XV e XVII.

Segundo o *Malleus*, as mulheres são basicamente movidas pela intensidade do afeto e da emoção. Seus extremos de amor ou ódio são gerados pelo "clamor da carne", pela possessividade e pelo ciúme. "Mais carnais do que o homem", elas são, na verdade, sexualmente insaciáveis, vãs, mentirosas e sedutoras; só buscam o prazer; inclinam-se ao logro premeditado para atingir seus objetivos. Mental e intelectualmente inferiores, deficientes e "débeis de corpo e mente", têm memória fraca, "intelectualmente são como as crianças", supercrédulas, supersticiosas, exageradamente impressionáveis e sugestionáveis, "língua-solta", indisciplinadas; na verdade, "animais imperfeitos".

Uma vez que o primeiro pecado de corrupção que fez do homem um escravo do demônio chegou a nós através do ato da procriação, maior poder é atribuído por Deus ao demônio neste ato, do que nos demais... Pois embora o demônio tivesse tentado Eva a pecar, Eva seduziu Adão. E o pecado de Eva não teria provocado a morte de nossa alma e de nosso corpo se não tivesse sido transmitido a Adão, que foi tentado por Eva, e não pelo demônio. Portanto, ela é mais amarga que a morte. Mais amarga que a morte, repito, porque a morte é natural e só destrói o corpo, mas o pecado que surgiu da mulher destrói a alma, na medida em que a priva de graça e leva o corpo a julgamento por seus pecados.

143

Vale a pena registrar que, para o *Malleus*, pecado é praticamente a mesma coisa que "carnalidade", especialmente o prazer sexual. Esse "apelo da carne" é supostamente "encarnado" na mulher e constitui o cerne de todo mal.[4]

Mas não apenas as culturas ocidentais hostilizaram e rejeitaram o feminino. A lei de manu, base da cultura hindu, declara que "por sua própria natureza, a mulher está sempre buscando seduzir o homem... A mulher é a causa da desonra, da inimizade e da existência mundana. Portanto, a mulher deve ser evitada".[5] Por outro lado, "não importa quão perverso, degenerado ou desprovido de boas qualidades seja o marido, uma boa esposa deve sempre reverenciá-lo como a um deus".[6]

As tendências religiosas que caracterizaram a era do ego patriarcal estavam baseadas na desvalorização da vida natural e da matéria, da existência mundana, do corpo. A realidade concreta era cada vez mais considerada isenta de espírito e oposta a ele. A interioridade de ser no mundo, que é o reino do Feminino, era rejeitada.

A misoginia e a androlatria, por conseguinte, estão indissoluvelmente entrelaçadas às convicções e crenças religiosas defendidas durante os últimos quatro mil anos, ou mais. Essas idéias religiosas passaram à categoria de padrões aceitos. Por força de mero poder de sugestão e consentimento cultural, impuseram-se inclusive àquelas que deveriam acolher as projeções de sua suposta inferioridade, ou seja, as próprias mulheres. A degradação provoca a auto-rejeição, a identificação com a imagem de inferioridade e o ódio dirigido contra si. A imagem da serpente mentalmente inferior, astuciosa e mentirosa, necessitada de expiação através de um refreamento virtuoso e da anulação esterilizante da própria natureza, foi incorporada tanto por homens quanto por mulheres de nossas culturas passadas. Se assim não fosse, essa imagem jamais poderia ter-se mantido como padrão cultural tão duradouro.

A desvalorização do Feminino, portanto, tem suas raízes numa dinâmica psíquica mais elementar do que em apenas modas ou preconceitos passageiros. Conquanto possa ter sido uma atitude lamentável e até mesmo destrutiva, parece ter sido necessária ao desenvolvimento da própria consciência do ego.

Na evolução das religiões, é fato comum e recorrente que os deuses de uma fase religiosa se tornem os diabos da seguinte. A androlatria e a misoginia refletem a ascensão da ordem masculina, após destronar a ordem anterior, na qual o divino se manifestava nas formas e valores femininos. Para essa ordem, a divindade era concebida em imagens da Grande Deusa — virgem, mãe, meretriz e destruidora —, cujo reino estendia-se pelo céu, pela terra e pelo mundo inferior. O Velho Testamento está repleto de advertências e incertezas a respeito da tendência a adorar Astoreth e Baal. Essa Deusa Mãe dos canaanitas e seu consorte penetraram repetidamente a religião hebrica (e, provavelmente, eram-lhe naturais).[7]

A mesma preocupação está expressa na insistência do Decálogo, à qual já nos referimos, de "não ter outros deuses além de mim" e, provavelmente, é a razão para a proibição de "imagens esculpidas". O Bezerro de Ouro, objeto da ira de Moisés, era apenas uma outra representação de Ísis-Hathor, a Grande Deusa egípcia. O dito apócrifo atribuído a Jesus — "Vim para destruir os trabalhos da mulher"[8] —, assim como a condenação da "grande prostituta da Babilônia", "a grande besta" do Apocalipse de São João, refletem sentimentos semelhantes.

Por que, pode-se indagar, o feminino era considerado tão contrário ao desenvolvimento de uma nova consciência, a ponto de ter sido julgado a encarnação do mal? Antes de tentarmos responder a esta pergunta, devemos fazer uma pausa e esclarecer qual é realmente o significado dos termos masculino e feminino no sentido arquetípico simbólico. Haverá realmente uma diferença básica, quer dizer, não apenas cultural e socialmente induzida, entre homens e mulheres? Como os gêneros simbólicos se relacionam com homens e mulheres individuais? Com muita certeza, os sistemas de valor ambiental e cultural têm um efeito profundo sobre a auto-imagem e a auto-avaliação de mulheres e homens. A compreensão da natureza e do significado dessas influências culturais é o cerne e a finalidade deste capítulo. Contudo, ao longo dos últimos anos, a pesquisa sobre o cérebro tem produzido evidências cada vez mais numerosas da existência de diferenças fundamentais no funcionamento cerebral e mental, que são características sexuais primárias apriorísticas. Não se trata de dimensões induzidas pela interferência do meio ambiente.

Por exemplo, o *Brain Mind Bulletin* de 2 de junho de 1980 apresentou o relato de dados obtidos em experimentos com animais, resultados que podemos presumir sejam paralelos a padrões humanos:

Numa série de recentes experimentos, neuroanatomistas da Universidade da Califórnia demonstraram que os hemisférios direito e esquerdo do cérebro do rato não são simétricos. Essas assimetrias estão presentes tanto nos machos como nas fêmeas. A remoção dos ovários nas fêmeas por ocasião do nascimento faz com que o cérebro apresente um desenvolvimento mais acentuado do hemisfério esquerdo, que é típico dos machos.

No início da fase adulta, as fêmeas sem ovário manifestaram o padrão masculino, ou seja, diferenças entre esquerda e direita maiores do que as constatadas nas fêmeas normais.

Ainda resta saber por que a remoção dos ovários (na rata recém-nascida) causa no córtex cerebral o aumento de tamanho do lobo esquerdo.

A julgar pelos variados experimentos, as diferenças sexuais no cérebro podem ser iniciadas e mantidas pelos hormônios sexuais desde o nascimento. Os hormônios também são essenciais ao desenvolvimento de regiões cerebrais que controlam o comportamento sexual adulto.

Além disso, a própria existência de diferenças culturais enfatizadas entre machos e fêmeas é um elemento psicologicamente significativo. Sendo uma distinção notória em todas as culturas de todos os tempos, expressa o fato de, para a psique coletiva, a polaridade entre masculinidade e feminilidade existir como dado *a priori*, pois a cultura não é uma invenção arbitrária, mas resultado de dinâmicas arquetípicas, de experiências psíquicas daquilo que "simplesmente é assim mesmo". Ao dizermos isto, estamos apenas expressando um estado de coisas que ocorre dessa maneira, independente de gostarmos dele ou não. Não desculpamos nem explicamos a desvalorização do feminino, nem a discriminação e a depreciação contra as mulheres. Ao invés disso, tentamos entender a dinâmica dessa atitude a fim de podermos lidar melhor com ela.

O que me leva a um outro ponto: a fácil confusão entre gênero sexual e gênero arquetípico. A incapacidade de realizar essa distinção leva-nos a minimizar o psicológico em favor do sociológico. Faz com que consideremos a discriminação contra as *mulheres* como evento primário, quando devemos lidar com a repressão da feminilidade nas mulheres *e* nos homens.

Durante muito tempo deixamos de reconhecer ou valorizar que cada sexo tem dentro de si as qualidades do gênero oposto. No Ocidente, Jung foi o primeiro a assinalar essa unidade entre polaridades, quer dizer, que a masculinidade contém traços femininos recessivos, tanto psicológica quanto biologicamente, assim como a feminilidade contém traços masculinos.

Por conseguinte, a masculinidade e a feminilidade como traços arquetípicos aprioristicos devem ser diferenciadas nos indivíduos de sexo masculino ou feminino. Dessa forma, podemos evitar a confusão inerente à incapacidade de distinguir problemas pessoais e psicológicos de suas determinações religiosas e culturais.

Adorar uma divindade masculina ou feminina expressa um sistema existencial de valores e um modo de percepção nos quais um gênero arquetípico prevalece sobre o outro quanto à importância psicológica, tornando-se então tão convincente e determinante para mulheres quanto para homens. Nas culturas ginecolátricas, as características masculinas têm valor secundário tanto para os homens quanto para as mulheres. Nos ambientes androlátricos, as mulheres admiram os traços masculinos tanto quanto os homens. As características, os hormônios, os órgãos, as tendências arquetípicas, os complexos e traços de personalidade masculinos e femininos são intrínsecos a ambos os sexos. Se uma dada pessoa é homem ou mulher, sabemos hoje, isso foi decidido pela relativa predominância de um gênero sexual sobre o outro, recessivo. O gênero predominante imprime-se na consciência, nas estruturas psicológicas básicas e nas características sexuais corporais. Os traços recessivos funcionam inconscientemente, mais como potencialidades do que como realidades. De acordo com a terminologia originalmente introduzida por Jung, o termo *animus* expressa os traços masculinos nas mulheres, e *anima*, os traços femininos nos homens. Em virtude da relativa predominância de um gênero sobre o outro, os homens e as mulheres diferem tanto como seres psicológicos como em sua dimensão biológica. Contudo, essa é uma diferença relativa que se manifesta segundo um amplo espectro de transições e fusões. Não é absoluta.

Mas por que então falar de masculino e feminino, se estamos apenas querendo dizer que existem traços compartilhados em graus variáveis por machos e fêmeas? Isso tudo parece apenas uma confusão terminológica. Mesmo correndo o risco de ser repetitivo, devo mais uma vez assinalar que a diferenciação macho-fêmea está profundamente enraizada como determinante *a priori*. Trata-se de uma percepção prédeterminada arquetipicamente, impressa como padrão na psique inconsciente. A oposição e a complementariedade entre macho e fêmea estão entre as mais básicas representações da experiência do dualismo. Esses dinamismos estão na raiz das polaridades solar-lunar, claro-escuro, ativo-passivo, espírito-matéria, energia-substância, iniciativa-receptividade, céu-terra. Na linguagem cotidiana, as imagens masculina e feminina descrevem o raio penetrante e a noz acolhedora e continente. Uma das mais antigas representações simbólicas das polaridades cósmicas é uma forma fálica em pé dentro de um recipiente que representa os genitais femininos; a lança ou espada e o Graal, no Ocidente; *lingam* e *yoni* no Oriente, referem-se aos princípios arquetípicos masculino e feminino e ilustram os padrões ou temas dos quais os órgãos corporais manifestos são apenas expressões fisiológicas específicas. A milenar filosofia chinesa falava do Yang e do Yin como princípios cósmicos. Toda existência expressa a interação de ambos em proporções variáveis.

De um modo geral, terminamos associando o masculino Yang ao criativo e o feminino Yin ao receptivo. Para mim, esta é uma visão muito estreita. Talvez uma tradução mais adequada fosse: a idéia de exteriorização, diversificação, penetração e ação externa, para o Yang, e de inerência, unificação, incorporação, atividade e existência, para o Yin.

R. Ornstein vê uma analogia entre as funções dos hemisférios cerebrais direito e esquerdo e a dinâmica Yin-Yang. Apresenta uma tabela "com a finalidade de sugerir e de esclarecer, de um modo intuitivo, e não como pronunciamento final e categórico..." Segue-se parte dela:[9]

Yang — Hemisfério esquerdo	Yin — Hemisfério direito
Dia	Noite
Tempo, história	Eternidade, atemporalidade
Intelectual	Sensual
Explícito	Tácito
Analítico	Gestalt
Linear	Não-linear
Seqüencial	Simultâneo
Focal	Difuso
Intelectual	Intuitivo
Causal	Sincronicidade
Argumento	Experiência

Para a tradição ocidental, o princípio Yang arquetípico é representado em simbolismos mitológico, alquímico e astrológico como o Sol, Marte, Saturno. O Yin arquetípico, como Lua e Vênus. O solar representa o espírito, o *logos*, a criatividade e a consciência de si, a busca da conscientização e da diferenciação, a deliberação e a autoridade. Marte, o deus romano da guerra (e seu equivalente grego, Áries) encarna a energia ativa da iniciativa, a coragem, a determinação, o desejo, o impulso tanto para o trabalho como para a agressão, que inclui a brutalidade, a selvageria, a hostilidade destrutiva e a violência. É menos considerado o fato de, no simbolismo astrológico, Áries também simbolizar Eros, que é a atração e o desejo sexual. O fator saturnino é disciplinado e obediente a princípios, inclinado a classificações e ordenações sistemáticas, repressor, tirânico e "mandão"; promove o egotismo e o uso desapiedado da força em suas manifestações menos agradáveis.

O lado Yin — a Lua — representa concretização. Em oposição à potencialidade solar, recebe a impressão do *logos* solar, o *noumenon*, e leva-o a manifestar-se como fenômeno. Talvez um dos símbolos mais antigos dos sentidos e da sensualidade, da alma e do corpo, a Lua é a geradora da fantasia e dos sonhos. É continente e recipiente das energias de vida, do mundo dos sentidos em sua relação com a realidade física. A Lua representa o coletivo, tanto em termos do mundo externo quanto em termos da consciência interior. Implica uma abordagem da vida que não se centra em esforços planejados e, sim, no lúdico e na imaginação, que vê o mundo da fantasia e da realidade como lados opostos de uma só moeda. Essa ênfase na sensualidade e na experiência corporal, em detrimento do pensamento abstrato e do racionalismo, permite uma maior abertura ao intangível, assim como maior suscetibilidade ao mágico, ao místico, ao mediúnico e ao psíquico. Positivamente, pode levar a uma ampliação da percepção. Negativamente, essa suscetibilidade traz o perigo de uma regressão ao primitivismo atávico, à psicologia de massa, aos *ismos* e modismos. Quando ultrapassa a capacidade individual de integrar seu dinamismo, pode resultar em estados limítrofes, vícios em drogas e/ou perda da conexão com a realidade.

Ao elemento Yin, feminino, além destas qualidades, são atribuídas outras, vinculadas a Vênus ou Afrodite: alegria, prazer, manifestação artística, capacidade de apreciar o belo e a harmonia. No plano negativo, encontramos a vaidade, a vadiagem e o hedonismo puro e simples.

Contudo, Yin e Yang indicam princípios cósmicos, mais do que especificamente psicológicos. Não parece absolutamente óbvia a razão pela qual a tendência ao desenvolvimento do ego deva ser avessa ao princípio Yin. Parece haver necessidade de uma investigação mais profunda e de uma nova reavaliação dos aspectos míticos e psicológicos dos respectivos arquétipos.

No início dos anos 30, Jung tentou realizar o que, naquela época, considerava uma caracterização preliminar das predisposições masculina e feminina. Denominou Eros a tendência à formação de vínculos interpessoais e considerou-a uma manifestação fundamental do Feminino. A atitude masculina era típica do *logos*, do espírito, da inteligência criativa e organizadora, do significado. Infelizmente, essa tentativa preliminar foi vista pela literatura dedicada ao estudo de Jung como palavra final sobre o assunto durante os cinquenta anos seguintes. À luz da tomada cada vez mais intensa de consciência das mulheres a respeito de si mesmas, começaram a acumular-se evidências crescentes de que o conceito *Eros-Logos* não é adequado para abarcar toda a ampla gama de dinamismos masculinos e femininos. Além disso, é impróprio, tanto em sua terminologia como em sua psicologia.

Para começar, Eros é uma divindade mitológica fálica, masculina. Como caçador agressivo, representa o desejo de entrar em contato, tocar e possuir. Motiva a busca humana de humanidade, de beleza, bondade e divindade. Expressa a libido agressiva extrovertida, o desejo voluntarioso, o anseio insistente de união e penetração. Como Eros cosmogônico patriarcal, a primeira divindade a emergir do ovo do mundo, é aparentado à luz ou *logos* primordial que emerge do útero do não-ser. É filho da Grande Mãe. Impõe sua própria ordem de conexão e desejo àquilo que, antes dele, era o vácuo negro primordial. O nascimento de Eros é semelhante, nesta representação mitológica, ao dito bíblico "Faça-se a luz". Segundo o Evangelho de São João, essa mesma luz provém do *logos* e é vida e amor.[10] Visão idêntica está contida na invocação medieval de Hrabanus Maurus: *"Veni creator spiritus"* ("Vinde espírito criador"). Esse apelo convoca o Espírito Santo como entidade criativa masculina que "traz luz aos sentidos e amor ao coração" (*accende lumen sensibus, infunde amorem cordibus*). *Amor* é o equivalente latino para o grego *Eros*. Ambos os termos são, gramaticalmente, do gênero masculino.

A língua, em seus contextos fonético e etimológico, geralmente expressa a sabedoria oculta do inconsciente. Dessa forma, impressiona-nos a proximidade entre os termos *Eros, Eris* (deusa da luta e da discórdia) e *Áries* (deus grego da guerra); amor, discórdia e luta. A semelhança é tanto fonética quanto psicológica e mitológica.[11] De fato, como o Marte dos romanos, Áries manifesta sua íntima relação com Eros. *Mars gradivus* representa a vida e o espírito primaveril propiciador de amor. Astrologicamente, Marte expressa a atividade agressiva e o desejo erótico, além da sexualidade. Seu símbolo é o falo ereto (♂).

Assim, Eros representa um aspecto do Yang arquetípico: extroversão, masculinidade agressiva. O soldado cruel, o herói dedicado e muitas vezes o amante insensível e ardoroso manifestam a dicotomia Eros-Áries. Não há esforço da imaginação que possa torná-los figuras do *logos*.

Segundo o mito, Eros é filho de Afrodite e Áries, seu amante. Juntos, são os Gêmeos Divinos, os Noivos gêmeos, filhos-amantes dionisíacos da Grande Deusa, Eros e Thanatos, os aspectos gerador e destruidor da vida.

Seus complementos apolíneos são figuras do *logos*; *logos* enquanto sabedoria e conscientização é o Velho Sábio, o Mago ou Sacerdote. O *logos* voltado para manifestações materiais é Saturno-Jeová: concretiza, cria e preserva ao estabelecer limites, ordem e lei. Ele faz e regulamenta; é o rei ciumento, doente ou ferido ou o artesão aleijado. Mesmo em sua busca de perfeição, sofre com as falhas de suas criações, com a existência tal qual ela é, e tende a negar essas imperfeições. A criatividade gera ferimentos ou fundamenta-se nas deficiências.

Pode-se dizer que, a despeito do quanto possamos discutir uma terminologia adequada do nome mitológico que lhe dermos, a polaridade Yin-Yang ainda é o espírito e a ordem em contraposição à força vinculadora. Essa colocação ignora, porém, o fato de as palavras serem literalmente *logos*. As palavras, em especial as consagradas pela tradição milenar e pelo poder da fantasia mitológica, são prenhes de significados e a eles dão origem. Quando aplicadas de modo impróprio, têm o poder de gerar confusão.

Relacionamento e força vinculadora, não importa o nome que lhes dermos, não são de modo algum qualidades exclusivas do Feminino, assim como o espírito também não é prerrogativa exclusiva do Masculino. Relacionamento é um princípio de ordem no espaço e no tempo. A ordem pertence aos princípios masculino e feminino, embora de maneiras diferentes. Por outro lado, a força vinculadora, enquanto conceito psicológico, terminou significando a *tomada de consciência* do relacionamento, que inclui atração e conexão tanto quanto repulsa, rejeição e agressão; mutualidade e afastamento; sentimentos íntimos e pensamentos tanto quanto interação externa; ordem rítmica e regulamentada assim como o brincar e até mesmo a confusão caótica; a descoberta do significado assim como a aceitação da ausência de significado.

A força vinculadora não deve ser confundida com o anseio de um envolvimento pessoal e de uma identificação empática que, na realidade, é uma qualidade típica da consciência feminina. Esse envolvimento empático, contudo, não constitui necessariamente a força vinculadora ou a conscientização de um relacionamento. Sem a correspondente percepção consciente de uma identidade distinta em cada parceiro, não passa de uma identificação simbiótica ou de uma pieguice sentimental. A força vinculadora implica a disponibilidade e a capacidade para perceber e apreciar o outro tal como é, ao mesmo tempo em que se preserva a própria posição genuína diante da vida e de si mesmo. Conflitos tanto são parte da força vinculadora quanto o contato empático e a comunicação. Essa força vinculadora leva a reconhecer e a aceitar no outro a existência de características desagradáveis e inaceitáveis, ao lado daquelas agradáveis e aceitáveis. Todo relacionamento em particular precisa ser considerado em seus aspectos distanciadores assim como nos vinculadores.

Nessa medida, a força vinculadora é uma conquista consciente a ser buscada enquanto aspecto crucial da individuação de criaturas de ambos os sexos. Nem o relacionamento nem a força vinculadora caracterizam o feminino, assim como não caracterizam a consciência do masculino. São elementos presentes nas necessidades femininas de personalização e envolvimento, da mesma forma que nos impulsos masculinos para a distância, o controle, a posse, a competição e o significado.

Além disso, ao definirmos o Feminino primariamente em termos de força vinculadora, ignoramos uma profundidade que também é sua dimensão intrínseca. Pode-se dizer que ela é ativa, transformadora, isenta de qualquer interesse por vínculos. Equacionar simplesmente o Yin aos relacionamentos reduz o Feminino a um complexo relativamente passivo-reativo, para sempre carente de iniciativa. Creio que essa tenha sido a intenção da tendência cultural patriarcal. Contudo, antes de trabalhar conscientemente nos seus problemas de relacionamento, a mulher normal não está mais ou menos genuinamente vinculada do que o homem que, mobilizado por sua libido erótica, *esteja apaixonado*. Devido ao treinamento cultural que exige da mulher ser atenta, sensível e receptiva, ela até talvez aparente uma força vinculadora, mas este é mais um gesto de sua *persona*, de sua máscara social. Outras tendências podem inclusive acentuar a enganosa impressão de que a força vinculadora seja uma função apriorística do Feminino: as mulheres podem demonstrar emoções, perceber e reagir em termos pessoais concretos, em vez de abstrata e impessoalmente como os homens costumam fazer. As mulheres podem nutrir, parir e proteger.

A menos que sejam objeto de um trabalho deliberado, essas tendências servem tão-somente para tornar a mulher enjoada, autocentrada, possessiva e egoisticamente isolada, embora de maneira pessoal. O homem Eros-Áries correspondente é voluntarioso, determinado a conquistar e a ter o que quer. Não leva em consideração valores pessoais, e, de modo impessoal, mantém-se distante de relações.

O amante movido somente por sua necessidade de conquistar e de satisfazer apetites eróticos deixa de *enxergar* e reconhecer a individualidade e a dignidade humana do objeto de seus desejos. Por sua vez, a mulher supermãe ou superprotetora age, também, primariamente movida pela satisfação de suas próprias necessidades, em detrimento das do parceiro. O homem sente que ela é sufocante e devoradora. Sua resposta instintiva, geralmente inconsciente, é amá-la e deixá-la, fugir depois de ter obtido o que quer e desconsiderá-la como pessoa. Na realidade, ela age movida por uma possessividade inconsciente e pela necessidade de expressar sua ânsia de dar e conter, não importa que o que dá seja ou não desejado, querido ou assimilável pelo outro.

Em ambos os casos, a ausência de apreciação do outro como pessoa distinta e separada, com necessidades próprias, impede um relacionamento genuíno.

A menos que esteja em sintonia com suas próprias tendências Yin desvinculadas, é difícil para a mulher ser consciente de seu centro, de sua fonte de sabedoria instintiva. A força vinculadora genuína exige uma ligação direta com essa fonte.

Se não é Eros, então qual é a forma arquetípica que expressa o Yin, em ambos os sexos? Podemos encontrar descrições excelentes da consciência do feminino em E. Neumann (*Moon and matriarchal consciousness*[12]) e S. Perera (*Descent to the Goddess*[13]). Ambos os trabalhos merecem ser lidos em suas versões originais. Portanto, neste contexto, limitar-me-ei a um rápido resumo, a uma abstração masculina. Na descrição de Neumann, a consciência feminina é vista como instintiva e dependente de impulsos, não-sistemática, e dada à fantasia, ao sonho e ao desejo. Nas atividades espirituais ou criativas é mais inspiradora do que analítica. É receptiva em relação ao que sente, seja o impulso ou mesmo a invasão do espírito. Essa sensação é mais forte do que a sensação de si mesma como fonte. Os *insights* precisam amadurecer, ser assimilados numa experiência orgânica sensorial total, para que possam ser reais. A vivência feminina é portanto propensa — ou está entremeada — aos processos de crescimento e decadência, aos ciclos naturais de vida, ao amadurecimento e morte, e aos ritmos e períodos de natureza, espírito e tempo. Por isso consideramo-la vinculada à Lua. A consciência feminina vivencia o tempo enquanto qualidade e não enquanto medida abstrata da ação. Por isso, o tempo está sintonizado com os estados de ânimo, com os significados, com a qualidade favorável ou desfavorável do momento. É capaz — quer dizer, forçada — de esperar com mais paciência do que o homem pelo momento certo para que um acontecimento ou um impulso possam vir à luz.

A ênfase do mundo Yin-anima recai na percepção expectante e na abertura ao *chamado*, que deve ser respondido em vez de sumariamente esvaziado por meio de ações orientadas pela vontade do ego. Essa perspectiva pode ser chamada de meditativa e voltada para o existencial e para o mistério das experiências. Impressiona-se menos com a verbalização analítica e prontamente intelectual. Por conseguinte, a atitude arquetípica feminina é mais orientada pela empatia e pelo envolvimento do que a atitude masculina mais abstrata. Faz parte de um campo natural extenso, onde todos os elementos estão entrelaçados de maneira circular, mais do que linear.

Paradoxalmente, no entanto, o Feminino, por esse mesmo motivo, partilha da própria impessoalidade e da ludicidade da natureza em sua fácil aceitação do sofrimento, das necessidades cruéis, dos afastamentos e da destruição, bem como da necessidade de infligi-los. É ainda natural ao Feminino uma relação fundamental com a sexualidade considerada como jogo efêmero, sensual e mutável, capaz de ser isenta de sentimentos por uma pessoa em particular ou pela força vinculadora pessoal.

Escrito por uma mulher, o estudo de Perera sobre a descida de Inanna ao mundo inferior apresenta ao leitor uma visão pessoal, autêntica e profunda da dimensão noturna do Feminino, tão assustadora que teve que ser reprimida pelo patriarcado. Mesmo em seu aspecto mais leve e diurno como rainha do céu, da vida e da fertilidade, Inanna é um símbolo que não expressa uma segurança estática e confiável, mas "é como a estrela d'alva radiante e errática ... despertando a vida e convidando-a a repousar... Representa energias que não podem ser contidas, nem certas nem seguras. Representa uma consciência de transições e fronteiras... criatividade e mudança, e todas as alegrias e incertezas que acompanham uma consciência humana flexível, lúdica e jamais segura por muito tempo. Como juiz... para decretar o destino" ela preside os altos e baixos do destino, que é imprevisível e inexorável e precisa aceitar que a vida é um processo incessante de mudanças.

Segundo o poema sumério, Inanna também é a deusa-leoa da guerra e a matadora de dragões, "o coração da batalha", "o braço dos guerreiros", "devoradora em seu poder de ira e seu coração feroz... com face aterrorizante", ambiciosa, régia, poderosa. Igualmente apaixonada, é a deusa do amor sexual. Exalta os desejos e delícias do amor vivido a dois, convida seu amante, seu "homem de mel", a vir a "seu colo sagrado para saborear suas carícias revitalizantes e a doçura do sexo com ela". "Ela anseia e apodera-se, nega e destrói, e depois lamenta e compõe cantos pela perda. Não... suscita o desejo a partir de dentro e manifesta claramente suas necessidades, celebrando seu corpo na música. *Sua receptividade é ativa.*" É a deusa das cortesãs, chamada de meretriz, dama-de-honra e *hieródula* ("prostituta ritual") dos deuses; amorosa, ciumenta, sofredora, alegre, tímida, exibicionista, ladra, apaixonada, ambiciosa, generosa. Mas também é virgem, eternamente jovem, dinâmica, feroz e independente; encarna o aspecto brincalhão, voluntarioso, jamais domesticável, do feminino.

Se a encarnação desta gama feroz e indomável de afetos parece ruim o suficiente, a face escura e subterrânea de Ereshkigal, o *outro lado* de Inanna, parece ainda mais assustador ao ego potencial e emergente de ambos os sexos. Ereshkigal governa tudo o que se opõe à vida: a morte, o não-ser, a aniquilação, o vazio. "Ela é a raiz de tudo, está onde a energia é inerte e a consciência dorme enrodilhada. É onde a vida em potencial encontra-se imóvel, exceto nas dores do parto; aquém de todas as línguas e distinções, não obstante julga e age...", repleta de fúria, cobiça, medo da perda e até autodesprezo, raiva de uma violência destrutiva sadomasoquista, de "uma instintividade primordial separada da consciência... o perigoso solo por onde caminha a consciência, aspecto inevitável do mundo arquetípico inferior", estado de energia comparável a um buraco negro em que a energia é invertida e transformada. Esse estado então contém também a podridão, a decadência e a gestação, "que agem sobre o recipiente inerte e passivo — invadindo-o — contra sua vontade... como forças impessoais [que] devoram, destroem, incubam e dão à luz com impiedade implacável e dessa forma criam a desesperada e vazia sensação da esterilidade, do vácuo ou da perda, uma agonia abismal, o sofrimento e o desespero e a futilidade, a perda da individualidade", mas também, por outro lado, "uma sensação de fria indiferença e alheamento, como o 'olho da morte' que recusa a proximidade, o relacionamento e até a piedade". Aqui estão as vísceras negras e o terror da existência aos quais já aludimos antes como elementos a serem propiciados pelos sacrifícios do *holocausto*.

Como diz Perera (pág. 24):

O reino de Ereshkigal, quando nele penetramos, parece interminável, irracional, primordial e totalmente indiferente, podendo inclusive destruir o indivíduo. Contém uma energia que começamos a conhecer depois do estudo dos buracos negros e da desintegração de elementos, assim como através dos processos de fermentação, do câncer, da decadência e das atividades do rinencéfalo, que regulam os movimentos peristálticos, a menstruação, a gestação e outras formas de vida corporal às quais devemos nos submeter. É a dimensão destrutivo-transformadora da vontade cósmica. Ereshkigal, através do tempo e dos sofrimentos, mói sem piedade até tornar pó todas as distinções, usando para isso seus fogos indiscriminadores; não obstante, arremessa adiante novas formas de vida. Simboliza o abismo que é a fonte e o fim, alicerce de todo ser.

Segundo o mito grego, encontramos Ereshkigal novamente como Górgona, como Medusa (que significa "governadora") de rosto terrível e presas de javali, cabeça e corpo recobertos por serpentes; vê-la faz perder a respiração e, nesse mesmo instante, quem a contempla transforma-se numa estátua de pedra. É derrotada por Perseu, o herói solar, sob a proteção de Pallas Athena. Mais tarde, na época do mito do Graal, encontramo-la como Kundrie, a mensageira do Graal, e como a Feia Dama ou Deusa, que deve ser homenageada e intitulada soberana, novamente, para que o Graal possa ser encontrado. Segundo a versão grega (que já é patriarcal), sua cabeça decepada é entregue a Pallas Athena, que a usa sobre o seio e sobre o *aigis* ("pele de cabra"), seu escudo, fazendo-nos lembrar dessa forma que o deus bode Dioniso, ligado ao mundo subterrâneo, é de fato Hades, a morte. Athena também era mencionada como a "Face de Górgona", ou "aquela que petrifica", deusa da batalha ferrenha tanto quanto protetora das artes e da civilização.

Trazidas à luz do dia pela consciência mediante confrontos e conflitos, as forças abismais podem tornar-se elementos de criatividade.

No entanto, para a consciência patriarcal emergente, o aspecto Ereshkigal da existência é inteiramente aterrorizador. É rejeitado como "estupro da vida", como violência a ser temida, evitada ou pelo menos tão controlada quanto possível.

Acreditamos na ordem, na razão e no progresso, e atribuímos as mudanças, a destruição e a transformação ao inconsciente. Preferimos não olhar perto demais para o abismo do lado escuro da deusa, com sua terrível capacidade de dissolução e destruição e, ainda assim, perigosamente atraente. Por conseguinte, da vasta gama de qualidades femininas, somente conseguiram fazer-se aceitáveis ao ego patriarcal as qualidades maternais de provedoras e protetoras da vida. A livre manifestação da instintividade feminina teve que ser refreada e reduzida, submetida aos propósitos patriarcais de procriação. Essa transição é caracterizada pela modificação do sentido dos termos "virgem" e "virgindade". Antes, à época das culturas ginecolátricas, virgindade denotava aquele aspecto da deusa ou de sua sacerdotisa que mediava o mistério da existência, através do corpo e da sexualidade. Virgem era a mulher que pertencia a si mesma, não a um homem. O termo nada tinha a ver com abstinência sexual ou castidade. A virgem era *hieródula* (em grego, serva do Sagrado; deste termo foi cunhada a expressão "prostituta sagrada"). Destinava-se a ser apenas contemplada e só devia obediência à deusa e ao escuro êxtase dionisíaco interior. Não se submetia a nenhum homem, mas, como soberana, agraciava o suplicante com a força renovadora da divindade através de sua união sexual com ele.[14] Quando discutirmos a Deusa do Graal, no capítulo 11, voltaremos a esse tema.

Dentro do sistema androlátrico, *virgo* acabou sendo *virgo intacta*, a mulher casta ou celibatária. Intacta significa "não tocada por coisa alguma que prejudique ou ofenda; ilesa". Para ser adequada e dar continuidade à linhagem familiar patriarcal, uma "boa" mulher tinha que ser "boa parideira" e limitar o "uso" de seu corpo a seu senhor, do qual deveria ser uma propriedade. (Por isso a advertência do Êxodo, 20:17: "Não cobiçarás a casa do teu próximo; não desejarás a sua mulher, nem o seu servo, nem a sua serva, nem o seu boi, nem o seu jumento, nem coisa alguma que lhe pertença".)

Assim, pois, a mulher tinha que abrir mão do ameaçador poder de sua "lua escura", ser casta e humilde, e deixar de tentar o homem com o desejo lascivo e a paixão, a menos que quisesse que o poder abissal do feminino dissolvesse a firme vontade masculina e tornasse o homem impotente, lançando-o na voragem das transformações.

Uma fantástica imagem simbólica desta ameaça ao ego patriarcal, identificado como masculino, como força elementar da natureza, pode ser encontrada e estudada no dinamismo dos órgãos sexuais e reprodutores. Iremos fazer essa investigação sob o prisma simbólico, e não temos a intenção de sugerir que os dinamismos masculino e feminino sejam *derivados* das estruturas anatômicas ou do funcionamento biológico. Muito pelo contrário. Considero a anatomia e a fisiologia manifestações analógicas, em termos de forma e estrutura, aos próprios padrões arquetípicos que se manifestam correspondentemente no plano psicodinâmico.

O sistema sexual feminino e o comportamento da célula ovo, em particular, transmitem à primeira vista uma imagem passiva, receptiva e acolhedora. Há uma quiescente abertura, pronta a receber. Num poderoso contraste com esse estado de imobilidade estática e cordata, encontram-se os milhares de espermatozóides inquietos, que, enxameando o meio uterino, buscam penetrar o óvulo. Esta é, porém, somente uma visão superficial. Assim que a ação se desloca para dentro, após a penetração da película protetora do óvulo, a dinâmica se inverte. Agora o elemento masculino não é mais agressivamente ativo, mas, tendo despendido toda sua energia, torna-se passivo; o feminino, do fundo de sua substância própria, agora impele-se para a frente e acumula carga. O espermatozóide é dissolvido, aniquilado pelas enzimas que estão dentro do óvulo. Seus constituintes são utilizados pelo óvulo para consolidar, a partir de sua própria estrutura, um novo organismo, o embrião. No início, o embrião sempre é feminino, e não sexualmente neutro como se pensava até há algum tempo. Ao dissolver e transformar, o feminino transforma-se em sua própria essência. Embora externamente o feminino receba a penetração agressiva e a ela se submeta, no mistério interior invisível de seu ser há a ativa dissolução e desintegração em prol da recriação, enquanto o masculino externamente agressivo experimenta, nesse santuário interior, a bênção de render-se a um tipo diferente de sabedoria.[15]

Por outro lado, o medo de que a capacidade transformativa possa sobrepujar e devorar o elemento masculino pode criar patologias. Sob a psicologia da frigidez e da impotência encontramos uma freqüente superidentificação do homem com sua dimensão dinâmica e agressiva, e da mulher com suas necessidades passivas e seu lado receptivo. Nessa medida, ambos não estão em condições de se permitir a experiência de sua própria dualidade, de suas próprias polaridades receptivo-agressivas, experiência absolutamente necessária ao êxtase sexual e à potência plena.

O orgasmo masculino permite uma experiência que, em sua forma extrema, pode conter uma rendição semelhante à da morte (em francês, é chamado de *petit mort*). Em algumas espécies animais, como o louva-a-deus, o macho é literalmente morto e comido pela fêmea no ato da cópula. Por outro lado, a experiência orgásmica da mulher tem um caráter desencadeador ou eletrizante, que lhe dá uma sensação de plenitude, força e poder. A sensação de entrega do pênis que amolece após o clímax tem sido descrita por algumas mulheres como tão prazerosa quanto a ereção anterior.

A dinâmica transformadora do Feminino, quando não compreendida, pode também ser captada quando irrompe nas relações sob a forma de um fator aparentemente perturbador. É mais provável que isso aconteça quando a mulher, consciente ou inconscientemente, sente que a relação estagnou, talvez em virtude da tendência masculina de se acomodar a papéis e expectativas escrupulosamente organizados e assentados, tudo perfeitamente atado num feixe de rotinas.

Aparentemente sem qualquer provocação externa — ou em resposta a um estímulo trivial — e, em geral, independentemente de qualquer intenção consciente, de repente acontece alguma coisa, algo irrompe do inconsciente da mulher. Ela reage exageradamente, começa uma discussão em torno de uma coisa banal, sente necessidade de recuar, de deixar de ser doce e amorosa, age como geniosa e "encrenqueira". Sem fundamento algum, de modo irracional, transtorna um relacionamento calmo e harmonioso. Uma coisinha à-toa resulta numa tremenda explosão emocional e, sem nenhuma necessidade, faz em pedaços a paz e a doçura que antes prevaleciam — ou assim crê o estupefato marido, que fica ainda mais convencido da incompreensível irracionalidade das mulheres. Pior ainda, o turbilhão de emoções e sentimentos parece ter dado à mulher uma profunda satisfação emocional. Deixa-a sexualmente excitada. Se o parceiro não tiver desertado da cena do tumulto, é provável que a briga termine na cama, onde ele encontrará uma mulher incomumente amorosa e apaixonada. Que, para ele, pode ser tão incompreensível quanto a "encrenqueira" que se mostrara antes. À primeira vista, tudo parece igual ao que estava antes da tempestade. O homem, atônito, encolhe os ombros e resolve esquecer aquilo tudo que foi só "uma daquelas". Mas não é mais a mesma coisa. Emocionalmente, pelo menos, ocorreu alguma readaptação. Algo mudou ou foi desafiado para uma futura transformação dentro da relação psicológica. Modificou-se alguma qualidade dos sentimentos, independentemente de os parceiros estarem cientes disso ou não. O que aparece na superfície como um desequilíbrio gratuito e selvagem pode ser visto, pelo observador psicológico sensível, como uma fase de transformações necessárias.

Desnecessário dizer que um ataque psicológico como esse pode também atingir o homem no fundo de sua mulher interior, de sua *anima*. Nesse caso, e como o ataque atingiu diretamente seu lado receptivo interior, ele se encontra ainda mais neutralizado e incapaz de reagir de maneira sintônica. Pode externalizar o conflito projetando a conturbação numa situação externa ou em outra pessoa, e provavelmente na companheira ou num sócio. Mas isso é um tiro no escuro. Pouco ajuda emocionalmente. Uma carreira bem-sucedida ou um período de calma é subitamente interrompido por rabugices inexplicáveis, paixões selvagens, depressão profunda ou uma sensação totalmente irracional de "ausência completa de sentido", "para o inferno com todas essas coisas". Crises como essas, quando acolhidas com receptividade, podem produzir mudanças básicas de perspectiva e potencial criativo. Mas podem significar momentos perigosos e destrutivos — até mesmo autodestrutivos — quando desconsideradas e reprimidas. Em qualquer um dos casos, quer se originem da mulher externa, quer provenham da *anima* interior, aquilo que à primeira vista parece uma irrupção destrutiva é, na realidade, a manifestação de uma inexorável tendência à transformação em termos das dimensões internas.

A dinâmica transformadora de Ereshkigal-Medusa é uma expressão do mais profundo mistério da força vital, no qual a criação, a destruição, a mudança e a recriação são somente variantes de um processo unitário da forma e de seu jogo característico com as próprias possibilidades. Essa ludicidade existencial do dinamismo transformador contém uma sensação de inexorabilidade. Em meio às dores que inflige, infunde também sua própria e peculiar satisfação extática. Traz à luz as forças do gêmeo escuro Dioniso, a agressão e a destruição, que nos antigos ritos sacrificiais eram vivenciadas controladamente. Por isso, está muito próxima — e muitas vezes indistinguível — do êxtase da exaltação religiosa e do frenesi sexual. Este fato é bem conhecido e documentado pela fenomenologia do sadomasoquismo, com sua tendência de buscar vazão na violência sexual ou religiosa, bem como em atuações revolucionárias que nada mais são do que irrupções religiosas secularizadas. É um fenômeno que assume várias formas, desde o frenesi orgiástico das antigas e atuais cerimônias religiosas (celebrações dionisíacas, certas missas negras), até a fria perversão das câmaras de tortura da Inquisição, dos campos de concentração ou dos atos de terrorismo e crime da atualidade. E é mais desumanamente destrutivo quanto mais é racionalizado e secularizado por explicações ideológicas. Só quando reconhecermos suas origens na dimensão transformativa do Feminino, reprimida na consciência em ambos os sexos, é que poderemos ter a esperança de descobrir canais novos, aceitáveis e mais humanos para essas ânsias atávicas e perigosas.

Bachofen apresentou uma caracterização oportuna:

A mania báquica retratada por Eurípedes, cuja manifestação física é representada em tantas obras de arte, fundamenta-se na profundidade da vida emocional da mulher e no elo indissolúvel entre as duas mais poderosas forças existentes, a emoção religiosa e o desejo sensual, potencializados ao nível do frenesi, do entusiasmo, aquela embriaguez vertiginosa que poderia ser considerada uma revelação imediata dos gloriosos deuses... A intensidade da paixão orgiástica, um misto de religião e sensualidade, mostra como a mulher, embora mais fraca que o homem, é capaz às vezes de chegar a alturas maiores que ele. Através de seu mistério, Dioniso capturou a alma feminina, com sua predileção por tudo que é sobrenatural. Com sua deslumbrante e sensual epifania, ele atua sobre a imaginação, que para a mulher é o ponto de partida de toda emoção interna, e sobre as sensações eróticas, sem as quais ela nada pode fazer, mas às quais, sob a proteção religiosa, ela dá vazão num nível que ultrapassa e supera todas as barreiras.[16]

Esse frenesi transformador atua no mais íntimo da psique, e com o dinamismo das dimensões mágica e mitológica às quais já aludimos. Sob repressão, dentro de um sistema de ego que busca alcançar estabilidade e teme mudanças e transformações, vê-se reduzido a uma atuação subversiva e à evocação de crueldade, amargor e ódio contra si mesmo. Além disso, sob o peso da repressão, essa combustão só pode constelar uma atmosfera em que podem ocorrer eventos de uma cega destrutividade.

É o temor que o ego tem da dimensão transformadora que privou as mulheres daquilo que, durante a era ginecolátrica, era para elas uma função transformadora crucial e fonte de significado: os papéis de sacerdotisa, vidente, profetisa e curadora mágica. Pois todas essas manifestações foram impiedosamente perseguidas onde quer que a Igreja cristã tenha se estabelecido.

É óbvio que nenhuma mulher, mesmo que isenta de preconceitos culturais, poderia assimilar, integrar e manifestar de modo consciente toda a vasta gama de afetos e qualidades comportamentais do arquétipo feminino. Tampouco pode homem algum dar expressão adequada a todos os possíveis traços masculinos. Além dos dinamismos contra-sexuais, alguns desses afetos e impulsos básicos inerentes a cada sexo correm portanto o risco de permanecerem inconscientes e não-assimilados tanto no homem como na mulher. Atuam então como funções inferiores, quer dizer, freqüentemente constituem modos primitivos e até obsessivos de compensar ou opor-se à adaptação consciente. Esse fato aponta para a questão da tipologia psicológica e da dinâmica *animus-anima*.

A tipologia pode ser útil como sistema de ordenação. Pode também tornar-se um sistema de compartimentos limitadores. Tendo esse risco em mente, podemos utilizar esses *insights* para ampliar a tipologia de Toni Wolff a respeito do Feminino[17] (Mãe, Hetaira, Medium e Amazona). Os tipos de Wolff têm sido justificadamente criticados por caracterizarem o feminino primariamente em termos de sua relação com o homem, e, nessa medida, tornando-o secundário ou dependente do masculino. Sua abordagem porém parece justificar-se e ter consistência lógica enquanto se sustentar a premissa de que feminino é o mesmo que Eros, que é o mesmo que relacionamento ou força vinculadora. O que não podemos mais endossar. Apesar disso, esses tipos podem ser vistos como aspectos especiais e personalizados do Grande Círculo, expresso pela polaridade Inanna-Ereshkigal. Sob esse prisma, Mãe e Hetaira seriam expressões dos aspectos criativo, nutritivo, protetor, sensual, erótico e virginalmente lúdico do ser. Proponho o nome Luna ("lua") e Lila (em sânscrito, "brincar"), respectivamente, para cada um desses tipos. Representam o que Neumann chamou de aspectos elementares do Feminino. Medium e Amazona podem ser vistas como personificações de Medusa e Pallas (Athena), respectivamente, que são o aspecto abismal, gerador de conflitos e de civilizações, transformador, do Feminino. Tentarei esboçar uma caracterização inicial para estimular outros estudos nesse sentido.[18]

Luna acolhe as exigências e necessidades da realidade. Pode ser esposa e mãe, mas é também administradora competente e criadora de uma atmosfera de cordialidade, de um espaço de viver agradável, no lar e na *alma*. Está sintonizada com o ritmo, as marés, as necessidades, as possibilidades de expressões concretas da vida. Tem a capacidade de estruturar e organizar seu meio ambiente. Está ciente das medidas, das limitações, das proporções. Luna tem um senso do ritmo natural, da diplomacia, do tato; a percepção do momento oportuno e a capacidade de empatizar. Seu caminho é o da sintonia com a lógica do sentimento, da resposta pessoal às necessidades e possibilidades das pessoas. Responde ao prático e ao concreto mais do que às situações abstratas; reage ao que o momento exige. Ouve, recebe, incumbe-se, gesta, acolhe e nutre, protege e promove o crescimento. Identifica-se com padrões, processos e formas e com as necessidades e marés do corpo e da existência corporal.

O modo de ser de *Lila* é o caminho da leveza, do lúdico, do encanto, da atração, da voluptuosidade, a dança dos sentidos e das Musas. Está em sintonia com o belo, com o prazer, com a alegria, com o jogo entre o amor e a vida. Pode ser o aspecto juvenil e virginal da mulher, tímida e evasiva, comovente, arredia, e no entanto desejosa de ser capturada e tocada; pode ser sensualmente sedutora e condescendente. Propicia leveza, ludicidade e inspiração poética, goza e sofre, ama e rejeita, vincula e expulsa, dança e brinca com uma vida que, para ela, é apenas jogo e ilusão.

Pallas cria e combate; está pronta para lutar por suas próprias necessidades e direitos, para defender conquistas culturais e a dignidade e causas humanas. Em nome de suas convicções e necessidades, também está disposta a abandonar relacionamentos e destruir velhos padrões que tenham se tornado obsoletos. Inspira a carreira profissional das mulheres, inspira as pioneiras. É Pallas, e não Hetaira, como sugere Wolff, que se interessa pela personalização e pelas possibilidades ou limitações das relações pessoais.

Medusa é o abismo da transformação, o enigma aparentemente caótico que a mulher parece ser para si mesma e para o homem desconcertado, que ela leva até o umbral do terror do imprevisível, do suposto vazio e depressão, da aniquilação. Seu modo de ser é o da sacerdotisa médium ou curadora, da artista inspirada e a da personalidade limítrofe errática e histérica, devoradora. É a *femme fatale*, a *belle dame sans merci*, a bruxa. Em sua melhor face, faz a conexão com o abismo, desafia e inspira. Seu reino deve ser periodicamente visitado por toda mulher, e toda *anima*, para sua renovação, assim como Inanna desce a Ereshkigal. Quando isso acontece, a vida imobiliza-se num marasmo, segundo o mito. Parecem imperar a paralisia, a inércia, a depressão. O interesse pelo trabalho e pelas relações humanas, mesmo com os entes mais queridos, pode ficar temporariamente perdido numa névoa de indiferença.

É muito curioso que o mito de Inanna refira-se a uma descida consciente e deliberada e ao posterior retorno para o Feminino, volta que é paga porém com o sacrifício da morte — é o preço para poder voltar —

em honra de Dumuzi, seu amado, uma representação de Eros. Aparentemente, a espera necessária, a introversão receptiva imprescindível a essa fase, é de alguma forma mais fácil para a mulher que para o homem, porque, em virtude de sua dimensão Luna, ela tem uma sintonia mais consciente com suas marés, incluindo as fases de escuridão. Para o homem, a experiência é a perda temporária da alma. É uma ameaça que parece fatal e exige o sacrifício a Eros, o abandono das próprias expectativas, das próprias exigências e desejos.

O sacrifício da mulher ocorre no nível do *animus* quando ela desiste de ser *a amada* a qualquer preço, como a cultura patriarcal a ensinou a ser. O preço de seu renascimento transformado é aceitar sua própria realidade e o seu verdadeiro eu recém-descoberto, mesmo que, segundo os padrões coletivos vigentes, ele possa ser considerado mau, feio e repulsivo.

À luz dessas considerações, proponho agora que retomemos também as idéias junguianas tradicionais a respeito da *anima* e do *animus*, em sua relação com a consciência e o gênero sexual. Jung limitou a *anima* e o *animus* às dinâmicas inconscientes de ambos os sexos. Diante da força de experiências clínicas acumuladas desde a época de sua formulação original, essa visão não parece mais válida. Não se justifica mais a alegação de que a *anima* incorpora exclusivamente o inconsciente impessoal do homem, e o *animus*, o das mulheres. Também não podemos mais sustentar o dogma de que a consciência, tanto no homem como na mulher, é masculina, e que o inconsciente é feminino.[19]

Foi só durante o patriarcado que os valores e padrões de percepção, de sentimento e de comportamento moldaram a estrutura da consciência. E assim o fizeram *porque* receberam a máxima valorização, enquanto os padrões femininos eram desvalorizados e rejeitados. Por isso, foram reprimidos e reduzidos a determinantes inconscientes. Portanto, a masculinidade representava a consciência.

Estamos hoje testemunhando a reaparição do Yin feminino e das qualidades *anima* dentro do sistema de valores coletivos. Eles estão se tornando outra vez determinantes culturais, forjando, em conjunto, uma nova consciência para ambos os sexos. Figuras determinantes da consciência ("psicopômpicas") aparecem em sonhos e fantasias tanto sob formas masculinas como femininas, sendo estas últimas muitas vezes mais freqüentes.

É difícil definir consciência. As línguas ancestrais não têm um termo definido para ela. Na raiz latina *conscientia*, da qual derivam os termos em inglês e francês, "consciência" e "estado consciente" não estão ainda diferenciados. *Conscientia* quer dizer "conhecimento simultâneo", "intimidade com", "ter uma sensação de". Podemos formular essa noção como "estar em contato com um significado". Nessa medida, é a percepção de uma relação entre sujeito e objeto. O "estado de consciência" é uma modalidade da força vinculadora; e essa força, uma modalidade do "estado de consciência". Essa percepção do relacionamento pode ocorrer por duas vias, a do Yin ou a do Yang. O modo Yang, que se vale primariamente do hemisfério cerebral esquerdo, desloca-se do centro para a periferia. É diferenciador, analítico e abstrato. O modo Yin que corresponde à atividade do hemisfério cerebral direito, dirige-se para o centro, visando a unidade, a identidade, os padrões e a analogia. O primeiro modo representa a consciência do masculino e do *animus*. O outro constitui a consciência do feminino e da *anima*, cuja importância está sendo cada vez mais igualada à do aspecto analítico masculino.

Quando aplicamos essas noções a homens e mulheres, o máximo que podemos fazer é alegar que, pelo menos somaticamente, as tendências masculinas preponderam nos homens, e as femininas, nas mulheres. Não sei se essa preponderância foi ou não estabelecida em termos de atividade cerebral hemisférica, e nas maneiras pelas quais os homens e as mulheres "entram em contato" e se relacionam com o mundo e consigo mesmos. Parece que as funções hemisféricas não são tão dicotomizadas nas mulheres quanto nos homens. Contudo, mesmo pressupondo-se o predomínio do Yang ou do Yin como tendências psicológicas em homens e mulheres, respectivamente, elas não são absolutamente uniformes. Embora algumas dessas tendências possam ser preponderantes no estado consciente, outras podem permanecer inconscientes em ambos os sexos.

Estamos acostumados a limitar o uso dos termos *animus* e *anima* aos elementos contra-sexuais mobilizadores, traços masculinos em mulheres e femininos em homens. Contudo, nem as qualidades que eles representam, nem sua específica compulsividade *animus-anima*, nem sua capacidade de nos pôr em relação com o *self*, estão limitadas a um ou outro sexo.[20] Os homens podem ser tão dominados pelo *animus*, tão dogmáticos, briguentos, encrenqueiros, intrometidos e sedentos de poder quanto as mulheres. As mulheres podem ser tão possuídas pela *anima*, tão volúveis, sedutoras, alheias e deprimidas quanto os homens.

Em latim, os dois termos eram originalmente usados como sinônimos, dando-se uma certa preferência à *anima* para uso poético. Ambos possuíam uma grande variedade de sentidos: sentimento, afeto, disposição, coragem, espírito, orgulho, arrogância, desejo, vontade, propósito, resolução, inclinação, prazer. Às vezes, Jung usou *animus* como equivalente de espírito, e *anima* como instinto ou alma. Contudo, tanto na acepção de instinto quanto de alma ou espírito, os dois termos pertencem igualmente a ambos os sexos. Os homens não são necessariamente mais governados pelo espírito do que as mulheres, assim como estas não têm o monopólio da alma e do instinto. A noção da espiritualidade como uma característica predominantemente masculina e da alma como propriedade feminina é uma herança do romantismo do século XIX. Embora predominasse na época de Jung, não é mais válida para nossa geração. As mulheres podem, como sempre puderam, ser psicologicamente determinadas em sua dimensão consciente pelo *logos*, estando fora de sintonia com seus afetos. Os homens podem ser imensamente sensíveis ao instinto, aos sentimentos e ao afeto, e podem estar inteiramente perdidos com respeito ao *logos* ou a qualquer outro dos arquétipos masculinos.

Muito mais de acordo com o significado das palavras e com a prática clínica é o uso dos termos *animus* e *anima* para definir respectivamente a masculinidade e a feminilidade arquetípicas, independentemente de se aplicarem a mulheres e homens. Dessa forma, estaremos evitando a confusão terminológica entre gênero e sexo, e a necessidade de explicar incessantemente as diferenças entre "masculinidade" e "homens", entre "feminilidade" e "mulheres". Seremos também capazes de usar palavras ocidentais para os dinamismos psicológicos, deixando os termos chineses Yin-Yang para os princípios biológico e cósmico. E, uma vez que concordemos que os homens podem ser tão dominados pelo *animus* quanto as mulheres pela *anima*, estaremos resolvendo outro ponto de discórdia e confusão.

Uma questão que não examinaremos em detalhes é a influência que a mãe de cada um de nós exerce sobre nossa percepção de como se dá a relação com o Feminino arquetípico. Apesar de ser um tema complexo e de extrema relevância para o processo terapêutico, está além dos limites deste livro. Podemos porém dizer que, em geral, a mãe natural representa o arquétipo da vida em toda sua amplitude. Portanto, inconscientemente, mãe é o mesmo que deusa. Quanto mais a mãe rejeitar e ignorar as necessidades da criança, mais o aspecto letal da Deusa prevalecerá na mente daquela criança e em sua adaptação, acompanhando-a vida afora, até a fase adulta. Quanto mais a mãe tiver tido uma atitude provedora e acolhedora, mais a Deusa será vista em suas qualidades propiciadoras de vida. As figuras parentais do início de nossa infância são, em maior ou menor grau, uma representação ou uma distorção dos grandes arquétipos universais. Portanto, também nossa apreensão básica do arquétipo do Deus-Pai pode variar do severo poder julgador ou do esteio moral de um Jeová até a anarquia ou a confirmação da vida de um Dioniso, dependendo do tratamento que recebemos de nossos pais.

Em resumo, a desvalorização do Feminino, do Yin, da anima e, conseqüentemente, das mulheres, durante o período do patriarcado foi resultado da necessidade de separar o ego nascente de uma consciência de campo todo-abrangente, típica do mundo mágico-mitológico onde imperavam as necessidades e os instintos, com suas dinâmicas transformadoras da existência (e por isso ameaçadoras para o ego). Essa sensação de distância e separação é ilusória, mas, apesar disso, não perdeu sua validade para a mente que acreditava nela. As sensações de individualidade e liberdade teriam que ser alcançadas pela razão, pela vontade e pela obediência à lei racional do Deus-Pai.

O preço dessa conquista era duplo: a perda do elo de ligação com o *continuum* vida-morte de existência, e a experiência de si mesmo como um forasteiro num mundo sem sentido. Hoje deparamo-nos também com a ameaça da autodestruição coletiva, na medida em que as ânsias sadomasoquistas instintivas de violência e agressão não podem mais ser aplacadas por apelos à lei e à razão.

Esse ponto crítico no tempo assinala mais uma vez a inversão da maré. A Deusa e seu consorte, banidos e aparentemente exilados e perdidos nos últimos milênios, fazem novamente sua epifania na moderna consciência. A questão que ora se impõe é a seguinte: que mito eles trazem consigo, capaz de nos mostrar os canais psicológicos predestinados à sua manifestação?

Ísis. Egito, período Ptolomaico. Estatueta em bronze. Walters Art Gallery, Baltimore, Maryland.

Parte 4

UM MITO PARA NOSSA ÉPOCA

O espírito da fonte nunca morre.
É o misterioso feminino,
e à porta da fêmea escura
encontra-se a raiz do céu e da terra.
É frágil, frágil, mal existe;
mas toca-a; nunca se esgota.
                LAO TSE. *Tao Te Ching.*

CAPÍTULO 11

O Graal

A terra estava morta e deserta/ E eles perderam as vozes dos poços/ E as virgens que neles habitavam.
"Elucidações", Prólogo ao *Perceval* de Chrétien de Troyes.

Descansa, descansa;/ O falcão já alcançou sua estirpe.
Ele o amparou, ele o derrubou;/ Ele o conduziu ao pomar castanho.
Nesse pomar havia um saguão/ Decorado em púrpuras e véus
E nesse saguão havia um leito/ Adornado de ouro reluzente.
Nesse leito deitava-se um cavaleiro/ Cujas feridas sangravam dia e noite.
Ao lado deste leito uma donzela ajoelhada/ Chorava dia e noite.
E do outro lado do leito havia uma pedra/ Com a inscrição "Corpus Christi".
O Cavaleiro do Graal, anônimo, Inglaterra, séc. XVI.

Quais são, então, os mitos e rituais contemporâneos que podem canalizar e direcionar em segurança a reaparição da Deusa e de seu filho e consorte dionisíaco? Ou, numa linguagem psicológica, que modalidades especiais de percepção, sentimento e comportamento resgatarão a noção de significado e unidade entre o mundo e o homem, superando a alienação da mente moderna, dando-nos rituais de controle da agressão e proporcionando-nos assim uma nova ética?

O mito moderno não é mais entoado nos cânticos dos bardos que habitam os salões reais, nem contado pela avó ao pé da lareira. Tem que ser captado e montado peça a peça, desemaranhado lentamente da teia formada por novos comentaristas e editores, escritores, ideólogos sociais e candidatos políticos; separado daquilo que hoje é dado como líquido e certo pelo *Zeitgeist*, e de nossas expectativas de um amanhã "melhor". Entre tantas esperanças, exigências e pressupostos, três motivos centrais se destacam: a esperança de liberdade, o tema da pesquisa e da descoberta — seja dos segredos da natureza ou do eu interior — e, finalmente, a recuperação de uma Idade de Ouro perdida, em que imperam a liberdade, a dignidade humana e a realização. Mesmo por trás das cortinas de fumaça que sobem dos "baseados" de maconha, esses temas continuam sendo fatores motivacionais poderosos, moldando nosso inconsciente individual e coletivo sob a superfície observável de uma resignação aparentemente cínica. Nossas ideologias modernas são os caminhos pelos quais a imagética inconsciente do tema do Graal estrutura a tendência racionalizadora da consciência coletiva moderna.

Libertação
O apelo à libertação pressupõe que algo está escravizado ou, pelo menos, aprisionado. Será esta apenas uma estrutura social abortada? A natureza política da falta de liberdade tem fascinado nossas mentes ao longo dos últimos duzentos anos. Raramente levamos em consideração seu significado psicológico. Paradoxalmente, o aumento de nossas liberdades políticas e sociais aconteceu lado a lado com o surgimento de formas sempre inéditas de opressão. Além disso, tem acompanhado uma sensação cada vez mais geral de alienação, vazio e insatisfação, que Freud chamou de *Unbehagen*, "mal-estar", de nossa cultura.

Vista em sua dimensão interior, a liberdade é o desvencilhar-se de todas as restrições que inibem a expressão do ser autêntico. Essas restrições não são porém apenas externas e materiais, o que é o equivocado pressuposto de uma geração para a qual a individualidade estava identificada com a personalidade consciente egóica, que, por sua vez, se pressupunha livre para ser o que quisesse. A personalidade consciente, no entanto, não é psicologicamente livre. Somos em grande medida inconscientes de nossa verdadeira individualidade, e, dessa forma, estamos impedidos de experimentá-la. E, por fim, vemo-nos impedidos de manifestar nosso ser mais genuíno e forçados a uma farsa pela atuação de tendências repressoras, hábitos e condicionamentos. "Podemos fazer o que quisermos, mas não podemos querer o que quisermos", como bem disse Schopenhauer. A expressão de sentimentos intensos ou a manifestação de suavidade e lágrimas, por exemplo, foram consideradas incompatíveis com a verdadeira masculinidade durante toda a fase final da época vitoriana. Nesse mesmo período, as mulheres não tinham liberdade para mostrar muita iniciativa, independência, vivacidade intelectual ou percepção consciente de seus desejos eróticos. Até hoje tudo isso é muito verdadeiro. Embora padrões culturais moldem e inibam a consciência e a expressão individual, eles também estão exprimindo a evolução da consciência coletiva. Um denominador comum a esses padrões tem sido a inibição e a desvalorização de tendências femininas Yin, em favor das modalidades Yang masculinas de competição, controle combativo e exploração. Portanto, entende-se que, no cenário político, os campeões da liberdade ontem aclamados tenham se tornado os novos opressores. Os tiranos externos foram todos destronados (ou quase), mas os agressores internos assumiram o comando e reestruturaram as relações externas segundo novos tipos de restrições.

Da mesma maneira, a atual revolução pela libertação da mulher se inclinou inicialmente em deixar de lado a repressão inconsciente e a desvalorização dos elementos Yin na atitude das próprias mulheres feministas. Como todos os determinantes arquetípicos, essa atitude permanece compulsiva, num beco sem saída, e, enquanto permanecer inconsciente, será um obstáculo à liberação.

Os objetivos sociais e políticos do movimento feminino merecem o mais pleno apoio. São de uma importância vital para o estabelecimento de direitos humanos iguais e de mesmos níveis de respeito e dignidade no plano social. Entretanto, o igualitarismo que desconsidera as diferenças humanas e lida com os problemas sociológicos como se não existissem diferenças entre a masculinidade e a feminilidade arquetípicas é um remanescente da visão patriarcal repressora, monoteísta e monolítica. Impede a libertação da natureza Yin desvalorizada e reprimida.

O desrespeito por uma dinâmica feminina genuína terá que ser localizado e descoberto como fator inconsciente presente na psique tanto de homens como de mulheres, feministas inclusive. Os homens expressam a tendência androlátrica que desvaloriza a sensibilidade e a introversão quando projetam sua própria feminilidade reprimida na *femme fatale*, supostamente superemocional, estúpida e exploradora. As mulheres fazem a mesma coisa quando repudiam a existência de diferenças entre o masculino e o feminino e imitam o comportamento androlátrico padronizado, com sua competitividade forçada e seu intelectualismo abstrato. Projetam sua própria auto-rejeição patriarcal inconsciente como mulheres no tirano repressor. Ao fazer dos homens seus bodes expiatórios e ao se identificarem primordialmente — se não exclusivamente — com as reformas externas e com a sanha competitiva, parte do movimento feminista, pelo menos, corre o risco de perpetuar as piores dimensões da herança androlátrica patriarcal.

Busca

Busca é a manifestação da ânsia de descobrir o que "mantém o mundo unido em seu cerne mais profundo" (Goethe, *Fausto*), para estabelecer uma ordem e um significado para nosso lugar no cosmo. Assim como aconteceu com a libertação, nossas perspectivas ativeram-se apenas à realidade espacial e externa. O tema da busca está incorporado tanto no empreendimento de Colombo em busca de novas terras quanto no dos cavaleiros do rei Arthur em busca do Santo Graal; tanto na busca de

Deméter para resgatar a filha seqüestrada como no esforço do cientista para decifrar o enigma da matéria. A persecução da felicidade é uma busca. Assim como a viagem de Horatio Alger da miséria para a fartura e a obra do alquimista à procura da Pedra Filosofal que revelaria o mistério da alma e da matéria. Sob as arremetidas do homem em pleno espaço sideral oculta-se o anseio de encontrar uma resposta ao como e ao porquê da existência. É a contraparte da busca do espaço interior que objetiva a integração e a realização.

O mito
Ao resumirmos a mitologia de busca e libertação que hoje predomina num todo coerente, destaca-se a seguinte versão: nosso desenvolvimento cultural atingiu um período crítico, um ponto de perigo, enfermidade, estagnação. O industrialismo, a tecnologia e o capitalismo transformaram nosso planeta num deserto estéril. Os recursos da terra, antes abundantes, estão sendo exauridos. A humanidade está sendo ameaçada por desastres ecológicos e por uma destruição auto-infligida. O sofrimento e a opressão predominam. Grande número de pessoas — aliás, a sociedade como um todo — precisam libertar-se das moléstias desencadeadas pela repressão industrial, tecnocrática e capitalista do fluxo natural da vida. De maneira semelhante, as mulheres foram reprimidas e privadas de sua individualidade por uma sociedade dominada pelos homens. Elas precisam libertar-se. A humanidade está alienada do conjunto total da natureza e, no entanto, estamos no limiar de uma nova era. Na era de Aquário que se aproxima, o aguadeiro, o "fluxo das águas", será resgatado. A vida e o espírito serão renovados. A paz, a felicidade, o amor e a sabedoria serão recuperados. O caminho que leva a essa nova era é o objeto da busca do homem, e poderá ser encontrado pelas pesquisas que se dirigem aos segredos ocultos da natureza e da mente.

Esse mito utópico atual é uma versão secularizada e discretamente disfarçada de vários mitos messiânicos e de redenção sobre o paraíso perdido e recuperado. Visões de uma Era de Ouro a ser resgatada mediante o redentor divino mobilizaram incontáveis pessoas antes e durante a era cristã no Ocidente. E encontraram uma formulação definitiva e cada vez mais eficiente no mito do Graal. Todas refletem a crescente sensação de isolamento e alienação que acompanhou o desenvolvimento do ego e da mente racional durante o avanço do patriarcado. A versão do Graal, contudo, é a forma mais significativa e atualizada do mito da redenção.

O mito do Graal substituiu a forma original do messianismo cristão em termos de eficácia psicológica. Do final da Idade Média em diante até nossos dias de era pós-cristã, esse mito vem exercendo um efeito extremamente poderoso. Além disso, é um mito integrativo. Unifica os elementos pré-cristão, cristão e pós-cristão moderno. O caldeirão ancestral da Grande Deusa está agora repleto do sangue de Cristo e aguarda a redenção do salvador por intermédio da busca humana, do esforço consciente de um buscador que ouse formular a questão socialmente proibida: "A quem ou a que isso serve?", "Qual o sentido disto?"

Quero resumir os elementos centrais evidentes do mito do Graal, extraídos de suas numerosas versões. Essa porém não é uma tarefa fácil. Pois "... não há uma imagem única e claramente definida do Graal, nem tampouco evidências de que jamais tenha existido; são muito divergentes as opiniões acerca da origem das histórias que circularam em forma escrita desde o início do século XII".[1] A própria posição que o símbolo do Graal ocupa tem, por si só, exercido uma atração magnética. Muitas imagens aproximam-se deste foco e permanecem em sua órbita. Da mesma forma que os lendários cavaleiros tiveram que buscar o verdadeiro Graal superando muitos obstáculos, também o leitor moderno não pode esperar um acesso fácil ao coração do mistério. Herdamos um passado complexo. "Um amálgama de muitas coisas deu margem ao símbolo do Graal. Traços da tradição alquímica e dos mitos clássicos, da poesia árabe e dos ensinamentos sufistas, da mitologia celta e da iconografia cristã, podem ser todos encontrados na imagem final."[2] Antes de nos dedicarmos a uma análise dessa rica imagem, vou parafrasear uma das narrativas.[3]

José de Arimatéia ficou incumbido do enterro do corpo de Cristo. Na Santa Ceia, ele ficara com a taça da qual Cristo bebera. Esse era o Graal. Enquanto lavava o cadáver, José colheu nesse recipiente uma parte do sangue que escorria das feridas. Após o desaparecimento do corpo, José, acusado de tê-lo roubado, foi preso e punido com o jejum. Enquanto durou seu cativeiro, Cristo apareceu-lhe como figura radiante e entregou-lhe a taça para que dela cuidasse, revelando-lhe então o mistério da missa, além de outros segredos. Uma pomba voava diariamente à cela de José para colocar uma hóstia dentro do cálice. Esse alimento manteve-o vivo.

No ano 70 de nossa era, José foi libertado da prisão. Levando consigo um reduzido grupo, partiu para o exílio além-mar. Ali, construíram a Primeira Távola do Graal, em memória da Távola da Santa Ceia. Doze pessoas podiam sentar-se à sua volta. O décimo-terceiro lugar, que seria o lugar de Judas, tragou o primeiro que ali tentou tomar assento e, daí em diante, teve que ser mantido vago; era chamado Assento Perigoso.

Depois, José viajou para a Inglaterra e, em Glastonbury, fundou a primeira igreja cristã, dedicada à mãe de Cristo.

O Graal era o cálice para a celebração da missa. Depois, na Montanha da Salvação, foi erguido um templo para abrigar o Graal e formada uma ordem dos Cavaleiros do Graal para protegê-lo. Uma festividade sagrada em honra do Graal era celebrada numa Segunda Távola. O Guardião do Graal foi intitulado Rei Pescador. Era o sacerdote da missa. Pouco depois, porém, foi ferido por uma lança, nos genitais ou na coxa, por ter perdido a fé, por ter violado seu voto de castidade, por ter sido ferido por um forasteiro (*golpe doloroso*), ou ainda por ter agido mal com uma mulher. Foi quando passou a ser conhecido como Rei Ferido ou Mutilado. Seu país se tornou estéril e foi chamado de Terra Deserta. A desertificação da terra e o ferimento do rei estavam intimamente relacionados. O ferimento fora causado pela Lança de Longinus, aquela que havia ferido Cristo na cruz.

Na corte do Rei Arthur, Merlin, o mago, criou uma Terceira Távola, a Távola Redonda. Segundo as regras da cavalaria, Arthur reunia-se com seus cavaleiros em torno dela. Na festa de Pentecostes, o Graal apareceu-lhes num raio de sol. Juraram ir em sua busca. Cada um tomou um caminho diferente e submeteu-se a provas de iniciação. Entre esses cavaleiros estavam Lancelot, seu filho Galahad, Gawaine, Bors e Parsifal, cujo apelido era Tolo Perfeito, em virtude de sua absoluta inocência.

Os cavaleiros mal tiveram um vislumbre do Graal. Cada um deles teve que partir sozinho em sua busca. Muitas vezes, percorreram florestas imensas, onde encontraram ermitões que os ajudaram a entender as provas às quais estavam sendo submetidos. Sua incapacidade para encontrar o Graal não se devia a fatores externos, mas às suas próprias deficiências. Lancelot, por exemplo, foi temporariamente desviado do caminho certo e cegado por ter tido um relacionamento adúltero com a rainha de Arthur. Após um primeiro fracasso para encontrar o Graal, Parsifal vagou durante cinco anos pela Terra Deserta, até que chegou novamente ao castelo do Rei Pescador. Desta feita, ao formular a questão ritual prescrita, curou o rei. A questão era: "A quem serve o Graal?" ou "O que te adoece?". Finalmente curado, o rei teve permissão para morrer e a Terra Deserta recuperou sua fertilidade.

O que acabamos de relatar é a narrativa da mais recente versão cristianizada do mito do Graal, sem dúvida muito simplificada, mas que nos serve como guia em meio à estonteante riqueza imagética do Graal, repleta de profundas resssonâncias psicológicas. O Graal é um recipiente fabuloso, um manancial de vida, de águas geradoras e restauradoras, e uma cornucópia de nutrição, a taça feita do seio de Helena: é uma pedra milagrosa, ou a cabeça de um homem, ou a tradição primordial secreta dos mistérios. Está sob a guarda de uma deusa ou de uma bela donzela. É protegido por cavaleiros heróicos, dentro de um castelo mágico, numa terra *longínqua*, o paraíso, a terra dos espíritos, ou das fadas. Como caldeirão ancestral, renova a vida e recupera a juventude. É a fonte inesgotável de alimento e sustento, de alegria, prazer, celebrações, bem como dos êxtases de Vênus.[4] Como cálice, é a taça em que Cristo bebeu na Santa Ceia, e que recebeu o sangue que vertia de suas feridas durante a Crucifixão. Como pedra, é uma jóia da coroa de Lúcifer, trazida à terra pelos anjos que não participaram do conflito entre

Deus e o Demônio. Segundo a tradição medieval, vaso, Graal e útero, assim como *lapis* ("pedra"), eram imagens sinônimas da Virgem Maria, mãe de Deus.[5]

O Graal está associado a uma lança, supostamente aquela que foi fincada no peito de Cristo na cruz. Está associado também a dois reis, um mais jovem, outro mais velho, e pronto para morrer; ou a um rei portador de uma ferida incurável sempre pútrida em seus genitais; ou a uma figura de xamã com cabeça de veado, ou mago,[6] semelhante ao Cerunnus celta, ao Odin nórdico, ao Plutão romano, ao Hades grego, Dioniso, e ao Dumuzi ou Tammuz caldeu.

Reconhecemos nessa última figura, de imediato, o parceiro dionisíaco da Deusa. Uma outra figura associada ao Graal é a de uma mulher com dentes de javali, cabelos que parecem pêlos de porco, nariz de cachorro, orelhas de urso, rosto cabeludo e unhas que lembram as garras de um leão. Essa criatura, de uma feiúra horripilante, lembra uma das medusas gregas ou a Ereshkigal suméria, que são o aspecto escuro e letal da Deusa ou da Esfinge. Ela é a irmã de Malcreatiure, que, novamente, é outra versão da figura do Dioniso-Xamã com chifres. Em muitas histórias celtas, é por intermédio dessa Medusa aterrorizante que o Graal, ou o reino, ou o manancial, é encontrado; finalmente e somente quem puder aceitá-la e beijá-la alcançará o reinado em seu domínio atemporal.

O Graal, seu castelo e seus guardiães foram enfeitiçados devido a um ato de desrespeito, que é variadamente representado como um insulto, um estupro, um ataque contra as virgens, desrespeito à soberania do próprio Graal ou de sua lei por meio de uma atitude indecorosa contra *Minne*, ou amor. No *Parzival* de Wolfram von Eschenbach, o encantamento é merecido, porque foi homenageada indevidamente a virgem Orgeluse, cujo nome significa "raiva e orgulho". Em outras versões, o castigo sobrevém durante uma luta fraternal, na forma de um *golpe doloroso* desfechado contra um dos irmãos, que daí em diante é o Rei Mutilado; ou é devido à influência de um mago malvado e ávido de poder, Dioniso satanizado. Em conseqüência disso, o Graal, seu castelo e seus guardiães são enfeitiçados e colocados fora do alcance humano. O Rei sofre, mas não pode morrer. A peste ataca as terras. As águas não correm mais. Alimentos deixam de crescer. Instaura-se a Terra Estéril, "onde o mito é moldado pela autoridade, em vez de provir da vida; onde não há olho de poeta para ver, nenhuma aventura para ser vivida, onde tudo está determinado para todos e para sempre".[7]

O herói buscador é ansiosamente aguardado, pois é ele que irá desfazer o encantamento, resgatar o estado de graça, fazer as águas fluírem, curar o Rei e ajudá-lo a morrer e, dessa forma, alcançar para si a condição real. O herói deve conquistar tudo isso fazendo a pergunta mágica, que, em várias versões, aparece como "A quem se serve através do Graal?" ou "Qual o sentido disto?" ou "O que te deixa doente?".

Na mais famosa versão da Europa Central, o Parzival de Wolfram von Eschenbach alcança o castelo. Tendo sido educado com modos corteses que proíbem a formulação de perguntas, no começo ele não consegue indagar. Cativo de seu fracasso após deixar o castelo, torna-se um andarilho do deserto. Perde a fé e, nessa altura, perdemo-lo de vista. Incompreensivelmente, recebe outra oportunidade e se sai bem, não antes porém que Gawaine tenha derrotado Orgeluse e Malcreatiure, libertado um castelo enfeitiçado onde só habitavam mulheres e, enfim, enfrentado Parsifal em combate. Voltaremos a essas aventuras, pois elas oferecem a chave para o entendimento das implicações ocultas do mito.

A lenda do Graal está intimamente vinculada à imagem de Aquário e ao mito do paraíso e do Jardim do Éden. As "Elucidações", prólogo anexado ao *Perceval* de Chrétien, descreve o país do Graal como terra em que antes abundavam as donzelas, o alimento e a fartura, até que um selvagem agressor, chamado Amargon, pôs fim à Era de Ouro. "A terra ficou morta e deserta ... e eles perderam as vozes dos poços ... e as virgens que neles habitavam." Originalmente, quando um viajante se aproximava do poço, "surgia de dentro dele a mais linda virgem que se podia imaginar, trazia na mão uma taça de ouro com pães, doces e quitutes, o alimento que ele pedira, e em busca do qual tinha vindo até ali. Era muito bem recebido no poço ..." Amargon, contudo, "cometeu violências contra uma das virgens; contrariando sua vontade, violou-a e arrebatou-lhe a taça de ouro, levando-a consigo ... portanto ... nunca mais apareceram as virgens de dentro dos poços, nem a mais ninguém atenderam ou serviram ... o reino transformou-se numa ruína ... o reino tornou-se então um deserto, as árvores nunca mais deram folhas, os campos e flores feneceram e os riachos secaram. E então não se pôde mais encontrar a corte do Rico Pescador, que tornava esplêndido o país". (A propósito, nesta versão é Gawaine e não Parsifal que repara o mal feito às virgens dos poços e que encontra e restabelece o Graal.) Lembra-nos a profanação na história do Éden, o paraíso perdido e a seguinte passagem da Bíblia, em Gênesis, 3:17-18: "(...) a terra será maldita por tua causa; tirarás dela o sustento com trabalhos penosos, todos os dias da tua vida. Ela te produzirá espinhos e abrolhos, e comerás a erva da terra".

Campbell reproduz diversos selos antigos da Mesopotâmia, que mostram a serpente, tanto em forma de macho como de fêmea, segurando uma taça ou acompanhada por um aguadeiro, um *aquarius*, diante de uma árvore do mundo ou *axis mundi*, oferecendo uma dádiva de frutas a um suplicante.[8] "Não há nesses selos sinal de ira divina ou de perigo. Não há tema de culpa associado ao jardim. A dádiva do conhecimento da vida está ali, no santuário do mundo, para ser colhida. É generosamente concedida a qualquer mortal, homem ou mulher, que a busque com a vontade certa e com disponibilidade para receber."[9] Um outro selo representa a deusa e a serpente sentadas de um lado da árvore, de frente para o parceiro divino com cabeça adornada por galhos, o bem-amado filho-marido Dumuzi, "Filho do Abismo, Senhor da Árvore da Vida, o deus sumério sempre morto e ressuscitado, arquétipo do ser encarnado".[10]

As imagens de Aquarius também se referem a essa Era de Ouro de um paraíso pré-bíblico. Essa é a constelação que deve reger a era vindoura. Sua imagem é um guardião divino, de sexo masculino e/ou feminino, junto a um recipiente (o termo medieval para Aquarius era Ânfora), poço ou nascente, ao pé da árvore do mundo ou do eixo (*axis*) do mundo, do qual fluem a vida, a iluminação e a sabedoria. Até nos mitos nórdicos encontramos as Nornas (deusas do destino ou da sina) aos pés do freixo do mundo e Mimir (guardião da sabedoria) próximos às raízes, guardando o poço do qual Odin (a divindade suprema) bebe sabedoria, pagando o preço de ficar durante nove dias e nove noites pendurado da árvore, num sacrifício de iniciação a si mesmo. E do Jardim do Éden, segundo a tradição bíblica, fluem quatro rios nas quatro direções da bússola, compondo assim a cruz mundial das águas.

No mito primitivo pré-judaico-cristão, o final da Era de Ouro, o advento do mundo de morte, choro e ranger de dentes, está associado à morte da serpente, da mulher, ou de ambas, e ao crescimento de plantas alimentícias a partir da cabeça ou do corpo da vítima enterrada. Na redação patriarcal do mito, a morte da serpente ou da mulher é substituída pela desobediência de uma e outra ao criador, agora exclusivamente masculino. Numa história semelhante, Lilith, supostamente a primeira mulher de Adão (e senhora do mundo), é banida porque se recusou a obedecer-lhe. Na versão patriarcal, há duas árvores, uma da vida e uma do conhecimento. O conhecimento está separado da vida. O *golpe doloroso* substitui a renovação que o sacrifício propiciava. É administrado por Caim (filho original de Deus[11]) a seu irmão Abel. Senhor da árvore da vida e da reencarnação, Caim ou o deus de galhos na cabeça torna-se um bode expiatório. A Era de Ouro, "na qual o medo e a punição estavam ausentes porque todos faziam de bom grado a coisa certa" — segundo Ovídio em sua *Metamorphoses* —, deve ser agora substituída pela obediência forçada a uma lei imposta de fora num mundo em que a terra não mais oferece generosamente seus frutos. Reina a miséria. Estamos na Terra Deserta da história do Graal.

Por conseguinte, o mito do Graal/Aquarius implica nada mais nada menos que o reverso da tendência patriarcal que representou a perda absoluta da integração mágica com o paraíso. Isso deverá ocorrer por meio da recuperação do manancial e de suas virgens, quer dizer, do mundo da deusa, fazendo-se a pergunta e/ou beijando a donzela feia.

Naquele reino, vida e conhecimento eram uma coisa só; havia uma só árvore. O conhecimento era vivencial, semelhante à união sexual, uma fusão. Em latim, a palavra *sapere* ainda significa tanto *saborear* quanto ser sábio ou ter discernimento. A separação das árvores, acompanhada da proibição de comer ou *saborear* o fruto, coloca a abstração, a obediência e a noção de pecado da união sexual no lugar da descoberta da experiência de união. Da mesma forma, a proibição de imagens esculpidas distanciou a experiência imaginária do espírito. Essa distância foi um ato de violência contra a natureza unitária da Deusa, crime contra a virgem do poço. Junto com o ego patriarcal do hemisfério cerebral esquerdo e seu senso de separação e responsabilidade, nasceram também a competitividade, as lutas fratricidas pelo poder, a culpa e a atitude de bode expiatório. É o deserto contemporâneo do homem contra o homem. Pouco espanta portanto que o anseio pela realidade unitária perdida, pelos dias de ouro da pertinência sob o reinado da Deusa, tenha crescido como uma nostálgica melodia de fundo, durante todo o patriarcado. Esse anseio foi expresso nos vários mitos de redenção e culminou no mito do Graal, que incessantemente tem assombrado as fantasias inconscientes do último milênio.

O mito do Graal e Hitler

Joseph Campbell foi o primeiro a chamar a atenção para o provável significado do mito do Graal para os tempos modernos, em virtude da avalanche de trabalhos científicos e artísticos de escritores, artistas plásticos e antrópologos, desde o *Parsifal* de Wagner. Foi, entretanto, a descoberta da obsessão de Hitler e de alguns de seus precursores pelo mito do Graal que me confirmou que esse mito, embora distorcido e sentimentalizado na atualidade, pode ser realmente um fator motivador de primeira ordem, que, à nossa revelia, moldaria para melhor ou para pior a nossa consciência coletiva. Se conseguirmos entender o mito, poderemos utilizar suas possibilidades construtivas. Mas, enquanto ele estiver inconsciente, permaneceremos vulneráveis a seus perigos obsessivos e destrutivos e a uma repetição da loucura de Hitler.

Não afirmo que as idéias políticas de Hitler devam ser explicadas simplesmente como tentativas de implementar um programa como o do Graal, embora essa possibilidade não deva ser descartada. O que fica evidente, no entanto, é que a idéia messiânica de renovação — a idéia de restauração de uma ordem ideal perdida e da renovação literalizada dos ritos de sangue dos mistérios pré-cristãos (muito astutamente, Hitler percebeu o significado pré-cristão das lendas) — foi uma idéia que rondou obsessivamente as perspectivas de Hitler, assim como os movimentos nacionalistas e pseudo-espirituais que o precederam.

A apaixonada e duradoura preocupação de Adolph Hitler com a busca do Graal e com seu significado místico, tanto na versão de Richard Wagner quanto na de Wolfram von Eschenbach, tem sido confirmada por várias pessoas que o conheceram pessoalmente. Antes das versões de Hitler e de Wagner, o *Parzival* de Wolfram von Eschenbach fez do mito uma parte do pensamento e das fantasias culturais da Europa Central de meados do século XIX em diante. Mas o que em geral não se sabe é que sua premissa básica, a busca do objeto sagrado perdido, da tradição sagrada ou do serviço sagrado, cristianizada ou pré-cristã, esteve sempre presente como elo de ligação, desde o início do segundo milênio, atravessando a cultura medieval e chegando até a moderna.

Encontramo-la no impulso motivador dos cruzados e na fundação e nos rituais da ordem dos Cavaleiros Templários, suprimida em 1314 sob a alegação de que seus membros eram hereges, blasfemos sodomitas que adoravam um estranho deus dionisíaco chamado Bafomet, identificado com Satã pela Igreja. Otto Rahn (em *Kreuzzug gegen den Gral*, 1933) levanta a hipótese de uma provável referência à história do Graal nos rituais e no culto dos albigenses. Este autor chegou inclusive a identificar Montsegur, o santuário central dos albigenses e sua última fortaleza, com Montsalvat, o castelo do Graal. Lembremo-nos também que os albigenses foram suprimidos durante as sangrentas cruzadas que tornaram deserta uma região que hoje é o sul da França, com base em acusações semelhantes às invocadas contra os Templários. Uma continuação da tradição dos Cavaleiros Templários foi reivindicada pela maçonaria, principalmente pela maçonaria escocesa, e, mais tarde, no início de 1700, pela Observância Estrita, uma ordem quase templária que alegava possuir documentos secretos datados do século XIV e funcionar sob a direção de um misterioso e desconhecido superior.[12] Essa tradição supostamente marcou a maçonaria e influenciou Madame Blavatsky, fundadora da moderna teosofia e da Ordem do Amanhecer Dourado, na Inglaterra, que levaram à OTO (Ordo Templis Orientis), na década de 1880. Não interessa, para nossos propósitos, saber se essas alegações são historicamente válidas ou espúrias. O simples fato de terem sido feitas expressa uma identificação mitológica e a vitalidade do mito do Graal. Tanto a Amanhecer Dourado quanto a OTO representaram influências culturais profundas e contavam entre seus membros com pessoas do porte de Yeats, Aleister Crowley e Rudolph Steiner — fundador da antroposofia.

Enquanto me dedicava à finalização deste texto, encontrei um novo *best-seller, Holy blood holy Grail,* da autoria de M. Baigant, R. Leigh e W. Lincoln. Sua proposta é dupla: confirmar e documentar uma tradição viva do Graal, que remonta aos primórdios da era cristã e se mantém até os dias de hoje. Essa tradição é representada por um certo priorado de Sion, na França, uma sociedade esotérica que dava apoio aos cruzados, aos Cavaleiros Templários, a alguns ramos da maçonaria e às sociedades Rosa-Cruz e Hermética. Segundo os registros do priorado, contam-se entre entre seus grandes mestres Nicolas Flamel, René d'Anjou; os artistas Sandro Botticelli e Leonardo da Vinci; Robert Fludd, Robert Boyle e Isaac Newton; Maximiliano de Habsburgo, protetor de Haydn, Mozart e Beethoven; Victor Hugo, Claude Debussy e Jean Cocteau.

Segundo esses autores, as metas do Priorado de Sion são espirituais e políticas, sendo que estas últimas visam estabelecer os Estados

Unidos da Europa, monarquia constitucional governada por um rei-sacerdote que deve ser descendente da dinastia merovíngia. Os merovíngios são vistos como reis do Graal por descenderem do útero de Madalena (Graal), supostamente a esposa de Jesus.

Não me encontro em posição de avaliar a validade dessas alegações. Mas, independentemente de sua veracidade, o fato de estarem sendo feitas e a contínua existência de sociedades em torno do Graal constituem um eloqüente testemunho da vitalidade e da duradoura relevância do tema do Graal para nossos dias. A despeito de sua possível aplicabilidade política — aliás, até mesmo em virtude dela —, esse fato enfatiza a necessidade de nos dedicarmos à análise do impacto e da significação psicológica desse mito.

Parece que um amálgama das tradições do Graal e Thule faz parte dos ensinamentos secretos de uma tradição ocultista do século XVIII à qual faz alusão o *Fausto* de Goethe, parte I, na canção de Gretchen sobre a taça de ouro perdida que pertencia ao rei de Thule, uma antiga cantiga folclórica que lhe ocorreu, aparentemente, após a primeira vez que o mundo proibido de Fausto e Mefistófeles penetrou em seu quarto. É uma alusão do artista reconhecível apenas pelos iniciados, talvez análoga à alusão maçônica no texto de Mozart, *A flauta mágica*.

Contudo, a constelação mais drástica e dramática do tema do templo do Graal ocorreu na Áustria, na virada deste século. Na mesma época em que Freud publicava seu primeiro livro básico —*A interpretação dos sonhos* — uma Nova Ordem Templária era fundada por D. Lanz von Liebenfels, antigo monge cisterciense. A finalidade expressa dessa Nova Ordem Templária era ser uma continuação da tradição do Graal. A ordem adquiriu e manteve vários castelos na Áustria. Tinha um sistema definido de graus: noviço, *magister*, covenal, familiar, prior, presbítero, etc. Cada templário era destinado a um castelo específico. A ordem executava em público determinadas atividades e celebrações, mas apenas os iniciados podiam participar de serviços e rituais secretos, que incluíam um *legendarium*, um *evangelarium*, um *visionarium*, leituras prescritas e uma *biblio mysticum* ("bíblia secreta"), além de preces e invocações. Tudo isso propunha-se a compor uma liturgia do Graal dedicado a reviver os antigos mistérios esquecidos da milenar tradição sagrada (atribuída e um Thule ariano legendário), da qual supunha-se que toda a cultura indo-germânica tivesse se originado.

O símbolo central dos mistérios do Graal-Thule era uma suástica, antigo símbolo de renovação, ladeada por dois cornos da lua (os cornos do antigo deus celta xamã, Cerunnus). Está suspensa acima e dentro de uma lua crescente, como numa taça. Esse símbolo pode também ser encontrado na ponta de antigas lanças góticas.

Esse emblema era considerado o símbolo mais secreto do Armamentun Armandom, nome dado à ordem por seus sumos sacerdotes e dirigentes espirituais. Os novos templários se propunham a guardar e servir o Graal, taça do sangue racialmente puro, e os mistérios de Thule relativos à raiz ancestral da raça ariana.[13]

O principal ensinamento da Nova Ordem Templária era o nacionalismo racista furioso, o anti-semitismo desvairado no qual posteriormente Hitler brilhou. Incentivava o cultivo do sangue racialmente puro, "alimentava a idéia da sacralidade do sangue e das leis de herança", e da raça ariana ou "ásica" pura. Afirmava que o estado paradisíaco original tinha sido o de uma raça pura. A expulsão do homem se devera à mistura de sangues. A vinda de Jesus, redentor e suposto defensor da pureza racial, assinalaria a primeira batalha e a vitória final da raça loura de olhos azuis, que traria de volta o Reino dos Céus. É desnecessário dizer que, nesta versão, Jesus não é judeu, mas ariano. Ele é chamado de Frauja, palavra usada pelo bispo visigodo Ulfila em sua tradução da Bíblia, obviamente devido à sua sonoridade germânica.

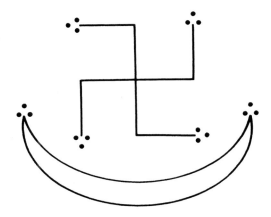

Segundo Liebenfels, o Graal é o "deus no homem, trazido e mantido no ventre de uma mulher pura de alta linhagem".[14]

Para o público, a religião dessa ordem era promulgada por um periódico chamado *Ostara*, nome criado a partir de uma hipotética deusa telúrica alemã, representante da primavera e da beleza. Também de seu nome supõe-se ter derivado o termo Oster, "Páscoa". *Ostara* discorria sobre a superioridade espiritual e física ariana. Fazia a propaganda de pseudoteorias raciais a respeito da superioridade dos arianos louros de olhos azuis, das linhagens nórdicas, sobre as raças mediterrâneas, eslavas, judias e negras, que supostamente exerciam um efeito prejudicial sobre a nobreza da cultura e do espírito.

Segundo pesquisas de Daim, os leitores de *Ostara* pertenciam provavelmente aos círculos mais influentes do mundo austríaco anterior à Primeira Grande Guerra. Entre eles estavam os chefes de gabinete do exército e da marinha austríacos, membros da Câmara dos Lordes, o inventor da borracha sintética e ninguém menos que Karl Lueger, prefeito anti-semita de Viena, além de Franz Ferdinand, herdeiro do trono, cujo assassinato detonou a Primeira Guerra Mundial. Em uma de suas cartas, Ferdinand faz uso do *slogan*, posteriormente divulgado, em que denunciava judeus, maçons e socialistas como forças corrosivas do Estado.

Seu membro e discípulo mais importante, contudo, é citado por Lanz von Liebenfels (aliás Fra George ONT) numa carta ao Irmão Aemilius (um certo sr. Emile): "Você está entre os nossos primeiros adeptos. É de seu conhecimento que Hitler é um de nossos discípulos? Ainda viverei para testemunhar que ele e, através dele, também nós seremos vitoriosos e desencadearemos um momento que fará o mundo tremer. Salve".[15] Esta carta é datada de fevereiro de 1932. E, em 1934, ele fala de seu núcleo, inicialmente reduzido, como "primeiro porta-voz do movimento que agora, de acordo com a vontade de Deus, se desenrola irresistivelmente por todo o mundo como o mais poderoso movimento de toda a História".[16] Segundo Rauschning, o *Gauleiter* (prefeito) de Danzig, Hitler teria dito o seguinte:

> Você deve dar ao *Parzival* uma interpretação diferente da normal. Por trás do revestimento cristão trivial da história, com sua mágica da Sexta-Feira Santa, esse profundo drama tem um conteúdo diverso. Não se trata de uma religião cristã ou schopenhaueriana de compaixão, mas sim de uma glorificação do sangue puro e aristocrático. Guardar e glorificar esse sangue é a tarefa em torno da qual se reuniu a fraternidade dos iniciados. Nele, o rei sofre da doença incurável de um sangue corrupto. Nele, o homem ignorante, conquanto puro, é levado pela tentação de ceder às perfídias e êxtases de uma civilização corrupta no jardim mágico de Klingsor, ou então pode escolher reunir-se aos cavaleiros escolhidos para guardar o segredo da vida: o sangue puro. Nós, todos nós, sofremos da enfermidade de um sangue contaminado e misturado. Como poderemos nos purificar e nos redimir? Atenção: a compaixão que leva ao conhecimento só serve ao intimamente corrupto, àquele que em si mesmo está dividido. Essa compaixão só conhece um certo curso de ação: deixar o doente morrer. A vida eterna que é o prêmio do Graal, só está destinada aos verdadeiramente puros e nobres... Como deter a decadência racial? Politicamente já agimos: sem igualdade, sem democracia. Mas e quanto às massas populares? Deveremos deixá-las seguir seu próprio caminho ou deveremos detê-las? Deveremos formar um grupo selecionado de verdadeiros iniciados? Uma ordem, a fraternidade dos templários em torno do Graal do sangue puro?[17]

Posteriormente, Hitler acabou por responder afirmativamente a essas perguntas: as *Ordensburgen* da SS foram formadas como castelos do Graal com o propósito de cultivar uma raça para os *perfecti*, num casamento sagrado entre os racialmente selecionados. O extermínio que Hitler impôs às minorias, especialmente de judeus, pode muito bem ser compreendido como uma oferenda ritual; o *holocausto*, o sacrifício através da combustão ao Sagrado entre Todos os Sagrados. Seu modo de agir desencadeou orgias dionisíacas de uma destruição sem paralelos. Um mito negligenciado, esquecido e reprimido irrompeu e mergulhou o mundo num cataclisma de destruição.

O fenômeno Hitler nos oferece um exemplo de psicopatologia obsessiva, aliás, psicótica, de natureza coletiva. Sua dinâmica básica, no entanto, não é essencialmente diferente das invasões similares de material transpessoal, mitológico ou arquetípico que assalta a psique dos indivíduos. De fato, parece que obsessões individuais e coletivas entraram em mútua combustão no nacional-socialismo de Hitler. Essas perigosas possibilidades, que em absoluto não estão restritas aos eventos daquele tempo e lugar, têm sido em grande extensão desconsideradas. Num capítulo anterior, consideramos um exemplo de obsessão dionisíaca individual (nossa "dona de casa tiranizada") e observamos a perigosa tendência de destruição ou autodestruição, a besta que se liberta da jaula e vem para fora quando a força não é compreendida e recebida de modo adequado. Enquanto fenômenos coletivos, a brutalidade e a devastação infestam nosso tempo e não estão limitadas a Hitler, Stálin e ao aiatolá Khomeini.

Já observamos que o deus galhudo, consorte da Grande Deusa, é um aspecto integral da dinâmica do Graal. Nos ritos de sangue pré-cristãos, ele é assassinado sob a forma do velho rei (representado por seu predecessor ou outras vítimas sacrificiais expiatórias), esquartejado e ressuscitado.

Strabo escreve que, entre os cimri germânicos, "quando os prisioneiros eram trazidos para seu acampamento... as sacerdotisas os apreendiam de espada em punho e, depois de adorná-los com flores, conduziam-nos até um grande recipiente de cobre, grande o suficiente para conter vinte ânforas e contra o qual uma espécie de escadinha tinha sido colocada... Uma delas subia até a borda do recipiente, empurrava cada prisioneiro para dentro e ali cortava-lhe a garganta".[18]

O arquétipo do deus galhudo e xamã, que envolve loucura, morte e renascimento, também aparece nos rituais e na liturgia das ordens templárias, tanto medievais quanto contemporâneas. Não existem informações internas disponíveis sobre os rituais secretos da Nova Ordem Templária de Liebenfels, mas os rituais da OTO — que defendem a manutenção das tradições da antiga Ordem Templária — referem-se a "nosso deus Bafomet, o inefável, portador do Santo Graal".[19] A razão ostensiva para a dissolução da antiga Ordem Templária foi o caráter herético do culto de Bafomet, representado como deus galhudo e hermafrodita. Nos cultos medievais das bruxas, essa figura aparece como o consorte galhudo da deusa. Chamado de Diabo pela Igreja, era conhecido como o Deus da Reencarnação pelas bruxas. Como acontece com a morte e o renascimento de Dioniso, ritos de sangue estavam sem dúvida associados a essa figura nos cultos pagãos pré-cristãos.

Consciência e mito
É importante discernir a diferença entre possibilidades criativas e patologia regressiva na expressão de um mito. A fim de efetuarmos essa

distinção, precisamos notar que o rito bárbaro de renovação do sangue através do assassinato sofreu um processo de evolução simbólica. Na versão medieval cristianizada, a renovação da vida mediante o esquartejamento e o derramamento de sangue é substituída por um simbolismo semelhante ao da missa. O Graal contém o sangue do Cristo crucificado. Renova a si mesmo através da devoção de sua comunidade, ou seja, por meio de um ato psicológico de dedicação e comprometimento amoroso. Na psicose de Hitler, reemergiu o *elemento arcaico*; em lugar de uma dedicação amorosa, presenciamos o *frenesi assassino* em plena ação na paranóia do nacional-socialismo.

A prevalência das possibilidades criativas ou da destruição regressiva é algo que depende não da natureza do arquétipo ou mito, mas da atitude e do grau de consciência. Esse é o fato mais importante e menos entendido da dinâmica psíquica. É válido tanto coletiva como individualmente. Qualquer elemento arquetípico ou mitológico autônomo que luta para tornar-se ativado deve ser integrado e, de alguma maneira, canalizado de modo construtivo e criativo para a vida consciente, mediante a reconciliação de suas exigências presentes com o nível de consciência, ethos e moralidade já alcançado pela comunidade e pela pessoa individual. Pode ser muito perigoso deixar de compreender isto. Foi esse o problema enfrentado por nossa paciente do primeiro capítulo, mas ignorado pelo quase assassino do presidente Reagan. Sempre que, em virtude de uma desconsideração inconsciente ou de impaciência, esse doloroso processo de maturação é encurtado, o cerne energético emerge de forma arcaica, primitiva e obsessiva, com muita freqüência com uma projeção paranóica, levando a uma ação neurótica perigosa e geralmente destrutiva. Evidentemente, encontramos os casos mais trágicos desses padrões de eventos nos períodos de transição individual e coletiva, quando a orientação consciente ainda não se encontra preparada e é incapaz de assimilar as novas tendências. A consciência não consegue compreender o novo. Reage numa resposta de rápido rebote, fortalecendo e endurecendo as velhas posições. Na vida pública, conhecemos suficientemente bem esse fenômeno. A integração forçada dos negros nas escolas públicas, até então exclusivamente para brancos, e a violência subseqüente constituem um exemplo. O indivíduo também tende a reagir às mobilizações interiores ameaçadoras com crescente rigidez. É então que as novas tendências atuam inconscientemente em termos de antigos padrões de hábito. O resultado disso não é apenas ambivalência, autocontradição e impasse, mas também ações bizarras ou mesmo francamente destrutivas. Assim é que a paciente descrita no primeiro capítulo reagiu ao mestre xamanista e dionisíaco de música com autopunição e com a ameaça de matar e esquartejar seu filho, ao invés de entregar-se à "música interior" e "esquartejar" seu rígido padrão de comportamento; no outro caso, o rapaz achava que tinha que matar o presidente, qualquer presidente, a fim de servir sua deusa.

Hitler não entendeu o chamado para transcender e sacrificar o quadro patriarcal de combatividade, conquista e auto-engrandecimento. Em vez disso, ficou obcecado pelo grande deus xamã redentor. Numa identificação paranóica, acreditou ser ele próprio o deus da renovação e das bênçãos. A face oculta da moeda, a inconfessada *ego trip*, com toda a sua ânsia desvairada de poder egoísta, foi por ele projetada em seus bodes expiatórios: os judeus e outros inimigos.

A citação seguinte é apresentada como uma demonstração quase clínica dessa dinâmica de identificação projetiva e de seu perigo paranóico. Foi extraída do *National Socialist World*, n.º 2, outono de 1965, publicado e distribuído trimestralmente pela União Mundial dos Nacional-Socialistas (quartel-general internacional em Arlington, Virgínia). O título é "Bolchevismo de Moisés a Lênin: Diálogo entre Adolph Hitler e eu", da autoria de Dietrich Eckhardt e traduzida para o inglês por William Pierce.

A verdade, disse Hitler, é mesmo aquela que você certa vez escreveu: entendemos o judeu quando conhecemos seu objetivo final. E esse objetivo, além da dominação mundial, é a aniquilação do mundo. O judeu está convencido de que precisa exterminar pela guerra o restante da humanidade, a fim de preparar o paraíso na Terra. Ele precisa acreditar que somente ele é capaz dessa grande tarefa e, considerando-se suas noções do que seja o paraíso, certamente é assim. Mas, apenas pelo exame dos meios que emprega, vemos que secretamente ele almeja outra coisa. Enquanto finge para si mesmo estar elevando o nível da humanidade, atormenta homens a ponto de fazê-los desesperar, enlouquecer, arruinar-se. Se não for detido, destruirá todos os homens. Sua natureza força-o a prosseguir, mesmo que perceba vagamente que dessa forma irá acabar destruindo a si mesmo. Não há outro caminho para ele: precisa agir assim. A percepção dessa dependência incondicional de sua própria existência em relação à de suas vítimas parece-me a causa principal de seu ódio. Ser obrigado a tentar aniquilar-nos com toda a sua força, mas, ao mesmo tempo, suspeitar que isso deve inevitavelmente conduzir à sua própria ruína, é, a meu ver, a tragédia de Lúcifer.

De maneira tão inacreditável quanto inconsciente, Hitler descreve nesse trecho sua própria psicologia, totalmente mobilizado pelo mito aquariano. É perfeitamente óbvio que, se substituirmos no texto o termo "judeu" por "Hitler" ou "nacional-socialismo", ou apenas "eu", essa nova escritura constitui uma autodescrição muito precisa não só da personalidade de Hitler e de seus objetivos, como também da natureza do impulso xamanista e dionisíaco que o conduziu inexoravelmente ao Holocausto e à autodestruição. A tragédia de Lúcifer, portador da luz, levou-o a agir de maneira obsessiva, em vez de consciente e responsavelmente.[20]

Como então podemos canalizar os impulsos do padrão aquariano do Graal, se pretendemos evitar outra psicologia do Holocausto? Em certo sentido Hitler tinha razão, quando sustentava que o mito do Graal, em sua versão popular, oculta um mistério profundo. Cometeu sem dúvida o erro catastrófico de agir ingenuamente, mobilizado por sua cobiça de poder em termos de racismo e na tentativa de renovar os sacrifícios ancestrais através do sangue, do bode expiatório e do *holocausto* em termos concretos. Ao invés de avançar na direção de uma nova conscientização, retrocedeu para a barbárie e a loucura. O ritual simbólico se transformou em identificação mitológica; a Eucaristia em matança pura e simples. E agora está se movendo de novo no sentido de uma interiorização do ritual e do mito na forma de um significado psicológico para nossa maneira de viver e agir. Teilhard de Chardin define o mal como inferioridade ontológica ou inconsciência.[21] Neste sentido, assim como para nossos valores afetivos, Hitler foi a encarnação do mal. É do ponto de vista do significado psicológico e de um novo passo evolutivo que agora precisamos analisar o mito do Graal.

Há um consenso cada vez maior entre os antropólogos sobre as formas remanescentes das lendas do Graal, inclusive o *Parzival* de Wolfram, serem apenas versões exotéricas de ritos iniciáticos, ou talvez ensinamentos secretos revelados apenas aos eleitos.[22] A continuidade do tema do Graal nas sociedades esotéricas posteriores, conforme discutimos acima, torna essa suposição ainda mais provável. Além disso, uma avaliação psicológica da história, principalmente da versão de Wolfram, deixa-nos a sensação de que é provável que um ponto importante, talvez decisivo, tenha sido omitido ou suprimido nas versões remanescentes. O que finalmente capacita Parsifal a obter o Graal depois de seu primeiro fracasso jamais é explicado. Presume-se que a obtenção do Graal depende de que ele faça a pergunta certa: "O que o incomoda?" ou "A quem servimos com o Graal?". Depois de notificado de seu fracasso, ele perde a fé, torna-se cristão, é informado do Graal e se torna peregrino nas florestas, um bode expiatório. A culpa não foi dele, para início de conversa, pois sua educação segundo as regras da cavalaria tinham-no instruído a não formular perguntas. Agora, porém, existe uma lacuna na continuidade do tema. Inexplicavelmente, perde-se Parsifal de vista. De modo igualmente inexplicável, quando reaparece, mais tarde, é convocado a assumir o reinado do Graal. Não se explica a mudança ou a iniciação porventura havida que o tenha qualificado para essa escolha. Ao invés disso, a história passa a tratar de Gawaine, que liberta o *castel merveil*, o castelo enfeitiçado das mulheres, e serve com sucesso a Orgeluse, a mulher que causou a ruína do rei do Graal. Teria sido essa sua iniciação?

Aprendemos com nosso trabalho sobre os sonhos, dentro da psicologia analítica, que um motivo interveniente, e talvez irrelevante, surge freqüentemente como a chave inconsciente para a solução do problema. Teriam sido os feitos de Gawaine um disfarce para as experiências de iniciação de Parsifal? Se assim for, a evidência é ao mesmo tempo convincente e espantosa. Para começo de conversa, há evidências de que Gawaine seja o nome original de Parsifal. Na versão galesa, o *Mabinogion*, o nome original de Parsifal (Pryderi, Peredur) é Gwri Gwalt Adwyn, que significa "cabelo brilhante", que posteriormente é abreviado para Gawaine.[23] Gawaine também é chamado de Fonte de Maio, o "do cabelo brilhante", "aquele que recebeu a juventude eterna" (em *diu krone*). Em seu escudo, apresenta o pentagrama, o nó infinito, o emblema de Vênus Ishtar. É tanto o herói solar irlandês como o deus do ano novo, que cura e renova o velho deus, protetor do caldeirão, e que agora precisa morrer.[25] Gawaine é um curandeiro e o amante da deusa do Graal. Na versão de Wolfram, ele redime o castelo das mulheres, o mundo da Fée ou monte de Vênus, que é o aspecto oculto do castelo do Graal. Serve a Orgeluse, que, assim como a antiga deusa, causou a morte de muitos homens e o ferimento do Rei Pescador. A seu serviço, Gawaine desafia Gromoflanz, que matou seu predecessor, o primeiro marido de Orgeluse. Consegue esse feito quebrando um galho da árvore sagrada, comparável ao Galho de Ouro. Em defesa de nossa tese, ao final da história, Parsifal carrega o mesmo galho e descobre sua dimensão Gawaine num episódio descrito como um combate sem trégua.

A iniciação de Gawaine e seu ato de libertação ocorrem no espaço do castelo da deusa, representada nas versões medievais como Kundrie, Morgan Le Fay, Lady Ragnell ou as virgens do Graal. A deusa do Graal é a heroína de uma história sazonal de seqüestro; senhora da lua e da vegetação, que abandona as formas animais mais hediondas e se transforma em figura de beleza radiante e é um guia para o outro mundo. Com o conhecimento do marido, enlaça um deus juvenil e o marido os interrompe com o golpe de um relâmpago. Por fim, ela é associada a um culto em que uma sacerdotisa porta um vaso adornado de luzes numa cerimônia de iniciação que tem um íntimo vínculo com a cura do deus mutilado.[26]

Então, Gawaine e Parsifal são iniciados nos mistérios do feminino. Podemos coletar os detalhes numa lenda semelhante da Grande Deusa hindu semelhante que repete os traços principais da iniciação de Gawaine, e também em duas famosas histórias medievais: a do Cavaleiro Verde e de Lady Ragnell. Estas contêm a mesma essência, numa forma psicologicamente compreensível, que permanece oculta nas lendas oficiais sobre o Graal. Apresento agora uma breve versão dessas lendas, que são menos conhecidas hoje do que a história de Parsifal.

No dia do ano novo, o rei Arthur está com a corte em Camelot; como de costume nesse dia, ele não senta nem toca em alimento algum antes que algum episódio bizarro lhe seja relatado ou alguma aventura tenha ocorrido. De repente, um cavaleiro enorme entra pelo salão montado a cavalo. Está esplendidamente vestido e armado com um machado de batalha. Seu rosto, seu cabelo, sua barba, a cota, o manto e todos os adereços são verdes. Numa das mãos, segura um galho de azevinho "cujo verde é mais vivo quando o arvoredo está mais desnudo". Esse cavaleiro desafia a corte para um jogo de natal: ele receberá um golpe de machado sem resistir, desde que, dali a um ano e um dia, seu adversário receba dele um golpe semelhante. Só Gawaine aceita o desafio e, com uma só pancada, decepa a cabeça do desafiante. O cavaleiro verde pega a cabeça, monta no cavalo, identifica-se como o cavaleiro da capela verde e insiste com Gawaine para que ele cumpra o prometido, apresentando-se no ano seguinte, na mesma lua, na capela verde, local que se recusa a definir melhor. Só será encontrado partindo em busca do desconhecido.

No ano seguinte, Gawaine enceta sua busca, da qual corre o risco de jamais retornar. Após longas e tumultuadas andanças por terras selvagens e desconhecidas, na noite de natal, um belo castelo surge de súbito e inesperadamente do nada. Ele é muito bem recebido pelo senhor do castelo, um cavaleiro altivo de "muita idade", vasta barba e um rosto "incandescente como o fogo". Sua esposa é uma mulher de grande beleza, e há uma outra dama na casa, muito velha e feia, mas muito considerada. O anfitrião insiste em que Gawaine permaneça em seu castelo, pois que o objeto de sua busca, a capela verde, não fica a mais de duas milhas dali. Gawaine concorda e aguarda ali a vinda da lua do novo ano.

Para os últimos três dias de sua estada, o anfitrião propõe uma brincadeira, que Gawaine aceita. Esgotado por sua dura jornada, Gawaine deve ficar deitado até o momento de assistir à missa e passar o dia dentro de casa, na companhia da dama, enquanto seu anfitrião sai à caça. À noite, trocarão aquilo que tiverem ganho durante o dia.

Na manhã de cada um dos três dias, Gawaine é visitado, enquanto ainda está na cama, pela senhora do castelo, que lhe suplica que aceite seus favores amorosos. Com grandes dificuldades pessoais e numa inexcedível cortesia para com ela, ele resiste à tentação, mas concorda em aceitar um só beijo na primeira manhã, dois na segunda e três, com um laço verde de fita, na terceira. Esse laço irá protegê-lo da morte em combate, segundo ela afirma. Os beijos, ele fielmente relata ao anfitrião, mantendo o segredo da dama. Mas guarda o laço verde de fita para si e nada comenta sobre ele. Em troca, recebe do hospedeiro na primeira noite um veado, um imenso javali na segunda e uma raposa na terceira.

No dia do ano novo, é conduzido à capela, mas advertido pelo guia de que irá enfrentar a morte certa. Ao cavalgar vale abaixo, Gawaine a princípio não consegue enxergar a capela. Finalmente, à margem de um rio trovejante, percebe um grande monte que se projeta do solo, recoberto de turfa, com uma cavidade no fundo e uma de cada lado. Parece-lhe "uma antiga caverna ou a fenda de um antigo penhasco". Talvez esta seja a capela verde, diz Gawaine com seus botões. "É um lugar onde o diabo pode rezar suas matinas à meia-noite. É a capela do infortúnio. É a igreja mais amaldiçoada que jamais vi." Ouve um ruído que lembra uma foice sendo amolada e, nesse momento, o cavaleiro verde se aproxima. Gawaine inclina a cabeça e a lâmina se ergue. Quando a lâmina começa a descer, ele encolhe um pouco os ombros. O cavaleiro verde interrompe-se e reprova sua covardia. Uma segunda vez o cavaleiro verde inicia o movimento de decapitá-lo, e desta vez Gawaine mantém-se firme. O terceiro golpe do machado, ao invés de decepar-lhe a cabeça, apenas roça-lhe a nuca. Tendo cumprido sua obrigação, Gawaine quer lutar, mas o cavaleiro verde se recusa e se identifica como o anfitrião do castelo. Ele havia instigado sua mulher a tentar Gawaine para testá-lo e errara propositalmente os primeiros dois golpes porque nos primeiros dois dias Gawaine havia cumprido fielmente sua parte do acordo, entregando-lhe o que recebera. O terceiro golpe o atingira de leve porque ele ocultara a fita verde que recebera. No entanto, como o medo de perder a própria vida é natural no ser humano, o ferimento não precisaria passar de um leve arranhão. O cavaleiro verde também revela seu nome, Bernlak de Haut Desert, e conta a Gawaine que a velha dama habitante do castelo é Morgan Le Fay, que planejara todo o episódio, provavelmente para levar o medo até a corte de Arthur. Gawaine volta a Camelot e relata suas aventuras, mas sente vergonha de sua fraqueza, tão francamente humana, cujo sinal é a cicatriz. "Pois homem algum pode ocultar sua cicatriz nem livrar-se dela; uma vez infligida, ela jamais o abandonará." Arthur, no entanto, tece muitos louvores a Gawaine e proclama que daí em diante todos os cavaleiros de sua távola deverão usar um laço de fita verde como o de Gawaine.

Uma segunda história, a do encontro entre Gawaine e a dama feia, Lady Ragnell, esclarece ainda mais o fator psicológico pertinente. Em defesa de uma dama ofendida, Arthur combate um "cavaleiro detestável", o homem mais terrível que já se viu. Esse gigante com poderes demoníacos derrota-o por mágica. A dama então se identifica como serva de Morgan Le Fay, e o cavaleiro, Gromar, como senhor do "castelo da deusa maldita". Em troca de sua vida, Arthur é então incumbido da tarefa de ir a todos os lugares que desejar e sempre perguntar, a todos com quem cruzar caminho, o que as mulheres mais desejam neste mundo. Após um ano e um dia, deve voltar com a resposta certa ou terá sua cabeça decepada. Ele inicia sua busca com Gawaine, mas, depois de um ano, ainda não haviam conseguido obter uma resposta convincente. Em seu caminho de volta até o castelo enfeitiçado, desanimados e abatidos, encontram a mulher mais feia que homem algum já viu na vida. Tem a pele do rosto vermelha como o sol poente. Dentes longos e amarelos destacam-se contra lábios grossos e moles. A cabeça repousa sobre um pescoço grande e grosso; é gorda como um sino. Não obstante, o horror de sua aparência não está apenas na fealdade de seus traços: em seus olhos grandes, estrábicos e avermelhados vê-se uma sombra aterrorizante de medo e sofrimento. Ela se oferece para dar a Arthur a resposta certa que salvará sua vida, sob a condição de um cavaleiro de sua corte tornar-se seu marido naquele dia. Transpassado pelo terror, Arthur se recusa, mas Gawaine se oferece para o medonho sacrifício. De volta à presença do cavaleiro demoníaco que está prestes a cortar-lhe a cabeça e levá-la para Morgan Le Fay, Arthur redime-se dando a resposta certa: o que as mulheres mais querem é sua soberania diante dos homens. Depois, é celebrado o casamento entre Gawaine e o hediondo ser. Toda a corte está compadecida de sua terrível sina. Quando os noivos ficam a sós na câmara nupcial, a noiva exige ser beijada. Apesar de sua repugnância, Gawaine consegue cumprir a exigência. Nesse momento, a aparência da noiva se transforma e então Gawaine tem nos braços a mais linda virgem que já viu na vida. Ela lhe revela que, com seu ato de nobreza, ele a havia libertado de um encantamento, mas não inteiramente, pois, durante metade do tempo, ela ainda precisa revestir-se daquela forma terrível. Ele pode escolher a parte do dia em que ela deve ser feia e estúpida; se prefere tolerar a vergonha diante da corte ou a repugnância à noite, em seus momentos de intimidade. Gawaine prefere não fazer esta escolha e deixa que ela decida, desejoso de consentir com a preferência da esposa. Ao entregar-lhe desse modo sua soberania, o feitiço é quebrado por completo, e daí em diante ela aparece como a linda donzela que é, dia e noite.

Uma estória hindu, proveniente de uma cultura diferente, embora não necessariamente de um outro período histórico, contém de forma coordenada os elementos principais do tema do Graal. E também demonstra que de fato a Terra Deserta e o dano causado à criatividade masculina (o ferimento do Rei Pescador) são devidos à desconsideração de que é alvo o grande Feminino. O resgate da fertilidade da terra e do homem depende de se voltar a prestar a ela as devidas homenagens.

Certo dia, Vishnu atravessava os ares montado em Garuda, o pássaro do sol. Cheios de orgulho, ambos achavam que Vishnu era o ser mais elevado, irresistível e universal de todos. Passaram voando pelo trono da Grande Deusa, mas não lhe deram qualquer atenção. "Continue voando, continue voando", disse Vishnu a Garuda. Então a Grande Deusa despejou rigidez sobre eles, que não conseguiram mais se mexer. Em sua ira, Vishnu sacudiu o trono com as duas mãos, mas não conseguiu movê-lo. Em vez disso, caiu e afundou no mar. Incapaz de se mover, perdeu a consciência e ficou rígido, vulnerável e inerte. Brahma, o criador, foi à sua procura e tentou erguê-lo, mas também se tornou vítima do feitiço e ficou petrificado. O mesmo destino se abateu sobre todos os outros deuses que, na companhia de Indra, saíram em busca dos dois primeiros, na tentativa de tirá-los do fundo do oceano. Somente Shiva, o consorte da Deusa, entendeu o que tinha ocorrido e levou-os de volta à Deusa, para lhe prestarem as devidas homenagens, e enfim obter as suas graças. Para tanto, Shiva ensinou-lhes como modelar em sua própria carne a "defesa" ou "couraça" mágica dos "mistérios de todos os desejos e alegrias". Foi assim que conseguiram libertar-se do *maya* da Deusa, saturando-se outra vez da força dela proveniente. Foi essa "armadura" que protegeu Shiva do encantamento. Ele, que a havia moldado com uma devoção integral, pôde contemplar a Deusa. Depois, enquanto prostravam-se diante dela, a Deusa revelou-se em carne e osso e instou para que todos os deuses bebessem das águas de seu útero, banhando-se nelas. "Ficareis então livres da prisão de vossos egos e, dessa forma, podereis dirigir-vos a vossos lugares no senado do céu."[27]

Essa história encontra um paralelo contemporâneo num sonho relatado por um executivo muito bem-sucedido e bastante "macho". Ele alcançara uma fase estéril em sua vida, fase de infertilidade e ausência de sentido. Sonhou que um bando de ladrões seqüestrava uma moça e dilacerava-lhe o coração. Ela murmurava: "Vocês devem beber minha água. Vocês devem beber minha água".

Em todas essas versões, incluindo as "Elucidações", podemos atualmente discernir os principais elementos do mito oculto: o Feminino irado ou insultado, oculto num *local distante* enfeitiçado, soturno e sem alegria, que deve ser redimido por uma busca que atravessa a "outra" terra, ameaçadora e incógnita. O buscador deve oferecer-se como vítima do rito de renovação, derrotando o xamã terrível, companheiro galhudo dotado de poder sobre a morte e a renovação. Prestando suas homenagens à soberania da Deusa tanto em seus aspectos repulsivos quanto atraentes, o buscador recebe dessa forma seu prêmio e pode de novo beber das águas perenes.

Bernlak de Haut Desert significa "pastor do alto deserto", portanto, da Terra Deserta. Ele representa essencialmente a mesma figura do Rei Pescador, que sofre um ferimento nos genitais. Em outra forma, ele é o mago castrado, guardião do *castel merveil*, o castelo das mulheres enfeitiçadas cativas que Gawaine liberta; ou aparece como Sir Gomer Somer Jour ("dia soturno e sinistro"), guardião e irmão sinistro da temível Morgan Le Fay, Morgan la Fée. Por sua vez, ela é chamada "Governadora", Gorgo, Medusa, e representa o terror abismal das dimensões profundas da Deusa, o escuro e misterioso útero do não-nascido. Ela é a hedionda virgem do poço, que foi a deusa da terra. Rejeitada pelo orgulho e pelo medo do ego patriarcal, espera ser redimida, aceita e homenageada, recuperando sua soberania original. Tanto a Deusa como seu companheiro escuro guardam a *amphora*, o Graal aquariano, fonte da vida e da renovação. Suas águas fluem por baixo das raízes da árvore do mundo, ou *axis mundi*, que é a árvore da vida *e* do conhecimento.

No mito ocidental do "paraíso perdido", saborear o fruto, conhecer pela experiência o bem e o mal, levou à perda do Éden. Na ética patriarcal, a atividade da serpente — ação instintiva, natural — é considerada má e não deve ser mais "saboreada". A ação natural deve ser regulamentada pela lei, e não mais pelo instinto. A canalização da violência e da destrutividade natural para o sacrifício humano, tal como incorporada pelo ato de Caim, foi considerada assassinato e, hoje, é inaceitável para nós. Matar deve ser legalmente permitido (apenas os bodes expiatórios) como retaliação pelo mal causado ou pela projeção que eles carregam. No patriarcado, ética e bondade devem ser preservadas pela obediência à lei.

Devemos então pensar que a abertura da ânfora irá legitimar o mal e a violência destrutiva? Esse foi o pressuposto implícito de Hitler. Seu homem do futuro, voltado apenas para conquistas, deveria ser impiedoso, cruel e desprovido de toda compaixão e respeito pelo sofrimento humano.

No entanto, o caldeirão ancestral da renovação foi preenchido com o sangue de Cristo, do deus-homem, que consciente e voluntariamente ofereceu-se à crucifixão segundo a forma medieval do mito. O sangue não é mais oriundo de bodes expiatórios involuntários, nem de um coletivo racial igualmente anônimo.

O vaso que contém o sangue da Crucifixão, que sempre e constantemente se renova, assinala uma renovação psicológica interior e contida, através de um sangramento e uma crucifixão conscientes. Isto significa percepção e aceitação conscientes de conflitos interiores, emocionais e psicológicos. Uma vez que não somos mais guiados por regras coletivas do superego, é nosso dever imperioso — à medida que arriscamos escolhas individuais — descobrir agora a consciência que se pronuncia por intermédio de nosso ser individual. Essa cena é amplificada e elaborada nos testes impostos a Gawaine e no motivo da pergunta.

Os testes ou provas impostos a Gawaine não são relativos a conquistas. Sua capacidade de conquistar e ter coragem já é pressuposta de início, pois teve que ser anteriormente garantida. O novo desafio implica aceitação, como na história hindu. Essa aceitação deve acontecer a partir de uma posição de lealdade e força, não de fraqueza. A prova exige força para enfrentar a consciência e o sofrimento no conflito, e a capacidade de se entregar a ele. Gawaine experimenta conscientemente o conflito entre o medo e a coragem em relação ao cavaleiro verde, entre a honra e o desejo com respeito à castelã, entre a lealdade e o afeto a Arthur e sua repugnância pela bruxa medonha. Ele não atua neuroticamente, ele age.

Ele se oferece para ser decapitado. Esse tema é tão ou mais antigo que o da crucifixão. Nessa medida, ele se torna "como as serpentes, [que] abandonando suas peles inveteradas, vão adiante, adiam a morte e transformam-se em sol... derrotam o velho (a cabeça é considerada a sede da alma) e assumem o novo homem".[28] Da mesma forma, ele se entrega à bruxa horrível que é uma donzela do Graal e guardiã do poço. Estas são manifestações diferentes da mãe-terra, que controla todo o enredo.[29] Dessa forma, ele testa sua prontidão para lidar com a vida e com o poder. Ao beber as águas da Deusa, renuncia ao apelo pessoal do ego pelo poder. De fato, o ego se admite nada mais que canal e recipiente de um destino que provém e flui de um manancial profundo e misterioso do ser, que tanto é fonte de terror e repugnância quanto do maravilhoso jogo da vida. Essa força que flui a partir da soberania da vida deve ser usada com absoluta reverência para que a Deusa conceda sua proteção. Tal proteção é simbolizada pela "armadura da Deusa" e pelo cinturão verde da dama.

Na maioria das histórias de Graal, uma pergunta deve ser formulada para que as águas possam novamente fluir e a Terra Deserta seja redimida. É significativo porém que, embora a importância da pergunta seja várias vezes enfatizada, quando ela é finalmente enunciada não vem resposta alguma e, aliás, a coisa toda é deixada sumariamente de lado.

Essa situação paradoxal pode ser compreendida de duas maneiras, aliás complementares. O que importa de fato é o perguntar em si, independentemente do que a resposta possa significar, e até de se existe mesmo alguma resposta. A questão diz respeito ao motivo do sofrimento e também à natureza do mistério do Graal. A quem ou ao que serve? O que existe por trás do mistério do sofrimento e da dor? Para estas indagações não existem de fato respostas padronizadas de credibilidade universal, pelo menos, não para nossa cultura pós-eclesiástica. Só na dimensão individual é que se podem descobrir algumas respostas, não apenas perguntando, mas, mais do que isso, vivendo e sofrendo a pergunta. Nos dias de hoje, parece que a vida exige ser vivida como uma indagação *Koan**, como uma busca contínua, e não, como antes, de acordo com um padrão dogmaticamente prescrito de códigos morais e comportamentais. Tal como no mito edipiano, o enigma não é mais perguntado ao homem. Não nos cabe mais (ou pelo menos não nos é mais exigido) suportar o interrogatório da vida (a Esfinge). Além disso, nós mesmos devemos fazer a pergunta e tentar descobrir, individualmente, por meio de nossas próprias tentativas e erros, como e quando o mistério do chamado de nossas vidas, o destino, falará a nosso ser. Como aponta Campbell, os cavaleiros de Arthur partiram juntos para a busca do Graal, mas cada um escolheu um caminho distinto para atravessar a floresta.

Nas fontes irlandesas mais antigas, há a sugestão de uma resposta que combina com o acima exposto. Ao brindar com a taça real, a pergunta cerimonial a ser formulada era: "A quem se serve com esta taça?". E a resposta era: "À soberania de Erin".[30] Essa soberania era representada pela Rainha Sacerdotisa. Embora superficialmente a pergunta pareça fazer menção a uma soberania política, somos também levados a pensar em Lady Ragnell e na questão que ela encarna, a saber, a aceitação da soberania da mulher, a aceitação do feio com o belo, do escuro com a luz. Existem muitos contos ainda remanescentes da tradição folclórica celta em que a donzela feia contempla o cavaleiro que a aceitou e beijou em sua aparência medonha com a soberania da terra.

---

* Espécie de mantra. Sílaba que o aprendiz ou praticante do budismo deve entoar por longos períodos, em suas práticas de meditação, sob orientação de um mestre, no caso do zen-budismo. Também se refere a aforismos aparentemente paradoxais capazes de desafiar a lógica e o raciocínio linear tipicamente ocidentais.

A Rainha Deusa Sacerdotisa representa a própria vida; a vida aceita como é, em sua escuridão e em sua luz, em seus altos e baixos, em todas as marés do destino. Não se deve apenas aceitá-la, é preciso também responder-lhe.

E isto é o que faz Gawaine, tanto com Lady Ragnell como com a senhora do castelo e o cavaleiro verde. Ele não a rejeita nem recusa a tentação, mas se permite ser tocado e movido por ela. Ele mantém a própria integridade, mas responde a ela, à necessidade que ela expressa, ao jogo que ela lhe apresenta.

Há entretanto um outro aspecto da resposta ainda implícito. Gawaine deve entregar ao cavaleiro verde, ao poder dionisíaco xamanista da morte e da renovação, tudo o que receber. Em troca, recebe um veado, animal de Artêmis, que representa a sensibilidade juvenil e lúdica; um javali, que representa o poder e a força da maturidade; e uma raposa, símbolo de inteligência atilada e da sabedoria da idade avançada. Os feitos da vida não devem ser considerados propriedades nossas ou atos a serem glorificados. Devem ser entregues como oferendas aos deuses, ao poder da vida. Servem à mudança, ao crescimento, às transformações, às experiências. A ação é nossa, mas não o fruto da ação, como já observava o *Bhagavad Gita*. Ou, em outras palavras, não é nossa ação, mas nossa motivação, nossa forma de vivenciar e a consciência adquirida o que de fato importa, à medida que sofremos e vencemos os conflitos entre nossos desejos e nossa consciência mais profunda. É para isto que servem a vida e o viver. Portanto, na época aquariana, o que importa realmente é o significado psicológico e não a execução de atos heróicos.

Fazer a pergunta também implica admitir que a posição eventualmente sustentada pela pessoa, ou seja, a posição egóica de objetificação, e a confiança na regra superegóica e no controle "racional" da cabeça são insatisfatórias e estéreis. A pessoa se dá conta da própria Terra Deserta. Segundo a versão hindu, Shiva pergunta: "Como foi que você ficou rígido e inerte, desprovido de consciência como a substância inanimada?".[31] Confrontar a força devastadora de Dioniso, o caçador demoníaco, a mãe escura que está aquém, oferecer-se para ser decapitado, são dinamismos que implicam uma renúncia, pelo menos temporária, ao controle "da cabeça", ao senso objetificante da ordem e da regra coletiva nas quais o ego se apoiava até então. Agora a pessoa está cara a cara com o bojo escuro da própria natureza, com as próprias necessidades e mágoas, afetos e instintos, incluindo os dois aspectos demoníacos, "a paixão devoradora e o estupor bestial", tanto em suas formas destrutivas quanto sedutoras, e busca uma resposta individual e moralmente satisfatória.[32] No entanto, o indivíduo faz tudo isso para brincar com essas forças e não para ser engolido por elas, para experimentar em vez de agir neuroticamente impulsionado por elas. (Voltaremos a essa diferença entre a atuação neurótica e a ação ditada pela vivência no Capítulo 14.)

Qual é a natureza desse "jogo" insinuado no flerte entre Gawaine e a esposa do cavaleiro verde? Com certeza a melhor parte dos três dias passados na cama não foi consumida em discursos moralizadores, filosóficos ou platônicos, em dois ou três beijinhos. Isso é ainda menos provável diante do fato de que, na versão de Wolfram, Gawaine é tomado de assalto por um animal selvagem enquanto guarda o leito no castelo das mulheres. Para chegarmos ao entendimento desse encontro com a castelã, certamente outra versão da deusa do Graal, temos que levar em conta o simbolismo do amor cortês, em cujos termos o encontro é descrito. O culto ao amor cortês, a despeito do fato de passar realmente à prática, encarna a primeira noção, dentro do universo patriarcal ocidental, de uma alta valorização do feminino. Realmente, o amor cortês foi uma maneira de educar e transformar os homens, um meio "de fazer de um grosseirão um cavalheiro" e de "curar o animal de sua bestialidade, revelando-lhe sua humanidade superior".[33]

O amor cortês não defendia o amor platônico puro e simples, mas era uma disciplina do erotismo, tal como o tantra indiano. Também possivelmente como o tantra, constituiu a emergência temporária de práticas religioso-eróticas secretas a serviço da Deusa. Nos ritos do amor cortês, a dama se coloca como a recompensa suprema, acima e além de toda glória terrestre, acima e além da morte.

"A parte mais longa e apaixonada do amor é aquela que precede o ato do amor, e é durante esse período que as mulheres reinam como senhoras e profetisas. Forçam seus admiradores a submeter-se a todas as espécies de provas, testam sua fidelidade, sua discrição, elemento muito importante numa época em que o segredo ocupava o lugar da virtude e da disciplina e seus refinamentos. Só este prolongado período de desejo insatisfeito, propositalmente estendido pela mulher, permitia-lhe distinguir um interesse forte mas passageiro de uma verdadeira paixão, excitando-a então, para finalmente submetê-la à prova no leito amoroso.

"Nesse ponto, não é verdade que tudo se torna de repente uma enorme confusão, colocando a mulher em desvantagem, como acontecerá com ela mais tarde, no século XVII; é ela quem estabelece a data da única noite em que se procederá ao teste e então convida o homem a ir ao seu encontro, se assim lhe aprouver, com a condição de que fará 'tudo como eu quiser', como expressou Beatrix de Die. Na realidade, é ela quem toma a iniciativa e dá todas as ordens. É ela quem enlaça, acaricia, e pede carícias e íntimos abraços. O amante deve ao mesmo tempo ser capaz de conter-se — pois seria impróprio permitir que sua impaciência sexual se manifestasse — para lhe dar prazer e conquistar sua confiança. Esse hábito de uma primeira noite de ternura e respeito, inteiramente devotada a carícias e demonstrações verbais de amor, preparando o coração para o ato amoroso, é confirmado por mais de um autor."[34]

Comparemos isto com a tradição do Tantra indiano, que é um "culto do êxtase focalizado numa visão da sexualidade cósmica. Proclama que tudo, crimes e misérias, assim como alegrias e prazeres da vida, é o jogo ativo entre o princípio feminino criativo, a deusa de múltiplas formas, que é sexualmente penetrada por um homem invisível, indescritível, seminal. Em última análise, ele a teria gerado para seu próprio desfrute, e o jogo, por ser análogo à atividade do ato sexual, é prazeroso para ela". [35]

O praticante do tantra deve aprender a identificar-se com o prazer cósmico do jogo, reconhecendo que aquilo que aos outros pode parecer miséria é uma parte necessária e inevitável de sua criação, sendo o prazer um verdadeiro reflexo das delícias cósmicas.[36] Ele precisa viver de modo controlado, praticando repetidamente seus rituais e suas atividades de disciplina erótica cuidadosamente elaboradas.

O ritual central do tantra é a relação sexual meditativa e cuidadosamente controlada com uma portadora do poder feminino, cujos favores o iniciado precisa conquistar. Ela representa Shakti, a deusa da energia pura. O intento do ritual não é a procriação nem o prazer físico em si, mas transformação psíquica, a transformação do corpo sutil. É uma espécie de eucaristia erótica. Também é um rito de "sangue", na medida em que o mais poderoso rito de reintegração exige que haja uma relação sexual com uma parceira quando ela estiver menstruando e sua energia sexual estiver no ponto máximo. Esse rito pode ser executado num sítio de cremações, entre os cadáveres e as piras em chamas. O corolário disto é o horripilante domínio do cavaleiro verde de nosso conto.

Para o tantrismo, a mulher é considerada a encarnação da deusa, a ser adorada e compartilhada independentemente de sua casta social e de seu *status* marital. Ela canaliza energia divina em seus aspectos maravilhosos e extáticos, e também nas dimensões aterrorizantes e medonhas, para o homem que dela se aproxima e se submete ao sofisticado ritual da comunhão e da "castidade". Esta castidade, no entanto, como a *castitas* do amor cortês, não se refere à abstinência sexual, e sim à pureza de propósitos, à dedicação ao encontro transpessoal através do encontro pessoal, à renúncia a uma satisfação egoísta e de impulsos animalescos, e à subordinação destes a uma meta espiritual. A sexualidade e os impulsos instintivos servem como canais mediadores.

A dama do cavaleiro verde aparece como a tentadora Afrodite que o inicia como uma Shakta, ou virgem hieródula. Ela leva o herói à consciência da natureza conflitante de suas ânsias e desejos. Abre para ele a dimensão de sua própria fraqueza, de seus receios, de sua ambivalência psicológica e de suas fragmentações, dimensões essas incompatíveis com a imagem idealizada do herói. Então, ele está frente a frente com o conflito entre sua honra e seu desejo, entre a coragem e o medo, entre seu código de ética e desejos até então inconfessos e inaceitáveis. Ela o faz tomar consciência do fato de que o bode expiatório detestável não é ninguém senão ele mesmo. Ele sofre então a tentação de escolher entre um de dois extremos: refugiar-se por trás do código consagrado de condutas e negar a verdade de seus sentimentos íntimos, desprezando a mulher segundo o padrão tradicional, ou entregar-se ao seu desejo e violar seu próprio código de ética.

Antes de enfrentar o machado do cavaleiro verde, ele descobre um desafio inteiramente novo: precisa honrar o desejo e a ânsia instintiva, sem se deixar tragar por eles. Uma ação consciente dentro dos limites do moralmente aceitável — em vez de explosão descontrolada ou da evitação total — é o que sugere o flerte "inocente" das três manhãs na cama com a dama.

Adequada a nosso tempo, a nova abordagem, portanto (aquilo que é exigido de Gawaine em seu teste), não é evitar o encontro, mas arriscar-se a ele, confrontando o mundo da Deusa, de Dioniso — Azazel-Pan, o deus pastor verde. Somos convocados a confrontar seu mundo em seus aspectos extasiantes e alegres, feios e aterrorizantes; a correr o risco de perder a cabeça, e por isso pagar o preço de sermos dolorosamente feridos; e, não obstante, a não perder nem a consciência nem o autocontrole, nem o afetuoso interesse por nosso parceiro.

Gawaine é testado: estará ele em condições de receber e dar amor e empatia de modo disciplinado, responsável e autotranscendente? Poderá respeitar os costumes sociais e, no entanto, não usá-los só para evitar um compromisso e uma resposta honesta e pessoal, baseados numa afirmação da necessidade e do sentimento, e não num código e num regulamento impessoais? Isso tudo implica risco pessoal, uma autoexposição voluntária à crucifixão ou à decapitação, em nome do progresso, do crescimento e das experiências de iniciação. Prescinde de atribuir culpa e reprovação a um bode expiatório, individual ou grupal, dentro daquele modelo "sou-melhor-que-você". Implica apoio mútuo, a partilha de responsabilidades, tentativas lúdicas, e também confrontos íntimos individuais. Tanto a castelã quanto Lady Ragnell arriscam-se de comum acordo com Gawaine. Desafiam sua integridade e seu autocontrole e confiam nestas suas qualidades. Desta forma, são capazes de convocar a presença do nível dionisíaco, até então reprimido, *mas sem perder os padrões éticos básicos*. No *Parzival* de Wolfram, a aventura de Gawaine é servir e redimir Orgeluse ("orgulho e raiva"). As condições do teste aplicam-se não só ao desejo, mas a todas as manifestações de afeto, entre as quais destaca-se a expressão de raiva e agressão.

A nova busca do Graal, a liberação das águas ou a renovação do sangue, é de qualidade simbólica e psicológica. Quando Gawaine finalmente se apresenta na capela, a maior parte de seu teste já está ultrapassada. Ele foi submetido ao verdadeiro teste no momento em que aceitou o papel de bode expiatório para Arthur, no confronto com a dona do castelo, e quando conseguiu manter a disciplina do amor cortês, que implicava aceitação e o serviço corteses dirigidos a ela; quando discerniu suas ânsias instintivas e casou-se com a "dama horrível", deferindo-lhe sua "soberania"; quando serviu Orgeluse ("raiva") ao invés de encenar neuroticamente uma obediência a suas ordens. Dessa forma, teve êxito onde tanto Parsifal como o Rei Pescador haviam falhado. Parsifal havia se recusado a servir a dama, e o Rei Pescador tinha "caído" nas malhas por ela ardilosamente tecidas.

 O antigo estratagema de evitar a situação para não cair em pecado pode ser hoje uma covardia e um fracasso, à luz das exigências dos novos estágios evolutivos da consciência. Toda e qualquer regra externa de comportamento está no momento sob questionamento. "A quem ou a que serve?" As regras podem ser desconsideradas ou seguidas, dependendo de se concordam ou discordam do veredito declarado pela consciência mais profunda de cada indivíduo, a *vox dei* ("voz de Deus") ou *self*, ouvida no mais íntimo do ser. O *self* se dá a conhecer a nós tanto através da realidade e das necessidades dos outros quanto das nossas próprias. Na nova era, a Regra de Ouro é redescoberta como dinâmica psicológica e como experiência interior, e não mais como comando coletivo externo. Qualquer que seja nosso sentimento ou nossa ação em relação a uma outra pessoa, hoje sabemos que eles exercem um efeito psicológico sobre nós mesmos, modificando, para melhor ou para pior, nosso caráter e nosso próprio ser. Os novos papéis de relacionamento interpessoal e a nova ética através da descoberta do *self* interior e exterior, na força vinculadora interna e externa, serão nossos próximos focos de interesse.

O triunfo de Vênus. Pintura em bandeja, escola de Verona.

Parte 5

VISÃO PARA UMA NOVA ERA

Todas as coisas têm o seu tempo, e todas elas passam sob o céu segundo o tempo que a cada uma foi prescrito.
                                                  Eclesiastes

O trabalho floresce ou dança onde
O corpo não está dolorido por agradar a alma
Nem a beleza resulta de seu próprio desespero
Nem a sabedoria tem a vista turva por excesso de esforço.
Ó castanheira, florideira de grandes raízes,
Você é a folha, a flor ou o tronco?
Ó corpo ao embalo da música,
Ó olhar iluminador,
Como discernir o dançarino de seu dançar?
                    William butler yeats,
                "Among School Children"*.

* *The Collected Poetry of W. B. Yeats*, p. 214.

CAPÍTULO 12

Novos Modelos de Orientação

Perto está, difícil de apreender, o Deus; contudo, ali onde há o perigo, floresce também a salvação ...
F. HÖLDERLIN, "Patmos".

A psiconeurose deve ser entendida ... como o sofrimento de uma alma que não descobriu seu significado. Mas toda criatividade no âmbito do espírito, assim como todo avanço psíquico humano, decorre do sofrimento da alma, e a causa desse sofrimento é a estagnação espiritual ou a esterilidade espiritual.
C. G. JUNG*

Vimos como a cultura patriarcal precisou reprimir aquilo que era visto como o aspecto maligno do Feminino. A ânsia insistente dos instintos, aliada ao desejo apaixonado, era uma grande ameaça à liberdade da vontade, recém-pressentida, baseada num julgamento ponderado. Em sua imprevisibilidade, o desejo, os instintos e as emoções eram considerados desafios lançados por uma natureza selvagem. Manifestavam a destrutividade de Satã, o "príncipe deste mundo", o antideus que se opunha ao Deus Pai racional e todo-amoroso. As mulheres eram vistas como filhas de Eva, a tentadora, ou da demoníaca Lilith. Eram percebidas como encarnações de Dalila ou Salomé, bruxas destruidoras de homens.

* *Collected Works*, Vol. XI, par. 497.

A tragédia do homem que aspirava a ideais heróicos era não resistir às perfídias femininas, era deixar-se enganar ou seduzir e então aceitar de suas mãos o fruto proibido do desejo, da paixão e das ânsias corporais. Quanto mais a cultura patriarcal enfatizava o ideal ascético que nega a vida, mais as paixões reprimidas — os aspectos da existência vulneráveis e voluptuosos — são projetadas nas mulheres.

Por conseguinte, as mulheres precisavam ser mantidas em posições subordinadas, quando não contidas em haréns ou escondidas atrás de mantos, véus e *sheitels* (perucas usadas pelas mulheres judias ortodoxas), que as disfarçavam e desfiguravam. A feminilidade deveria limitar-se a uma passividade obediente, à domesticidade e à maternidade. As próprias mulheres foram obrigadas a aprender a desconfiar das ondas de suas emoções, e a suspeitar das vozes que vinham do interior de seus corpos.

O jogo sexual e sensual tornou-se frivolidade, carente de virtude e bondade. Corpos, funções corporais, emanações corporais, excreções, odores, eram manifestações repreensíveis, a serem menosprezadas e afastadas, indignas de atenção maior que a apenas e estritamente necessária para manter a sobrevivência e a reprodução.

De toda a ampla gama de manifestações da Grande Deusa, só a etérea Virgem Maria era aceitável ao Ocidente cristão. Através dos temas da Imaculada Concepção e do Parto Virginal, ela tornou-se assexuada. Passou a figurar como o protótipo de todas as mães amorosas, boas, sofredoras e intercessora benemerente. O protestantismo, contudo, não aceitou sequer essa diminuta divinização do Feminino.

Homens e mulheres não só foram privados de uma parte de sua natureza íntima, como comportamentos "femininos" como sensorialidade, ludicidade, e a manifestação de sentimentos, passaram a ser julgados atos repreensíveis. A conexão instintiva com a natureza externa também se perdeu. O aspecto destrutivo da existência é, ao mesmo tempo, sua dimensão transformadora e renovadora da vida. Expulsar, mudar, regenerar e renascer são todas fases de um mesmo processo de vida. A experiência da entrega extática, orgiástica e sexual fica muito próxima da experiência da morte. A negação e o medo da sexualidade acabaram levando à negação e ao medo da morte, à perda da percepção unitária que engloba morte e renascimento. O homem se viu preso na armadilha da materialidade física que ele próprio havia privado de divindade. Ficou reduzido à cobiça material, ao hedonismo, ao consumismo em conseqüência de ter negado a dimensão criativa — aliás, divina — do prazer, da alegria, do brincar, que são manifestações do espírito.

Os homens puderam compensar a perda da força vinculadora natural e instintiva aumentando sua dependência da racionalidade egóica, da ânsia de realizar tudo, de ter poder e controle. Já as mulheres viram-se em posição desvantajosa nos jogos de competição e poder. Acabaram por se sentir progressivamente alienadas de si mesmas, cada vez mais oprimidas. Privadas do acesso às dimensões profundas da transformação, sua energia acumulada e contida enveredou primeiro pelo canal remanescente das "manhas femininas" com o fito de conservar um certo senso de identidade e valor pessoal. Mas mesmo essa afirmação indireta de si mesmas através do jogo de sedução ou do flerte também acabou por ser considerada inferior, quando não detestável, dentro do sistema androlátrico. Por conseguinte, essa forma de assertividade feminina terminou sendo insuficiente para promover o auto-respeito da mulher. É evidente que, diante disso, as energias contidas tenham se transformado num ódio depressivo por si mesmas, ou num ressentimento contra o mundo dos homens, e numa imitação competitiva do comportamento masculino. Em nossa época, a situação atingiu um momento profundamente insatisfatório e confuso para homens e para mulheres. Uma dimensão profunda convoca novamente à expressão ativa da feminilidade em ambos os sexos. O modo como essa necessidade se manifesta na psique inconsciente de ambos os sexos é exemplificado pelo seguinte sonho. Um homem tinha consultado um quiroprático durante nove meses. O tratamento acarretara uma ligação emocional forte e íntima e um conforto corporal. O paciente mudou para outra parte do país e perdeu contato com o especialista. Quatro meses depois, sonhou que estava novamente naquele consultório. No sonho, as duas figuras se davam um abraço sentido e comovido, semelhante ao que havia acontecido realmente quando os dois homens tinham se despedido. Então o paciente apóia a cabeça no peito do médico, sente o batimento cardíaco firme e forte, e a emanação de afeto que vinha daquele coração. Nesse momento, crescem no peito do médico seios reconfortantes e maternais, que, por baixo da camisa, acomodam maciamente a cabeça do paciente e intensificam a sensação de afetuosa aceitação. Neste sonho, o quiroprático deve ser considerado uma figura *interna*, parte da psique do próprio sonhador. Ele agora representa o curador interno, capaz de oferecer sustento emocional a si e aos outros. É significativo que um período de nove meses "de gestação" tenha acontecido nesse caso e que, nesse intervalo, o relacionamento entre ambos tenha alimentado e amadurecido o desenvolvimento interior. O inconsciente é altamente sensível e receptivo a esses ritmos.

Essa nova forma de atividade feminina precisa formar-se, crescer e amadurecer num plano interno antes de vir a se manifestar como atividade externa. É provável que venha a ser uma expressão afirmativa do crescimento e da transformação, das realidades psíquicas internas e dos sentimentos. Como já discutimos anteriormente, essa dimensão transformadora contém um potencial destrutivo em sua dimensão externa, uma vez que o nascimento do novo clama pela destruição do velho. Não é de espantar por isso que a pressão sufocante exercida por essa reviravolta, ainda não compreendida nem integrada, esteja carregando nossa atmosfera psíquica coletiva com o que podemos acertadamente denominar de violência desenfreada. Essas ânsias violentas nascem de uma vaga insatisfação e frustração geral e tendem a ser despejadas sobre qualquer pretexto e bode expiatório convenientes, como justificativa para uma atuação compulsiva.

De que maneira reintegrar à psicologia de homens e mulheres essa dimensão transformadora e potencialmente destrutiva, essa Medusa reprimida? Como abrir a porta ao jogo sedutor e igualmente reprimido de Lila e, dessa forma, dar espaço a Pallas, a renovadora da cultura?

Iremos descobrir que esses aspectos são mutuamente complementares e que se apóiam mutuamente. E podemos encontrar no mito uma pista para o modelo geral de possibilidades integrativas: nosso mito contemporâneo do Aquário e seu pano-de-fundo composto pelas histórias de Gawaine, Parsifal e dos guardiães e buscadores do Graal.

A dinâmica de *Minne* ou dos ritos tântricos, como explicamos no capítulo anterior, é a vivência consciente do conflito entre a invasão do desejo e a aceitação voluntária, revelado no perigoso jogo que era proibido ao não-iniciado.

Ao aceitar a dama, tanto em seu fascínio quanto na ameaça que ela representa para seu sistema de valores, tanto em sua beleza como em sua feiúra, o novo homem confronta seu medo do Feminino bem como seu medo da vida, que é o mesmo que seu temor ao totalmente outro. Esse aspecto da existência, de si mesmo, está além de seus padrões costumeiros de compreensão e controle.

É o aspecto transformador da vida que a mulher e a *anima* põem em ação. A feiúra, a escuridão, a destruição e o terror exigem de nós uma aceitação respeitosa, quando não amorosa, sem vacilações. São os outros lados da beleza, do amor, do sustento, da alegria, e do prazer: e isso diante da repugnância e do medo, que descobrimos em nós quando os enfrentamos.

A vida não é só boa e agradável, e a natureza das pessoas também não. Nossas tendências feias e más, nossos desejos — de ódio, de vingança, de inveja, para citar apenas alguns — fazem parte de nossa natureza. Mas, mesmo quando mantidos em suspenso por um ato de consciência, estão prontos para emergir e tornar sombria a existência, nossa e dos outros.

O papel da tentadora e sedutora, nessa medida, é ser a *initiatrix* da ousada aventura de tornar-se claramente consciente da própria face abissal e da vida como um todo indiviso. A vida não é mais vista como algo compartimentalizado em dentro-fora, bom-mau, belo-feio, como acontece nas culturas andrólátricas. Pelo contrário, revela-se como uma profundeza viva de equilíbrios sempre em movimento de tensões e descontrações, conduzindo a uma transformação constante da criação e da destruição. A tentadora-sedutora desempenha esse desafio iniciático para o homem, mas também para si mesma. É o desafio de ter a coragem de olhar e ouvir a própria profundidade, mesmo que aquilo que se venha a descobrir não esteja de acordo com o que se acostumou a considerar certo.

A sedutora desafia-nos a deixar de lado a confiança simplista no poder das boas intenções e a encarar os aspectos sombrios da existência e do ser sem rejeitá-los ou reprimi-los, mas também sem sucumbir nem ser tragado por eles. Dessa forma, somos levados a descobrir que aquilo que consideramos mau ou repreensível não apenas faz parte dos outros indivíduos, mas existe também em nosso íntimo. E não pode ser meramente morto ou expulso, sem causar nossa destruição ou rejeição. Quanto mais protestamos que isso ou aquilo é imoral e inaceitável, mais e mais isso vive e existe em nós e nos outros. A energia daquilo que decidimos chamar de mau faz parte da substância viva. Devemos descobrir como essa força pode ser integrada àquilo que consideramos aceitável do ponto de vista ético e moral.

A meta do novo ego será viver plena e conscientemente as experiências de medo, destrutividade e destruição, tanto quanto as experiências de amor, alegria, prazer e sucesso. Não devemos lutar contra tais dinamismos nem expressá-los compulsivamente, mas vivenciá-los meditativamente, nos planos psíquico e somático, ao mesmo tempo que lhes conferimos tanto espaço e tanta consideração quanto o permitirem nossas necessidades e nossos deveres. Agir assim parece que nos vincula a um novo cerne de individualidade que ultrapassa a consciência habitual do ego. Trata-se de uma dimensão que, segundo a tradição ancestral, nos acompanha inclusive ao limiar da própria morte física do corpo. Por essa razão Jung considerava a análise uma preparação apropriada para a morte, o que também parece ser confirmado por trabalhos experimentais dos pesquisadores que administraram LSD a pacientes terminais de câncer. Como sua experiência de si mesmos era mais ampla e profunda, a maioria dos pacientes submetidos a essa técnica pôde aceitar pacificamente a morte.

Um nível similar de vivência é o objetivo da meditação tradicional "chod" do tantra, centrada na Deusa, e que deve ser executada num local onde se cremam os mortos. Muitas das abordagens psicológicas ocidentais mais recentes — a imaginação dirigida, o psicodrama, a gestaltterapia, o tratamento da ansiedade pela "inundação" — tentam, paradoxalmente, tratar de setores problemáticos ou causadores de ansiedade intensificando a conscientização vivencial de eventos dolorosos, o que implica encená-los deliberadamente, dentro de um contexto controlável e seguro, em vez de evitá-los.

O que está na base de tudo o que dissemos acima é um novo princípio que expressa o referencial holístico inerente ao Feminino. Trata-se do princípio de aceitar o confronto ou a afirmação, que pode agora compensar o hábito patriarcal ainda em vigor de controlar, reprimir, expulsar. Este novo ego é afirmativo. Aceita o que antes tinha sido rejeitado: a sensualidade e o prazer, mas também o ferimento, a dor, o incômodo e o desequilíbrio. Aceita aquilo que a Era da Aspirina declarou patológico ou insuportável. Somente a lança que causou a ferida pode curá-la, diz o Parsifal de Wagner quando devolve a lança sagrada ao Graal e ao sofredor Rei do Graal.

"Aquilo que feriu curará" é a resposta do Oráculo de Delfos à pergunta de Télephos, que sofria de uma ferida incurável desfechada pela lança de Aquiles.

Nossos antigos e repudiados problemas de sombra — nossas fraquezas secretas, vergonhas, ânsias e sensações "pervertidas", tudo o que nos dá um sentimento de culpa — são agora oficialmente reconhecidos e valorizados como elementos de equilíbrio, aspectos indispensáveis da vida, da força de transformação da Deusa. Devem agora ser reintegrados, de modo transformado, a uma nova configuração de personalidade, que irá conservar ainda os princípios éticos ou morais do patriarcado: a Regra de Ouro. A ação ainda deverá ser responsavelmente controlada, embora o desejo e a ânsia sejam afirmados. Abandonar as conquistas morais do passado em nome de atuações compulsivas irrestritas seria um passo atrás, não adiante. Seria o mesmo que tentar evitar a experiência das divisões e conflitos, interiores, ou escapar à experiência da crucifixão, psicológica, mais do que histórica, que é justamente o desafio da nova era. Os hitlers e stálins, o clima político do mundo de hoje, mostram-nos para onde isso leva. A repressão da dimensão moral leva a uma projeção de rejeição moralista — agora vivenciada como proveniente dos outros. O indivíduo identifica-se com o bode expiatório e se sente perseguido e martirizado pelo julgamento errado dos *outros*. E, numa autodefesa justificada, qualquer ato destrutivo parece permissível.

A discriminação entre o que sentimos como bom ou mau, agradável ou desagradável, belo ou feio, moralmente aceitável ou inaceitável, é um primeiro passo indispensável na conquista da consciência. O dinamismo do bode expiatorismo — "a projeção do aspecto negativo dessas dualidades no outro" — pertence à fase patriarcal desse desenvolvimento evolutivo. Neste momento, contudo, o bode expiatório exige ser localizado em nós mesmos, e redimido. Devemos aprender a viver com aquilo que antes vinha sendo rejeitado. Temos que assumir a responsabilidade de encontrar um lugar para isso em nossas vidas, pois é o que expressa um equilíbrio compensatório e um arredondamento da totalidade de nossas personalidades. Não podemos mais arcar com os custos da unilateralidade e da estereotipia psicológicas de alguém que só se identifica com suas virtudes, com o ideal coletivo.

Ser rigoroso exige ser flexível. A coragem precisa descobrir onde tem medo e deve temer. A honestidade precisa descobrir onde ludibria e não é fiel às necessidades da vida. O amor tem que enxergar onde odeia, rejeita ou é indiferente às realidades do outro. O ódio precisa descobrir onde é apegado, onde ama. Devemos tolerar a realidade total do que somos, e não apenas aquela parte que desejamos ser. A plena realidade do ser vivo exige *baixos* para todos os *altos*, da mesma maneira que leva *para cima* depois de cada *queda*. Essa é a pulsação da existência.

Eis a nova e contemporânea forma do sacrifício do bode expiatório: encarar as próprias fraquezas, imperfeições e inadequações — e a própria força — como partes inexoráveis da tessitura da vida. O indivíduo tem que aprender a aceitar a discrepância entre o si-mesmo desejado e o si-mesmo real. A individualidade única de cada um é seu destino. Isso anula a alegação egóica de perfeição e de autojustificação, de ser capaz de ser perfeito e agir corretamente. Conquista-se com isso uma nova atitude: o indivíduo "entra em sintonia" com a vida e com os seus semelhantes. O bode expiatório, recebido como irmão que sou eu mesmo, torna-se ironicamente o novo redentor. É assim que Parsifal traz a "redenção ao redentor" (R. Wagner) por intermédio de sua coragem de buscar seu próprio caminho da salvação, aceitando, pelo menos temporariamente, o papel de pária.

A integração do que antes se mantinha reprimido tem probabilidade de alterar radicalmente os modos pelos quais a masculinidade e a feminilidade se expressam. Acionará e gerará também novos e diferentes padrões éticos, além de uma atitude existencial: o *amor fati*, ou "amor pelo próprio destino", o dizer sim à própria vida e à própria individualidade, reconhecendo que elas são uma configuração dada e não uma mixórdia acidental que poderia ou deveria ser diferente do que é.

A feminilidade não pode mais limitar-se à receptividade, à passividade e à função maternal. Cabe-lhe descobrir e expressar sua capacidade ativa, iniciadora, criativa, transformadora. Isto se expressa na prontidão para exigir e desafiar: por exemplo, exigir a afirmação subjetiva e a aceitação interior da própria pessoa tal qual ela é, confirmar a disponibilidade para jogar e para participar do jogo de terceiros. Inclui tudo que é dado, mesmo que considerado pobre ou ruim, e leva à aceitação da empatia, o "sofrer com". Esse dinamismo tem também a chance de mobilizar os homens, na forma de novas e inevitáveis exigências formuladas pelas mulheres, assim como pela *anima*, que é o aspecto feminino de suas psiques.

Para as mulheres, como para a *anima*, a nova feminilidade requer a auto-afirmação para que lhes seja possível afirmar adequadamente a singularidade dos outros. Não podemos realmente dar aquilo que não temos. Tratamos os outros da mesma forma como nos tratamos, a despeito de nossas tentativas conscientes em contrário.

Para as mulheres, a auto-afirmação significa, antes de mais nada, aceitar que sua natureza é diferente da natureza dos homens, em vez de imitá-los, identificar-se e competir com eles, segundo padrões androláticos. Só encontrando essa postura essencialmente feminina é que as mulheres poderão afirmar a presença e a contribuição de seu elemento Yang e manifestar suas capacidades e impulsos masculinos a seu próprio modo, como mulheres. Com essa postura, podem convocar os impulsos desencadeadores, ordenadores e criativos a penetrar, preencher e impregnar suas vidas. Podem se permitir conter e sofrer essas ânsias e sua natureza conflitante, ao mesmo tempo provedoras e destruidoras, até que elas possam ser assimiláveis num relacionamento humano. Os impulsos nus e crus — ferir, possuir, fazer com que algo ou alguém se conforme às próprias expectativas — podem ser destrutivos quando ventilados tal qual emergem. Isso vale tanto para homens como para mulheres. Por isso nossa cultura nos vem treinando para lidar com esses impulsos por meio do controle ou da simulação, pelo uso da vontade e da disciplina apenas, ou para fazê-los desaparecer com o uso da razão. A psique masculina, sintonizada como está na disciplina repressiva, pode conseguir resultados parciais com essa maneira de lidar com os impulsos, mas para a psique feminina, essa fuga é uma experiência dolorosa. É o mesmo que reprimir o Yin transformador, o aspecto Medusa que precisa gerar novas formas e fazê-las emergir das profundezas da psique a seu tempo e à sua maneira. Além disso, frustra aquelas que manifestam esse processo gerador: Lila, a experimentadora lúdica, e Pallas Athena, a civilizadora.

Enquanto os homens aguardam um momento estrategicamente exeqüível, a percepção feminina da oportunidade é determinada por sua vivência interior dos ciclos e eventos que se "encaixam" porque são percebidos como uma coisa só. Esses impulsos instintivos precisam ser interiormente ratificados até que amadureçam e se transformem em algo que, no nível pessoal, seja tolerável e aceitável. Então podem se expressar como um desafio ao fato interior, e não como uma manipulação através de culpa ou ameaça. Nesse sentido, a mulher assume o papel de iniciadora e líder de uma nova experiência de subjetividade. Ela a inicia através de estímulos e anelos e afirma claramente suas necessidades e pontos de vista, tanto para si quanto para seu companheiro.

Para os homens e para o *animus*, as novas exigências do Yin requerem a coragem de abrir mão de sua firme posição de ego controlador de si e dos outros. Precisam aprender a afirmar o que é *não-eu* — ou seja, a realidade do outro — e a respeitar a força e as necessidades que estão além de seu controle ou de sua competência. Ao invés de concentrar todos os esforços numa tentativa de concretizar seu ideal de superego, precisarão aprender uma boa dose de "deixa estar". Isto é essencial para que se tornem capazes de afirmar com autenticidade o que realmente são, e não o que desejam ser. Isso requer um novo tipo de coragem: a saber, viver não só com força, mas também com vulnerabilidade. O indivíduo sofrerá o conflito entre impulsos e motivações opostos, de viver entre o "dever" e o "querer", sem recorrer à compulsão de decisões prematuras. O *tour de force* da vontade em favor de um ou outro lado não funcionará mais. O indivíduo precisará viver na incerteza, abstendo-se de decisões aparentemente racionais, até que a razão, o desejo e os sentimentos "viscerais" cheguem a um consenso.

Isso significa a coragem de adentrar o abismo, de se permitir mergulhar, temporariamente, no caos da subjetividade, o velho inimigo. Significa perder-se a fim de encontrar-se mais tarde. Procedendo assim, homens e mulheres serão convocados a tentar expressar suas ânsias "tolas" e "absurdas", suas reações pessoais, sem com isso perder a integridade da responsabilidade ética. Precisarão aprender a "entregar-se" sem trair ou desprezar a honra, o auto-respeito e o respeito pelos direitos alheios. O preceito ético "Não farás o mal" deve continuar sendo primordial.

A mudança da qual estamos falando significa aprender a afirmar a própria gestação psicológica e a própria sensibilidade, recuperando dessa forma a feminilidade, a força personalizadora e civilizadora que provém do caos subjetivo. Neste sentido, os homens podem descobrir também sua relativa passividade, ou melhor, sua receptividade ao desafio iniciador do elemento feminino, interno e externo.

Esses novos valores do ego necessitam de uma mudança radical no sistema de valores masculinos adotado por ambos os sexos. O esforço heróico para dominar, conquistar, ter poder, a organização das coisas segundo quem manda e quem obedece, a regra da autoridade e da hierarquia, do certo ou errado, do seu jeito ou do meu — tudo precisará ser modificado pela capacidade de tolerar opostos simultâneos, aparentemente excludentes. Precisamos aprender a apreciar nuances e o espectro das cores em lugar de sistemas em preto e branco; desfrutar de uma polifonia melódica em lugar de uma única melodia predominante, à qual todos os demais sons apenas acrescentam tons harmonizadores. Os novos valores masculinos devem respeitar uma larga variedade de diferentes deuses ou ideais, e não mais um único Deus dominante, senhor e rei. A cooperação parlamentar é mais oportuna agora do que a regra da maioria ou a monarquia. Um tal sistema de valores, longe de ser caótico, dará início a uma nova ordem integrativa, móvel, equilibrada, que substituirá a versão estática à qual estávamos acostumados.

Dentro dessa perspectiva experimental, podemos redefinir agora os novos papéis arquetípicos para homens e mulheres. O antigo ideal masculino de herói conquistador ou rei vê-se agora transformado no papel de *buscador* ou descobridor. Em seu novo aspecto, a dimensão feminina aparece como reveladora, guardiã e desafiadora; mediadora do *ser como é* para si mesma e para o masculino, *sacerdotisa* dos valores e mistérios da vida. Também as mulheres precisam encontrar em seu íntimo a buscadora. Os homens precisam responder à guardiã reveladora e desafiadora dos valores pessoais, tanto dentro como fora.

O masculino: o buscador

O buscador é uma modificação daquilo que, no patriarcado, foi o ideal do herói e combativo governante. Como uma nova imagem da masculinidade, emergiu do inconsciente coletivo ocidental, pela primeira vez, entre os séculos XI e XIII. Foi nesse período que veio à tona a primeira e passageira tentativa de revalorização do feminino. Suas mais destacadas representações mitológicas foram as lendas do rei Arthur e do Graal. O herói não busca a conquista, mas busca *Minne*, ou uma nova forma ritualizada de amor. Esse amor inclui tanto Eros — a atração física e a paixão — como *agape*, o amor divino e o afetuoso respeito pelo outro. A meta ritual do buscador é ser digno do amor de uma dama venerada, independentemente das convenções sociais tradicionais e do casamento. Cabe-lhe descobrir o segredo do Graal e resgatar seu reinado. À luz da exposição anterior, podemos seguramente afirmar que a busca do Graal é a explicação mitológica para a prática de *Minne*. Porque *Minne* é o culto do mistério da força divina encarnada na beleza, na sensualidade, no jogo, no prazer, na atração, e também na percepção da paixão e na criação e destruição das formas. Tudo isto se manifesta na forma da companheira feminina. A figura arquetípica do buscador se encontra nas variantes do cavaleiro errante e sofredor, como Parsifal e Gawaine. As versões contemporâneas do buscador ou venerador do mistério são o pioneiro, o pesquisador e o explorador do espaço interno e externo.

Ao submeter-se à dama e reverenciá-la, o cavaleiro errante já deveria supostamente ter conquistado as virtudes próprias do cavaleiro, como a coragem, a capacidade de lançar-se em aventuras, a lealdade, as boas maneiras — além de habilidades de combate e poesia —, para tornar-se digno de sua estima. Não era nem um vagabundo, nem um sonhador. Dentro do mesmo quadro, o novo padrão de masculinidade exige o prévio e adequado desenvolvimento de firmeza e disciplina do ego, de integridade ética, de estabilidade, de adaptação social externa. Uma couraça psicológica adequada é necessária: é o autocontrole e a capacidade de se manter combatendo e competindo na luta pela existência. Em resumo, a aquisição de valores e capacidades patriarcais altamente desenvolvidas é um elemento necessário, ao lado de sensibilidade poética. Nenhum destes atributos é, no entanto, um fim último; são prelúdios à busca. Diante da dama, no âmbito do mistério do Graal, essa couraça precisa ser descartada, as armas deixadas para trás.

A nova e respeitosa atitude para com o feminino, em sua qualidade de mistério da transformação, exige a disponibilidade para estar atento e sensível aos sentimentos, necessidades e valores pessoais, tanto próprios quanto alheios.

À pergunta sobre o que é que as mulheres querem dos homens, a resposta obtida por Arthur foi "soberania". Para as mulheres modernas, isso significa respeito por sua autonomia. Desejam receber atenção como pessoas e não como funções, quer dizer, como esposas, parceiras de cama, mães ou filhas. Querem ser ouvidas, especialmente quando se sentem incapazes de falar e estão num estado inexplicável de espírito.

Querem que os homens as levem a sério e que, pelo menos, tentem captar as nuances e implicações de sentimentos, a que aludem de um modo que pode parecer irrelevante do ponto de vista lógico. Como disse certa mulher, quando se queixa ao marido de que a máquina de lavar roupas está com defeito, ela espera dele uma resposta que mostre que ele se preocupa com ela e está interessado em saber como ela está se sentindo naquele dia. Estar disponível para providenciar o conserto não basta. Ela quer uma resposta ao sentimento, mais do que ao fato em si. Dessa forma, ele poderia ajudá-la a descobrir o que ainda não entende sobre si mesma e que é incapaz de dizer, exceto através de um comentário sobre a máquina. O que essa cena revela, como nova forma de autopercepção consciente, é a busca de um mútuo desemaranhar de sentimentos subjetivos e o segredo da motivação irracional. Numa extensão muito maior, as mulheres têm mais consciência que os homens de suas motivações emocionais, embora nem sempre sejam capazes de defini-las. Para tanto, costumam precisar da ajuda de um parceiro confrontador e questionador, que possa auxiliá-las com sua sensibilidade e sua atenção. Nesse processo, ele também terá a oportunidade de discernir a natureza de seu próprio estado emocional.

A mulher moderna quer que seu parceiro dedique algum tempo a essa mútua investigação. Quer que ele experimente e brinque com novas maneiras de ser e interagir, e que trabalhe junto com ela pelo esclarecimento das possibilidades, das dificuldades, das implicações de seu relacionamento.

O papel de explorador, portanto, exige que ele esteja disposto a ir em frente, a investigar direções variadas, evitando ficar amarrado a expectativas, idéias e exigências fixas. O explorador brinca na esperança de descobrir novas dimensões de significado. Tudo o que eu disse acima aplica-se à sua atitude em relação ao seu feminino interno, assim como à mulher de carne e osso. Quando estiver de mau humor, por exemplo, seria o caso de estabelecer um diálogo interior. A técnica masculina é semelhante à desenvolvida pela imaginação ativa de Jung e pela abordagem gestáltica de Fritz Perls. Dessa forma, ele poderia tentar prestar atenção às exigências internas, mesmo estando preparado para assumir uma posição contrária a elas, caso isso seja necessário. De qualquer modo, ele ouviria e tentaria entender o que ela quer, em vez de tomar atitudes padronizadas.

Estando em movimento, o homem pode envolver-se com mais de uma mulher, com mais de uma possibilidade psicológica. Pode correr o risco de ficar preso, pelo menos por algum tempo, nas malhas de seus próprios dilemas e conflitos. Também corre o risco de sentir fracasso e culpa. Como Parsifal, deve ousar formular as perguntas que as convenções proibiram no passado. Deve fazer a pergunta e prestar atenção à ferida, sua e dos outros. Pode precisar contrariar o código coletivo. Deve também assumir a responsabilidade pelas conseqüências de seus atos, indagações e equívocos.

Quero mais uma vez enfatizar que não estou me referindo — nem incentivando — a atuações compulsivas deliberadas nem à transgressão das leis comunitárias, só "pelo prazer" de fazê-lo. Estou falando de aceitar e permitir-se sentir — em lugar de apenas saber abstratamente — que para cada coisa boa que se conquista existe uma coisa ruim; uma dor ou privação imposta a si ou a outrem. Aquilo que dou acaba me faltando, ou faltando a alguém. Até quando dou amor posso estar esvaziando a mim ou ao outro. O amor por uma pessoa pode levar-me a afastar-me de outra. Ao dar um conselho ou ajudar, corro risco e tenho que assumir a responsabilidade por uma decorrência eventualmente desastrosa. O novo homem não pode projetar a responsabilidade por sua culpa e sua vergonha num bode expiatório conveniente. Não pode sequer fazer de si mesmo um bode expiatório. Tenta corrigir ou mitigar os efeitos de seus erros. Carrega a dor de sua vergonha ou culpa como uma oferenda sacrificial de si mesmo ao próximo e inevitável passo da evolução: o processo de aprendizagem da conscientização. A aceitação e a reintegração do bode expiatório, a aceitação da mágoa e da capacidade de magoar, da dor, da culpa e da vergonha são o preço inevitável a ser pago por ser humano e por estar em busca. Alargar a percepção consciente requer coragem e promove a humildade e a empatia por outros que estejam no mesmo dilema, saibam disso ou não.

O explorador-buscador nunca pode se sentir perfeito nem pode esperar que os outros o sejam. Está sempre dolorosamente cônscio da inadequação dos seus atos, mesmo dos melhores. Ao mesmo tempo que aceita os ideais éticos do patriarcado, evita a hipocrisia que lhes é própria. A vida e os relacionamentos são encarados como processos, e não como formas fixas que nos permitiriam exigir, ou pelo menos saber, o que deveria acontecer em seguida. O novo homem percebe que o melhor a fazer em cada situação é buscar, perguntar, arriscar e permanecer aberto. Aceita o fluir e o tornar-se e abandona a esperança de ter razão, de ser invulnerável. Continua insistindo nas perguntas de Parsifal: "O que te atormenta?", "Qual o sentido disto?", "A quem isto serve?" e "Como serve à soberania da vida?". Isso significa ainda deixar de lado a expectativa de que é possível garantir a segurança quando se é capaz de controlar todas as circunstâncias e todas as pessoas. Jeová ofereceu a duvidosa promessa de segurança sob a condição de não haver outros deuses além dele, de uma adesão a um padrão limitado e imutável. Dentro deste rígido sistema de ordem e bondade, as surpresas e calamidades inevitáveis e incontroláveis da existência tinham que ser atribuídas aos equívocos alheios, que idealmente poderiam e deveriam ter sido evitados. O senso fictício de segurança do "homem honrado" apoiava-se no sistema de bode expiatório descrito antes: se todos obedecessem à lei do homem honrado e sempre correto, a vida seria perfeitamente calma, pacífica e benéfica; haveria segurança e bem-estar geral.

O explorador e cavaleiro andante, no entanto, percebe que as dificuldades, as dores e os transtornos fazem parte do mundo em que vivemos e que não podem ser evitados. Assim como não se pode saber com antecedência o que será certo numa dada situação.

A descoberta da mágoa, principalmente dos traumas da infância (trauma significa "mágoa, ferida"), como fator praticamente universal da motivação e do comportamento humanos, é uma das mais importantes descobertas da moderna psicologia profunda. Em grande medida, no entanto, ela ainda permanece equivocadamente compreendida pelos padrões patriarcais. Existe ainda um pressuposto amplamente aceito e difundido de que o trauma pode e deve ser evitado. Supõe-se de maneira quase que tácita que pais "maduros", uma vida familiar "estável", e uma sociedade que funcione "adequadamente" evitem completamente o dano e o trauma: é a velha promessa de um mundo bom desde que todos façam somente a coisa certa.

Mas a ferida enfatiza e motiva a busca. Faz parte daquela intensificação da consciência que, se pretende conhecer o bem, deve também incorrer na dor do mal. Enquanto luta pelo bem, o cavaleiro buscador se dá conta de que, no caminho, não pode alimentar a esperança de evitar o mal. Ele o encontrará no cerne de sua própria alma, pois é ali que o Graal será encontrado. O ego patriarcal tentou manter-se firme, ser perfeito e imaculado, jamais envergonhado de si mesmo. Em conseqüência, tornou-se rígido, severo e judicioso. O buscador encara seus conflitos internos e atravessa a dor e a alegria, na expectativa de mudanças. O indivíduo aceita a sua dor e permite que os outros tenham as suas.

O significado e as implicações emocionais da dor são explorados. A psicologia profunda começou com Édipo, cujos pais tentaram evitar a ferida, a vergonha e a culpa — tentaram contrariar o destino. Ele apenas respondeu à pergunta da Deusa, e apenas em termos gerais. Por isso cegou a si mesmo.

Já o buscador do Graal dispõe-se a enfrentar deliberadamente o conflito e a dor. Ao risco de ultrapassar o limite da sanção concedida pelos padrões coletivamente aprovados, ele pergunta, mais do que responde, a questão da vida. É sua própria questão. Passa por sua trilha individual. Dessa forma, redime o princípio da individuação encarnado no tema cristão da crucifixão, que está expresso na exclamação "Meu Deus, por que me abandonastes?", mas ficou perdido no árido e estéril deserto da Igreja patriarcal institucionalizada. A busca que o novo homem efetua é da ferida que não pode ser evitada, por mais que tentemos.

Admitir e reconhecer a mágoa infligida a si e aos outros permite esclarecer os sentimentos e a possibilidade de descobrir uma consciência individual, portanto, genuína. Estas são duas tarefas da nova era, tal qual a tarefa da era patriarcal precedente foi o esclarecimento do pensamento.

A capacidade de sentir é equivalente à capacidade de experimentar a dor. Nossa tendência é nos protegermos da dor, encobrindo nossos sentimentos. Quando a pessoa se permite ser tocada, mobilizada, ela também está se abrindo à mágoa. Entre o toque e a dor, a diferença é apenas de grau. Não há possibilidade de sentir alegria sem a capacidade de ser ferido, não há prazer sem dor, não há amor sem raiva, mágoa, separação. A anestesia (que literalmente quer dizer "ausência de sensação") carece de ambos os extremos. Por outro lado, a investigação do sentir implica tocar e ser tocado, ou ferido. O buscador, assim, pode envergar sua couraça em situações de combate. Mas também precisa arriscar-se a baixar a guarda e permitir-se ver e ser visto, ouvir e ser ouvido. Respeita a sensibilidade — sua e dos outros — e aprende a viver não apenas com a sensação do êxito e da bondade, mas também com a do erro, do fracasso, da inadequação, da vergonha, da culpa. Durante todo esse tempo ele continua tentando e avançando.

É importante dar-se conta de que a negação da dor, da culpa ou da vergonha conduz à insensibilidade, à desumanidade, ao cinismo e, nessa medida, à destrutividade. Para me defender tenho que acusar alguém. Meu erro, que nego, parece-me estar aderido em outra pessoa; eu o projeto. Para me defender, preciso atacar. Quando sou insensível, é provável que eu cause dor sem sabê-lo e, assim, estarei impedido de reconhecer sua presença ou mitigá-la. Movido por um mecanismo inconsciente de compensação, posso sentir-me compelido a infligir a outrem a mágoa e a dor que nego em mim.

O Graal, enquanto cornucópia, é semelhante ao "seio primal", fonte maternal de fluxo incessante. Tornamo-nos buscadores devido à nossa fome e nossas necessidades primordiais, ferimentos inevitáveis que todos nós recebemos quando crianças, pois jamais recebemos o suficiente, jamais temos nossos anseios totalmente satisfeitos. Se pudermos enxergar essas mágoas e anseios como presentes do vazio — se pudermos suportar a frustração da dor e dos desejos, e segui-los até sua fonte original, através de prazeres e sofrimentos, tentativas e erros, sem nos alhearmos ao âmbito das necessidades — então nos aproximaremos da fonte da vida, a taça arquetípica infinita que dá a cada pessoa a honra de satisfazer seu próprio desejo e que nos une a todos na grande comunidade de buscadores da verdadeira fonte transpessoal.

O Feminino: o desafio de ser

Qual é o valor que o novo Feminino é convocado a reafirmar em face das tendências patriarcais internas e externas? É o mesmo que constitui o objetivo da busca masculina do Graal: o vaso ou caldeirão mágico do jogo e da renovação da vida. É a experiência da própria alma através de sentimentos subjetivos e da intuição em relação ao aqui e agora concreto. O que é valorizado é a sensação desse momento, seja de alegria, seja de dor, e não idéias abstratas ou céus remotos de uma perfeição pacífica e interminável aos quais o patriarcado aspirava.

O patriarcado reprimiu o estrato mágico, o mundo do faz-de-conta. Para essa consciência globalizante, vida e morte eram o pico e o fundo de uma única onda. A união emocional era vivenciada com o grupo, o clã, a natureza e o sangue. A vida era *conhecida* através de ritmos e marés instintivas, da comunicação extra-sensorial e de uma postura de acolhedora abertura a tudo que acontecesse. Em sua forma arcaica, tais tendências são demasiado passivas, fatalistas e, nessa medida, regressivas em termos do nível atual de consciência. Sendo porém integradas às melhores conquistas da fase mental e da ética patriarcal, e testadas na realidade do aqui-agora da experiência subjetiva e dos relacionamentos interpessoais, podem contribuir muito para um novo passo na evolução da consciência coletiva. A nova feminilidade deve estabelecer o valor da interiorização e da afirmação (mas também o esclarecimento e a diferenciação conscientes) de tudo o que *é*. O novo feminino está aberto a (e é capaz de integrar) as dores, as feridas e a feiúra, assim como a alegria e beleza. O sensorial deve ser tão valorizado quanto o espiritual; o intangível tanto quanto o concreto. Por fim, as conquistas patriarcais do passado não devem ser abandonadas, mas integradas a esta nova perspectiva.

O papel arquetípico da nova feminilidade é ser a sacerdotisa da plenitude da vida tal qual ela é, com suas armadilhas imprevisíveis e sua insondável profundidade, com sua riqueza e sua escassez, seus riscos e erros, alegrias e dores. Tal sacerdotisa insiste na experiência subjetiva e na resposta pessoal às necessidades da condição humana.

Ela pode brincar e dançar como Ártemis, seduzir como Afrodite, domesticar como Vesta, ser maternal como Deméter. Como Athena, pode incentivar a civilização e as artes e ofícios, ou interessar-se pelo conforto e o alívio da miséria, como Maria. Estas são apenas algumas das inúmeras faces da Grande Deusa. Todas elas têm como meta transformar o poder caótico do Yin abismal, a Medusa, num jogo da vida. São as instâncias intermediárias entre a face terrível de Gorgon e a face prestativa de Athena. A vida deve ser vivida e saboreada por si mesma, numa interação sensível com a terra e o cosmo, enquanto organismos vivos, e não mais como objetos inertes de exploração em prol do "progresso" econômico ou tecnológico.

Para que possa enfrentar *e* lançar tal desafio, a mulher do amanhã precisará estar aberta e sintonizada com as suas próprias oscilações e diretrizes instintivas. A consciência que fere também pode curar. A ferida é inevitável. Ter consciência disto permite à mulher arriscar-se ao envolvimento em vez de optar pela evitação. Particularmente, nos encontros pessoais e subjetivos, ela se mostrará aberta e receptiva aos fatos, impulsos e sentimentos — mesmo que possam parecer feios, destrutivos e proibidos segundo os padrões tradicionais da estética e da moralidade, ou os seus próprios. Isto quer dizer nada menos que acolher no plano consciente e esclarecer sentimentos, fantasias e desejos, independentemente de suas implicações morais e estéticas. Significa também separar a emoção e a motivação da ação. Dentro da orientação tradicional, era claro que a culpa estava tanto nos pensamentos e nos sentimentos quanto nas ações. Consideramo-nos responsáveis por desejos, impulsos ou fantasias anti-sociais ou não-convencionais porque temos a noção de que sentir é equivalente a agir. Dentro do belo mundo criado e regulamentado pelo bom Rei-Deus, qualquer impulso ou sentimento contrário à sua lei deve ser uma manifestação de Satã ou de nosso mal intrínseco. Nessa medida, aprendemos a reprimir nossos desejos, sentimentos e fantasias "impróprios". Não nos permitimos admitir, por exemplo, que num acesso de raiva podemos sentir vontade de quebrar o pescoço de nosso próprio filho. Esse sentimento é por demais terrível para ser expresso em palavras, ou sequer em pensamentos.

Não obstante, esse impulso é uma expressão da força vital. Mostra-nos que sentimento está de fato ali, *naquele momento*, independente do que possamos desejar. Mais tarde, o sentimento poderá ser outro. Quando a fantasia é aceita, atendida, alimentada, meditada e compreendida como depoimento simbólico — independente do quanto seu conteúdo seja horroroso e repulsivo —, pode, ao final do processo, revelar uma sabedoria oculta e abrir novos caminhos de energia. A vontade de torcer o pescoço da criança pode alertar a mãe exageradamente amorosa e protetora que é desejável adotar uma postura diferente. Simbolicamente, ela pode estar precisando girar ou *torcer* o pescoço numa outra direção, *quebrar* um estereótipo rígido demais, inflexível demais, subjacentes à sua atitude excessivamente permissiva em relação a si mesma e à criança. É um desafio pensar e sentir tudo o que se apresenta e esperar pela mensagem simbólica oculta, em vez de agir compulsivamente ou varrer as coisas para baixo do tapete, deixando que a mentira encubra o quadro. A nova mulher (ou *anima*, no homem) terá que defender e proteger a necessidade de viver do começo ao fim e vivenciar tudo aquilo que tiver sido reprimido pelo patriarcado (a menos que pretenda que a ordem possa emergir do caos). A nova mulher não endossa mais *imperativos* morais abstratos, mas sim fatos emocionais, embora eles possam afetar as pessoas numa dada situação e num dado momento. É importante perceber que, quando a mulher (ou a *anima*) se permite ser tocada por essa "fase noturna" dos impulsos proibidos, ela entra no reino da Medusa, no mundo subterrâneo do Yin escuro. É como a descida da Inanna suméria ao mundo inferior da morte e do terror, para encontrar sua irmã, a negra Ereshkigal. Durante essa fase, é como se ela estivesse perdida para a vida do dia-a-dia. Portanto, deve esperar e refrear seu impulso de agir compulsivamente. O que ela está contemplando não condiz com *esta* vida. Enquanto está nesta fase, relaciona-se apenas com sua própria e ainda desconhecida profundidade, desconcertante e até ameaçadora, e não com as pessoas, por mais próximas e queridas que elas sejam. Pode se sentir profundamente distante, indiferente, desprovida de afeto — até mesmo odiosa — para com qualquer pessoa que lhe faça exigências. Como Inanna, na lenda, ela está nua, empalada e morta na presença do Ereshkigal, impedida de qualquer relacionamento externo. É desnecessário dizer que esse estado pode ser tremendamente assustador tanto para ela como para quem estiver à sua volta. Mas é grande a tentação de negar e reprimir essa experiência e *fazer alguma coisa*. Contudo, nesse estado, qualquer ação será errada quando não destrutiva. Por outro lado, a descida ao mundo inferior pressagia uma renovação da vida, desde que conscientemente sofrida do começo ao fim. Quando se acalenta e se ouve as imagens profundas como se fossem uma criança a ser protegida e criada, pode-se atingir uma nova fase na vida pessoal. Correr o risco de uma descida à "incubação" no bojo do Yin escuro, em nome de uma transformação e de uma renovação, exige que se ignore pelo menos temporariamente todos os imperativos morais e éticos e todas as noções abstratas. Só à luz das experiências pessoais nuas e cruas é que novos valores podem ser encontrados e testados na realidade.

Se conseguir sustentar a tensão dessa nova fase, a mulher funciona como desafiante a serviço da vida em mutação. Traz novos padrões da profundeza do caos, e exige que sejam aceitos e de alguma forma integrados e valorizados, não só em suas implicações provedoras, mas também nas potencialmente destrutivas. Pois uma necessidade pode favorecer a vida e, ao mesmo tempo, estilhaçar um estado preexistente. A mudança e a transformação devem eliminar o antigo e estabelecido. Nessa medida, a afirmação do novo visa, antes de tudo, o confronto e a gestação internos. Pelo menos por um certo tempo, requer a renúncia do "eu quero", assim como do "eu devo". Por um certo período, a questão de concretizar as fantasias ou impulsos é desconsiderada. A aceitação psicológica, a contemplação e a meditação vêm em primeiro lugar. É nesse ponto que costumo sugerir que as imagens sejam entrelaçadas para compor uma imagem que lembre um ritual ou jogo mitológico (ver Capítulo 15), passível de ser encenado por consentimento mútuo, com a finalidade de vivenciar a carga emocional e o significado simbólico. Agora, o torcer o pescoço da fantasia anteriormente citada pode ser transformado numa pantomima ou imitação cômica de agarrar e destroçar em pedaços ou no ato de voltar-se deliberadamente em outra direção; pode se tornar uma dança estática ou uma travessura dionisíaca, por exemplo. Assim, pode ser encontrado um novo mito vital, capaz de ser experimentado — no todo ou em parte — em rituais ou cenas psicodramáticas, e depois testado realmente em termos do que é possível ou mutuamente aceitável no relacionamento. Somente por meio desse período de gestação é que poderão vir à luz novos *insights* e uma nova consciência, que, com pleno consentimento do estrato "profundo", terão condições de desafiar as regras morais convencionais, caso tal desafio seja necessário. Antes que todo esse processo se desenrole, qualquer ação comporta o risco de ser uma atuação compulsiva.

Tal aceitação e a proteção dos anseios contidos nesses impulsos vitais recém-emergentes requerem uma atitude comparável à que se adota com uma criança pequena. Implica prontidão para brincar e experimentar, sem descuidar de uma segurança relativa, acolhendo tudo que acontece com o objetivo de uma educação suavemente disciplinadora e jamais repressora. Essa atitude é como dançar, como mover-se atenta e sensivelmente *com* as ondas do que é e acontece, não importando o que deveria ser.

Ao gestar e acalentar seus sentimentos, impulsos e fantasias desse modo, a mulher torna-se reveladora, tanto de si para si mesma quanto dos outros para si mesmos. Porque nossas motivações para a ação fluem de nossas emoções e de nossos sentimentos, e não só de nossos pensamentos. Só pela mobilização dos sentimentos é que os pensamentos motivam a ação. No mais das vezes, porém, eles apenas racionalizam os sentimentos e as tendências emocionais. Não podemos nos entender plenamente sem entender nossos sentimentos e nossas ânsias afetivas.

Assim como a lua, essa afirmação gestacional *reflete*; contém um afeto que espelha e suavemente revela. Não apenas reflete o próprio ser, como também pode ajudar os outros a vivenciar a própria subjetividade à medida que ela emerge num encontro pessoal. Esse tipo de aprendizagem — muito melhor do que explicações abstratas ou que preceitos de como *deveria ser* — ocorre através de uma vivência e de uma revelação graduais.

É um paralelo significativo que, em nossos dias, também a nova física tenha descoberto que toda realidade é subjetiva, na medida em que nasce do encontro entre o observador e sua interação com "o outro", sua orientação para o "outro", que é o objeto reagente de sua observação. O que antes era considerado como realidade objetiva está sendo agora reafirmado como experiência subjetiva de um encontro e de um relacionamento.

Essa revelação afirmativa contraria e ao mesmo tempo complementa o questionamento, a dúvida e a crítica masculinos que caracterizam nossa tradição intelectual. O objetivo da busca é a descoberta da "fé". Isto significa confiança no "rio", o fluxo da vida. É aquilo que não se pode ver ou tocar no espaço, mas que só pode ser descoberto com o tempo e através da experiência de seu significado e de seu valor para o ser emocional de cada indivíduo. Por essa razão, o ser feminino tem mais dificuldade que o masculino de sentir-se um ser *separado*. Sua natureza é, antes, um *sentir junto*, um *sentir com*.

O ego feminino é mais como um canal aberto, um fluxo interior de emoções, sentimentos e percepções. A mulher não é tão rigidamente determinada pela vontade e pela convicção como o homem. Está mais aberta para encontrar uma ordem natural naquilo que a princípio parece um caos, ou seja, o fluxo e a dinâmica de eventos não-racionais desestruturados, desordenados. Ao empatizar e alimentar, o ego feminino revela e afirma a experiência subjetiva do momento como uma nova dimensão de realidade, que se estende não só no espaço mas também na dimensão móvel do tempo. Embora abra uma nova possibilidade para a sensibilidade psicológica por meio da empatia, essa relativa flexibilidade do ego pode, porém, trazer dificuldades. O fluxo indiferenciado — insuficientemente sustentado pela própria clareza Yang feminina, pela diferenciação e pela segurança — pode disseminar a confusão, a dúvida interna, a dependência. Resulta então a necessidade de afirmação, de ser informada pelos outros, particularmente pelos homens, que ela de fato existe e que suas revelações e experiências subjetivas têm valor para os outros, e não só para si mesma. Essa vinculação sensual e sensorial com tudo que é *é*, a noção da beleza, do prazer, do gozo, do lúdico, também trouxe para a mulher a reprovação patriarcal de sua suposta frivolidade, quando não sua condenação como instrumento de Satã.

O que disse acima, de modo algum invalida (ao contrário amplia) o papel maternal e provedor, tão profunda e fundamentalmente inseparável da natureza feminina. De uma forma ou outra, uma tendência maternal ou filial se torna inevitável em todo relacionamento. Sentir o outro como filho, em união com essa criança, é parte intrínseca da maneira global de experimentarmos a existência. Por conseguinte, o feminino implica também uma noção de conceber e nutrir, de cuidar e de estar em contato com as próprias raízes naturais. É importante para a mulher que ela tenha uma relação consciente com essa dimensão, para que não escape ao seu controle e se transforme numa maternagem ou dedicação asfixiante, pois, neste caso, também os canais convencionais parecem interditados.

Quando se afastam dos próprios filhos ou projetos, e quando o ego se sente ameaçado pela pressão de imperativos abstratos, capazes de fazer com que se sintam infantilizados, tanto homens como mulheres têm necessidade de proporcionar a si mesmos uma atenção maternal. As fraquezas e carências pedem apoio, carinho e proteção até que o indivíduo esteja de novo em condições de ir à luta. Quando essa necessidade de receber "colo" não for satisfeita, é provável que surjam o vazio e a depressão. Isso se aplica tanto, ou mais, à necessidade de se dar colo quanto à de cuidar dos outros. Mais uma vez, aceitar a presença e a dinâmica dessa necessidade contraria e ao mesmo tempo complementa a tradição patriarcal predominantemente extrovertida do Ocidente, que acentua unilateralmente a atividade centrífuga e o "fazer para os outros", às custas das próprias necessidades e desejos.

Cuidar dos outros e respeitá-los em sua autenticidade é um primeiro e indispensável passo para a individualização. O passo seguinte complementa e aprofunda essa individualização através do surgimento do novo feminino, que é a corporificação da interiorização que maternalmente se ergue em defesa dos valores internos e das próprias incertezas decorrentes da falta de confiança na lei externa. Expressa a necessidade de acalentar, de ouvir com paciência a dimensão temporal, de deixar que as ondas subam e desçam até que o tempo traga à tona o momento certo para o nascimento.

Por fim, a orientação centrípeta inerente ao Feminino conduz a uma nova forma de relacionamento com o divino, a ver a própria vida como padrão de destino individual *dado* pela dimensão transpessoal. À exceção de correntes subterrâneas místicas (mal e mal toleradas pelo eclesiastismo e arrogantemente menosprezadas por seu herdeiro, ou seja, o cientificismo pós-renascentista), a religiosidade patriarcal ocidental tem demonstrado uma tendência a voltar-se para fora. Deus é configurado como patriarca masculino, soturno, sempre perfeito, desprovido de humor, a despeito de todas as afirmações de que "Deus é amor". Mora em algum lugar "lá no alto". Céu e terra têm sido imaginados como localidades no espaço. Vida religiosa é algo que se ensina em termos comportamentais de proibição ou autorização de certos atos em obediência à lei de Deus, tal como a atestam a Igreja e o Estado, sem qualquer consideração pelas necessidades e diferenças individuais.

Essa religiosidade extrovertida ensinou-nos a consciência do social. Mas hoje isso atingiu seu ponto de saturação e degenerou em pregações moralistas e numa visão de mundo que só consegue enxergar a dinâmica material e econômica, desprovida de qualquer relevância para o mistério da existência. O ressurgimento do Feminino, porém, torna a abrir a possibilidade de acesso a esse mistério, revalidando a dimensão interior subjetiva.

No mundo da Deusa, a materialidade é considerada uma manifestação do espírito, e não algo separado dele. A matéria é apenas uma forma de perceber a pulsação sempre criativa da vida, seu significado e a consciência em perpétua evolução. A matéria é o aspecto palpável e visível da alma e do espírito, assim como nossos corpos. Portanto, o mistério "do fim último" deve ser buscado na vivência subjetiva, aqui-e-agora, de nossos problemas, dores e alegrias, incluindo os de nossos corpos. O desenrolar da vida cotidiana — seus conflitos, dificuldades e descobertas pessoais e de relacionamento — pode tornar-se transparente e ganhar um significado que almeja encarnar-se na dimensão temporal. A experiência pessoal tem precedência sobre o raciocínio abstrato e os dogmas. Alegria e dor, beleza e feiúra, espiritualidade e sensualidade devem ser aceitas e reconhecidas como manifestações de uma força transcendente, portanto sagrada e sacramentada. São caminhos pelos quais vivenciamos as oscilações do destino de nossa vida, tanto interna quanto externamente. Ao aceitá-las e acolhê-las, nos submetemos ao teste do crescimento e da transformação. Quando perguntamos "A quem servem?", podemos descobrir um significado para nossas vidas que ultrapassa as limitações do ego. A pergunta "O que te adoece?" (e também "O que te dá prazer?") nos ajuda a nos tornar conscientes de nossos sentimentos, da profundidade e riqueza de nosso ser emocional subjetivo.

O sentir assume então uma nova função de orientação e validação. Em seu dinamismo subjetivo circular (diferente do caminho linear e "objetivo" da razão), o sentir contém, não obstante, sua própria objetividade, capaz de proporcionar uma inteligência confiável. É um novo guia de informações, em grande parte indiferenciadas e ainda desencontradas, a serem refinadas e desenvolvidas até se tornarem uma habilidade, através de um processo que não é diverso do modo pelo qual o pensamento evoluiu ao longo da era patriarcal.

Uma nova psicologia profunda, orientada para o interior, está descobrindo no sentir novos caminhos para decisões de vida e para direcionamentos existenciais. As qualidades ou atitudes sensíveis mostram-se inerentes à tessitura da vida e do cosmo, e precisam participar das relações como dados objetivos de múltiplas faces, e não como apenas bons ou maus sentimentos.

Um exemplo ilustra essa nova atitude experimental. Uma analisanda de meia-idade estava às voltas com os problemas decorrentes de sua moralidade tradicional, tipo preto ou branco. Tivera uma visão hipnagógica ou um sonho no qual contemplava um ser divino com poderes para criar, tendo nas mãos o globo terrestre; com uma atitude de divertida distância, observava as conflagrações, as guerras, as catástrofes e a destruição na Terra e brincava com todos esses acontecimentos. Quando a horrorizada sonhadora lhe indagou por que deixava que acontecessem todas aquelas coisas, ele respondeu: "Porque me apraz".

A consternada sonhadora estava frente a frente com aquele aspecto da força criativa que descrevemos anteriormente como força transformadora. No Ocidente, esse aspecto (por exemplo, proporcionar a destruição "porque me apraz") tem sido separado da imagem patriarcal de Deus, composta por uma bondade e uma justiça absolutas. Em representações mais antigas da Deusa, como na Sekhmet egípcia ou Kali hindu, encontramos ainda os aspectos complementares de propiciação da vida, do amor e da alegria, assim como a entrega ao sofrimento, à destruição e à morte. Essa dualidade de funções engloba emocionalmente a plenitude da existência em toda a sua concretude, a fase *não* daquilo que estivemos reprimindo.

É essa fase *não* que deve ser revalidada na nova experiência do Feminino. A *função sentimento*, enquanto guia, inclui essa fase *não* na forma de um não levar em conta, de um distanciamento, e até da afirmação da destruição como necessidade, quando a fase provedora e acolhedora tiver se esgotado e não for mais relevante numa dada situação. Pois, para poder afirmar, é preciso ser capaz de rejeitar; para apoiar, é preciso também ser capaz de permitir o fracasso. O instinto feminino recusa-se a *ter* que dar, ser instruído a como *deve* sentir, como *deve* amar e apoiar, mesmo quando os sentimentos dizem não e pedem distância e até rejeição. Essa é uma nova lição a ser aprendida no relacionamento entre as pessoas e no modo como a pessoa é no mundo.

Os relacionamentos contêm necessariamente graus variáveis e inúmeros momentos de distância, de ausência de comunicação, de rejeição e de desprezo. São momentos que precisam ser compreendidos, tolerados e elaborados segundo um prisma afirmativo, para que a ligação entre os envolvidos na relação se mantenha viva. O negativo pode fornecer lastro para tudo aquilo que atrai e mantém os membros da relação unidos. Da mesma forma, numa pintura, evita-se uma superfície bidimensional quando se permitem contrastes de claro-escuro. Também na música as dissonâncias intensificam o impacto emocional da consonância. Sem esses aspectos negativos, o resultado seria o tédio. Em outros momentos, a renovação da vida que já percorreu o seu curso só pode ocorrer através da morte e da destruição, e até isso pede afirmação emocional.

As fases *não*, aparentemente difíceis e dolorosas, durante as quais tudo parece estar contra nós, não são apenas períodos de desgaste e frustração. Expressam uma etapa deliberada de introversão, mesmo que negativa. Manifestam uma dimensão especial do sentir que está se abrindo dentro da dimensão do tempo. São exatamente tão vitais em suas mensagens e percepções quanto as fases afirmativas.

A dissolução da forma, o fim de um ciclo e a sensação de perda e tristeza são fases inevitáveis do processo total da vida. A transformação e a destruição são, respectivamente, os aspectos interno e externo de um mesmo processo. Essa compreensão é de importância vital para nosso relacionamento emocional com os "términos", tanto coletivos quanto pessoais. Términos são situações que percebemos sem saída, os impasses, as depressões, o sentimento de ter vontade de desistir de tudo e, enfim, a morte. Términos são os encerramentos de fases e tendências particulares; são indicações de mudanças oportunas. Aquilo que não pode ser alcançado com a nossa cooperação deve impor-se a nós como força maior — externa ou psicologicamente — na forma de obsessões. Impulsos suicidas ou homicidas podem também representar uma atuação compulsiva de ânsias de transformação não reconhecidas ou bloqueadas, que emergem compulsivamente dos estratos mais profundos da psique inconsciente. O reconhecimento desse potencial construtivo pode tornar possível canalizar esses impulsos para uma mudança psicológica, em vez de para uma ação destrutiva. Mais uma vez, as questões do Graal devem ser aqui formuladas: "Ao que ou a quem esse impulso serve?" e "Qual é a natureza do sofrimento?". O que, *no plano interior*, está necessitando ser morto, destruído, dissolvido, radicalmente modificado e superado? Não se ajuda a entender a possibilidade suicida interpretando-a como mera possibilidade homicida reprimida. Ambas as dimensões expressam a necessidade de que uma auto-imagem obsoleta faleça. O impulso homicida quer libertar-se de complexos ou qualidades que são projetados numa outra pessoa, no bode expiatório.

Repetidas vezes, a psique busca mudanças interiores que necessitam da mediação do entendimento psicológico, para que se possam evitar atuações compulsivas. A destruição é sempre o encerramento de um ciclo e o indicador de que está havendo um novo começo. Convoca a criação, mais do que a mera repressão ou o desespero paralisante.

O Feminino tem uma maior facilidade que o masculino para se mover de acordo com os altos e baixos dessa dimensão, para não esperar (e até mesmo, para desconfiar) a perfeição e a aparência de estabilidade permanente. Dessa forma, o Feminino permanece em contato com o mistério de tornar-se, do nascimento que é o mesmo que a morte, da sedução e da ameaça do jogo do mundo, como processo interminável. Está em contato com o aspecto destino da Deusa.

CAPÍTULO 13

Individuação e Destino

Ducunt volentem fata,
Nolentem trahunt.
SÊNECA

Por trás da perversão neurótica oculta-se a vocação, o destino, o desenvolvimento da personalidade, a completa realização da vontade vital inata no indivíduo. O homem sem *amor fati* é neurótico. C.G. JUNG*

A aceitação e a consagração ao aspecto tempo-destino da Deusa pode favorecer a emergência de uma nova atitude perante a vida e a existência, tanto em mulheres como em homens. Novamente, trata-se aqui também de uma questão de responder de uma maneira responsável e criativa ao desafio e às limitações, e não com atuações compulsivas fatalistas ou autopermissivas.

Para o mundo ilusório que o ego patriarcal ergueu para si mesmo, a idéia de destino é infantil. Fiéis à nossa esquizofrenia cartesiana, acreditamos por um lado que a matéria está sujeita a um absoluto determinismo mecânico e, por outro, que a mente é "nossa" mente e que, graças à "nossa" mente, somos os únicos construtores de nossos padrões de vida. A atividade mental é supostamente livre e ilimitada.

*Collected Works, Vol. XVII, par. 313.

Não obstante, é a própria natureza e o propósito evolucionista de nosso ser — nosso "processo histórico" particular de individuação — que limitam nossa liberdade e prefiguram nosso percurso através da vida. Nessa medida, nossa individualidade se torna também o nosso destino. Enquanto indivíduos, somos geneticamente pré-programados em termos de constituição, disposição, padrões de reação, impulsos e motivações *in potentia*, quer dizer, os modos típicos de prontidão de resposta, que, apesar disso, são específicos e exclusivos para cada pessoa. Por intermédio da tomada de consciência, seus efeitos podem ser modificados em graus variáveis. Enquanto permanecermos na inconsciência ou negarmos sua existência, eles se tornam nosso "destino". Podem ser lidos primariamente como predisposições caracterológicas, mas também, em menor extensão, como padrões externos prováveis, ou no mínimo possíveis. Isto porque nossa personalidade atrai seletivamente pessoas e acontecimentos e reage a eles de modo também seletivo, numa tendência a afirmar e repetir suas propensões inatas. Nossas idiossincrasias se tornam profecias que se realizam por si mesmas. O caráter autopiedoso cria suas próprias catástrofes, e o tipo exageradamente agressivo, seus próprios inimigos.

Jung chamou de *self* à soma total de nosso ser potencial. Contrastou este *self* mais amplo ao nosso pequeno eu, ou seja, à nossa autoimagem consciente, nosso senso de identidade pessoal e de esperanças e expectativas pessoais. O *self* funciona como se gerasse uma vontade evolutiva e um padrão intencional próprios, que muitas vezes estão em desacordo com a personalidade egóica consciente. Fluem do *self* nossos instintos "mais baixos", além de nossas aspirações espirituais. Ele gera nosso impulso de individuação, a ânsia de nos tornarmos o que somos e também a consciência individual genuína que, em seu significado psicológico, é semelhante à *vox Dei*, "a voz de Deus". Neste sentido, o *self* funciona como uma entidade transpessoal ou até mesmo suprapessoal, um destino, ou karma, que exige ser concretizado ou encarnado da melhor forma possível em termos das possibilidades e limitações do ambiente familiar, social e cultural. O conceito de destino, assim, não implica um determinismo fatalista nem a predestinação calvinista. Constitui um padrão pré-pessoal porém individual de uma totalidade intencional. Precisa do empenho solidário da conscientização para se concretizar na vida de todo dia, de uma realização dentro dos limites da capacidade do ego. Dessa maneira, o destino é um desdobramento do arquétipo do *self* no tempo e no espaço.

Quando crianças, nossa primeira tarefa é aprender a nos orientarmos dentro de nosso ambiente social e nos adaptarmos a ele. Devemos aprender a lei de causa e efeito, a controlar nossos impulsos interiores e afetos, tornando-nos então capazes de ter vontade, de agir e de sermos responsáveis pelas conseqüências de nossos atos. Depois de termos adquirido essa autoconfiança e essa responsabilidade, no entanto, mais tarde precisamos descobrir o padrão mais amplo no qual nossa percepção consciente e nosso ser estão contidos. Precisamos descobrir os propósitos pré-pessoais que nossos intentos pessoais expressam: nosso destino ou karma, o plano ou padrões de nosso *self* mais amplo.

O termo sânscrito karma significa "fazer", "conduta", "resultado". Implica causa, padrão e ação como uma unidade dinâmica: a causação primeira do *self* manifestada mediante a evolução temporal no espaço. O karma concretiza a natureza potencial de nosso ser no fluxo seqüencial da criação-destruição do tempo, por força do que acontece a nós e através de nós no aqui e agora. Essa totalidade de nosso ser, por conseguinte, jamais pode ser apreendida por inteiro num dado momento; mas pode ser percebida em suas mudanças, transformações e evoluções, assim como em suas involuções, desde o nascimento até a morte, da morte até o nascimento.

Tudo que acontece em nossas vidas quer ser visto como nosso "eis o que tu és" individual, o que também implica o "eis o que *não* és". A borboleta deve — e só pode — corresponder à sua borboletidade. O carvalho, à sua carvalhidade. Da mesma forma, como indivíduos, respondemos às circunstâncias externas em nossa individualidade. Nossa natureza também é nosso destino. Karma e destino são manifestações no tempo e no espaço da atividade quântica da essência do *self*, a concretização de uma potencialidade a ser realizada ao longo do tempo, no espaço e na significação.

As noções populares de karma como recompensa ou punição por virtudes ou equívocos passados, e de destino como determinismo fatalista que justifica a passividade e até a inércia, fundamentam-se num entendimento distorcido do dinamismo psíquico. Baseiam-se numa versão do mitologema judaico-cristão surgido no final da Idade Média, um período materialmente decadente, projetado numa tradição oriental que, originalmente, tinha um nível psicológico muito mais sofisticado. Esse mitologema ocidental apresenta a imagem de um juiz um tanto arbitrário e despótico, apesar de supostamente justo, "do lado de lá". Senta-se para julgar, obriga ao cumprimento de suas leis e concede benefícios e penalidades como bem lhe apraz às criaturas cuja única opção é submeter-se a ele, sentindo-se para todo o sempre culpadas, merecedoras de castigos e indignas de sua bênção.

Como filhos dessa tradição, imediatamente confundimos responsabilidade por nossas tarefas com culpa e punição por sermos como somos, e por nossos inevitáveis defeitos e erros. Os erros não são pontos de apoio para o aprendizado e o desenvolvimento; são inevitáveis. Em vez de batermos no peito, de nos sentirmos culpados por nossas falhas e deficiências, é mais produtivo aceitar a responsabilidade de aprender com nossos erros passados. Seja qual for a tarefa que me imponho, ou que me é imposta, se inacabada hoje, constituirá o desafio de amanhã, ou tarefa inacabada.

Sejam quais forem os problemas, dificuldades, prazeres e possibilidades que nosso destino eventualmente nos traga, eles podem tanto acontecer *a fim de* nos ajudar a perceber coisas novas, como *ocorrer por causa do que* sucedeu antes. São formas diferentes de apreender a evolução do *self* em seu processo de expansão e diferenciação da consciência através do autoconhecimento e da percepção do eu-tu.

A consciência e a diferenciação da consciência, tanto na extroversão dos relacionamentos, quanto na introversão do confronto consigo mesmo, parecem ser o objetivo humano universal — até mesmo cósmico — em cuja direção se desloca a totalidade dos destinos.

Não devemos nos espantar diante do fato de que a consciência e a aceitação consciente são fatores universais que podem modificar e modificam o modo como enfrentamos nosso destino, bem como o modo como nosso destino nos encontra. Segundo Sêneca, "aquele que acolhe o Destino é guiado por ele, o que não o acolhe é por ele arrastado".

Conscientização e aceitação — não uma passividade fatalista, mas a aceitação como um mapa de viagem ou como um guia para a atividade criativa individual — podem modificar karmas adversos, circunstâncias adversas. Por outro lado, a infelicidade e a frustração são estados da personalidade, meios com os quais confrontamos a vida e a nós mesmos. Essas qualidades não podem ser simplesmente explicadas como resultantes de circunstâncias externas. No mínino, são instrumentos capazes de criar e modificar circunstâncias externas, de tal sorte que elas se encaixem em nossas expectativas. É sempre espantoso observar como, à medida que crescem a percepção e a aceitação de si e dos outros, as circunstâncias externas também começam a mudar, inclusive aqueles acontecimentos acidentais sobre os quais não poderíamos ter o menor controle volitivo.

Um karma "insatisfatório" (e sempre o é, em algum aspecto ou de algum modo) é um apelo à consciência para que ela se modifique. Os conflitos existenciais inevitáveis entre bom e mau, entre desejo e necessidade — na verdade o sofrimento que caracteriza a existência — são, sem sombra de dúvida, critérios inevitáveis e necessários para diferenciação de valores; são pedras de amolar com as quais nossa consciência deve ser polida. O encontro de experimentações com a vida e o destino ocorre mediante conflitos.

Essa conscientização não deve ser confundida com auto-reflexão, com o mero pensar a respeito de si mesmo, ou com a leitura de livros de psicologia. É tudo isso e muito mais que isso. Essa consciência é um estado de testemunha paciente de nossa estrutura de caráter e de nosso padrão de vida, pelo qual nos tornamos cônscios de como essa estrutura e esse padrão estão em desarmonia com nossos ideais, assim como com o protótipo que emerge do *self*. Para ser eficaz, ela precisa incluir a percepção consciente e vivencial de nossos sentimentos e impulsos instintivos, sejam eles aprovados ou não por nosso condicionamento mental. Inclui ainda uma abordagem de experimentação ativa do viver que submete esses *insights* ao teste da vida real e dos relacionamentos efetivos. Significa atender ao próprio chamado, seja ele qual for.

Novas energias e qualidades que "desejam" vir à tona à medida que vamos nos transformando também costumam ser sentidas como conteúdos que infringem nossos princípios morais e éticos. No entanto, esses princípios são obrigatoriamente condicionados por nosso passado, individual, ou coletivo; por aquilo que, para a nossa geração, é a tendência a viver a experiência de ontem. Estamos sempre dispostos a enfrentar conflitos de amanhã com as armas de ontem. Ter necessidades, impulsos sexuais obstinados, raiva, agressão e experiências místicas diferentes do que se supõe ser real são os exemplos mais freqüentes. Sentindo-nos culpados, nós os reprimimos, ou, quando a repressão falha, os expressamos às cegas, numa atitude de desafio. De todo jeito, porém, sentimo-nos culpados. Não consigo encontrar um lugar conveniente para aquilo que não conheço ou não compreendo suficientemente — e a culpa e a repressão privam-me da capacidade de conhecer e compreender. No entanto, para cumprirmos o destino que nos cabe devemos permitir que, de algum modo, em alguma parte, haja um lugar seguro onde essas ânsias possam ser experimentadas. O círculo vicioso das ações compulsivas seguidas pela repressão só pode ser rompido mediante um risco consciente, mediante uma *atuação* cautelosa e deliberada que me proteja de ser tragado na voragem inconsciente das ações compulsivas e destrutivas. Precisamos correr o risco calculado de sermos "tolos" ou "desonestos" e estar preparados para pagar o preço que custa entender e descobrir quem somos, da mesma forma que corremos o risco de cair de cara no chão quando aprendemos a patinar no gelo ou a andar de bicicleta. Só quando pudermos sentir o desejo ou o fascínio em harmonia com a culpa e o medo, estaremos ouvindo a voz do destino. É preciso que cada qual descubra seu próprio modo de expressar aquilo que deseja da vida, de uma maneira que esteja em sintonia com as mais elevadas exigências de uma consciência que, em muitos casos, ainda está por ser descoberta (e, por isso mesmo, carregada do medo que antigos preconceitos e hábitos instilaram). A cega necessidade só pode ser canalizada para a vontade livre, à custa de conflitos e tensões, quando a pessoa estiver disposta a pôr em prática uma maneira de agir que comporta tentativa e erro, em lugar das ações compulsivas geradas apenas pelo desejo nu e cru e pelos instintos. Não espanta que Jung tenha denominado esta tarefa, a tarefa da individuação, de *Magnum Opus* (obra máxima).

A vivência de si mesmo e o confronto com o próprio destino nunca podem ocorrer sem uma sensação de insuficiência e culpa. Pelo menos duas vezes em nossas vidas estamos todos destinados a enfrentar essa culpa e essa insuficiência: primeiro quando nos deparamos com a consciência coletiva — o superego; depois, quando nos deparamos com nossa consciência individual, o chamado do *self*. O superego coletivo entra em conflito com o ego corporal motivado por desejos. A consciência genuína que flui do *self* entra em conflito com o ego condicionado pelo superego. Essas situações conflitantes básicas são como dois grandes portais que precisamos ultrapassar para encontrar e cumprir nosso destino. No tempo do patriarcado, a voz de Deus falava principalmente por intermédio de padrões coletivos. Consciência e superego ainda estavam em grande medida identificados. Quando uma individualidade poderosa era inexoravelmente encurralada pelos padrões culturais, era provável que sucedesse uma tragédia. Heloísa e Abelardo são exemplos famosos.

Nessas tragédias, muitos destinos aparentemente tiveram que achar sua consumação. À medida que nos movemos na direção de uma nova fase do desenvolvimento psicológico, a estruturação de ego que deve ocorrer acontece inicialmente mediante o confronto com o superego coletivo que exige uma adaptação cultural. Mas, depois que essa prova foi cumprida, o indivíduo descobre que é ela insuficiente e que corre o risco de vender a própria alma. É quando o segundo apelo, a voz do *self*, o chamado do destino individual, se faz ouvir exigindo atenção. A primeira adaptação, obtida com tantos sacrifícios, deve ser transcendida. Um novo ego condicionado pelo *self* exige se tornar realidade.

Nosso primeiro condicionamento da infância, sempre traumático em graus variáveis, efetuado pelos pais, pela escola e pelo meio ambiente, estrutura nosso ego. Produz nossos sentimentos de vergonha e culpa em termos tradicionais. Quando conseguimos algum sucesso na resolução desse conflito mediante uma adaptação às necessidades da realidade externa, o que geralmente ocorre na adolescência e no início da fase adulta, descobrimos que tivemos que nos adaptar à força a moldes que contrariam nossas ânsias e valores inatos mais profundos. O conflito de nosso destino agora nos confronta inevitavelmente a partir de nosso íntimo.

As necessidades e valores dos pais e de outras autoridades, suas tentativas e ânsias não resolvidas, suas formas externas de adaptação, modificam inevitavelmente as perspectivas da criança, seu padrão de personalidade, sua adaptação à realidade, de acordo com suas tendências, e não com as da criança, distanciando-a então de sua própria natureza. Pelo menos em nossa época, esse é um aspecto inevitável do destino humano. Depois de alienados de nosso ser mais profundo, uma obscura sensação de culpa, de culpa existencial, é engendrada. Até então, desconhecemos a natureza e as exigências do *self* oculto, por isso nos enganamos sobre a natureza de seu chamado. Respondemos-lhe de acordo com nosso habitual sistema de valores. Explicamos essa culpa como decorrência de não termos dado valor suficiente aos padrões dos pais e da cultura e de nos termos revoltado contra eles. Novas tentativas de melhorar o nível de conformismo produzem ainda mais alienação e culpa. Ficamos presos então num círculo vicioso, capaz de criar impasses e crises existenciais que ultrapassam de longe a imaginação do mais inventivo dos dramaturgos. É como se o poder do destino se dedicasse deliberadamente a nos vendar os olhos, enviando-nos na direção errada a fim de criar a cena do drama: o drama da busca da autodescoberta através de tentativas e frustrações. Na realidade, para um dramaturgo, essa seria a maneira mais eficiente de criar uma tensão dramática. Para que a peça seja arrebatadora e significativa, é preciso criar um impasse poderoso, uma crise aparentemente insolúvel. O pai de Hamlet é assassinado pelo irmão; Cordélia, a filha amorosa, é expulsa do reino pelo rei Lear. Ausência de impasses significa ausência de desfecho e, com isso, a inexistência de uma peça. O destino é Laila, o jogo universal da Deusa, personalizada na essência do *self*.

A vida enquanto jogo dramático, enquanto teatro (em grego, *theatron* é o "lugar para ver", mas, especialmente, "lugar de espetáculos para espectadores divinos"), é um motivo arquetípico que aparece inúmeras vezes nos sonhos e na poesia. O efeito catártico profundamente mobilizador que a arte dramática continua exercendo através do tempo pode muito bem estar fundamentado no fato de que constitui para nós um espelho da alma e da vida no tema de homens e mulheres contra seus destinos.

Em termos de um significado dramático, nossas histórias de vida podem ser consideradas como resultado de traumas e condicionamentos passados. Contudo, esses acontecimentos passados podem também ser vistos como elementos necessários ao enredo, ao padrão do destino, para que possam produzir ou ensejar os futuros impasses, eventos e descobertas necessários ao conteúdo e ao significado do drama da vida. O que sofremos quando éramos crianças, ou agora, adultos, em decorrência de relacionamentos conturbados (ou mesmo até bons) com nossos pais ou outros seres próximos, pode então ser entendido não como acidentes e infortúnios lamentáveis que poderiam ter sido evitados, mas como impasses emocionais predestinados e essenciais à encenação de nossa realidade individual. A necessidade de passar pela experiência de um conflito ou trauma na infância molda a relação pais-filhos de um tal modo que torne possível a emergência do impasse presente ou futuro.

Uma evolução dramática exige a percepção consciente não só da cadeia seqüencial de eventos que se inicia com a exposição, passa pela crise e alcança a *lysis* ("solução do conflito"), mas também a compreensão de uma idéia ou significado subjacente. O observador ingênuo, que se identifica com o texto do drama tal qual lhe é apresentado, se comove diante da relação de causa e efeito material e efetiva. A fim de propiciar motivação e engendrar envolvimento, a peça deve ser encenada e apresentada em tais termos.

Embora a encenação de uma situação trágica ou cômica no segundo ato pareça ser causada por uma ação correta ou errada ocorrida no primeiro ato, é igualmente verdadeiro que esse efeito é uma função deliberada do propósito dramático. Também pode ser útil a consciência de que os papéis dos atores são, de fato, papéis; o vilão é capaz de evocar raiva ou ódio no espectador, e o herói, amor e admiração. Somente um espectador ingênuo, no entanto, gostaria de eliminar o vilão. Sua presença é essencial, e a representação do infortúnio e da injustiça faz parte do drama. Por outro lado, também devemos perceber que, se não se conjugarem as forças de oposição ao mal, não haverá drama, crise ou *lysis*. A percepção de que a peça é uma peça não justifica a inércia ou o fatalismo. As tentativas de vencer o vilão, de resolver as injustiças — sejam ou não bem-sucedidas —, são respostas exigidas pelo destino, em sua função de desafio dinâmico. Elas delineiam a área em que nossa liberdade se contrapõe ao destino. Desses confrontos é que nascem a consciência e o crescimento.

Num determinado aspecto, nosso drama existencial difere significativamente das encenações que vemos nos teatros. Nele, existe a liberdade de modificar, quando não alterar, o roteiro. E também a necessidade de improvisar. O princípio patriarcal dizia: "deves" (ou "não deves"). A Deusa diz: "Você pode... talvez. Cabe a você descobrir. Contracene comigo, descubra-me". É como se todos os elementos do elenco tivessem sido ensaiados, exceto um dos atores, o ego. Talvez aquele que enfim acaba sendo o ego também tenha ensaiado, mas (como alguns mitos e sonhos ensinam) esquecido suas falas. O mais provável é que o roteiro contenha espaços em branco — ou apenas instruções gerais — de modo a permitir a criatividade. Dessa forma, o ego é desafiado a estar atento às pistas e arrisca-se a adivinhar e improvisar à medida que a ação se desenrola. É aí que reside nossa liberdade, mas também nossa responsabilidade: não pelos conflitos, pelas qualidades inaceitáveis, pelas confusões em que nos metemos — mas, por nosso desempenho; pelo modo como reagimos a essas dificuldades; pela forma como usamos nosso talento. Contrariamente ao que se poderia esperar, a evolução predestinada do padrão de tempo funciona não como compulsão fatalista, mas inclui e até mesmo exige o uso da liberdade. Desafia-nos a criar nossa própria versão do roteiro, ou pelo menos a modificá-lo, valendo-nos de improvisações criativas.

A inflexível limitação do destino inclui liberdade. Esse é o grande paradoxo da existência: limitação e liberdade são pólos opostos no eixo da autodescoberta através da receptividade ou da responsabilidade criativa. Liberdade não é ausência de restrição e de limitações, mas uma maneira particular e imaginativa de responder a tais limitações, ou de usá-las para descobrir e inventar. Nada existe que não esteja submetido a leis e restrições. O capitão de um navio não pode, em nome da liberdade, ignorar o vento, o tempo e as marés, nem o porto de destino. Da mesma forma, não se pode presumir que é possível ir à Lua ignorando a gravidade. Assim também não é possível à pessoa ser arbitrariamente quem deseja ser, ou viver como quiser, sem levar em conta o que lhe foi

233

dado *a priori*. Embora esses elementos dados não possam ser descartados, também não é obrigatório que nos deixemos vitimizar por eles até ficarmos inertes. O vento, as condições barométricas e as marés são úteis quando estamos navegando, e a gravidade, quando estamos voando.
Liberdade é a capacidade de ser a própria e autêntica natureza e de escolher. É precisamente aí que reside sua limitação inata. Só posso ser aquilo que estiver de acordo com minha natureza intrínseca. Nossas motivações não estão sujeitas a caprichos do ego, mas são conseqüências de padrões estipulados *a priori*, e é em função deles que evoluímos. Perceber essa dimensão inerente como padrão de destino, com suas possibilidades e limitações, *amor fati*, é o que nos possibilita nos realizarmos enquanto seres.

Um aspecto importante desse sentimento é a sensação do que chamamos de oportunidade. A sensação da oportunidade é a percepção consciente da qualidade propícia ou não a uma determinada ação, num determinado momento. Para que a nossa participação dentro da peça que está sendo encenada seja eficiente, é preciso não apenas um posicionamento deliberado e tenaz, como uma sensibilidade para a dinâmica e os ritmos da trama, uma máxima atenção às pistas. O indivíduo deve fazer seu papel, dizer suas falas, executar seus feitos, até onde lhe for exigido pela encenação, ou pelo menos demonstrar a maior abertura possível para essa ação eficiente. De nada serve ao herói pronunciar um inflamado discurso diante de uma platéia adormecida ou ocupada com outros pensamentos. Entretanto, perder uma deixa que é toda sua é perder uma oportunidade.

O uso da liberdade individual exige uma sensibilidade para captar padrões e oportunidades, um senso do *kairos*, daqueles momentos em que a liberdade está sendo ofertada e em que é possível uma escolha. A lógica e a razão podem ajudar, mas a intuição e o sentimento, a percepção quase artística do momento dramático, são ainda mais valiosos.

É provável que precisamente isso — o desenvolvimento da intuição, e do senso de oportunidade — seja um dos desafios da próxima fase de desenvolvimento da consciência. O pensamento analítico e lógico não consegue por si só vencer a distância entre o ego e o *self*, não consegue nos tornar motivados pelo *self*. Tampouco tem condições de vencer a distância entre uma pessoa e outra, entre o indivíduo e a coletividade e o mundo.

O significado do desenvolvimento consciente dos sentimentos e da empatia, não só para nós mesmos mas aparentemente para nossa cultura e a coletividade, está flagrante na experiência de vida e no sonho de uma senhora já idosa. Com sessenta e poucos anos, essa mulher ainda lutava com seus traumas de infância, com seu sentimento de rejeição e abandono nos relacionamentos pessoais, que ela atribuía à dor por não ter sido valorizada pela mãe, uma pessoa fria e indiferente. Esse sentimento atingiu seu ponto mais traumático quando, aos oito anos, ela foi internada às pressas com pneumonia. Ela se sentiu confusa, desolada e abandonada por sua mãe não lhe ter feito qualquer visita.

Depois de reviver essas lembranças na terapia, ela sonhou com um homem deitado num catre, profundamente ferido no flanco. Ela estava ajoelhada ao lado dele e tentava curá-lo irradiando seu sentimento para ele através de uma concentração meditativa. Neste sonho, a sonhadora está prestando assistência ao arquétipo do homem ferido, uma entidade que está além de seu *self* pessoal. Vem à mente a imagem que nos é fornecida pelo poema do Cavaleiro do Graal (ver Capítulo 11): "E nesse leito deitaram um cavaleiro/ suas feridas sangravam dia e noite/ Ao lado do leito ajoelhou-se uma virgem/ E ela chorava dia e noite".

Neste sonho, porém, ela não chora mais em desespero, como a donzela do poema. Em vez disso, irradia a cura através de seu sentimento, agora dirigido de modo consciente. O significado dessa imagem é que, mediante a aceitação consciente de nossas feridas, pode ocorrer a cura, não só em nós, mas também *através de nós*. Nossa consciência do sentimento auxilia o Corpus Christi, a encarnação ferida do espírito no homem. É assim que, aparentemente, podemos dar nossa contribuição à cura da humanidade e oferecer redenção ao redentor.

CAPÍTULO 14

Ética

Duas coisas enchem a mente de um espanto e um deslumbramento cada vez maiores, quanto maior é a freqüência e a intensidade com que a mente delas se ocupa: o céu estrelado acima de mim, e a lei moral dentro de mim.
KANT

Antes de existir a lei de um papa ou seus rigores/ Todos faziam amor/ Sem culpa com seus entes amados./ O prazer livre e leve virá sem culpa/ Maio bem construiu abrigos com as folhas/ Haverá sob as árvores encontros amorosos às escondidas/ Para mim, para mim mesmo e minha amada.
Livro vermelho de Hergast, séculos XIII-XIV, Gália*.

Algum dia haverá meninas e mulheres cujo nome não significará mais apenas o oposto do masculino, mas algo em si mesmo, algo que leve a pensar não em complementos e limites, mas em vida e existência: o ser humano feminino.

Esse progresso (no início muito à revelia dos homens destronados) transformará a experiência do amor, que hoje está repleta de erros, alterá-la-á de cima a baixo, reformulando-a até torná-la uma relação que fluirá de um ser humano para outro, e não mais de um homem para uma mulher. E esse amor mais humano (que irá satisfazer a si mesmo, em sua infinita consideração e delicadeza no atar e desatar) lembrará este que estamos preparando com esforço e luta, um amor que consiste em duas solidões que se protegem, se tocam e se saúdam.
RAINER MARIA RILKE, *Letters to a Young Poet**

---

* Poema citado em A.R.B. Reese, *The Celtic Heritage* (Londres; Thames & Hudson), p. 287. Rilke, trad. M.D. Herter Norton (Nova York: W.W. Norton & Co., 1954) p. 59.

Ética consiste em regras do valor para as relações humanas. Para uma pessoa que vivesse isolada, caso isso fosse possível, não haveria nenhuma questão ética. A ética brota da consciência de uma pessoa que se percebe uma entidade em separado, preocupada com a maneira como se relaciona com os outros e com a comunidade como um todo. Nesse sentido, a ética, em sua avaliação do bem e do mal, surgiu com o ego, pois a noção de responsabilidade individual pressupõe uma noção do *eu*.

Já vimos como as comunidades mágicas pré-patriarcais presumivelmente regulavam seu comportamento por tabus, em vez de pela ética. Essa orientação visava evitar perigos para a comunidade e seus membros. O critério era prático, não moral. Baseava-se nas necessidades da sobrevivência, não em valores afetivos.

O apogeu das conquistas da ética patriarcal é a Regra de Ouro "Ama teu próximo como a ti mesmo". De acordo com a lenda, foi considerada a própria essência do judaísmo pelo rabino Akiba, que observou que "tudo o mais era apenas comentário".

A Regra de Ouro expressava a preocupação com nosso próximo igualando suas necessidades às nossas. Os direitos do outro, um ser separado com personalidade própria, são desta forma explicitamente reconhecidos como merecedores de apreciação individual em nome da sobrevivência do grupo. "Não procurarás a vingança nem conservarás a lembrança da injúria dos teus concidadãos. Amarás o teu vizinho como a ti mesmo" (Lev. 19:18).

Por outro lado, embora o patriarcado tenha trazido à tona a diferenciação individual, cada pessoa era valorizada primordialmente como *homo faber*, realizador de feitos que trabalharia, manipularia e ajudaria a controlar o mundo externo. A individualidade era definida em termos de valores externos. As ações eram aceitáveis (boas) se fossem socialmente úteis. Caso contrário, seriam inaceitáveis (más). As pessoas eram valorizadas pelo que faziam, e não pelo que eram. Nesse nível inicial, pré-psicológico da evolução, as emoções, as necessidades e as motivações atuavam compulsivamente e tendiam a resultar em ações previsíveis. Havia pouca distância entre a emoção e a ação compulsiva. Isso ainda pode ser constatado em crianças pequenas: a raiva leva à agressão, o desejo à tentativa de posse. Nesse nível anterior ao ego, a emoção e a ação são a mesma coisa. A ação só pode ser contida inibindo-se a emoção mediante o medo, a vergonha ou a culpa induzidos pelo superego. Além disso, esse passo em direção a um autocontrole racional tinha que ser aprendido lenta e dolorosamente. A disciplina de usar a vontade e o raciocínio para submeter-se a um código de conduta, sem qualquer consideração pelo sentimento predominante, era a mais alta conquista pessoal almejada pelo patriarcado. Os sentimentos e as emoções eram julgados apenas em termos das ações que eles provavelmente desencadeariam, de modo determinista e desenfreado. Assim, suspeitava-se que os sentimentos interferissem na ação racional. E a obediência fruto da reflexão era mais valorizada do que o sentimento.

Desde a Antiguidade, passando pela Idade Média até o Renascimento, a tendência cultural foi favorecer a diferenciação de uma consciência individual separada. No entanto, essa meta foi alcançada por meio de uma disciplina grupal e coletiva. Na Antiguidade, o indivíduo e suas posições individuais não contavam. O termo "privacidade" deriva do latim *privatus*, que significa "carente". O termo grego correspondente era *idiotes*, do qual derivamos não só *idiossincrasia*, mas também *idiota*. As vidas individuais não tinham valor e eram descartáveis. Os únicos indivíduos valorizados nesse sistema eram os heróis do grupo, os líderes que encarnavam e cumpriam os ideais coletivos por meio de sua excelência. *Excelência* vem do latim *excelere*, que significa "exceder", "ultrapassar os outros". Uma batalha vencida trazia a estima pública. O herói era um conquistador. Por sua vez, a individualidade e o comportamento individual (que hoje preferimos chamar de força do ego) se desenvolviam pelo exercício da força de vontade na repressão dos impulsos, das necessidades instintivas, dos desejos e mágoas. Em resumo, os sentimentos e as motivações que regiam os comportamentos individuais eram canalizados para uma sujeição ao sistema de valores culturalmente aprovado. A virtude era definida como bravura, e o autocontrole como obediência à lei de Deus, tal como a promulgavam a Igreja, o Estado e a comunidade. O cristianismo afirmava a existência de uma alma individual e de uma consciência individual, mas só no plano abstrato. O verdadeiro teste do valor de cada alma seria sua obediência ao código coletivo. *Extra ecclesiam nulla salus*: "Fora da Igreja [e de suas leis] não há salvação". Nos termos do padrão androlátrico e patriarcal, que valoriza o fazer, conquistar, controlar, separar, recomendar, proibir e negar as próprias necessidades, a força do ego acabou significando autocontrole. "Tu deves" e "tu não deves" eram impostos aos instintos e emoções recalcitrantes, naturais e espontâneos. A virtude e a bondade, que elevariam o indivíduo acima das massas, deveriam estar baseadas no treinamento da própria vontade para submeter-se à lei coletiva geral. As emoções e sentimentos subjetivos, e por isso individuais, eram considerados arbitrários e intromissores, devendo ser impiedosamente suprimidos.

A ação era julgada pelos padrões da lei e pelas regras de comportamento. Até mesmo o amor foi transformado em regra: "Ama teu próximo como a ti mesmo". "Amarás o senhor teu Deus de todo o teu coração, e de toda a tua alma e com toda a tua força" (Deut. 6:5) e "E isto vos ordeno, amai-vos uns aos outros" (João, 16:12,17). A vontade e a razão deveriam dominar a emoção espontânea e fazer cumprir as regras coletivas de comportamento. Ao estipular regulamentos para a manifestação da agressão e de Eros, a lei se tornou o equivalente social do ritual que sacrificava animais para inibir a agressão, e do tabu vigente nas sociedades mágicas primitivas. A lei do *agape* foi imposta a Eros e a Ares. Eros representa a necessidade e a paixão naturais; é desencadeador de desejos e potencialmente destrutivo, porque é filho da mãe Medusa escura e aliado do poder de sedução de Afrodite. No mundo da lei, é o conturbador indisciplinado da paz. Por isso, no final da Antiguidade e no início da Idade Média, o envolvimento passional era comumente considerado uma calamidade, e não uma grande experiência emocional. Conseqüentemente, a cultura judaico-cristã impôs a "lei do amor" em lugar de um Eros errático, que deveria então partilhar do exílio com Pã-Dioniso. Mais tarde, ele foi castrado pela sentimentalização adocicada. *Agape*, o amor segundo a Regra de Ouro, é um interesse afetuoso e racional pela outra pessoa e por suas legítimas necessidades. Recomendado pela lei, deve ser imposto pelo exercício de uma obediência voluntária e agir à revelia dos verdadeiros sentimentos. "Eu porém digo-vos que todo aquele que olhar para uma mulher cobiçando-a já cometeu adultério com ela no seu coração" (Mat. 5:28). "E, se o teu olho te escandaliza, arranca-o e lança-o fora de ti; melhor te é entrar na vida com um só olho do que, tendo dois, ser lançado no fogo do inferno" (Mat. 18:9).

A mesma disciplina repressora do superego sobre o ego é exigida também da outra pessoa. Apegando-se a esta convicção — de modo honesto e sincero —, a Inquisição torturou e matou os hereges como um ato do *agape* cristão, em nome da salvação de sua alma imortal. Pela mesma razão, a pessoa comum deveria mortificar seu corpo para poder vencer as tentações da carne e, dessa forma, alcançar a bondade almejada.

A existência humana era concebida como intrinsecamente decadente e má, merecedora de expiação através de árduos esforços e de uma lúgubre postura de servilismo: "(...) A terra será maldita por tua causa; tirarás dela o sustento com trabalhos penosos todos os dias de tua vida (...) Comerás o pão com o suor do teu rosto até que voltes à terra ..." (Gên. 3:17-19). O brincar e a ludicidade foram cada vez mais desvalorizados ao longo de todo o período do desenvolvimento mental patriarcal, desde Platão e Aristóteles, que são os pais do pensamento moderno, até os tempos atuais, principalmente pelas mãos da teologia cristã.

Como eram desvalorizadas diante da razão e da obediência voluntária, as ânsias naturais deixaram de ser vistas como manifestações do divino. No entanto, a secularização da natureza provocou também a secularização da matéria. Como resultado disso, houve a satanização do prazer e a divinização do trabalho e da conquista; em resumo, uma ética de trabalho puritana. Com o tempo, o próprio trabalho foi secularizado — com a morte de Deus — e a matéria se tornou então apenas uma matéria morta.

O ideal patriarcal de ego estava assentado em três pilares básicos: (1) eficiência deliberada: "Eu posso", "Onde há vontade há um caminho"; (2) posse: "Eu tenho"; e (3) honra, fama, posição e estima dentro da hierarquia da comunidade: "Sou aprovado e respeitado". O senso do "eu posso" é o senso de ter condições de realizar, de exercer efeito sobre os objetos, sobre as outras pessoas, sobre o meio ambiente. Significa força, eficácia, capacidade de realização, autoconfiança. Cria identidade através da vontade, da manipulação e da força exercida sobre os objetos; em síntese, agressão. A posse amplia, ancora e assegura o senso de identidade mediante a assimilação do objeto, gerando dessa forma conforto e segurança. Honra e fama confirmam que *eu sou* mediante a aprovação dos outros. A dependência infantil de aprovação e afirmação, e a perda da segurança e da auto-estima diante da rejeição, demonstram quanto ainda somos dependentes da aprovação dos outros e da comunidade. Neste nível, o *eu sou* alicerça sua auto-estima e sua autoconfiança na conquista de honra e fama e na evitação da culpa e da vergonha. Claro que para isso devemos pagar o preço de reprimirmos necessidades e sentimentos socialmente inaceitáveis.

A necessidade de um ambiente acolhedor, provedor e protetor é tão elementar que sua ausência interfere inclusive no desenvolvimento físico das crianças. Esta "síndrome de privação" tem sido demonstrada até em macacos.[1] A falta de uma aceitação protetora e provedora está na raiz da auto-rejeição e da sensação de inferioridade. Concretiza-se na sensação humana geral de estar perdido em meio a um cosmo desconhecido, fazendo com que a pessoa se sinta desamparada e isolada, mesmo dentro de seu grupo ou de sua família. É portanto provável que este seja o verdadeiro substrato para a "inferioridade orgânica" de Adler, que resulta no complexo de inferioridade e em seu impulso compensatório em direção ao poder.

Em conjunto e potencializados, estes três fatores tendem a produzir um ideal de ego que está baseado na força agressiva, na possessividade e no aplauso. Quando levados ao extremo, atingem a beligerância, a cobiça, a hipocrisia e jogos impiedosos de poder. Isto porque, numa coletividade dominada pelo superego, onde não há lugar para o não-conformismo, a ânsia emergente e crescente da separação e individualização só pode expressar-se numa intensificação — e não num afastamento — das qualidades coletivamente consentidas. A única alternativa é a rebelião total e a recusa terminante de participação. A negação crônica das necessidades pessoais enfraquece gravemente o senso de auto-estima e gera uma sensação de inadequação pessoal e, como compensação, uma inveja, uma cobiça e fome de poder excessivas, quando a capacidade de auto-afirmação está por demais enfraquecida. A sensação de que falta aprovação faz o indivíduo não se sentir real como pessoa; não tendo o suficiente de si mesma, a pessoa vivencia o vazio e uma falta de confiança nas suas capacidades. Enfim, sobrevém uma sensação de impotência. Quando a sensação de irrealidade, de vazio e de impotência são maximizadas e não encontram uma compensação suficiente em emoções agradáveis e conquistas individuais de poder, é desencadeado o mecanismo da inveja. Despertam no indivíduo a ânsia profunda e atávica de destruir um mundo que não pode ser seu e onde ele se sente ameaçado, espremido, desclassificado. O esforço para exceder limites e a competitividade agressiva que decorriam das ânsias de poder e possessividade foram encorajadas como virtudes pelo patriarcado. O inconformismo, tido como maligno e vicioso, dá margem a heresias e dissensões, a comportamentos anti-sociais e à identificação (ou aceitação) com o papel de bode expiatório. As emoções, instintos e necessidades contraditórios e perturbadores são geralmente submetidos à repressão. Em seu lugar aparece uma sensação de segurança do tipo "sou mais santo que você", segurança de quem se sente correto diante de Deus e da comunidade, como o atestam sua honra e suas posses. As qualidades e tendências execradas são então projetadas nos hereges, nos inimigos, nos judeus, nos negros, nas mulheres ou em quem for escolhido como bode expiatório. Este deve ser então conquistado, exterminado ou, pelo menos, mantido em seu lugar, para que não enfraqueça ou contamine a bondade comunitária. Uma vez que o elogio costuma ser devolvido com igual fervor, esta fase do desenvolvimento do ego coloca o homem contra o homem, nações contra nações. Numa época de energia nuclear, uma projeção dessa espécie representa uma séria ameaça de extermínio total da raça humana.

Dentro do referencial legalista, certas ações e omissões foram classificadas como boas ou más em si mesmas, independentemente de sua motivação ou das circunstâncias em que ocorreram. Tirar a vida de alguém, por exemplo, é um ato criminoso mesmo quando a vítima esteja sofrendo uma dor extrema causada por uma doença incurável, a menos que seja legalizado pela alegação de que a vítima é um inimigo da sociedade ou do Estado. O adultério, o sexo pré-conjugal ou "antinatural" eram, até bem pouco tempo, classificados como pecados mortais. A obediência às autoridades era tida como digna de elogios, não importando que o ato de obediência fosse imoral.

Um exemplo passado de cumprimento da lei, por mais grotesco que possa nos parecer, serve para ilustrar este ponto. Na França, em 1750, um certo Jacques Ferron foi acusado de cometer um delito grave: sodomia com uma jumenta. Após um julgamento formal, foi considerado culpado e sentenciado à morte por enforcamento. Mesmo que consideremos este veredito extremo, ele não era absolutamente incomum. Temos registros de processos jurídicos nos quais as penas de morte eram aplicadas até para sexo "antinatural" (oral) praticado entre cônjuges. Num certo caso, o marido foi executado e a esposa, que o havia denunciado por ter cometido felação, foi banida do país sob acusação de cumplicidade no crime.[2] Também no caso de Ferron houve um outro acusado a ser julgado. O animal foi à corte, junto com Ferron, como conspirador do crime. Se fosse condenada, a jumenta também seria enforcada ou incinerada na praça do mercado. Neste caso, no entanto, as testemunhas, entre as quais o prior do convento e alguns dos principais cidadãos de Verviez, confirmaram que aquela besta sempre demonstrara, ao longo dos anos, ser um animal virtuoso e bem-comportado, tanto em casa como na rua. Juntos, assinaram um aval de que, em nenhuma ocasião, ela dera azo a qualquer escândalo e que "em palavras e atos", e em todos os seus hábitos de vida, tinha sido sempre uma criatura escrupulosamente honesta. Os testemunhos e o aval persuadiram a corte. Descobriu-se que a jumenta não havia participado do crime por sua livre e espontânea vontade, mas que tinha sido vítima de Ferron. Portanto, ela foi julgada inocente e libertada! Pode ser que o relato acima apenas nos faça rir, mas seu aparente absurdo não nos deve iludir e nos levar a subestimar a possível seriedade do conflito de consciência entre as ânsias individuais e o cumprimento da lei. Na realidade, é precisamente nesta área da lei e da tradição consagradas *versus* sentimentos individuais que emerge da maneira mais vívida o atual conflito entre a nova ética de uma consciência individual emergente e a antiga ética da lei aprovada pela comunidade. O fato é que nossos valores ainda são em grande medida determinados pelo superego. Nossas idéias inconformistas ocultam quase sempre convicções tradicionais revestidas por uma camada de terminologia modernista. Somos sexualmente liberados, mas precisamos justificar o sexo chamando-o de recreação. Queremos realmente nos conhecer, mas ficamos envergonhados diante do que descobrimos.

O poder opressor dos sentimentos de culpa, quando nos percebemos em desacordo com crenças religiosas tradicionais sobre o pecado, evidencia com que intensidade ainda equiparamos nossas noções de certo e errado a essas tradições. Em nossa educação "a culpa e o pecado ... não podem originar-se de algo mais básico, como estados depressivos, por exemplo, ou de desequilíbrios psicológicos. O conceito de culpa é fundamental para a teologia, pois que ela lida com Deus e com sua palavra dirigida aos homens. Essa palavra, que se dirige à totalidade do homem, declara-o pecador perante Deus. [A culpa é] um *não* contra Deus e contra sua vontade"[4]. O conflito de valores mais angustiante surge quando a consciência individual não consegue dizer sim à moralidade tradicional.

Durante a Segunda Guerra Mundial, por exemplo, a batalha da França se manteve equilibrada enquanto o comandante-em-chefe da Alemanha lutava para decidir se seguia sua consciência individual e se integrava à conspiração contra Hitler, ou se obedecia ao código tradicional dos oficiais e a seu juramento de fidelidade ao Führer como chefe de Estado. Incapaz de chegar a uma conclusão, ele suicidou-se. A oportunidade que poderia ter abreviado a guerra estava perdida. Confrontado pelo mesmo conflito, o conde Stauffenberg buscou auxílio espiritual junto ao bispo de Berlim antes de instalar sua bomba no quartel-general de Hitler. Supõe-se que o bispo simpatizasse com ele pessoalmente, mas disse que a Igreja não poderia concordar com seu ato nem dar-lhe a absolvição.[5] O bispo se viu também diante do mesmo conflito insolúvel entre a lei da Igreja e a palavra de Deus dirigida ao indivíduo. Nos julgamentos de Nuremberg, ficou judicialmente declarado, pela primeira vez, que a obediência à lei não servia de desculpa para atos inaceitáveis à consciência e à moralidade (judaico-cristãs). Essa foi a primeira vez na história em que se concedeu sanção legal à desobediência a uma lei que violava valores morais e afetivos. Antes desse episódio, a simples idéia de que pudesse existir uma divergência entre a experiência moral de uma pessoa e a lei de sua comunidade ou os ensinamentos da Igreja era um anátema para a tradição cristã, como ainda o é nos modernos Estados totalitários.

É nessa encruzilhada que o novo mito aponta o caminho para a compreensão de um novo *ethos*. A cosmogonia, por meio de um Deus pessoal que fez o mundo e impôs suas regras e leis, perdeu sua credibilidade. A lei imposta de fora não é mais um *numinosum* para nós. Para o melhor ou para o pior, um número cada vez maior de pessoas está formulando a pergunta de Parsifal: queremos saber a que ou a quem isso serve.

A nova visão de mundo aquariana, cujo arauto foi a física do século XX, não pensa mais em termos de objetos distintos; ao contrário, concebe um fluxo contínuo de processos, de campos vibratórios, de pulsações quânticas de um substrato indefinível e imaterial. Essa é uma consciência universal, anterior talvez ao que *nós* chamamos de consciência. Anterior à energia e à matéria, resulta em ambas. É um fluxo autodirecionado que confere forma. Para o mito moderno, a dinâmica de nosso mundo não flui de um realizador ou diretor que está fora dele, que o manipula como a um objeto. O mundo é interior, autodirecionado; é uma imanência que tateia em direção à própria realização nas três dimensões do espaço, e na quarta, a do tempo. A consciência individual e o processo de conscientização podem descobrir agora suas direções intrínsecas. Encontram-se em relação com o Feminino recém-nascido — o Yin —, como percepção consciente dirigida para si, dotada de uma dimensão de transformação e crescimento: o tempo. A nova consciência holística percebe a existência humana como um aspecto de um organismo cósmico unitário. Deste ponto de vista, a consciência é uma potencialidade inerente à existência, e não um corolário quase que acidental da cultura criada pelos homens. A nova consciência funciona através de sua sensibilidade para aquilo que quer vir à luz em nova conformação, em quaisquer novas situações ou novos movimentos do tempo. Das profundezas do negro abismo essa nova consciência é sensível aos padrões constitutivos dos eventos, ao que flui da *amphora* aquariana, ou às diretrizes do Graal.

Estamos então no umbral de uma nova forma de ver que provavelmente favorecerá novas percepções ainda inimagináveis. A uma visão superficial, pode parecer que quase não há diferença entre o ego direcionado pelo *self* e os caprichos ou arbitrariedades pessoais. No entanto, a voz interior pode ser diferenciada dos caprichos internos. Ela fala ao ego das profundas camadas da psique inconsciente, na forma de uma experiência subjetiva, assim como anteriormente um poder semelhante se dirigia à pessoa mediante uma lei coletiva emanada de Deus. Devemos nos recordar, porém, de que a "lei de Deus" não foi literalmente recebida dos céus, nem ordenada por uma pessoa angelical ou divina. Essa lei foi a percepção de uma necessidade transpessoal (divina, se quiserem), incorporada à psique coletiva através da conscientização vivenciada por criaturas extraordinárias como Hammurabi, Moisés, Maomé e Jesus. As exigências do superego são o resultado de desenvolvimentos psíquicos coletivos aos quais a psique individual está ligada, como os galhos de uma árvore ao tronco. Durante as fases mágica, mitológica e mental, que precedem a nossa mudança de consciência, essas partes individuais não tinham uma percepção suficientemente clara da dinâmica interna, nem eram suficientemente diferenciadas do ponto de vista psicológico para descobrir a fonte das exigências éticas que emergia em meio à sua própria psique. Por isso, essas exigências eram experimentadas como fruto da vontade divina de um Deus externo, que se dedicava principalmente às necessidades sociais em detrimento das pessoais.

Isso agora está começando a mudar. Os buscadores do Graal partiram juntos da corte do rei Arthur, mas cada um escolheu seu próprio caminho. A consciência interior que agora quer ser descoberta é individual. Seus valores e exigências podem variar de uma pessoa para outra. Tais valores talvez não concordem com o ego e com os padrões do superego. Um centro direcionador individual e autônomo surge da psique inconsciente. Jung denominou-o de *self* para poder diferenciá-lo da consciência do ego. Ele se faz sentir na psicologia do homem moderno como um instinto e uma necessidade recém-nascidos. Esse centro, o *self*, está voltado para nossa atitude ética ou moral diante da existência. Em vez de decorrer de ânsias do ego ou de exigências coletivas, dirige-se ao ego através de sonhos e de anseios e resistências emocionais intuitivas. É como uma consciência individual, mas não pessoal; e exige uma orientação psicológica voltada para propósitos e significados de vida individuais. A capacidade de se sentir responsável por equívocos éticos é um dos aspectos dessa necessidade arquetípica de significação; diferencia a psicologia humana da animal. Essa sensibilidade ética individualizada insiste na experiência do conflito e abre a pessoa para vivenciá-lo porque exige escolhas individuais em situações de conflito. Depois de termos aprendido a nos controlar mediante o exercício da vontade e da obediência às leis, temos agora que aprender a fazer escolhas individuais por nossa própria conta e risco. A consciência, a voz interior, é uma nova dimensão de significado cujas exigências ao ego não são menos significativas do que as do superego e da moralidade coletiva. A ética individual e a moralidade coletiva são *ambas* partes da tessitura social e cultural; emergem na psique humana em vez de lhe serem impostas por uma cultura externa. O relacionamento entre a psique individual e a coletiva é agora dialética, é uma polarização complementar. A singularidade do indivíduo deve ser descoberta através da síntese entre a tese das exigências do superego e a antítese dos valores e necessidades intrínsecos, a voz interior. É através desta tensão dialética entre valores individuais e coletivos que a busca do Graal é empreendida, para alcançar o significado existencial, para atingir a natureza genuína e autêntica do *self*. Essas antíteses individuais aos temas coletivos são os desafios que, com o tempo, propiciarão uma avaliação e uma renovação dos padrões coletivos. À medida que o ego vai sendo determinado mais pelo *self* do que pelo coletivo, pode modificar conscientemente os padrões do superego, em vez de aceitá-los inconscientemente como acontecia no passado. Esses novos padrões se tornarão exigências do superego para as próximas gerações; exigências que serão então complementadas, contrapostas e reestruturadas pelas novas antíteses das consciências individuais.

Na medida em que a escolha ética está sujeita ao escrutínio dessa voz interior autônoma, ela é experimental. O dilema, a escolha, ou até simples situações que exigem julgamento, devem ser vivenciados, da mesma forma que a resposta da consciência. Não podem ser antecipados ou pré-julgados por meios legalistas. Essa vivência, contudo, implica a possibilidade, se não a necessidade, de correr riscos. A inocência mantida ao preço de se evitar os riscos e os erros é simplesmente uma forma de evitar a descoberta da própria consciência. O que no passado foi considerado virtude e bondade começa a parecer uma obediência estúpida, e até mesmo covardia moral, se fundamentada na fuga diante dos riscos implícitos na experiência, no erro e no sentimento.

A fim de se manter em contato com as chamadas do *self* para a coordenação da consciência, é preciso que a consciência racional adquira uma nova habilidade. Tem que aprender a receber e a decifrar as ânsias e advertências do *self* que provêm de fontes não-racionais e até então inconscientes. Um primeiro passo nessa direção foi iniciado pela psicologia profunda de Jung, principalmente na decifração das mensagens dos sonhos, das fantasias e da imaginação ativa e dirigida. Apresentar os detalhes técnicos dessa metodologia nos levaria para muito longe de nosso campo. Mas alguns pontos pertinentes podem ser ressaltados.

O entendimento e a interpretação dos sonhos e das fantasias ficam consideravelmente facilitados e, às vezes, só são possíveis com a ajuda de uma outra pessoa, que serve de caixa acústica, desafiante, interrogadora. Essa pessoa é alguém capaz de dirigir a atenção do sonhador para aspectos que ele não consegue discernir mesmo que compreenda teoricamente a mensagem do sonho. Na prática psicoterapêutica corrente, essa parte é executada pelo terapeuta ou por alguém do grupo. Contudo, um amigo de confiança que seja uma pessoa sensível, em sintonia com a dimensão inconsciente, também pode servir. O caminho está em fazer perguntas, fornecer informações e associações, oferecer reações. Claro que tais vereditos não deverão ser aceitos sem crítica nem mesmo quando formulados por um terapeuta. O melhor guia é a sensação de repentino esclarecimento que evoca uma exclamação inteiramente espontânea.

O segundo ponto a considerar é que a voz do inconsciente não é nem um reflexo de desejos do ego nem um superego internalizado. Não nos diz o que fazer, o que não fazer, mas nos confronta com imagens de onde estamos. Mostra-nos a natureza de nosso dilema e o resultado provável, caso sigamos nossas motivações. Mostra as qualidades que nos guiam ou desorientam e que não vemos com clareza. O inconsciente nos apresenta tudo isso através da linguagem dos símbolos e metáforas, deixando-nos à vontade para tirarmos nossas próprias conclusões. Uma nova capacidade, que chamo de intuição ética, está sendo treinada deste jeito.

Um exemplo disto seria um sonho de um dos clientes de Jung, que, embora estivesse considerando a possibilidade de um empreendimento comercial, sonhou que suas mãos estavam cobertas de lama negra. Esse sonho chamou-lhe a atenção para os aspectos sombrios de sua possível empreitada, e que, até então, ele tinha preferido não levar em consideração. Percebia então que estava prestes a "sujar as mãos" e preferiu retirar-se do negócio.

O mais comum é nossos sonhos nos porem frente a frente com representações dramáticas de nossos dinamismos interiores. Essas representações dramáticas nos falam em termos condicionais (*como se*): "Sua situação ou (mais freqüentemente) sua atitude interior — que você não consegue enxergar de modo adequado, mas precisa entender — é como se ...". E então segue-se a imagem ou mensagem. E sempre se dirige a nossos pontos cegos. Uma vez que a maior parte dessas mensagens diz respeito à evolução da consciência, é provável que visem corrigir a visão que a pessoa tem de si mesma, mais do que de fatores externos. A maior parte de nossos sonhos tem pouco sentido quando aplicados a situações externas. É particularmente importante ter isso em mente quando um sonho parece confirmar uma posição ou convicção já defendida com ardor pelo ego consciente. Um sonho que me adverte da deslealdade de alguém, por exemplo, pode realmente assinalar uma situação externa de que devo tomar conhecimento. Mas é mais provável que isso aconteça se eu não estiver ciente da situação, ou melhor, apenas vagamente ciente. No caso, porém, de eu estar plenamente cônscio ou seriamente desconfiado de sua traição, real ou imaginária, é mais provável que a mensagem onírica me mostre o que estou projetando na referida pessoa. Então ela me confronta com aquele lado meu que, a meu ver, me lembra a imagem que faço da pessoa, ou seja, minha própria traição.

Nesse sentido, as mensagens são mais bem-entendidas quando sentimos ou meditamos sobre nós na forma dos personagens e situações oníricos e de fantasia vivenciando-os como dinamismos próprios. Alguns exemplos podem ajudar. Um sonho: "Estou dirigindo colina acima, mas a estrada está bloqueada por um cavaleiro montado em seu cavalo. Ele impede que eu avance e poderia até causar um acidente caso eu não diminua a marcha". Ao se enxergar como o cavaleiro a cavalo, o sonhador foi tomado de uma grande impaciência. Sentia-se um cavaleiro dentro de uma armadura brilhante, cheio de orgulho e de um idealismo bombástico. A mensagem é que o progresso do sonhador está bloqueado por seu idealismo irreal e por seu orgulho. Aliás, ele corre perigo com sua impetuosidade e com sua impaciência. O ato de estar guiando refere-se à perseguição de metas de vida.

Num outro sonho, esse homem se viu como passageiro de um carro preto dirigido por um certo sr. A e auxiliado por uma srta. B. Depois de meditar sobre ele, o sonhador comentou: "Não pode acabar bem. É melhor eu sair depressa. Estou fascinado demais pela moça". O carro preto parecia deprimente ou funerário. O sr. A era um perfeccionista impiedoso, e a srta. B, uma "princesa mimada e mal-humorada". A postura pessimista do sonhador perante a vida (o automóvel é o mesmo que aquilo que se movimenta pelas próprias forças) e sua atitude deprimente ou "funerária" aparecem aqui como resultados de um perfeccionismo irreal, acompanhado de uma postura mimada e mal-humorada diante das frustrações de suas expectativas. Isso não pode acabar bem, mas ele está enamorado demais de sua atitude de princesa para conseguir cair fora.

Outro sonho: "O sr. Y quer refugiar-se dentro de um castelo de areia na praia". O sr. Y era visto como um idealista sem noção prática alguma, com dificuldades para se relacionar com os outros. Desde criança, o sonhador construía castelos de areia quando brincava na praia e, em sua imaginação, habitava-os com soldados, cavaleiros, reis e monstros. Evidentemente, castelos de areia são pequenos demais para abrigar uma pessoa de verdade. Aqui a idealização desvinculada da realidade prática aparece como uma tendência de refugiar-se no mundo infantil das fantasias.

Os sonhos acima citados têm como meta essencial pôr o sonhador frente a frente com as situações existenciais que ele não consegue compreender. Uma comunicação mais direta de um dilema moral e da voz da consciência é ilustrada pelos dois sonhos seguintes, de duas pessoas diferentes, em situações comparativamente similares.

O primeiro tinha decidido abandonar a esposa e os filhos para se casar com uma moça rica muitos anos mais jovem. Depois dessa decisão, sonhou que estava de partida para uma viagem com destino ignorado. Enquando fugia, apressado, passou por um grupo de senhores respeitáveis, que balançaram a cabeça, desaprovando sua conduta. Mas ele não os levou em consideração e continuou em frente. De repente, uma mão enorme surge do meio das nuvens, agarra-o e atira-o de volta exatamente no ponto onde tinha começado.

Esse sonho mostra que o sonhador estava prestes a fazer algo "fora" de seus padrões morais. Ele é capaz de desconsiderar os padrões coletivos do superego, aqui representados pelos cavalheiros idosos e respeitáveis. Mas uma coisa mais poderosa, uma outra força, que até então não recebera sua atenção, desce dos céus e não lhe permite seguir adiante. Podemos chamar essa força de juiz interior ou consciência, a integridade moral da personalidade, ou a mão de Deus. Estamos apenas usando palavras ou conceitos diferentes para uma força essencialmente desconhecida, que, não obstante, é capaz de criar sérias dificuldades psicológicas quando não levada em conta.

Há uma certa justificativa em se questionar se este sonho não confronta o sonhador com seu próprio desejo de "cair fora", oferecendo-lhe uma racionalização em termos religiosos. Às vezes, essa racionalização pode ser pertinente, e nesse caso o desejo de "cair fora" seria o problema moral que exige uma decisão. No mais das vezes, porém, o sonho apresenta um ponto de vista muito distante ou até mesmo inaceitável das visões e desejos conscientes de quem sonha. Assim, coloca-nos frente a frente com um dilema que exige uma escolha, quando a visão consciente só tinha considerado uma simples decisão. Neste caso, a disponibilidade unilateral para correr o risco é desaprovada. A consciência se alia ao superego.

Nosso outro exemplo demonstra uma situação oposta. Um rapaz sonhou que um policial tentou impedi-lo de entrar num lindo pomar. Ele entrou assim mesmo, mas, quando estava prestes a colher uma fruta exuberante, foi afugentado por uma serpente enrodilhada à volta de um galho da árvore. Aterrorizado, ele recuou, e nesse instante a serpente investiu contra ele.

Aqui, a tendência do sonhador é manter-se seguro e evitar o risco representado pela serpente do paraíso, que oferece o conhecimento do bem e do mal desde que a pessoa ignore a injunção divina implícita no tabu coletivo: "Não colherás". O conhecimento (o crescimento da consciência) custa esforço e até mesmo sofrimento. De qualquer modo, é a perda da inocência paradisíaca. No sonho, a resistência desse sonhador em se arriscar a uma forma mais corajosa de vida provém de duas fontes: o policial, guardião do superego coletivo a quem ele consegue ultrapassar, e seu receio da serpente, que se mostra fatal. O superego diz, então: "Mantenha-se afastado", mas a vontade de viver, aqui representada pela serpente, poderia ser considerada a consciência genuína, que diz: "Arrisque-se". O sonho mostra que esse medo de correr riscos, de testar realmente sua rebeldia diante dos padrões consagrados (dos quais ele se achava liberto), coloca-o frente a frente com os mesmos problemas que ele teme e espera evitar.

A atitude habitual de uma serpente, quando não atiçada, é não atacar. Neste sonho, porém, foi a própria tentativa de escapar da situação que desencadeou o ataque, ao contrário do que seria de esperar. E aqui se encontra a mensagem dramática do sonho. Em todas as culturas anteriores à tradição judaico-cristã, a serpente, símbolo de cura e renovação, representou tanto o veneno como o medicamento. Evitar o confronto do perigo contém um lado destrutivo, como nesse sonho.

O centro de orientação se expressa, dessa forma, *como se* fosse uma autoridade que exige aceitação e realização de um mito pessoal, ou de um destino. Convoca a descoberta de significados e de uma significação ética (sempre correndo o risco de cometer erros), em vez de uma obediência cega a um sistema moral seguro e preestabelecido. Estamos finalmente deixando o Jardim do Éden substituto no qual, em certo sentido, o superego nos manteve até agora. A orientação inconsciente raramente nos diz o que devemos ou não fazer. Não nos confronta com a lei nem com a compulsão. Em vez disso, confronta-nos com os prováveis efeitos e com as implicações do que estamos prestes a fazer, deixando que nós tomemos a decisão. Na maior parte das vezes, essa escolha se dá entre emoções ou obrigações morais mutuamente exclusivas.

O que parece importar a esse centro profundo não é tanto executar o ato correto mediante o cumprimento das regras, mas antes a busca em si, a conscientização do que está acontecendo e de suas implicações. Pretende que haja a percepção consciente do dilema e do conflito e, dessa maneira, o treino da discriminação, da empatia, da intuição moral.

Somente quando se tiver obtido um consenso, ou pelo menos um acordo, entre o padrão ou a intenção consciente, os desejos e receios inconscientes e a "voz de Deus" inconsciente da afirmação ética, é que pode acontecer uma decisão que implicará e afirmará de modo autêntico a pessoa inteira. Esse processo envolve a necessidade de aguardar até que uma imagem ou fantasia de reconciliação surja das profundezas da psique. Ela não pode ser nem forçada nem inventada pelo ego. A resposta é gestada, e o ego funciona como parteira, e é preciso esperar e sofrer até que seja chegada a hora. Antes, a Regra de Ouro devia ser obedecida como uma ordem externa. Agora só pode ser autêntica se emergir como um imperativo interior, parido pelo cerne dos sentimentos e sensações. Só conseguiremos agir com uma verdadeira simpatia ("sofrer com") se primeiro aceitarmos e elaborarmos nossas agressões e rejeições.

Para o estatuto patriarcal, o nível mágico da consciência tinha que ser enterrado. Como agora tornamos a descobri-lo, também percebemos que aquilo que fazemos ao nosso próximo estamos ao mesmo tempo fazendo a nós mesmos. Por isso, hoje a ética da Regra de Ouro não é mais apenas uma necessidade social. Nosso crescimento psicológico, nossa estatura humana e a integridade de nossos sentimentos dependem dela. Agimos com os outros do mesmo modo como nos sentimos a nosso próprio respeito e nos tratamos. Admiramos e alimentamos neles aquilo que desejamos tornar nossas qualidades. Odiamos e combatemos nos outros os defeitos, reais ou imaginários, que detestamos em nós e que projetamos neles. Quando tentamos destruir o outro, destruímos potenciais de crescimento em nós. O bode expiatório que estamos tentando excluir está em nós e espera para ser redimido em nós.

Antes, quando se aplicava a Regra de Ouro, perguntava-se: "Quem é o meu próximo?" (Lucas, 10:29). Agora precisamos indagar: "Quem sou eu?" e "Como é que amo a mim mesmo?". Pois é dessa forma que, mesmo a contragosto, sou forçado a amar meu próximo. É lamentável, mas o patriarcado nos ensinou a ter muito pouco amor por nós. Aliás, o amor por si mesmo e a atenção às próprias necessidades eram deplorados como fraqueza, egoísmo, arrogância, vaidade, narcisismo (inclusive pelos primeiros psicanalistas!). Fomos ensinados a ser "altruístas", a desconfiar, a desconsiderar e reprimir nossos desejos e necessidades, destacando-se entre as interditáveis as necessidades corporais, sensuais e sensoriais, tudo em prol do bem de nossas almas, claro, e em obediência às leis coletivas da conduta. Assim como fomos ensinados a reprimir nossa realidade interna inconformista, também aprendemos a oprimir nossos semelhantes, a lutar com eles, a chicoteá-los até entrarem "na linha", em nome do bem. Para preservar a democracia, a justiça social, a liberdade, ou o que quer que seja, destruímos o inimigo — e também a nós. Mas para que algum dia possa haver paz entre nós, primeiro precisaremos encontrar o caminho da paz conosco mesmos, aceitar e conviver com o inimigo interno, o bode expiatório interior. Precisaremos aprender a ser bons para nós e a aceitar nossas fraquezas e imperfeições, embora sem nos entregarmos a elas. Primeiro precisamos descobri-las, depois perceber que são de fato obstáculos ao crescimento e às relações adequadas, mas que não são malignas nem pecaminosas em si. Podem e devem ser transformadas, e não reprimidas. A "higiene" psíquica fundamenta-se na autodescoberta e na auto-aceitação, pois forças inconscientes sujeitas à repressão tendem a irromper de modo compulsivo e destrutivo, interferindo assim negativamente nas boas intenções. Portanto, torna-se vital não confundir repressão com disciplina conscientemente praticada e com interdição das atuações compulsivas. A inibição deliberada de atos considerados impróprios é uma função da consciência humana e distingue o homem do animal. Por outro lado, a repressão é uma perda de percepção consciente, uma negação instintiva, em nós, daquilo que julgamos mau. Não inibe a ação, mas tenta aniquilar a emoção. A emoção, no entanto, não pode ser eliminada. A tentativa nesse sentido apenas a envia para níveis submersos, de onde continua atuando na qualidade de impulso motivacional, agora, porém, inconsciente. Em vez de nos informar a respeito de nosso estado interno, o afeto reprimido nos impele a realizar o que não tínhamos a *intenção* de fazer.

Nenhum impulso ou motivação é em si mesmo bom ou mau. É a maneira como lidamos com ele numa dada situação que lhe confere tal atributo. A raiva e o ódio são a assertividade potencial frustrada. A avareza denuncia a necessidade de ter em mãos as rédeas da vida e do mundo, de ter as próprias rédeas em mãos. O orgulho demonstra que o auto-respeito está ausente ou distorcido. A destrutividade manifesta a ânsia instintiva de mudanças e reestruturações. Por trás da preguiça esconde-se a necessidade indisciplinada de uma espera e de um amadurecimento meditativo antes da ação. A gula é o exagero primitivo do anseio por gozo sexual e pela afirmação da própria existência enquanto ser físico.

Quando essas ânsias ocultas são simplesmente reprimidas como vícios, tornam-se obstáculos pessoais e sociais. Ao serem definidas, disciplinadas e acolhidas no contexto afetivo, assim como nas suas conseqüências, podem servir de trampolins para o crescimento. Uma coisa que é completamente má é a recusa deliberada em cooperar com o crescimento e com as exigências de amadurecimento da vida — próprias e alheias — e o intento consciente e deliberado de destruir ou ferir por mera satisfação pessoal. Contudo, mesmo então, é possível que a vida esteja sendo servida de uma maneira que para nós ainda é impossível discernir.[6]

Jung observou:

Chamo certo fato de mau muitas vezes sem plena certeza de que realmente o seja. Algumas coisas me parecem más quando, na verdade, não o são...

De onde obtemos essa crença, essa aparente certeza de que sabemos o que é bom e o que é mau? "Sereis como Deus, conhecedores do bem e do mal"; somente os deuses sabem, nós não. Isso é profundamente verdadeiro em psicologia. Se tomarmos a atitude "isto pode ser muito ruim, mas, por outro lado, pode não ser", teremos uma oportunidade para fazer a coisa certa. Mas se já sabemos com antecedência, estamos nos comportando como deuses. Somos apenas seres humanos limitados, e não sabemos, em nenhum sentido fundamental, o que é bom ou mau numa determinada circunstância. Só o sabemos abstratamente. Enxergar uma situação concreta de cabo a rabo, só Deus pode...

Só conhecemos a superfície das coisas, o modo como aparecem a nós, e por isso precisamos ser muito modestos. Com que freqüência desejei eliminar o que me parecia uma tendência absolutamente prejudicial num paciente! No entanto, em algum sentido muito profundo, ele estava inteiramente correto ao obedecer-lhe. Por exemplo, quero alertar uma pessoa para o perigo letal que está correndo. Se eu tiver êxito, posso achar que obtive um belo resultado terapêutico. Mais tarde vejo — caso o paciente não tenha seguido minhas recomendações — que aquilo, enfrentar aquele perigo, era precisamente o que lhe cabia fazer no momento. Assim, levanta-se a dúvida: não teria ele *precisado* correr o risco de morrer? Se ele não tivesse ousado coisa alguma, se não tivesse posto sua própria vida em risco, talvez tivesse ficado carente de uma experiência sumamente importante. Ele não teria arriscado a vida e, nessa medida, não a teria recuperado.

251

Sendo assim, em termos do que é bom ou mau, um terapeuta só pode esperar estar compreendendo os fatos — embora jamais se consiga ter plena certeza. Como terapeuta, não posso em caso algum lidar com a questão do bem e do mal no plano filosófico ou teológico; só posso abordá-la pelo prisma empírico. *Mas, porque assumo uma postura empírica, isso não significa que relativizo o bem e o mal enquanto tais.* Vejo com muita clareza: isto é mau, mas o paradoxo é que, para esta determinada pessoa, nesta situação em particular, neste momento específico de seu desenvolvimento, isto pode ser bom. Por outro lado, o bem no momento errado, no lugar errado, pode ser a pior coisa possível. Se não fosse assim, tudo seria muito simples, aliás, simples demais.[7]

Bem e mal são avaliações emocionais que surgem das profundezas da psique. Mas não existem padrões fixos capazes de nos permitir prever de modo racional se uma dada situação em particular será um bem ou um mal.

O veredito emocional ou o inconsciente atinge-nos como nossa consciência. Mas nossa percepção dessa consciência pode ser enganosa; talvez confundamos padrões convencionais com os julgamentos mais profundos, oriundos das bases inconscientes da personalidade.

E isso nos faz lembrar que nos resta, então, aceitar — como o fizeram Gawaine e Parsifal — o desafio da busca da descoberta; experimentar e vivenciar por nossa própria conta e risco. Não há mais um conjunto de regras seguras e certas capazes de nos proteger do erro e da culpa. Só por meio da familiarização com nossas qualidades sombrias, correndo o risco de experimentar conosco e com a situação que temos em mãos, é que poderemos descobrir o que para nós é certo ou errado numa dada situação e num determinado momento. Nossas motivações são sempre confusas, egoístas e altruístas, construtivas e destrutivas. Só correndo riscos e estando prontos para assumir a responsabilidade por nossos atos e erros é que poderemos descobrir e filtrar a natureza de nossas motivações. Não temos que responder *pelo* que somos, mas *devemos* responder por deixar de *reconhecer* o que somos, e o que podemos fazer com o que somos. O livre-arbítrio está em discernir nossa situação humana e encontrar uma atitude, não de resignação forçada, mas de aceitação acolhedora do desafio imposto pela dinâmica de transformação criativa. Na resignação, a pessoa admite a situação, mas alega a incapacidade de fazer qualquer coisa a respeito dela, atribuindo o que sente a circunstâncias limitadoras ou insuperáveis. A intenção é escapar ou desistir. A atitude torna-se um protesto ou uma queixa, inércia ou autopiedade. A pessoa se sente o próprio bode expiatório e identifica-se com ele.

Por outro lado, a aceitação acolhedora usa os fatos da situação interna e externa, os bons e os ruins, como matéria-prima para um trabalho de experimentação, auto-expressão e iniciativa. É como a atitude do jogador que aplica suas habilidades e conhecimentos às cartas que o jogo lhe ofereceu, ao invés de lamentar-se e sentir-se desamparado porque o destino não lhe concedeu uma mão melhor. A habilidade e a alegria do jogo da vida podem ser encontradas quando a pessoa se dispõe a testar sua habilidade com as cartas ruins que recebeu, sejam elas atributos, situações, parceiros ou relacionamentos difíceis. É uma pena que seja mais fácil dizer tudo isso que pôr essas coisas em prática.

É claro que essa sensação de auto-responsabilidade pode degenerar num espasmo do ego e num auto-engrandecimento se a pessoa sentir que pode dar conta de qualquer situação sozinha. Todos temos nossos limites; e só os conheceremos através dos fracassos: através da experiência de ter tentado tudo, ou quase tudo, de ter arriscado demais ou de menos, e até mesmo através de uma postura de estagnação numa posição intermediária. A tentativa de alcançar o equilíbrio perfeito sobrecarrega-nos com a imobilidade e a rigidez e, afinal de contas, é impossível. É apenas uma tentativa de protelar a vida. Somente o equilíbrio vivo, sem exageros ou economias de oscilação, é capaz de nos fazer enxergar. O que é demais ou de menos, só descobrimos tentando, arriscando, experimentando, intuindo e sentindo; exercitando nossas capacidades ao máximo e, dessa forma, descobrindo quais são nossas capacidades e limitações. Precisamos de nossos amigos e inimigos para que eles nos mostrem o que não conseguimos enxergar, e de nossos amigos para que nos apóiem em nossos erros inevitáveis.

É enfrentar de modo consciente o desafio da busca que nos garante as bençãos do Graal nesta nova fase da consciência humana. As gerações anteriores viveram na ilusão protetora de que o destino poderia ser controlado e a vida dominada por ações corretas, e que a infelicidade é uma disfunção que, pelo menos em princípio, pode ser corrigida por uma abordagem adequada. No entanto, a tarefa que nos é colocada parece ser a de olhar direto para dentro do abismo e aprender a afirmar sua existência sem perder a compostura e a compaixão. Temos que aprender a viver com o abissal e a acolhê-lo. Lembro-me da parábola budista sobre o homem que, perseguido por um tigre faminto, se agarra a um raminho que se projeta sobre um abismo. Embaixo, ele vê um outro tigre que o espera; em cima, está o tigre faminto que o encurralou, e, além disso, dois ratos, um branco e outro preto, roem a outra extremidade do raminho ao qual ele está agarrado. É quando ele vê um morango exuberante ali perto. Agarrando-se com uma só mão, colhe o morango com a outra. Como é doce seu sabor! Comprometer-se com o viver, dizer sim à vida mesmo diante da mais inóspita realidade, pode ser tarefa para um novo tipo de herói. É assim que o jogo e a ludicidade assumem novos valores em nossa época, depois de terem sido proscritos e vulgarizados pelo patriarcado.

O jogo da vida é um ritual e uma investigação; também é experimentação. E o melhor dele é quando acontece por acaso, sem qualquer outra meta a ser alcançada. Esse jogo é a autodescoberta no aqui e no agora. Embora seja espontâneo, tem sua disciplina própria. É leve, mas pode ser apaixonado. É descoberta, e seu prazer é desfrutar as possibilidades, capacidades e limitações próprias e alheias. A maioria, se não todas as descobertas importantes, inclusive as científicas, foram resultantes de um esforço intenso aliado à curiosidade brincalhona e à alegria da exploração por parte do descobridor. A alegria do jogo advém da capacidade de saborear a intensidade da evolução do padrão temporal. O jogador descobre não só o significado, mas também o sentimento; descobre valores pessoais, alegria e dor, sucesso e decepção. Uma gama imensa de afetos é descoberta na interação, no intercâmbio lúdico, entre *eu* e mundo, entre eu e tu. O jogo é o lado Yin da investigação, da exploração, da mesma forma que a exploração, a experimentação e a descoberta compõem o lado Yang do brincar, do prazer e do sentir.

Já discutimos antes como os novos e recém-emergentes arquétipos psicológicos do Yang assumirão a forma da investigação e da experimentação em lugar dos julgamentos e realizações. A nova direção arquetípica do Yin está em aplicar-se, em insistir na diferenciação de valores afetivos pessoais e interpessoais e da interação lúdica, em lugar da receptividade submissa.

Para o patriarcado, a vida devia ser séria e soturna. O jogo requeria uma sanção especial, tanto na forma de uma preparação para a vida, de treino para as artes marciais, ou como forma de recuperar-se e obter uma maior eficiência no trabalho amanhã. Como modo de vida, como relação formal com o corpo — próprio ou alheio —, o jogo estava proscrito. No máximo, um jogo introdutório era recomendável para um desempenho sexual mais eficiente. Nas culturas ginecolátricas, no entanto, a relação entre os sexos costumava incluir a liberdade de brincadeiras corporais, de preliminares sexuais, como modo sagrado de viver. As mulheres eram ativas, não apenas como sacerdotisas da Deusa, que mediavam os mistérios da vida e da morte através de vivências corporais, mas também como administradoras, doadoras e preservadoras dos padrões de conduta interpessoal. Creio, na verdade, que a possibilidade de aperfeiçoar os relacionamentos humanos com base em confiança e aceitação mútuas, tanto individual como coletivamente (embora isso seja ainda uma esperança apenas), depende de uma recíproca afirmação diante de forças superiores que não podem ser alteradas, mas apenas aceitas, trabalhadas e desfrutadas ludicamente.

O fato é que nossa estrutura de caráter é dada e só pode ser modificada através do jogo lúdico, o que nos permite descobrir suas potencialidades em vez de brigar conscientemente contra elas na esperança de nos tornarmos melhores. Somos todos vulneráveis. Quando começarmos a admitir esse fato, poderemos nos dar apoio mútuo e simpático em vez de dizermos, em tom de recriminação: "Você deveria ter feito coisa melhor" ou "Mas por que você fez isso?". Depois que as acusações forem afastadas da relação, podemos começar a investigar o que temos pela frente. Juntas, as compatibilidades e as incompatibilidades podem ser sentidas e ajustadas entre si conforme cada caso.

Usar a própria vulnerabilidade de maneira consciente para a busca e a investigação, em vez de para achar bodes expiatórios, fazer acusações e cometer vinganças, pode assinalar um novo equivalente humano para o ritual de sacrifícios animais. Pode ser o nosso novo caminho de canalização da agressão. Esse processo exige a busca do si mesmo, a afirmação pessoal, e a aceitação das qualidades e necessidades menos louváveis de cada um de nós, tal como são e poderão ser. Significa estender essa mesma cortesia aos outros, até o limite de nossa capacidade para partilhar, tolerar e confiar. Não por obrigação, mas a partir da constatação de que o outro está tão perdido quanto eu quando se trata do desejo de se tornar uma pessoa melhor. Requer confiança na capacidade própria e alheia de arriscar-se à dor sem posterior retaliação: confiança no próprio valor essencial e na afetividade do outro. É então que se apresentam as dúvidas: "O que podemos e o que não podemos fazer juntos?", "Como nos sentimos a respeito daquilo contra o que nos insurgimos juntos?", "Até onde isso é desejável, divertido, suportável, inaceitável?". Só então é que formas viáveis de inter-relação podem ser elaboradas, à revelia das convenções e das expectativas, e apenas com base no "vale-tudo" entre adultos que consentem com a situação. Essa mútua aceitação e afirmação num relacionamento equivale ao que, antes, descrevemos como consenso entre os padrões coletivos externos e as exigências e desejos do ego, e a voz interior. Em ambas as formas é preciso ouvir, buscar, partilhar, afirmar, jogar e experimentar. A tendência cada vez mais freqüente para desempenhos analíticos e gestálticos nos grupos de encontro parece-me um passo nesse sentido. É porém importante, para que essas tentativas em grupo sejam úteis ao máximo, prestar muita atenção ao problema inerente a todas as formações grupais, ou seja, à instituição de uma normalidade grupal coletiva que, à maneira de um novo superego, tende a querer se tornar a autoridade suprema compulsória. Digo que é preciso dar atenção a este fenômeno não para se tentar evitá-lo, pois que não podemos *evitá-lo*. O desenvolvimento de uma autoridade superegóica é um princípio inerente, arquetípico, evolutivo, da dinâmica coletiva. Não pode ser ignorado, apenas vivido até o fim e então ultrapassado, transcendido. Cada pessoa, cada casal, cada grupo, portanto, precisa examinar suas expectativas prévias de como devem ser as coisas em termos de autoridade individual *versus* autoridade grupal, de maneira que esses pressupostos possam ser testados numa dada realidade. A individualidade genuína precisa do outro e do grupo tanto para partilhar e ter apoio como para descobrir sua genuína natureza através do processo de diferenciação da própria posição em relação à do outro, mesmo quando contrária.

Todas essas formas de intercâmbio e partilha dependem de uma "averiguação" e de uma diferenciação das próprias reações emocionais. Não há dúvida de que o entendimento intelectual e conceitual é sempre bem-vindo, mas não basta para garantir uma genuína vivência da própria realidade e da realidade do outro. Sentir é uma função avaliadora. Avalia em termos de reações emocionais e afetivas. Portanto, uma avaliação afetiva discriminadora requer uma percepção consciente diferenciada das qualidades inerentes de nossos afetos e emoções, os quais se expressam amplamente em reações corporais, tensões e posturas. A meu ver, a aceitação e a diferenciação das emoções, dos sentimentos e sensações, e das necessidades, enquanto meio de orientação na realidade e de comunicação mútua, serão tão significativas para os próximos séculos quanto foram a diferenciação e o treinamento da função pensamento desde o final da Antiguidade e na Idade Média. Está acontecendo um processo de desenvolvimento de uma nova dimensão de orientação no mundo.

Enquanto o pensamento é em grande medida abstrato, o sentimento, a sensação e a manifestação de uma necessidade são concretos. Vinculam-se ao corpo e aos objetos. Sentir tem sua lógica própria e não é menos objetivo do que pensar. Ambos são, na verdade, dinamismos subjetivos, mas o pensamento apóia sua alegação de objetividade em tendências e padrões aceitos pela maioria.

No entanto, ao passo que a abstração se distancia do objeto, o sentir vai no seu encalço. Toca e está sendo tocado. A comunicação e a exploração através do sentir, portanto, inclui necessariamente contato e investigação corporal em graus variáveis, desde que aceitáveis entre adultos conscientes. Enquanto o sistema androlátrico de valores criava distância e separações, a tendência integrativa do amanhã criará e exigirá contato e proximidade, tanto no plano metafórico como no concreto.

Tal como a física descobriu que o mais insignificante acontecimento afeta todo o cosmo, nós também começamos a descobrir em nossa vida coletiva que ninguém é uma ilha, que a vida neste planeta se fundamenta em mútua interdependência, e que todo acontecimento, todo lugar — não importa quanto estiver isolado —, pode ter repercussões comunitárias e internacionais. Não podemos mais ignorar o que acontece na China ou na África como se não nos dissesse respeito.

Não levantarei hipóteses sobre em que extensão os tipos de interação acima descritos podem ser aplicados, tornando-se úteis para a vida política de algum país ou do mundo. As polaridades básicas são sem dúvida as mesmas, no sentido de que também nesse contexto o fator arquetípico autônomo do tempo que evolui opera como processo histórico, exigindo afirmação e um trabalho efetivo por parte de indivíduos e grupos. Na verdade, o estudo de um desses processos históricos autônomos, a passagem da predominância do Yang para uma maior influência do Yin, foi o objeto deste livro.

Parece-me, entretanto, que, diferentemente da questão individual do inconsciente *versus* consciente, o conflito da dinâmica de massa *versus* dinâmica pessoal é incomparavelmente mais favorável ao poder do coletivo, pelo menos agora. Até aqui, o individual tem tido pouco espaço. Não há dúvida, no entanto, de que a percepção consciente individual e a responsabilidade de cada um são fatores de modificação, com possibilidade de serem cada vez mais. Apesar disso, não se deve negligenciar o fato de que a individualidade e os indivíduos são como as folhas e galhos de uma árvore. A sobrevivência da árvore depende da saúde e do funcionamento de suas extremidades, mas, comparada a cada folha em particular, a árvore como um todo tem uma força e um peso incomparavelmente maiores. Além disso, dentro de uma determinada comunidade, o nível e o grau de evolução já alcançada pela consciência varia de um indivíduo para outro. Algumas pessoas são contemporâneas, outras ainda são vitorianas, e há quem mal e mal tenha chegado à era medieval. Portanto, a capacidade de integração descrita nestes capítulos pode não ser ainda exeqüível para uma grande maioria.

Por conseguinte, conflagrações e conflitos convulsionantes podem ter que ser aceitos pelo indivíduo, pelo menos por enquanto, como aspectos de seu destino ou karma. É mais um outro fator que pede para ser afirmado e investigado (fator que pouco ou nada podemos fazer para modificar).

CAPÍTULO 15

Sobre o Ritual

A essência do Homem pode ser constatada e determinada como apenas um jogo, se o homem for visto em termos de sua abertura extática ao mundo vigente ... o mundo brinca, joga como o deus dionisíaco que traz à luz o mundo apolíneo da aparência.
F. Nietzsche

Aquele que fere curará.
ORÁCULO DE DELFOS

Poderemos encontrar rituais análogos aos ritos instintivos, nos quais o sacrifício de animais inibiam e transformavam a agressividade? De que forma esses rituais poderiam incorporar e servir à nova ética? Examinemos antes o que é o ritual e como funciona.

Através do ritual, a energia ganha corpo e é efetivada a passagem de um estado para outro. Os dinamismos das forças arquetípicas são integrados para poderem estar disponíveis às necessidades coletivas ou pessoais.

Todo e qualquer afeto ou emoção que, em sua forma bruta e inalterada, seja por demais intenso para ser controlado apenas pelo exercício da vontade pode requerer um ritual. Sem ritual, tais energias podem inundar o ego e forçá-lo a uma atuação compulsiva ou a um comportamento obsessivo. O ritual confere contenção e aceitação, controle da intensidade, "dosagem". A personalidade consciente pode aprender a desidentificar-se dos afetos evocados, ao mesmo tempo que se relaciona com eles. Configura-se um padrão de totalidade que permite ao indivíduo resistir a tensões de emoções opostas e equilibrar os afetos com as necessidades e os objetivos do ego. O ritual oferece-nos uma alternativa à repressão quando precisamos lidar com um afeto potencialmente esmagador.

Todos os afetos são "poderes" ou "forças" autônomas, fundamentadas em instintos e impulsos. Embora não sejam produtos deliberados de nossa ação, são capazes de fazer, desfazer e nos dominar. Talvez necessitem, ou até mesmo exijam, seus próprios rituais. Os antigos sabiam disso. Os gregos consideravam *hubris* perigoso, capaz de ensejar vinganças, servir apenas a um deus. Dependência, necessidades, desejos, violência agressiva, sexualidade, depressão, não são senão casos especiais. Embora tenhamos nos ocupado basicamente da violência, o que se disser neste capítulo aplica-se também a qualquer outro afeto.

Os rituais tradicionais do passado serviam, em grande medida, às necessidades coletivas. À exceção talvez dos rituais individuais de cura, diziam respeito ao indivíduo apenas no sentido de que o ajudavam a integrar seu funcionamento às normas e necessidades coletivas, o que era alcançado através de dois elementos básicos do ritual: a propiciação e a evolução (ou redirecionamento). O primeiro elemento é exemplificado, no nível animal, pelo gesto de rendição do mais fraco e o subseqüente bloqueio do impulso agressivo por parte do mais forte. O segundo elemento é observado no redirecionamento de uma parte da energia agressiva original; por exemplo, deixar de matar e comer o deus e adotar uma forma mais desejável ou elevada de expressão, como na missa católica. Para as formas mais primitivas ou pré-psicológicas de ritual, a energia a ser extinta é projetada numa vítima sacrificial, o bode expiatório. Nos novos rituais contemporâneos, é preciso que o parceiro seja alguém que nos represente e desempenhe nosso papel. Os objetos da propiciação, do sacrifício e da evolução são nossos próprios impulsos, desejos e ânsias, muito embora os confrontemos (a princípio) através de uma outra pessoa.

Através da inibição propiciatória e do redirecionamento, o ritual favorece a sublimação. Tem servido como fator civilizador e aculturador, transformando a energia crua e brutal em formas de cooperação humana. No passado, essa sublimação servia exclusivamente às necessidades coletivas superegóicas. Em conseqüência disso, o bloqueio, o deslocamento e a cisão prevaleciam sobre a transformação. O novo impulso dirige-se à individualidade como um todo integrado. Sua meta é a reintegração daquilo que antes estava reprimido. Nessa medida, conferirá um espaço relativamente maior à transformação do que ao bloqueio e à cisão.

No nível animal, um padrão estritamente comportamental parece ser suficiente para que o ritual seja eficaz. O que não acontece com o ser humano. O elemento de significado distingue o homem do animal. De alguma maneira, a consciência do significado deve estar entretecida na trama da forma mais sutil e completa; o ritual precisa ser vivido como significativo. Quando esse senso de significado está ausente, o ritual não fala à consciência e, então, não consegue efetuar a transformação.

Por outro lado, quando um determinado ritual já cumpriu sua finalidade, seja pessoal ou cultural, seu lastro de significado se esgota. Ele torna-se carente de eficácia psicológica. Um novo passo no caminho da diferenciação e da evolução pode exigir uma nova forma ritual.

Pode-se comparar esse estado a um cano que tenha servido para canalizar um certo líquido vital para uso coletivo. Quando a composição do líquido muda, em resposta a novas e diferentes necessidades, a antiga tubulação talvez não sirva mais. Pode ser que o novo composto corroa suas paredes ou exija um diâmetro maior. Esse novo impulso é o retorno do reprimido: a Deusa e Dioniso-Azazel.

Nossos últimos rituais manifestaram a predominância das exigências dos valores patriarcais e superegóicos. Sua intenção primeira era incentivar a repressão dos afetos. A força do ego patriarcal era conquistada mediante a repressão e a cisão. O ritual da missa tem como finalidade ajudar-nos a pôr em prática nossa *imitatio Christi* como bode expiatório sacrificado. Mediante a mortificação do corpo e do desejo, podemos cumprir a lei e apaziguar a ira do Pai, que é juiz e legislador do estado pecaminoso da humanidade. Hoje esse conceito não nos diz mais nada; não nos ajuda mais. A tendência recém-surgida, oriunda das profundezas do inconsciente, da psique não-pessoal, vai além de manter à distância aspectos escuros e pecaminosos em prol de padrões coletivos do superego. O novo ego motivado pelo *self* exige uma integração em termos de coexistência, e não de repressão. "Não deverás resistir ao mal" é algo que está assumindo para nós um novo significado como realidade psicológica, na medida em que impõe enormes exigências à nossa capacidade de padecer a crucifixão. Em termos psicológicos, isto significa uma tolerância consciente do conflito entre exigências, necessidades, afetos e sentimentos opostos, e talvez mutuamente excludentes. O sacrifício exigido de nossa geração é a disponibilidade para suportar a disciplina de um desempenho consciente e de uma experimentação responsável, em lugar do hábito aparentemente mais fácil (porque mais familiar) de reprimir e expressar compulsivamente os afetos, culpando os outros. Precisamos suportar o esforço de ir em busca de respostas provenientes de nossa própria consciência, sem nos importar com a aprovação coletiva e pagando o preço por nossos erros. Para tanto, são necessários novos rituais. É por este motivo que os ritos tradicionais perderam sua força. E. Neumann acha que os novos rituais devem ser apenas intrapsíquicos, sem incluir ação externa.[1] Isto, porém, não seria o bastante.

Na realidade, para o ego moderno, o *self* fala não só a partir do interior da pessoa, mas também de fora; além disso, o ego moderno é tanto psicológica quanto fisicamente dependente da comunidade da qual faz parte. É precisamente para estabelecer um novo e diferente ego, motivado pelo *self*, e em relação com o *tu* e com o grupo, que são necessários rituais interpessoais e grupais apropriados. Aliás, hoje nossa necessidade de um ritual talvez seja maior do que em qualquer outro período anterior.

Uma vez que os antigos canais não servem mais para conter e dirigir os afetos, aquelas energias ficam à solta e congestionam o campo psíquico com forças desintegradoras que geram ansiedade e crise. Em nosso tempo, o novo impulso na direção de uma consciência e de um ego dirigidos pelo *self*, e não pelo superego, corroeu os antigos canais do sistema legalista. A automotivação que não for adequadamente canalizada leva a um egoísmo irresponsável e utópico. Nessa medida, o que vemos, tanto individual como coletivamente, é um desprezo e uma desconsideração cada vez maiores pela lei como sistema regulador da ética e da mudança social. A resposta a esta ameaça, por sua vez, é um recuo em direção a uma ênfase cada vez maior no legalismo. Atitudes obsoletas são intensificadas, endurecidas. O vácuo deixado pela desconfiança crescente na Igreja e nos padrões éticos, nos acordos sociais e internacionais, nos ritos dos processos judiciários, vê-se preenchido por um afã de procedimentos ainda mais ritualísticos e legalistas, de protestos morais nos quais ninguém mais crê. Instaura-se um círculo vicioso no qual o ritualismo ocupa o lugar de um ritual significativo. Inadvertidamente, tendemos a regredir ao nível animal da atuação compulsiva, tendência essa que se manterá até que o novo significado encontre sua nova forma de ritual.

Do sacrifício do Deus-Rei ou de seu substituto (prisioneiro de guerra, *pharmakos* ou bode expiatório) ao procedimento legal judicial do patriarcado, o controle da agressão mudou: deixou de ser um sistema vinculado à natureza e à dimensão mágico-mitológica, que lidava com o poder por meio de atos propiciatórios, e tornou-se um senso eticamente responsável de liberdade e escolhas pessoais. O superego conheceu o bem e o mal, lidou com o certo e o errado e obrigou o ego a responder perante um juiz supremo (deus, rei ou Estado), superior às suas próprias necessidades e desejos.

O próximo passo parece de fato perigoso, como todos os novos passos. Investir um juiz interno da autoridade para usar a energia agressiva ou auto-afirmativa acarreta o perigo de haver arbitrariedades e desrespeito pelas necessidades e direitos dos outros. Por conseguinte, é precisamente o respeito pelas outras pessoas — o respeito pelo não-eu no interior profundo, bem como pelas necessidades do tu e do nós externos — que precisará ser enfatizado e diferenciado.

Além do impulso agressivo propriamente dito, fatores estimuladores da agressão precisam ser contidos dentro dos novos canais reguladores. Entre os fatores que promovem a violência destacam-se os seguintes: a incapacidade, real ou imaginária, para exercer algum efeito sobre os outros e para se fazer ver, ouvir, apreciar, valorizar e atender a incapacidade de avaliar e satisfazer as próprias necessidades físicas, emocionais e sexuais; a incapacidade de influir nos eventos, do que decorre uma sensação de despersonalização e de desumanização, de ser um mero objeto, um elo numa engrenagem dentro de um imenso maquinário desprovido de significado.

Esta sensação de impotência e de alienação, a ausência de significado pessoal e de uma ligação viva com um campo orgânico — seja ele um grupo social, a natureza ou o cosmo —, é, sem dúvida, a característica psicológica peculiar de nosso tempo, fomentada pela religião predominante nos últimos duzentos anos, mais conhecida como ciência. Além disso, a impotência e a alienação são acentuadas pelos efeitos da cultura urbana, da coletivização abarrotante e da tecnologia; todos estes fatores levaram a sociedade a um estado de entorpecimento e reduziram-na a uma manada. E o efeito desumanizador desses avanços foi maximizado pelas armas e pela tecnologia de comunicações, que transformaram as guerras e embates agressivos em abstrações estatísticas e administrativas. "As estatísticas não sangram", disse Arthur Koestler.[2]

A *troca* emocional que sobreviria do confronto pessoal direto com o adversário (pelo testemunho imediato dos efeitos do ato violento cometido) é evitada quando se despejam bombas nucleares de uma altitude de dez mil pés. Emoções potencialmente dolorosas podem ser evitadas e negadas. A percepção do sofrimento humano é reprimida. O *outro* não é senão uma cifra, e com isso o senso de nossa individualidade e a consciência de nossos atos e de nossas responsabilidades pelo outro tornam-se também uma cifra.

Uma maior desumanização é desencadeada quando essa falta de contato visual direto com o outro é agravada por nossa psicologia patriarcal de bodes expiatórios, a qual pode produzir uma forte tendência a projeções paranóicas. Vemos no outro um instrumento de Satã, um explorador parasita, um inimigo da sociedade, do Estado e da humanidade; em suma, um homem mau, subumano ou inumano.

Estes aspectos de sombra do legalismo patriarcal são ainda mais intensificados pelos efeitos sutis do estrato mágico reprimido — e nem por isso menos vivo. Esta camada psíquica é altamente sensível às emoções, aos medos e ao pânico do grupo. Tende a confundir medo ou desejo com realidade, e é obcecada pelo desejo de controlar e dirigir.

Também é no nível mágico que atuam as ânsias sadomasoquistas descritas num capítulo anterior, o *Urlust*, ou êxtase primal da aniquilação de si ou dos outros em nome da renovação, a vertigem de mergulhar no mistério oceânico do não-eu maternal. Este componente está presente tanto na violência agressiva quanto na sexualidade. É também parte do mundo lúdico das crianças e da sensação de estar contido na totalidade oceânica maternal. "Tornar-se e desaparecer, criar e destruir todo cálculo moralista com a inocência para sempre eterna [que] neste mundo somente o brincar do artista e da criança possuem. E ao brincarem a criança e o artista, também brinca o fogo perpétuo que, com toda a inocência, constrói e aniquila; este é o jogo que Aion joga."[3]

Estas energias não são mais (ainda não são) contidas e reguladas por salvaguardas culturais viáveis. Por isso, à semelhança da lava incandescente e dos gases intoxicantes de um vulcão que todos davam por extinto, ameaçam envenenar o ar e destruir a terra. A psique individual corre o risco de ser infestada por aquilo que Jung denominou de "infecção psíquica": a invasão daqueles impulsos desgovernados provenientes da camada mágica. Esse perigo torna-se ainda maior quanto mais o indivíduo for sugestionável e inconsciente de sua própria sugestionabilidade e da atuação do estrato mágico. O resultado dessa ignorância é a intoxicação e a invasão de afetos coletivos: os medos, as paranóias e o espírito de linchamento, dos quais o indivíduo se julga livre, podem se manifestar na forma de *vendettas* familiares e de fanatismos sociais, nacionais, patrióticos ou religiosos.

Estas são então as cargas de pólvora que aguardam ser detonadas pelas centelhas saídas das tochas que Dioniso e seu cortejo de mênades empunham. Não podem ser neutralizadas pela boa vontade, por meras abstrações ou pelo pensamento reflexivo. Exigem um meio que possa regular e reumanizar o dinamismo afetivo mágico em termos de relacionamentos diretos. Os fatores ou temas que os novos rituais terão que conter e integrar em novas formas de relações humanas são suficientemente familiares: impotência, alienação, desamparo, desespero, frustrações emocionais e sexuais, necessidades insatisfeitas de afirmação e de afeto, inveja, despersonalização, projeção paranóica da sombra e o frenesi sadomasoquista no contato entre indivíduos e entre o indivíduo e o grupo. Estes problemas não podem ser enfrentados apenas com medidas sociais ou políticas. São predisposições psicológicas também. A menos que sejam enfrentadas em seus próprios termos, mediante uma conscientização e um ritual psicológico, continuarão criando e recriando aquelas condições externas que as tornam possíveis num relacionamento e que, com grande ingenuidade, pressupomos que sejam suas causas externas.

Fundamentalmente, o ritual é um psicodrama, é um jogo dramático consciente e fervoroso. Mas o que é o jogo dramático? Muitas definições têm sido tentadas desde a brilhante demonstração de Huizinga de como o elemento lúdico está na base de quase todas, se não de todas, as atividades humanas como determinante inconsciente.[4] Em vez de tentar o impossível — quer dizer, definir a experiência elementar em termos abstratos —, tentarei caracterizá-la por meio de descrições.

O jogo dramático é uma atividade que testa a realidade de uma maneira simbólica e quase experimental. Existem regras que devem ser obedecidas nesse jogo. Mas elas são flexíveis; servem às necessidades da atividade em questão e podem e devem ser alteradas de acordo com a natureza e o objetivo da atividade.

As regras mais servem ao jogo do que o determinam. Não são leis apriorísticas da verdade. Há seriedade e comprometimento, vitória e derrota; mas para que o jogo permaneça lúdico, ganhar e perder não podem ser fins em si mesmos. No máximo, são apenas critérios, que estimulam e fixam diretrizes. O comprometimento é com a atividade em si, num clima de prazer, e sem ter em vista qualquer resultado útil. Perder ou ganhar nunca é determinante. Sempre se pode começar tudo de novo. Portanto, o jogo jamais é encurralado pela noção de um juízo final, de uma finalidade irreversível. Todo término convoca um novo começo. O jogo humano é a reencenação deliberada, microcósmica, vicária, da dinâmica do fluxo da vida, com seus padrões em mutação, suas descobertas, seus inícios, fins e recomeços. No ato lúdico, a fantasia e a pragmaticidade se intercomplementam; a mente mensura a si mesma e faz experimentos com a existência. O jogo da vida mobiliza e estrutura as forças da psique inconsciente. Confere forma à energia bruta; civiliza. Mediante encenações simbólicas e vicárias de "como se", mobiliza e transforma o jogador e (em menor grau) o espectador que está envolvido no jogo.[5] Daí decorre o efeito catártico da encenação simbólica do "jogo da vida" no teatro, cujo patrono original não foi outro senão o próprio Dioniso. Esse deus aparecia sob várias formas, como a criança que brinca e necessita de atenção e cuidados; como um poder enlouquecido e exterminador; como o Senhor da Vida e da Morte; como máscara vazia, que aparece e desaparece.

Dessa forma, o ritual é o ato lúdico ou a encenação deliberada, dentro de um contexto formalizado, de impulsos, sentimentos e visões ou fantasias arquetípicas. Por estarem buscando e criando um contexto formalizado, estas energias estão contidas a salvo; podem ser propiciadas, invocadas e confrontadas. Até certo ponto, podem ser até mesmo controladas. Os rituais dos animais, como as brincadeiras infantis, têm demonstrado que, no nível instintivo mais elementar, as atividades lúdicas não só contêm e direcionam com segurança os impulsos agressivos e sexuais, como também servem como meio de comunicação entre os participantes. Nossos rituais humanos de fazer a corte e nossos jogos adultos servem ao mesmo propósito. O ritual também vence as distâncias e dificuldades dos relacionamentos pessoais, oferecendo-se como um canal formalizado, prontamente avaliável e impessoal (portanto, seguro). O ritual abre as portas da comunicação aos outros, e também ao *outro* interior, nosso próprio *self*. Entra em contato com nossas raízes internas e forças inatas. Este último fato é ilustrado pelos efeitos do psicodrama, dos rituais solitários da ioga ou do *tai chi*, e até mesmo pelo jogo de cartas aparentemente despretensioso chamado paciência. Ritual, portanto, é psicodrama; e o psicodrama, uma forma de ritual.

Quando se aborda a questão da eficácia de um ritual, temos que nos deter e cair fora da armadilha que nossos hábitos mentais nos armaram. A dicotomia cartesiana corpo-mente — auge da tendência separatista do final da época mental — criou uma cisão no entendimento da atividade humana. A ação física, concreta, é reservada para o mundo externo, "real", do espaço e dos objetos fisicamente tangíveis. A reflexão pertence à mente, que é interior, subjetiva e, portanto, não muito real. (E isto, apesar da alegação cartesiana de uma identidade pessoal baseada em seu dito *Cogito ergo sum*.)

Para esta mentalidade, a atividade mental é entendida como algo que não tem efeito direto sobre o mundo das coisas, exceto quando traduzida em ação física. Por outro lado, não se acredita que a ação física — fazer alguma coisa com objetos e coisas — tenha um efeito transformador direto sobre a mente, exceto talvez de modo geral, através do efeito moral e saudável de trabalhos e exercícios bons. À luz dessa visão, parece sem sentido qualquer atividade ritual.

No entanto, estamos atualmente descobrindo que esta dicotomia artificial é totalmente arbitrária e não corresponde aos fatos observáveis. O estudo da sincronicidade e da psicocinesia demonstra que, de uma maneira inexplicável,[6] os pensamentos, as emoções, os sentimentos e as intenções exercem um efeito direto sobre o comportamento de animais, e até sobre a matéria inanimada (se é que isso existe). Além disso, podemos aprender com o psicodrama e a bioenergética — assim como com os milhares de anos de experiências da ioga, do *tai chi* e das danças sufistas — que a atividade corporal tem efeitos diretos sobre o dinamismo psíquico.

O ego corporal é a forma mais antiga de vivência. Funciona em termos do estrato mágico da psique, num campo de identidade simbiótica com o que, mais tarde, dividiremos em dentro e fora. Esse ego funciona numa integração mágica, na qual aquilo que chamamos de parte, ou de evento parcial, contém, mobiliza e afeta o todo. Este conceito estranho e inimaginável (para nosso raciocínio tradicional) só recentemente ficou demonstrado mais uma vez no holograma, em que cada fração do padrão, quando este é fragmentado, continua a apresentar a imagem total. Karl Pribam, da Universidade de Stanford, propôs que podemos compreender o funcionamento do cérebro em termos do holograma.*

Ao nos vincularmos à atividade corporal, então, ligamos nossa consciência à dimensão mágica ativada da psique inconsciente. Isso significa que mobilizamos e canalizamos a energia do afeto primi-

---

* "Hollographic Memory", entrevista com Karl Pribam, realizada por David Coleman. *Psychology Today*, fevereiro de 1979.

tivo e indiferenciado (potencialmente obsessivo) para uma forma. Simultaneamente, a percepção consciente se expande. Aquilo que denominamos estado alterado de consciência acontece toda vez que imagens emocionalmente carregadas se vinculam à experiência ou à atividade corporal. Este estado "magicamente" alterado de consciência pode produzir mudanças no nível biológico e psicológico, mudanças que não poderiam ser implementadas apenas pela vontade ou pela reflexão. São exemplos disto a anestesia ou a imunidade ao calor (caminhar sobre brasas) alcançadas através da hipnose, da meditação, ou em estados de êxtase; e a recordação de acontecimentos esquecidos (ou jamais vivenciados no nível consciente) durante a hipnose ou a meditação, assim como sob a influência de drogas que alteram a mente.

Num estado hipnótico suficientemente profundo para produzir mudanças acentuadas, e sob a influência de drogas que alteram a mente, a atividade consciente e deliberada do ego, assim como os julgamentos racionais, reduzem-se em favor do estado alterado. A participação do ego é reduzida em graus variáveis: ao máximo, com as drogas; e ao mínimo, nas formas mais leves de transe hipnótico ou na imaginação dirigida, que funciona com base em rituais imagético-corporais.

Devemos notar, porém, que embora essa redução da participação do ego possa ser terapeuticamente apropriada numa dada situação, sempre exigirá uma supervisão profissional. O uso habitual de drogas tem efeitos deterioradores de longo alcance e pode enfraquecer perigosamente o ego, como nos têm informado os estudos sobre viciados em drogas. Experiências induzidas por drogas não são necessariamente integradas e, por isso, não equilibram o nível mágico-mitológico com o nível mental em termos de uma coexistência funcional contínua.

As técnicas de encenação ritual, assim como as práticas formais de meditação, passam ao largo de tais perigos; o vício é evitado pelo fato de a indução do ritual exigir um esforço consciente do ego. Como resultado disso, uma consciência total e desperta coexiste com o estado alterado, numa dança dialética, paradoxal e simultânea.

Uma coexistência semelhante de ambos os estados também é a finalidade das práticas sexuais tântricas — e, é provável, do amor cortês também — às quais já nos referimos antes. A energia sexual despertada desencadeia uma alteração da consciência que, com uma abordagem meditativa apropriada, pode ser vivenciada conscientemente. Essa energia pode ser direcionada para um desempenho devocional e formalizado quando a atenção é totalmente concentrada numa longa interação lúdica, contemplativa, que retarda o clímax final, pelo menos por um certo período.

A experiência mediada pela participação corporal assinala a diferença entre ter a informação de alguma coisa e conhecê-la por experiência própria. Essa diferença pode ser comparada à que existe entre ler a respeito de um lugar ou país num guia de viagem e realmente ir até lá;

ou entre ler o cardápio e efetivamente comer a refeição. Com muita freqüência, os pacientes, em especial as mulheres, têm me revelado espontaneamente que um *insight* ou uma compreensão não é real enquanto não for também vivenciado corporalmente de alguma forma.

A sabedoria oculta de nossa língua* tem conhecimento desse fato. As raízes da palavra "conhecer" (*knowing*) — *kennen* e *können* ("ser capaz de") em alemão; *ken* em galês; *gnosis* ("conhecimento", "sabedoria") em grego; e *gnosco* em latim — são as mesmas que encontramos nas palavras "genus", "gênero", "genital", "genético" e "engendrar". Conhecimento e criatividade são tanto sexuais quanto espirituais. Quando a Bíblia diz que Adão "conheceu" sua esposa, está expressando igualmente esse significado criativo e vivencial de "conhecer" que inclui o corpo.

A subseqüente desvalorização — até mesmo aversão — do corpo e da experiência corporal ocorrida durante a vigência do patriarcado foi parte da rejeição das dimensões mágica e feminina que culminou na dicotomia cartesiana mente-corpo e se tornou o dogma básico da ciência positivista. Esse conceito foi o ponto de partida para a psicologia e para a psicanálise e efetivamente distanciou nossa mente consciente da percepção da dimensão mágica e transformadora. Como conseqüência desse fato, o ritual, no transcurso do desenvolvimento do patriarcado, foi se tornando cada vez mais ineficaz e sem sentido.

Os elementos essenciais do ritual podem ser condensados na fórmula que supostamente o iniciado nos Mistérios de Elêusis devia enunciar: "Eu vi", "Eu disse", "Eu fiz". Essa fórmula assinala os ingredientes da transformação: a percepção da imagem e a assimilação da forma e do símbolo (eu vi); a expressão através da palavra, a fórmula sagrada, o mantra, o som, ou mesmo do silêncio deliberado, carregados todos eles de poder, consciência e significado (eu disse); a representação solene (eu fiz).

O efeito de um rito é transformar o padrão dos eventos. Às vezes isto se dá no mundo externo, como na seguinte descrição de um primitivo ritual de caça de autoria de Frobenius:

No alvorecer, a imagem de um antílope foi desenhada no chão; quando o primeiro raio do sol nascente incidiu sobre o desenho, uma flecha foi desfechada contra o pescoço do animal desenhado. Depois teve início a caçada do antílope propriamente dita. Após várias horas, os caçadores voltaram com um antílope morto; o animal tinha sido abatido pelas flechas no ponto exato onde, antes, a flecha atingira o desenho. Depois de ter cumprido seu propósito de exorcizar o caçador e o animal, a flecha foi removida do desenho, e este foi apagado com um certo ritual para afastar dos caçadores o efeito do assassinato cometido. O rito inteiro, o desenho, a caçada e o apagar dos traços, transcorreu em absoluto silêncio.[7]

Depois que o animal foi comido, as partes não utilizadas foram devolvidas e enterradas com as cerimônias e agradecimentos devidos.

---

* No caso, o inglês. (N. do T.)

No ritual de caça acima descrito, os focos da imagem são o antílope, o raio do sol, a flecha; a expressão verbal apropriada para a caça é o silêncio; e a encenação ritual é disparar uma flecha no desenho. Em outros casos, a natureza interior dos participantes é transformada, como nos ritos de passagem, na comunhão dos cristãos, nos ritos de iniciação ou da puberdade, nos mistérios eleusianos, ou na extrema-unção, que prepara o participante para a morte. A encenação carregada de emoção dirigida a uma imagem transforma os padrões de comportamento e dos eventos através da analogia, da similaridade e da sincronicidade. O efeito da representação e das encenações simbólicas apóia-se no fato de que, ao se valer da visão analógica, a consciência pode apreender e, pelo menos em parte, direcionar o fluxo da energia.

O poder se torna disponível à consciência e, em conseqüência disso, o uso responsável se torna possível. Sem uma percepção consciente do poder e de sua qualidade peculiar não há possibilidade de escolha ou de decisão e, assim, não se coloca sequer a questão da responsabilidade.

Dentro do mundo patriarcal, o uso do poder era direito e prerrogativa dos indicados pela autoridade coletiva: o rei e a Igreja, as forças militares e policiais, ou, dentro do estreito mundo doméstico, o *pater familias*. O poder — usado para governar, conquistar, reprimir e punir — era interditado à pessoa comum. O uso deliberado da força psíquica era condenado como magia, bruxaria, ou heresia — sob o risco de ser punido com a espada ou a fogueira.

Pouco espanta, portanto, que, diante de uma tal herança, a idéia de poder tenha se tornado suspeita e até mesmo repreensível. Associamos poder com abuso, e, em termos psicológicos, a palavra *"poder"* é usada quase sempre de modo pejorativo: "mania de poder", "obsessão pelo poder", "fome de poder". Ainda associamos automaticamente poder a perigo, a *hubris*, a repressão, e supressão. Em nosso referencial, o poder é algo predominantemente destrutivo. Por isso, a idéia de ceder, submeter-se ou servir ao poder tem sabor de vergonha, desonra e abandono das responsabilidades humanas. O resultado é a culpa existencial. A noção de poder como uma força positiva assusta quase todos nós: o poder da necessidade, da sexualidade, da asserção. Até o poder vivenciado como energia divina transpessoal, que atua dentro e através de nós, exigindo que a canalizemos de modo consciente e que a empreguemos de modo responsável, cientes de seus intentos, ainda parece suspeito à maioria. Teoricamente, até podemos considerar essa possibilidade. Mas correr o risco de tentar, deliberadamente, viver com esse poder e servi-lo em nossas vidas particulares é algo que nos amedronta. O resultado é que o poder fica disponível para ser usado por aqueles que têm como meta a satisfação pessoal, e que, em grande medida, estão inconscientes de suas motivações egoístas. É o uso irresponsável do poder por parte dos ditadores, dos reformadores ingênuos e bem-intencionados, dos fanáticos e dos empreendedores ambiciosos que lhe confere má reputação e parece confirmar sua malignidade intrínseca.

Não obstante, o poder é uma manifestação da energia natural, a força criativa do jogo do mundo, que molda e dissolve as formas. É o próprio processo da vida, em que o *eu* humano experimenta sua natureza, sua vitalidade e sua motivação. Vida é poder em atividade lúdica, é Shiva ou Dioniso dançando.

No entanto, Dioniso agora precisa acomodar Apolo e Jeová. O ato lúdico precisa ser estruturado numa forma, assumir nova ética e nova responsabilidade. Para separá-lo da opressão, temos que aprender a usar o poder de modo consciente e responsável, e não para o auto-engrandecimento e para inflação do ego às custas do outro. Temos que afirmar e respeitar nossos próprios eus pessoais e também praticar a Regra de Ouro como parte dessa realidade pessoal, quer dizer, tudo aquilo que eu fizer ao outro estarei fazendo a mim mesmo. Tudo aquilo que eu projetar no outro posso e preciso encontrar em mim mesmo.

Esquivamo-nos à nossa incumbência humana tanto quando nos recusamos a usar o poder como quando o empregamos de maneira irresponsável. O primeiro caso é a falácia do introvertido; e o segundo, a do extrovertido. O introvertido costuma recusar-se a correr riscos e a desempenhar seu papel no jogo do mundo externo. Recusa-se a experimentar e a descobrir suas necessidades, seus anseios, seus desejos de poder e seus temores nas relações interpessoais, a menos que sua inocência não corra riscos. Por outro lado, o extrovertido, que vê a vida como um brinquedo e as pessoas apenas como joguetes, pode ficar tão fascinado pelo efeito que descobre ter sobre os outros (ou que deveria ter, segundo suas expectativas) que não consegue perceber o efeito corrosivo que sua inflação ou seus receios exercem sobre sua personalidade.

O ritual e a ritualização podem ajudar a corrigir esse duplo perigo. Permite ao introvertido jogar com sua relutância, conhecer o efeito que surte nos outros e que estes exercem sobre ele. Confere ao extrovertido a oportunidade de descobrir-se como o jogador com quem os outros estão jogando. Assim, descobrimos no ritual uma modalidade de significação para a vida pessoal, assim como para a relação interpessoal.

Os rituais de nossa cultura têm sido predominantemente transpessoais e de orientação coletiva. Almejam vincular o indivíduo a um sentido do divino, reconciliando-o com os padrões coletivos. Por conseguinte, são executados pelos poderes da autoridade coletiva impessoal: a Igreja e o Estado.

O ritual vindouro, ao contrário, voltar-se-á primordialmente para o manejo individual do poder e para a relação com o nível transpessoal mediante a descoberta de um caminho individual. Vinculará e integrará o indivíduo a suas mobilizações internas espontâneas e às implicações que elas tiverem para ele e para os outros. Ligará a pessoa à vida do organismo grupal que a contém, e ao destino pessoal e coletivo. A encenação solene do ritual nos faz conscientes da existência e da qualidade da ânsia de poder que nos habita e, como resultado disso, delimita-a e nos oferece uma oportunidade de direcionar o ímpeto extático. Vamos supor, por exemplo, que nos permitamos fantasiar nossos desejos, vontades e medos ocultos a respeito de como realmente gostaríamos de tratar um amigo ou um inimigo, ou de como gostaríamos ou recearíamos ser tratados por essa pessoa. Se explorarmos essas fantasias, até o limite da nossa imaginação, teremos uma idéia muito mais clara do que realmente sentimos, assim como do que é possível ou desejável, e de quais efeitos incidirão no outro e em nós. Por exemplo, encenar simbolicamente as fantasias de morte e destruição de alguém que odiamos nos põe cara a cara com a reação de sofrimento da vítima. E isto fica ainda mais especialmente verdadeiro quando a ação é repetida com os papéis invertidos. Nesse segundo momento, somos a vítima e vivenciamos todos os tormentos que lhe são impostos. A representação dramática integral de nossos desejos e medos de dependência, para usar outro exemplo, pode trazer à baila a verdade de que, além de um certo ponto, o que vínhamos considerando um desejo insaciável de sermos cuidados se transforma numa sensação de encurralamento. Quando os papéis são invertidos, podemos sentir desprezo por aquele "bebezão" desprotegido que suplica por tantos cuidados. É então possível sentirmos abertamente o menosprezo latente pela nossa própria dependência, que nos mantinha secretamente apegados ou aproveitadores.

Numa situação de grupo, as encenações rituais promovem o confronto e a vinculação entre cada pessoa e o grupo. Ajuda cada um a descobrir e definir seu próprio escopo e seus próprios padrões, e a manter suas posições contra a compulsão e a sugestionabilidade do grupo. No contexto eu-tu, a encenação ritual pode esclarecer conflitos tais como atenção *versus* agressão, proximidade *versus* distância.

Ao limitar o poder das motivações canalizando-o para formas aceitáveis, a ritualização também limita o medo de ser devorado e desumanizado pelos próprios afetos e impulsos. O ritual acalma o terror do lado demoníaco dos afetos, ajudando-nos a descobrir suas limitações intrínsecas; como a válvula de segurança de uma caldeira, reduz o perigo de uma explosão.

O ritual pode humanizar e personalizar a violência e a agressão, tornando-as assertividade, mediante um processo que tem semelhanças com o da imunização. O elemento nocivo é primeiro identificado e exteriorizado; é expulso como o bode expiatório e se torna objeto de meditação (incubado como uma cultura de bactérias). Num segundo momento, é reintroduzido ("reinjetado") por meio da encenação ritual; é reconhecido, constatado e acolhido como algo que nos pertence. Não pode ser expulso apenas pela força da vontade, mas precisa ser usado de modo responsável, sob circunstâncias apropriadas e no momento oportuno. Como resultado dessa integração consciente, por mais surpreendente que possa parecer, o impulso muda sozinho sua natureza: seu potencial obsessivo e destrutivo diminui e seus aspectos proveitosos se tornam disponíveis. Recebido de volta em circunstâncias tão propícias, Dioniso-Azazel nos oferece uma nova perspectiva. Através da integração consciente, não estamos mais desprotegidos e obsessivamente à mercê do afeto. "Aquele que fere curará."

Como chegar ao novo ritual? O ritual genuíno, como símbolo vivo ou experiência religiosa, não pode ser fabricado; só pode ser descoberto. Algumas formas rituais poderão com o tempo alcançar uma validade coletiva. No início, sua descoberta terá que acontecer por meio de buscas individuais. Como os buscadores do Graal, cada um terá que sair por um caminho diferente, e atravessar o desconhecido com a finalidade de enfim encontrar o objetivo comum da busca. A nova consciência está psicologicamente orientada para a descoberta e revelação de cada um, e não mais para grandes revelações transmitidas a uma personalidade de destaque ou a um herói cultural, como Moisés, Jesus ou Maomé, que então divulgariam a verdade às massas. A submissão cega e acrítica às palavras de algum guru nos dá agora a sensação de uma regressão psicológica.

Entretanto, uma vez que a psique individual não é uma entidade totalmente separada, mas, assim como uma folha, faz parte da árvore da psique coletiva, o padrão comunitário mais cedo ou mais tarde irá se formar a partir dos elementos comuns às muitas buscas individuais. Da mesma maneira, novas soluções políticas ou sociais só podem funcionar se seus defensores estiverem psicologicamente maduros e autoconscientes. O fanatismo desvairado de "reformadores do mundo" como Hitler, Lênin e os guerrilheiros urbanos do mundo de hoje é que os faz expressar compulsivamente sua própria ira e paranóia não assimiladas. É uma lástima, mas isto pode ser inclusive um elemento inevitável no desmantelamento de estruturas obsoletas ainda vigentes. Talvez momentos de transição peçam os flagelos de Deus. Mas para que se possam desenvolver formas viáveis para amanhã, será necessário um entendimento mais profundo da psicologia das motivações pessoais.

Uma vez que a nova ética integrativa deve ser afirmativa e includente, e não reprovadora e excludente como foi a ética patriarcal, o novo ritual deverá basear-se na incorporação de tudo aquilo que acontecer, inclusive nossos piores e mais feios aspectos ou tendências. Gawaine transforma e redime o castelo enfeitiçado ao sofrer o ataque do leão devorador; salva o reino de Arthur ao abraçar a velha repugnante e submete-se aos suplícios da transformação ao interagir lúdica, consciente e responsavelmente com aquele elemento que, de ordinário e por tradição, é o elemento proibido. Em conseqüência de suas atitudes, ele torna possível que, no momento certo, a pergunta certa capaz de resgatar o poder do Graal possa ser formulada: "O que está errado? A que finalidade ou significado isto serve?".

A afirmação requer a prévia descoberta e valoração daquilo que *é*: dos ingredientes de uma situação psicológica em particular e de nossas próprias motivações, ânsias e sentimentos, independentemente de nossa aprovação e de estarem de acordo com nossos padrões ou com os da comunidade. Esse valor conferido à descoberta dos próprios desejos, sentimentos e motivações é algo estranho para nossa herança cultural, que valorizava apenas o que a pessoa *fazia*, e não o que ela *era* ou o motivo pelo qual agia como agia. A pessoa era avaliada pela maneira como suas atitudes se conformavam aos padrões coletivos de valor.

O novo ritual pede, então, a exposição do mau e do bom, do feio e do belo. Junto com todas as qualidades e sentimentos positivos, como fé, esperança, amor e caridade, também precisará incluir (e, possivelmente, primeiro elaborar) a solidão e o desespero, o fracasso e o medo, o querer e o necessitar, o ressentimento, o ódio, a inveja, a cobiça e a sede de violência. Toda a vasta gama de ânsias infantis de dependência e destrutividade precisará ser reconhecida, assim como todos os variados conteúdos polimorfos perversos do estrato mágico. Como foram negados e rejeitados nas eras precedentes, esses conteúdos adquiriram um fascínio numinoso. Somente depois que eles forem reconhecidos e assimilados é que poderemos chegar a um relacionamento genuíno e confiável.

O conteúdo do ritual é então o jogo experimental de se colocar (e tentar responder) perguntas como "Quem sou?", "Como sou?", "O que me faz agir?", "O que me motiva?", "O que não me motiva?", "Sou assim". É um ritual tanto para parceiros como para o *self* solitário: "Quem é você?", "Como é você?", "O que o motiva?", "O que não o motiva?", "Você é desse jeito", "O que eu e você queremos?", "Quanto e o que podemos eu e você tolerar?", "O que desejamos?".

É o escrutínio, o confronto, a validação e a experimentação do que motiva os parceiros, é abrir espaço para o lúdico, para a experimentação, para as tentativas. É a disponibilidade para experimentar intensamente e sem preconceitos tudo aquilo que, numa dada situação, num determinado momento, emergir do foro íntimo e do encontro entre eu e você.

De um jeito ou de outro, a maioria desses elementos tem sido usada em várias abordagens e modalidades psicoterapêuticas, como grupos de encontro, psicodrama e gestalt-terapia. No entanto, até o momento tem havido uma compreensão superficial de suas implicações arquetípicas. Pois através ou atrás da experiência pessoal também age um fator de orientação transpessoal propenso a moldar um novo significado e uma nova relação para o si-mesmo, o outro e o mundo. Uma nova estruturação de comunidade e de consciência coletiva está em processamento.

Nas próximas páginas, descreverei os passos que sugiro a meus pacientes e clientes para ajudá-los a descobrir seus rituais individuais. Não são mais do que tentativas rudimentares de aplicar as diretrizes acima delineadas. De modo algum pretendem oferecer respostas e prescrições gerais ou definitivas.

O primeiro e indispensável passo é permitir que as fantasias, medos e desejos até então ignorados (ou apenas timidamente constatados), alcancem a consciência. Isso inclui toda a gama de desejos expressos de variadas formas, inclusive destruição e violência; tudo o que fascina e desperta a energia, principalmente se também inspira medo ou repulsa. Aliás, é essa combinação de atração e medo simultâneos que caracteriza o padrão energético que precisa ser integrado como um aspecto intrínseco do desabrochar do potencial do indivíduo. Um exemplo é a pessoa que está pensando em fazer uma importante mudança profissional. Se uma nova carreira parece a resposta a todos os problemas da vida, se promete eliminar todas as frustrações; se não desperta qualquer dúvida ou medo, é provável que seja uma fuga para a fantasia. Por outro lado, se a atração positiva estiver mesclada a um receio legítimo de possíveis fracassos e riscos, então é provável que se trate de uma alternativa genuína. A combinação atração-medo caracteriza o chamado que vem do *self* transpessoal; assinala também a necessidade de a personalidade egóica traduzir esse chamado numa forma de expressão viável e aceitável. O artista criativo enfrenta um desafio parecido ao tentar traduzir sua visão em algo possível em termos de materiais disponíveis e estaticamente aceitáveis naquelas circunstâncias. Apresentar a visão nua e crua, sem crítica nem elaboração completa, ou recusar-se inteiramente a apresentá-la, será, em ambos os casos, pôr a perder toda a tarefa.

Os amantes e casais podem canalizar seus afetos utilizando o jogo sexual, pois muitas vezes o material em questão é de natureza sexual ou pelo menos tem nuances sexuais. São especialmente relevantes as fantasias de masturbação com conteúdos que tradicionalmente foram repudiados como perversos. Precisamos nos deter aqui e considerar um pouco mais o significado arquetípico e simbólico da sexualidade. A sexualidade é mais do que apenas um meio de que a natureza dispõe para assegurar a manutenção da espécie. Também é mais do que apenas prazer e folguedo.

Como intuiu corretamente Freud (que, no entanto, em virtude da tendência positivista de sua época, não pôde apreendê-la por completo), a sexualidade é uma manifestação fundamental da energia psíquica. É um canal indiferenciado de força básica, de fogo cósmico. Pulsa numa identificação voluptuosa com a própria energia vital, com suas marés altas e baixas e suas inundações. Movimenta-se dentro de nós por meio de revoluções elementais. É um canal do poder, da auto-realização, da transcendência extática, da rendição do eu, da renovação. Os ritos sexuais pagãos não eram apenas procedimentos agrícolas ou ginecológicos de fertilidade; eram também celebrações da morte e da renovação, mistérios que permitiam vivenciar a Grande Deusa e seu filho, senhor da morte e do renascimento. Sem essa compreensão, não podemos compreender a contento seu caráter orgiástico e freqüentemente violento.

É somente a partir de uma visão utilitária da sexualidade, que a considera apenas prazer ou uma forma de reprodução da espécie, que se chega a definir como apropriados ou normais os métodos mais simples ou eficientes de fertilização. Isso feito, é possível julgar outras formas, como por exemplo as brincadeiras voluptuosamente lascivas dos aborígenes, como perversões ou desvios. No entanto, qualquer uma das chamadas perversões (sadomasoquismo, homossexualidade, sexualidade oral e anal, fetichismo, voyeurismo, travestismo) são padrões fundamentais (e, a seu modo, significativos) da energia em seu ato de criação e desenvolvimento. Expressam ânsias elementares, inconscientes e habitualmente ignoradas que têm como finalidade compensar e equilibrar uma posição consciente por demais unilateral. São arquetípicas no sentido de que expressam o apelo de força básica de uma natureza essencialmente religiosa e numinosa.

As ânsias sádicas expressam uma necessidade ignorada de maior assertividade. A predominância de tendências sádicas é comum em personalidades frustradas e não-assertivas, que se sentem limitadas, ineficazes e relativamente impotentes. O masoquismo, por sua vez, compensa a exagerada assertividade de líderes, de patrões, de executivos de alto nível e de outras personalidades poderosas, dominadoras e bem-sucedidas. É comum que um dos lados predomine no plano físico e o outro no psicológico: uma sensação de desproteção ou de fraqueza física é compensada com uma ânsia sádica; a sensação de dominação mental ou emocional é compensada com masoquismo. A asserção agressiva, a conquista violenta, assim como a entrega ou rendição total, são em geral aspectos fundamentais do jogo sexual. Pertencem igualmente à dinâmica e às necessidades de ambos os sexos. Necessidades de cunho agressivo e assertivo ocorrem em fantasias femininas, assim como desejos de rendição ocorrem nas masculinas. Precisam ser constatadas e acolhidas, afirmadas e aceitas, principalmente diante do fato de que os papéis tradicionais tendem a reprimir a agressividade sexual nas mulheres e a passividade nos homens.

A sexualidade oral expressa uma necessidade de dependência e costuma representar a adoração inconsciente do poder fálico ou do mistério escuro do *yoni*, o terreno abismal do feminino. Ter o próprio *yoni* ou falo oralmente "adorado" é tê-lo validado na própria individualidade. Oferecer *cunnilingus* ou felação ao parceiro é fazê-lo sentir essa força no interior de seu corpo.

A sexualidade anal é uma forma carente de expressão ou de controle do ego. A homossexualidade manifesta um desejo de realização do próprio gênero sexual, ainda inadequadamente expresso e de uma validação mais adequada da própria feminilidade ou masculinidade.

"Fetiche" é um termo pejorativo para um objeto de culto alheio à religião reconhecida (e, nessa medida, "verdadeira") da pessoa. Objetos de culto, sejam uma estátua da Virgem Maria, de um deus, uma lasca da cruz ou a imagem de um espírito tribal, são representações simbólicas do poder encarnado. São elementos de mediação do poder para aquele a quem eles se dirigem, para aquele que é tocado por eles. Esse poder, evidentemente, também pode se manifestar na sexualidade, em particular quando o lado instintivo tiver sofrido repressão. Portanto, o fetichismo é uma ânsia inconsciente de adorar aquelas qualidades peculiares que o fetiche representa para o fetichista. O adorador de pés ou sapatos, por exemplo, é movido a reverenciar o aspecto mais baixo ou mais terreno da personalidade; a dar atenção a um apelo de mais submissão ou aceitação do feminino, por exemplo, já que a maioria dos fetichistas de pés e sapatos são homens. Claro que as associações pessoais de significado do fetiche terão que ser examinadas em cada caso antes que se possa adiantar alguma interpretação.

O voyeurismo é a forma sexualizada do *theatron*, o contemplar uma visão da divindade. Representa uma necessidade de enfrentar diretamente e aceitar conscientemente algo que não se queria ver, ou de que se tinha medo: o êxtase lascivo da força sexual, a qualidade divina da energia sagrada que resplandece através do objeto sexual, como o reconhece e atesta o ritual sexual tântrico. O voyeurismo pode freqüentemente compensar uma atitude depreciativa em relação ao ato sexual, que é visto como uma mera necessidade animal, ou em relação ao parceiro, que é considerado simples objeto de uso.

O travestismo era um costume consagrado no culto de Kybele (deusa das cavernas, da natureza selvagem, adorada nos cumes das montanhas) e de outras deusas, além de ser hábito entre os xamãs. Mesmo hoje, o traje ritual de um sacerdote católico lembra as saias. Vestir as roupas do sexo oposto denuncia o desejo de se identificar com a Deusa, com o Grande Feminino, a necessidade de mais assertividade para a dimensão feminina nas mulheres ("vestir calças") e mais expressividade para as qualidades femininas nos homens.[8]

Além disso, a manifestação e a interação sexuais incluem vários padrões: agressor e vítima, violência e rendição, atenção, carinho, acolhimento e satisfação de necessidades, além de medo e solidão. Todas estas facetas estão reunidas na dimensão êxtase sexual autotranscendente. Através de uma sexualidade extática, o ritual pagão reconhecia a presença do poder suprapessoal, como também sua capacidade de influenciar o comportamento humano nos atos de entrega recíproca e mútua asserção. Por outro lado, ao privar o ritual religioso conscientemente vivenciado de sexualidade, as religiões da Bíblia também se privaram de um dos mais vitais veículos de poder transformador e de mútua influência. As fantasias sexuais mobilizam e revelam algumas das mais poderosas ânsias motivadoras. Quando realizadas de forma meditativa na interação tântrica, e dentro dos limites mutuamente aceitos, ou quando traduzidas em algum ritual, essas fantasias podem constituir formas rituais poderosíssimas.

O primeiro passo, então, é admitir e elaborar as próprias fantasias de medo, os próprios desejos, as próprias necessidades, sem restrições, não importa quanto possam parecer imorais, destrutivas, assustadoras, imaturas, sujas, antiestéticas, infantis ou sentimentais.

O passo seguinte pede a aculturação dessas fantasias. Agora, o dramaturgo ou o diretor deve assumir o comando. As fantasias precisam ser transformadas em conteúdos dignos de uma encenação. Precisam ser moldadas para compor uma peça teatral. Sua adequação para o palco é julgada em termos de sua viabilidade para serem encenadas sem perder a força de seu fascínio. O hálito incandescente de um dragão, por exemplo, talvez precise ser representado por um ato simbólico e análogo de um participante humano. A fantasia de estrangular alguém terá que ser expressa por uma ação menos perigosa. Contudo, o essencial é que a substituição mantenha um caráter genuinamente simbólico, que seja o melhor veículo possível para a intensidade do sentimento que precisa ser expresso e experimentado. Os limites de segurança e aceitabilidade precisarão ser estendidos ao máximo para que a peça não perca a intensidade desses afetos.

Isto implica discutir o cenário da peça com os parceiros e obter seu consentimento para a encenação. Na melhor das hipóteses, esse consentimento é alcançado quando as fantasias dos parceiros se combinam e se complementam. A segunda melhor alternativa é a assistência de parceiros que não estejam pessoalmente envolvidos naquela fantasia particular e que estejam dispostos a ajudar desempenhando algum papel. De qualquer maneira, a aceitação mútua dos papéis e ações distribuídos deve ser obtida com antecedência, e os limites precisam ser bem marcados para se evitar danos físicos. Como medida de segurança, deve haver também um acordo quanto a um sinal de "pare", caso a intensidade dos afetos, deliberadamente despertados pela encenação, se revele excessiva para algum dos participantes.

Diante destas providências, principalmente havendo a opção de um "para mim, basta", a intensidade do êxtase e a disponibilidade para se expor ficam limitadas e assimiláveis. Um medo muito grande dos afetos suscitados pode ser prevenido quando se sabe que a qualquer momento é possível pedir para parar.

Agora, depois de acertados os contornos gerais, a peça deve ser encenada como improviso. A tendência geral da encenação deve ser delineada, mas as ações e/ou verbalizações específicas devem ser espontâneas, como na *commedia dell'arte*. As reações e os impulsos que surgirem no decurso da ação devem ter plena liberdade de expressão. Costuma ajudar muito apresentar o texto de modo não-verbal, apenas com gestos, movimentos e pantomimas. Palavras que sejam ditas cedo demais atrapalham a vivência emocional e corporal. Ajudam o participante a se manter no terreno seguro das abstrações e sopram para longe a vivência do afeto. Mais tarde, quando este tiver sido experimentado e, em particular, quando a ação central que melhor o expressa tiver sido estipulada, as palavras até ajudarão a intensificar ou estruturar a dinâmica. Essa primeira passada da peça, então, estabelece a forma particular do ritual. É essa encenação da fantasia que se mostra significativa e digna de repetição, para auxiliar a pessoa a entrar em contato com os poderes de suas necessidades vitais.

É importante lembrar aqui mais uma vez a diferença entre esse desempenho que defendemos e a atuação compulsiva. Com atuação compulsiva queremos dizer a manifestação deliberada de impulsos pessoais na forma de um "desabafo", para a imediata satisfação de uma ânsia, ou a vazão involuntária — geralmente inconsciente e compulsiva — de uma pressão interior. A pessoa simplesmente faz o que quer, sejam quais forem as conseqüências. Esse comportamento é muitas vezes racionalizado e justificado com explicações do tipo "Não consegui me controlar", "Não sei o que me deu", "Não tinha a intenção, desculpe". A atuação compulsiva é uma maneira de usar uma saída segura ou de desafiar diretamente uma inibição do superego. Pelo menos temporariamente, a atuação compulsiva serve para aliviar a tensão e a ansiedade. Mas ajuda muito pouco, se é que ajuda, a integrar os impulsos e seus efeitos — na melhor das hipóteses indesejáveis — podem ser francamente destrutivos.

Já a encenação, como a que é elaborada no ritual psicodramático, esforça-se para ser uma manifestação simbólica e não literal dos impulsos problemáticos, inaceitáveis ou perigosos. Utiliza uma forma segura, consciente e relativamente controlada, para proporcionar a assimilação e a transformação civilizadora. É simbólica na medida em que busca a "melhor expressão possível" dentro dos limites da segurança e da aceitabilidade, o que significa manifestar diretamente uma parte do impulso a fim de que a outra parte possa ser alterada e se torne um fator positivo de crescimento ou do relacionamento. Por conseguinte, a encenação transcorre no plano do *como se*. Tenta deliberadamente gerar sentimentos fortes em prol da conexão, da comunicação e da conscientização. Em função disso, inicialmente a tensão e a ansiedade aumentam. Os efeitos a longo prazo, entretanto, são construtivos e frutíferos, porque é necessário que exista a cooperação e o mútuo consentimento dos parceiros. Essa encenação não é destinada a desabafos descontrolados; deve, pelo contrário, ser realizada num espírito de respeito pelos direitos e pelas necessidades do outro e de atenção e consideração pela energia que está sendo liberada. Se apropriadamente compreendida, a encenação faz parte da busca do segredo do Graal.

Meditar em conjunto sobre a tarefa, antes e depois da ação, pode ser útil aos participantes. Somente depois disto é que será oportuno discutir, partilhar vivências e interpretar. Será necessário discutir a validade de repetir a encenação, e de que forma. Deve-se estipular a troca de papéis, para que cada participante possa experimentar a energia em todos os seus aspectos.

A agressão e a violência, o medo e a necessidade, nos afetam tanto ativa como passivamente. A vítima contém em si um agressor; o agressor oculta uma vítima ignorada em sua alma. É muito comum nossas necessidades não serem satisfeitas em virtude da existência de uma parte rejeitadora dentro de nós. Não ousamos pedir ou ir em busca de satisfação porque nosso superego, ou *animus* auto-rejeitador, nos julga indignos dela e nos proíbe de procurar alívio ou satisfação. Também nossos receios são, em larga medida, monstros, fantasmas ou autoridades superegóicas punitivas do passado, projetados nas pessoas e nas situações que temos hoje pela frente. Quanto mais irreais e obsessivas forem essas projeções, mais seremos incapazes de lidar de modo eficiente com a pessoa ou situação em questão. A sensação de não ser cuidado, de não ser importante para alguém, corresponde a uma incapacidade e a uma falta de disponibilidade para nos cuidarmos e nos valorizarmos, o que aprendemos quando crianças por não termos sido cuidados e valorizados de verdade.

Regra geral, em personalidades manifestamente fracas e não-agressivas, a agressividade costuma ser introjetada e dirigida contra elas mesmas. Aparece na forma de autodepreciação e de ódio contra si mesmas, que resultam em depressão e numa sensação de impotência. Bem no fundo, as fantasias compensatórias do plano sexual, geralmente reprimidas, revelam a predominância de elementos sádicos. Sob a aparência de timidez e de ausência de assertividade ferve um fogo escuro de ressentimento e ódio que, ao fim de algum tempo, acabará explodindo numa destrutividade incontida. Encenar o papel do agressor ou do tirano ajuda uma pessoa nesta situação a conectar-se com essa parte de sua personalidade. Também o herói-conquistador, habitualmente despótico, abriga uma ânsia ignorada de submissão, e talvez se identifique com a vítima por meio de racionalizações paranóicas das ânsias de violência: todos estão "tentando acabar comigo" ou "se aproveitar de mim". Esta fobia de ser explorado ou encurralado, que facilmente se torna uma profecia realizada, tem gerado muitos atos de violência desastrosa em conflitos nacionais e internacionais, bem como em relacionamentos pessoais. A ânsia ignorada de rendição pode funcionar também como um impulso inconsciente de autodestruição através do uso abusivo de drogas ou álcool, de uma entrega desmedida ao trabalho, de uma propensão a acidentes, fazendo o indivíduo forçar os próprios limites para além do possível e cometer erros que o levam a se destruir ou ser aniquilado pelos outros, já suficientemente provocados. Em nossas histórias pessoais — e também na coletiva — abundam exemplos dessa síndrome de Napoleão ou Hitler.

Na encenação ritual de ânsias tão poderosas, então, é importante que ambos os lados desempenhem ambos os pólos, que vivenciem o medo, a timidez, o desamparo, a solidão, assim como os sentimentos de conquista, de força, de eficiência, e até mesmo a capacidade de destruir.

É necessário que a pessoa vivencie a força dos sentimentos mais negativos e mais positivos para que consiga encontrar o equilíbrio interior.

Um exemplo de uma encenação simples, numa situação grupal, servirá para ilustrar o que estou dizendo. Dois membros do grupo, um homem e uma mulher, viviam se digladiando, não importava qual fosse o assunto em discussão. Pareciam totalmente incapazes de chegar à raiz de seu antagonismo ou de resolvê-lo. Foi-lhes solicitado que meditassem e que visualizassem seus respectivos desejos e medos, quando se relacionavam. Depois foram instruídos a se posicionar em extremidades opostas da sala e a andar na direção do outro, encenando de modo não-verbal aquilo que surgisse em seu íntimo como manifestação de suas fantasias e em resposta à aproximação do outro.

O homem começou a arrastar-se na direção da mulher. Ela ficou paralisada em seu lugar. À medida que ele ia chegando mais perto, ela começou a mexer o corpo numa dança sinuosa, altamente convidativa. Quando ele estava suficientemente perto para alcançá-la, ela parou de repente e deu-lhe as costas. Ao ver que ele tentava, muito desajeitado, virá-la de frente para ele à força, ela voou para a garganta dele como se quisesse estrangulá-lo. No mesmo instante, entraram num combate violento, engalfinhando-se e rolando pelo chão. Depois disseram que aquela briga cheia de raiva estava repleta de nítidas implicações eróticas. Diante da descoberta dessa ambivalência, pararam e começaram a examinar o que tinha acontecido. Fora visível aos espectadores, assim como aos participantes, que a motivação da mulher era provocar a agressão do homem a qualquer custo. Ela se arriscava à violência, e talvez até mesmo a desejasse, para poder ser notada como mulher. Sentia-se negligenciada e inferior como mulher e precisava provar para si mesma que conseguia atrair os homens, pelo menos fisicamente. No entanto, quando teve sucesso nessas manobras, não estava mais disposta (na verdade, sentia-se incapaz) a encarar as conseqüências de sua "provocação". Queria que a notassem como pessoa, e não apenas como corpo, e a aproximação física direta que ela provocava constantemente (embora de modo inconsciente) só intensificava seus sentimentos de inferioridade e a deixava cada vez mais irada.

Aquele homem, por sua vez, tinha medo das mulheres. Sentia-se inferior em virtude de sua noção de que os homens eram heróis conquistadores, modelo que se sentia incapaz de copiar. Achava que devia ser um conquistador emérito de mulheres. Conseqüentemente, vivia testando sua masculinidade através de demonstrações de uma força crua, até mesmo brutal. Essa sua resposta de "macho", no entanto, era só um frágil disfarce para seu sentimento de inferioridade, que explodia numa fúria desesperada quando ele se sentia seduzido, logrado e ludibriado pelas artimanhas femininas.

Então os papéis foram invertidos. Um reencenou e copiou o papel do outro. Agora a mulher era o "macho" desajeitado; e o homem, a mulher "vamp". Agora ele sentia que a atitude dela encontrava eco dentro de si. Ao desempenhar o papel dela, ele descobriu que, embora à revelia, gostava de alguma coisa ali. Começou a ver sua própria necessidade de seduzir e seu desejo desesperado de chamar a atenção. Por sua vez, a mulher descobriu e integrou a brutalidade de sua postura julgadora, que decretava a inferioridade dos valores femininos e que a fazia considerar-se especialmente destituída de valor. Tudo isto ela até então projetara nos homens, sem perceber que realmente provinha de seu próprio superego muito severo.

Ao reconhecerem o que tinha acontecido em suas experiências e *feedbacks* mútuos, ambos puderam ver os próprios problemas e começar a entender o outro, a simpatizar com ele. Abriu-se para eles um caminho de comunicação e de ajuda recíproca onde antes só tinha havido mútuos ressentimentos.

Ao trabalhar desta forma com os estranhos atemorizantes, as bestas perigosas e os órfãos desprotegidos que povoam a própria alma, mais cedo ou mais tarde a pessoa chegará às resistências, aos julgamentos rejeitadores, aos códigos morais preconceituosos, às limitações autodestrutivas que emanam dos patriarcas potencialmente castradores que residem dentro de sua própria mente. Na realidade, cada nova descoberta de ânsias até então não identificadas traz consigo a descoberta de uma ordem que impede que esse dinamismo desabroche e encontre um lugar apropriado no padrão geral das coisas. No transcurso desse processo, descobrimos tanto o juiz superegóico inflexível quanto o bode expiatório rejeitado de nossa psique. Essa descoberta oferece-nos a oportunidade de integrar ambas as dimensões e uma perspectiva mais real, a nosso próprio respeito; de aceitar nossas limitações, fraquezas e incapacidades e encontrar um espaço cada vez maior para a criança problemática e rejeitada que há em nós.

Quando trabalhamos nossos problemas pessoais, moldamos a substância de que é feita nossa vida. A encenação ritual, em lugar da atuação compulsiva, de nossos complexos pessoais nos faz espectadores participantes conscientes e cooperativos e não mais vítimas inconscientes do drama de nossa vida. Através dessa participação voluntária podemos nos tornar testemunhas, *martyroi* (o termo grego *martyros* significa "testemunha") do drama de nossa própria *tragodia* e *comedia*, do canto e da dança do deus bode que existe em nós, de nossa dolorosa e muitas vezes engraçada evolução. Já não precisamos ser supostos mártires involuntários e vítimas inconscientes de uma vida que parece estar sempre nos colocando em desvantagem. Tampouco precisaremos continuar projetando o bode expiatório nos outros, sejam amigos ou inimigos.

Quando o mártir se descobre como tal e se torna testemunha dos próprios sentimentos, substitui as perguntas "Por que eu?", "O que fiz para merecer isso?", pelas perguntas do Graal: "Qual o sentido de tudo isso?", "A que isso pode levar?", "O que isso pode me ensinar?", "A que isso serve?".

Notas

Introdução
1. William Butler, Yeats. *The Collected Poetry of W. B. Yeats.* Nova York, Macmillan Co., 1956, p. 309.
2. E. C. Whitmont. *The Symbolic Quest.* Princeton, N. J. Princeton Univ. Press, 1978, p. 197.

Capítulo 1 — Uma Teofania Moderna
1. Dioniso era o consorte de Ariadne, deusa do labirinto de Creta, local de mistério, da dança da vida e da morte (a dança do touro). Era filho, amante, vítima de sacrifício e consorte renascido da Grande Deusa ancestral, senhora dos céus e do poder escuro da terra, cujo culto e idolatria precederam as religiões e a cultura patriarcais. Era um deus sexual e fálico, um falo num cesto, como a criancinha e o falo amputados pelas mênades e devolvidos ao reino da deusa maternal para tornarem a nascer de seu ventre, como Osíris-Horus renasceu de Ísis.
2. E. A. Wallis Budge. *The Gods of the Egyptians.* vol. 1. Nova York, Dover, 1969, p. 515. Massey identifica-a como a Grande Mãe do Mistério (mais tarde denunciada no Livro do Apocalipse como "Babilônia a Grande, mãe das prostitutas sagradas e de todas as abominações da terra"). Ela está "mais elevada que todos os deuses e é a única que fica acima do pai". (Gerald, Massey. *Ancient Egypt.* vol. 2. Nova York, S. Weiser, 1970, p. 698.)

Capítulo 2 — Desejo, Violência e Agressão
1. Êxodo, 20:13, trad. Martin Buber. Vide também *The Torah. A New Translation According to the Masoretic Text.* Filadélfia, Jewish Publication Society, 1962, p. 134.
2. Carl Gustav Jung. "The Meaning of Psychology for Modern Man", in *Collected Works,* vol. 10, Bollingen Series XX. Princeton, N. J., Princeton Univ. Press, 1964, p. 137.
3. Deuteronômio, 13:12-16.
4. *Daimon* é um espírito-guia divino ou semidivino, segundo a antiga terminologia grega. Um *demônio* é um espírito mau, segundo a linguagem medieval.
5. Erich Neumann. *Das Kind.* Zurique, Rhein Verlag, 1963, pp. 175 e segs.
6. Stanislav Grof. *Realms of the Human Unconscious.* Nova York, Viking Press, 1975, p. 123.
7. Irenäus Eibl-Eibesfeld. *Liebe und Hass.* Munique, Piper Co, 1970, p. 15.

8. Paul D. MacLean. "The Triune Brain". *The Neurosciences: Second Study Program*, F. O. Schmitt (org.), Nova York, The Rockefeller University Press, 1970.
9. *Liebe und Hass, op. cit.*, pp. 40 e segs.
10. Comunicação pessoal ao autor.
11. Abdul Hussein. M. D. e Seymour Tozman, M. D. "Psychiatry on Death Row", in *Journal of Clinical Psychiatry*, n? 3, março de 1978, pp. 183 e segs.
12. William Blake. *The Portable Blake*. Nova York, Viking Press, 1974, p. 114.
13. Outros exemplos incluem os mistérios órficos, eleusinos e samotrácios, a eucaristia cristã, por um lado; e as sangrentas orgias a Baco ou as de Cibele, a antiga cerimônia do bode expiatório, por outro.
14. Konrad Lorenz. *On Aggression*. Trad. M. Letzke. Londres, Methuen & Co., 1967, p. 40.
15. *Ibid.*, p. 148.
16. *Ibid.*, p. 117.
17. Anthony Storr. *Human Aggression*. Nova York, Atheneum, 1968, p. 118.

Capítulo 3 — Mito e Funcionamento Psicológico

1. Viktor Frankl. *Man's Search for Meaning*. Nova York, Washington Square Press, 1959.
2. Para informações mais detalhadas, recomenda-se a leitura das obras de C. G. Jung e de J. Campbell, além dos capítulos relevantes em meu *Symbolic Quest*.
3. Miguel Serrano. *C. G. Jung and Hermann Hesse*. Nova York, Schoken Books, 1966, p. 85.
4. Joseph Campbell. *Myths to Live By*. Nova York, Viking Press, 1972, pp. 214-215.
5. Bruno de Jesus Marie O. C. D. (org.) *Satan*. Nova York, Sheed & Ward, 1952.
6. E. C. Whitmont. *Symbolic Quest. op. cit.*, pp. 20 e ss.

Parte 2 — Consciência em Evolução

1. Paul D. MacLean. *The Triune Brain. op. cit.* do mesmo autor, *On the Evolution of Three Mentalities*. Laboratório de Evolução e Comportamento do Cérebro. Bethesda, Maryland, Instituto Nacional de Saúde Mental.
2. Erich Neumann. *The Origins and History of Consciousness*. Nova York, Harper & Row, 1962.
3. Jean Gebser. *Ursprung und Gegenwart*. Stuttgart, Deutsche Verlagsanstalt, 1949.
4. Frederick A. Van Scheltema. *Die Geistige Wiederholung*. Berna, Francke Verlag, 1954.

Capítulo 4 — A Fase Mágica

1. Jean Gebser. *Ursprung und Gegenwart, op. cit.*, pp. 73-171.
2. John Michel. *The Earth Spirit*. Nova York, Crossroad, 1982, p. 4.
3. A. Van Scheltema demonstrou de modo convincente que também há paralelos entre os padrões de comportamento do Paleolítico e o comportamento do recém-nascido até os três anos; entre os padrões do Neolítico e da Idade do Bronze e a criança de três a doze anos; entre a antiga Idade do Ferro e seu mundo heróico e a puberdade; e entre o período medieval e a mentalidade adolescente.
Aparentemente, o movimento da consciência não ocorre na mesma velocidade para todas as culturas, nem mesmo entre os vários estratos sociais de uma dada cultura. Na Roma Imperial, a *intelligentsia* tinha já alcançado em grande escala o nível mental, enquanto as massas, bem como os povos germânicos e galeses, seus contemporâneos, ainda funcionavam nos níveis mágico e mitológico. Na parte ocidental da Europa, o funcionamento mental não começou antes do início do segundo milênio, e até mesmo hoje muitos estratos de coletividades rurais européias e sul-americanas funcionam ainda no plano mitológico e, no plano mágico, muitos aborígenes da África, Ásia e Austrália
4. J. C. Pearce. *The magical child*. Nova York, E. P. Dutton, 1977, p. 58.

5. *Ibid.*, p. 156.
6. *Ibid.*, p. 151.
7. Jakob von Uexkull. "A Stroll Through the Worlds of Animals and Men", in *Instinctive Behavior*. Trad. e org. Claire H. Schiller. Nova York, International Universities Press, 1975, p. 11.

Capítulo 5 — A Fase Mitológica ou Imaginária

1. O pressuposto de que o poder, a alma ou as qualidades anímicas, quando atribuídas a um objeto, devem necessariamente ter origem no observador e pertencer-lhe, sendo portanto uma projeção, segue o pressuposto e a tendência metafísica de que o mundo não-humano dos objetos não pode ter mente ou alma; a matéria é morta. Essa era a posição geral do conhecimento científico ao tempo de Freud e Jung. No entanto, trata-se de uma suposição gratuita e apriorística. É uma visão peculiar à mentalidade pós-medieval, que hoje não é corroborada por qualquer prova e é cada vez mais contrariada por evidências gradualmente cumulativas em contrário.
2. Laurens van Der Post. *A Mantis Carol*. Nova York, William Morrow, 1975, p. 110.
3. Karl Kerenyi. *The Religion of the Greeks and Romans*. Nova York, E. P. Dutton Co., 1962, p. 108.
4. K. Lorenz. *On Aggression. op. cit.*, p. 148.
5. K. Kerenyi. *Dionysos*. Bollingen Series LXV 2. Princeton, Princeton Univ. Press, p. 238.
6. Walter F. Otto. *Dionysos*. Bloomington, Indiana e Londres, Indiana Univ. Press, 1965, pp. 140 e segs.
7. *The Gospel of Sri Ramakrishna*. Nova York, Ramakrishna — Vivekananda Center, 1969, p. 884.
8. Dylan Thomas. *Collected Poems*. Nova York, New Directions, 1971, p. 128.
9. Martin Buber. *God and Evil*. Nova York, Charles Scribner's Sons, 1953, p. 89.
10. William Butler, Yeats. *The Collected Poems of W. B. Yeats*. Nova York, Macmillan, 1979, p. 286.
11. Lao Tse. *The Tao Te Ching*. Trad. C. N. Wu, Jamaica e Nova York, St. John's Univ. Press, 1962.

Capítulo 7 — O Reino Divino

1. O *agape* cristão, o mandamento para amar os próprios inimigos, não corresponde a um sentimento que surge espontaneamente. Busca impor um novo ideal civilizador às persistentes ânsias naturais de amor e de ódio.
2. Segundo a tradição, o rabino Hilel, uma autoridade farisaica de destaque no primeiro século d.C., quando desafiado por um soldado romano, sob ameaça de morte, a definir o judaísmo no mesmo lapso de tempo que uma pessoa consegue se manter sobre uma perna só, respondeu: "Ama o teu próximo como a ti mesmo. Tudo o mais é comentário". É assim que a tradição judaica assinala a Regra de Ouro como o cerne de sua cultura.
3. Gênesis, 1:2. Citado por Robert Graves e Raphael Patai. *Hebrew Myths*. Nova York, McGraw-Hill, 1966, p. 2.
4. *Ibid.*, p. 31.
5. "Na história dos primórdios da consciência, podemos discernir fases sucessivas de desenvolvimento durante as quais o ego se liberta das amarras do inconsciente, transcende a situação urobórica original e, enfim, ao final do processo, depois de ter-se tornado o centro da moderna consciência ocidental, confronta o inconsciente como um sistema psíquico separado. *Durante esse processo*, que conduz da liberação para a ascendência do inconsciente, o simbolismo da consciência é masculino, e o do inconsciente, *na medida em que se opõe à emancipação do ego*, é feminino, como podemos ver na mitologia e no simbolismo do inconsciente coletivo." Erich Neumann. "On The

Moon and Matriarchal Consciousness, in *Spring*, 1954, p. 83, grifos meus.
6. Grande invocação de Israel, Sh'ma Yisroel.
7. *Status* vem do latim *stare*, "permanecer"; especificamente, o lugar em que alguém foi colocado ou obrigado a permanecer.
8. A ser discutido adiante.
9. Santo Agostinho. Citado em Julius Evola. *Metaphysik des Sexus*. Stuttgart, Klett Verlag, 1962, p. 251.
10. Este é um tema mítico que ainda atua na história moderna, na tradição japonesa, na "carga do homem branco" dos britânicos, no alemão *"am deutschen Wesen wird die Welt genesen"* ("por meios germânicos o mundo irá se recuperar"), e na noção americana de "garantir a sanidade mundial pela democracia".
11. Tatian, conforme citado in *Collected Works of C. G. Jung*, vol. 9, Parte II. Princeton, N. J., Princeton Univ. Press, p. 46, § 81.
12. George P. Fisher. *History of Christian Doctrine*. Nova York, Charles Scribner's Sons, 1902, p. 85.
13. "Pecado e culpa são fenômenos primitivos para a teologia. Não podem provir senão dos mais elementares estados depressivos ou desequilíbrios psicológicos. Não são uma forma de enfermidade psíquica, muito embora possam estar entrelaçados a alguma delas... O conceito de culpa é fundamental à teologia, pois que a teologia lida com Deus e com sua *palavra* dirigida ao homem. Essa palavra que é dirigida à totalidade do homem decreta que ele é um pecador diante de Deus... A culpa é um 'não' contra Deus e contra a Sua vontade." Extraído de Karl Rahner, "Schuld und Schuldvergebung", in *Angst und Schuld in theologischer und psycho therapeutischer Sicht*. Wilhelm Bitter, org. Stuttgart, Klett Verlag, 1962, p. 54. O ensaio também foi publicado em *Spring*, 1974.
14. P. Tournier. *Guilt and Grace*. Nova York, Harper & Row, 1962, p. 10.
15. O bispo disse a John Wesley: "Sir, essa pretensão de uma revelação especial do Espírito Santo é uma coisa horrenda, uma coisa muito horrenda". Citada em Charles Williams. *Witchcraft*. Nova York, Meridien Books, 1960, p. 110.
16. Santo Tomás de Aquino. *Summa Theologica*, 1A, ato 1, 8.
17. *Ibid*.
18. John Wesley, citado por Stephen Hobhouse. *Selected Mystical Writings of William Law*. Sharon Hill, 1938.

Capítulo 8 — O Exílio Humano

1. Simpósio realizado na Escola de Tecnologia, em Claremont, Califórnia, em abril de 1970, conforme o *New York Times*, 1º de maio de 1970. Repórter: E. B. Fiske.
2. Colin Turnbull. *The Forest People*. Nova York, Simon and Schuster, 1962, p. 272.
3. W. B. Yeats. *Collected Poems, op. cit.*, p. 293.
4. A figura de Maria como intercessora do homem não passa de uma tênue sombra da grandiosa figura da deusa tríplice, cujas expressões mais importantes eram natureza-mãe-virgem, criação e destruição, velha sábia bruxa e prostituta.
5. De acordo com a doutrina cristã, "Deus está em todas as coisas não como parte de sua essência, nem como acidente ou atributo, mas como um agente que está presente naquilo sobre o que atua". G. P. Fisher. *History of Christian Doctrine, op. cit.*, p. 236.
6. R. H. Tawney. *Religion and the Rise of Capitalism*. Londres, 1948, p. 267.

Capítulo 9 — O Bode Expiatório

1. Em Mentes, no Egito, o bode de Mênfis simbolizava o Kheu itifálico, o escuro, uma múmia, representativo do poder masculino oculto da natureza. Era também chamado Min, o regente, uma forma de Amon ou Amen, o oleiro com a roda que moldava o ovo primal das gerações (I, 72; II, 390). Os antigos judeus ainda acusavam os sama-

ritanos de dizerem que um bode tinha criado o mundo (II, 154). As referências de volume e página pertencem a J. G. R. Forlong. *The Encyclopedia of Religion*. New Hyde Park, Nova York, University Books, 1964.
2. Comentário sobre a homilia de São Mateus. Citada em Hugo Rahner. *Man at Play*. Trad. B. Bottlershaw e E. Quinn. Nova York, Herder and Herder, 1967, p. 98, citado em D. L. Miller. *Gods and Games*. Nova York, Harper & Row, 1970, p. 108.
3. A desidentificação, e não tanto a repressão (quer dizer, distorcer com interpretações posteriores alegando repressão), talvez seja também o significado da declaração de Jesus: "E se teu olho direito te serve de escândalo, arranca-o e lança-o para longe de ti... E se a tua mão direita te serve de escândalo, corta-a e lança-a para longe de ti" (Mat. 5: 29,30).
4. J. W. Goethe. *Faust I*. Trad. de Charles E. Passage. Indianápolis e Nova York, The Bobbs-Merrill Company, 1965, p. 71, versos 2049-2050.
5. *New York Times*, 8 de junho de 1980, p. 45.
6. Paul Tournier. *Guilt and Grace, op. cit.*, p. 92.
7. C. G. Jung. *Collected Works, op. cit.*, vol. 10, p. 454, § 856.

Capítulo 10 — O Feminino e sua Repressão

1. Jane Harrison. *Prolegomena to the Study of Greek Religion*. Nova York, Meridian Books, 1922, p. 285.
2. Ernest Jones. *The Life and Work of Sigmund Freud* (ed. abreviada). Nova York, Doubleday, Anchor Books, 1963, p. 368.
3. *Ibid*. p. 367.
4. *The Malleus Maleficarum*. Trad. de Montague Summers. Nova York, Dover Publications, Inc., 1971, pp. 43, 44, 45, 48.
5. Paul Tabori. *Secret and Forbidden, the Moral History of Mankind*. Nova York, Signet Books, The New American Library, 1971, p. 204.
6. Helen Diner. *Mothers and Amazons*. Nova York, Julian Press, 1965, p. 156.
7. Raphael Patai. *The Hebrew Goddess*. Nova York, Ktav Publishing Inc., 1967, pp. 25-28.
8. Clemente de Alexandria. *Stromata II*. Citado em Robert Graves. *King Jesus*. Nova York, Farrar Straus & Cudahy, 1946, p. 2.
9. Robert Ornstein. *The Psychology of Consciousness*. Nova York, Harcourt Brace Jovanovich, 1977, p. 37.
10. Primeira Epístola de São João, 4:16.
11. *Areios* — devoto de Áries. *Areious* — melhor, mais resoluto, mais corajoso (comparativo de bom). *Arete* — bondade, excelência. *Aretao* — prosperar. *Ari* ou *eri* — (prefixos equivalentes) intensificam o sentido da palavra, por exemplo, *erikoos*, de audição refinada. *Erizeo* — esforçar-se. *Eromai* — inquirir, perguntar, indagar, peticionar. *Eros* — desejo ou amor.
12. Erich Neumann. "On the Moon and Matriarchal Consciousness", in *Spring*, 1954. Trad. de *Zur Psychologic der Weiblichen*, Zurique, 1953.
13. Sylvia B. Perera. *Descent to the Goddess*. Toronto, Inner City Books, 1981, pp. 15-34.
14. Esther Harding. *Women's Mysteries*. Nova York, Pantheon Books, 1955, p. 102 e segs.
15. Vide também "Selige Sehnsucht", in *West-Östlicher Divan*, de Goethe: *Não diga a mais ninguém, só aos sábios/ Pois a massa repele o desejo/ Louvo aquilo que através do tempo/ Aspira a morrer pelo fogo.*
16. Erich Neumann. *The Great Mother*. Bollingen Series XLVII. Nova York, Pantheon Books, 1955, pp. 293-94.
17. Toni Wolff. *Structural Forms of the Feminine Psyche*. Zurique, 1956. Impressão particular.
18. Vide também E. C. Whitmont, "Reassessing Femininity and Masculinity" in *Quadrant*, vol. 13, n.º 2, outono de 1980, pp. 109-122.

19. Apenas de passagem, gostaria de chamar a atenção para a óbvia contradição lógica entre alegar que o inconsciente é feminino e considerar o *animus* como o representante do inconsciente feminino; evitamos convenientemente o confronto com essa contradição ou a explicamos.
20. Essa prática do passado levou a freqüentes absurdos terminológicos como "*animus* da *anima*", ou a afirmar que certo homem é dominado pelo *animus* da mãe ou certa mulher o é pela *anima* do pai, a fim de evitar admitir a dinâmica *animus* ou *anima* que funciona como processo autônomo dentro da própria psique do indivíduo.

Capítulo 11 — O Graal

1. John Matthews. *The Grail: Quest for the Eternal*. Nova York, Crossroad, 1981, p. 5.
2. *Ibid.*, p. 10.
3. *Ibid.*, pp. 5-7.
4. Ema Jung, e M. L. von Franz. *The Grail Legend*. Nova York, Putnam, 1970, p. 121.
5. C. G. Jung. "Psychology and Alchemy", in *Collected Works, op. cit.*, vol. 12, p. 179.
6. Joseph Campbell. *The Masks of God: Creative Mythology*, vol. 4. Nova York, Viking Press, 1968, pp. 410-412.
7. *Ibid.*, p. 373.
8. Joseph Campbell. *The Masks of God: Occidental Mythology*. Baltimore, Penguin Books, 1976, pp. 10-14.
9. *Ibid.*, pp. 13-14.
10. *Ibid.*, p. 14.
11. M. Buber. *Good and Evil, op. cit.*, pp. 83-84.
12. Francis King. *The Secret Rituals of the O.T.O.* Londres, C.W. Daniels, 1973, pp. 14-16.
13. Wilfried Daim. *Der Man der Hitler die Ideen gab*. Viena, Institut fur Politische Psychologie, 1958, p. 202.
14. *Ibid.*, p. 142.
15. *Ibid.*, p. 12.
16. *Ibid.*, p. 56.
17. *Ibid.*, p. 140.
18. Strabo VII, 2, conforme citado em J. Markale. *Celtic Civilization*. Paris, Gordon and Cremonesi, 1978, p. 41.
19. F. King. *The Secret Rituals of the O.T.O. Op. cit.*, p. 162.
20. Em *The Symbolic Quest*, descrevi o método de substituir *eu* por *ele* ou *ela* com o propósito de tornar clara a natureza de uma projeção. Quando a pessoa está nas garras de um poderoso afeto em resposta a uma outra pessoa ou pessoas, essa substituição revela de modo infalível a natureza do conteúdo inconsciente, tanto em situações individuais como coletivas (p. 61).
21. Teilhard de Chardin. *Phenomenon of Man*. Nova York, Harper Torch Books, 1959, p. 248.
22. A. Coomaraswami diz: "Endossamos a posição de J.L. Weston, segundo quem a história do Graal não é... produto da imaginação, literária ou popular. Em suas raízes está o registro, mais ou menos distorcido, de um antigo ritual cuja finalidade última é a iniciação nas fontes secretas da vida, física e espiritual. Este sentido aplica-se igualmente à história do cavaleiro verde: onde está escrito 'antigo ritual', devemos ler 'antigo mito e ritual' ". A. Coomaraswami. *Selected Papers*. Bollingen Series LXXXIX, Princeton, Princeton Univ. Press, 1977, p. 121.
23. Rogers S. Loomis. *Wales and Arthurian Legend*. Cardiff, Univ. of Wales Press, 1956, pp. 35-36, 154.
24. *Ibid.*, p. 62.
25. *Ibid.*, pp. 184, 62.
26. *Ibid.*, p. 291.
27. Segundo Heinrich Zimmer. "The Indian World Mother", in *Spring*, 1960.
28. Coomaraswami, *Selected Papers, op. cit.*, p. 108.

29. Loomis, *Wales and Arthurian Legend*, op. cit., p. 355.
30. *Ibid.*, pp. 221, 229.
31. Zimmer. "The Indian World Mother", p. 71.
32. *Ibid.*, p. 61.
33. Evelyn Sullerot. *Womem on Love*. Nova York, Doubleday, 1979, p. 7.
34. *Ibid.*, p. 44.
35. Philips Rawson. *The Art of Tantra*. Greenwich, Connecticut, Nova York Graphic Society, 1973, p. 9.
36. *Ibid.*, p. 11.

Capítulo 14 — Ética

1. B. Slay, E. Hansen, E. e H. F. Harlow. "Mother-infant separation in monkeys", in *Journal of Child Psychology*, Psychiatry Three, 1962, p. 123.
2. Paul, Tabori. *Secret and Forbidden*. Nova York, New American Library Signet, 1971, pp. 205-208.
3. E. B. Williams. *One Man's Freedom*. Nova York, Atheneum.
4. K. Rahner. *Schuld und Schuldvergebund*, Spring, 1974, p. 7.
5. C. Fitzgibbon, 20 de julho, Nova York, 1956, pp. 150, 152, citado em W. L. Shirer. *The Rise and Fall of the Third Reich*. Nova York, Simon and Schuster, 1960, p. 1048.
6. "O bem deve sem dúvida vir, e abençoado seja aquele por meio de quem vier; da mesma maneira, o mal também deve vir, mas amaldiçoado será aquele por meio de quem vier." Palavras de Jesus, citadas em G.R.S. Mead, *Fragments of a Faith Forgotten*. New Hyde Park, Nova York, University Books, p. 594.
7. C. G. Jung. "Good and evil in analytical psychology", in *Collected Works*, op. cit., vol. 10, pp. 861, 862, 865, 866.

Capítulo 15 — Sobre o Ritual

1. Erich Neumann. "The Psychological Maning of Ritual", in *Quadrant, 9*, inverno de 1976, pp. 27-34.
2. Arthur Koestler. "On Disbelleving Atrocities", in *The Iogi and the Commissar*. Nova York, Macmillan Co., 1945.
3. Friedrich Nietzsche. *Collected works*. Karl Schlechta, org. III, p. 376, citado em E. Fink. *Nietzsches Philosophie*. Stuttgart, Kohlhammer Verlag, 1963, pp. 40-41.
4. J. Huizinga. *Homo Ludens*. Nova York, Roy Publishers, 1950.
5. "Ao que me consta, os etnólogos e antropólogos são da mesma opinião a respeito da atitude mental com que são celebradas as grandes festas religiosas dos selvagens; não há uma submissão completa à ilusão. Existe a consciência subliminar de que as coisas 'não são reais'." (J. Huizinga. *Homo Ludens*, op. cit., p. 22.) "A máscara numa festividade primitiva é reverenciada e vivida como uma verdadeira aparição da entidade mítica que ela representa, mesmo que todos saibam que foi uma pessoa que a confeccionou e que a está envergando. Além disso, aquele que a está usando é identificado com o deus durante o tempo em que dura o ritual do qual a máscara faz parte. Ele não apenas representa o deus: ele é o deus." J. Campbel, *The Masks of God*, op. cit., vol. 1, p. 4.)
6. Pode-se indagar se tais fenômenos realmente exigem uma explicação que vá além, vamos dizer, daquela que usamos para a gravitação, ou podemos apenas observar mas não explicar. O fato é que aceitamos a gravidade sem questionamento e que não damos atenção — ou até mesmo nos recusamos a considerar — à sincronicidade ou à psicocinesia, uma vez que estes fatos não se encaixam em nossos conceitos.
7. Leo Frodenius. *Kulturgeschichte Afrikas*. Viena, Phaidon Verlag, 1933, p. 127 e segs.
8. Nas *Hysteria*, festivais orgiásticos de Afrodite em Argos, os homens vestiam-se com trajes femininos, e as mulheres, com roupas masculinas.

www.gruposummus.com.br